ニクラス・ルーマン

社会の道徳

馬場靖雄［訳］

Niklas Luhmann

Die Moral der Gesellschaft

keiso shobo

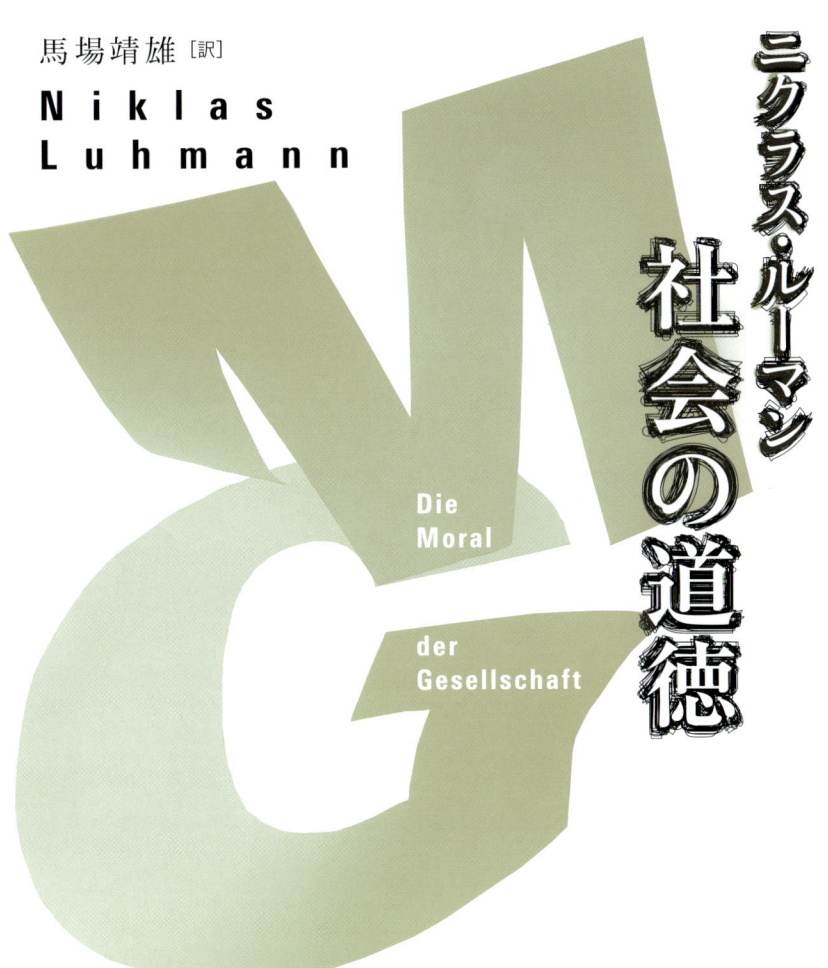

社会の道徳

目次

凡例

凡例

・原注は＊1、訳注は★1のように表記し、それぞれ章ごとの通し番号で示した。注はいずれも巻末にまとめてある。
・《 》によって括られた語句は、原著において》《が用いられている箇所を示す。
・「 」は文脈を明確にするために訳者が付加した。
・〔 〕内は訳者による補足・説明である。
・——および（ ）は必ずしも原著に対応していない。
・原著のイタリック体には傍点を付した。
・原著のラテン語句は、引用部も含めてカタカナ漢字表記とし、原文を付加した。ただし長文にわたる引用の場合は原文を省略した。

第一章　分業と道徳――デュルケムの理論[*1]

《1》

分業の社会的意義に関するデュルケムの著書が一八九三年に刊行された時、アカデミックに制度化された一分野という意味での社会学は、まだ存在していなかった。《社会学》という学科名はあったし、社会学の文献もあった。例えばジンメルの社会分化についての研究は、一八九〇年に出版されていた。しかし社会学は存在していなかったのである。あらかじめ細目に通じており、論評する力をも備えているような同僚専門家など、いなかった。発想の転換も、また理論の消化吸収も、今日よりもはるかに緩やかなペースで生じていた。[*2]それゆえに、周知の古典的論者となって初めて、他言語への翻訳過程に乗せられることになったのである。『分業論』の最初の英訳版が登場したのは一九三三年であり、[*3]最初の独訳版は〔この序文が付された〕本書を待たねばならなかった。このような時間のずれは、急速に発展していく専門分野においては、重大な意義を持つ。その結果、一八九三年の時点でデュルケムがどのように読まれる可能性があったのかを想像することは〔今日では〕困難になる。われわれは、その点を再構成しようと試みることすらしない。デュルケムを古典的論者として読むからである。

これは、「歴史的に解釈する」ということとはまったく異なる。ある理論が古典的であるのは、そこにおいて〔後には個別的な理論として展開されることになる〕複数の言明が連関して現れている場合である。この連関は後にはもはやそのような形式では生じえなくなるが、〔現在において必要とされる〕欠落物ないし問題として、生き延びていくのである。〔古典という〕この形式の条件は歴史的なものであり、そのようなものとして探究可能である。[*4] しかし古典的論者が後世に向かって述べるべき事柄が位置するのは、理論の水準である。古典的テクストを分析する際には、学科の現状を踏まえねばならない。現在までの間に分解能力も向上しているし、対象を設定する際の理論上・方法上の焦点深度もより遠くまで及ぶようになっているのである。〔研究に〕求められる事柄が変化したというこの背景のもとで際立つのは、古典的テクストが、比較的単純な手段を用いることによって何を一つにまとめ上げることができたのかという点である。古典的テクストは、その問題設定が継続されうるものである限り、現時的であり続ける。両義的な意味において、基準となり続けるのである。なるほど古典からは、なされるべきであったはずの事柄を読み取りうる。しかし、それが〔現在において〕いかにしてなされうるかを読み取ることは、もはやできないのである。

タルコット・パーソンズはデュルケムをまったく別様に、つまり受容〔すべき遺産〕という意味合いにおいて、引き合いに出している。[*5] パーソンズにとって社会学の古典的論者たちの、とりわけデュルケムの業績は、統一的な社会学理論の基礎を形成するような認識を獲得したという点にあった。社会学という学科の統一性が構成されたのは、それによってである、と。したがってパーソンズは、社会学の古典の問題設定のみならず、問題解決をも継承できると考えることになった。こうして彼は、理論史における連続性だけでなく、一貫性をも浮き彫りにしようと試みざるをえなくなったのである。古典的論者は、パーソンズ自身の理論の《建国の父 founding fathers》となる。

しかしパーソンズ自身の理論的業績が独自の輪郭を持つことが明らかになっていくにつれて、古典への受容的関係を維持するのは困難になる。そうなればパーソンズの一般的行為システムの理論を、正統な後継者として承認するか――さもなければ遺産争いとしての解釈論争を加熱させるかだ、という話になる。それゆえに古典的論者のテクストとの関係においては、無条件に一貫性を、ではなく連続性のみを求めるほうが、[*6] そして無条件に問題解決を、ではなくあくまで問題設定を、導きの糸として探求を行っていくほうが適切である。このような進み方は、時間的距離が大きくなっていくことによっても、また現在の理論状況が複数的であって決着困難であるということによっても、後押しされる。

いずれにせよ、社会学という固有の分野が分出するための《触媒》が求められるべきは、一つの中心問題のうちにであって、ある特定の理論のうちにではない。[*7] その問題は、「社会秩序はそもそもいかにして可能なのか」を表象することが困難になるとともに浮上してくる。パーソンズが好んで依拠したのは、ホッブズの流儀だった。つまり原初状態の仮定を用いて問題を設定するわけである。[*8] しかしその行き着く先は、社会性ではなく政治だということになる。社会性の基礎はむしろ、道徳理論のうちに求められる――アダム・スミスが、自己愛を道徳性の基礎とすることを批判するために、次のように論じたのは、その一例である。いわく、共感と利他主義が意味するのは自分自身を他者の場所に置くことではなく、他者としての他者のうちに感情移入することである云々。[*9] かくして、人間が何らかの意味で自然な平等性を持つということを前提とするような、あらゆる友愛理論（およびそれに依存した全体社会の理論）は掘り崩されてしまう。[*10] それに代わって他者の他者性こそが連帯を、単に必然的ないし必要とするというのではなく、そもそも初めて可能にするのだとの結論が生じてくるのである。

《2》

デュルケムがアダム・スミスを引用するのは道徳理論家としてではなく、分業の利点に関する学説の、有名な提唱者としてである。この点が、彼の問題視角とその理論の離陸点（take off）とを特徴づけている。デュルケムは少なくとも本書では回顧的な姿勢で、〔従来の〕社会理論は分業と契約の理論であったと見なしている。彼がこの理論と決別するのはそれが功利主義的であり個人の利得計算に基づいていたからであって、分業の理論であったからではない。社会学は分業の内部において、この現象を純粋に個人主義的・経済的に導出しようとする試みに対して論戦を挑む可能性を見いだす。それによって社会学的な理論アプローチが獲得される。経済的・功利主義的な古典との関係における理論史的一貫性を放棄することによって、社会学という分野の独自性が確立されたわけである。本書がこの点から書かれているということは同時に、伝統の継続をも意味している。というのはこの選択においては分業こそが、少なくとも今日の社会にとって、社会関係を構成する中心的様式であるということが前提とされているからだ。周到に設定された論戦が、他ならぬ連続性を強いることになる。なるほど〔『社会学的方法の基準』などに見られる〕デュルケムによる科学的反省は、単純に新たな種類の事実が発見されただけであるかのような印象を呼び起こすかもしれない。社会的事実が発見されたのであり、今やこの事実の世界を厳密に科学的に研究できるのだ、と（この点については本章《7》節で再度論じることにする）。しかしこの新たな理論は単に空白の領域の上に築かれているのではない。そこでは（たとえ論戦によってであれ）当該の伝統に連なろうと試みられているのである。そして少なくともデュルケム理論の最初の展開においてはその入り口が、論戦のうえでも理論構築技法に関しても、分業の問題のうちで選択されたということが、決定的な意義を有していたのである。

「経済的事態と経済の合法則性とが、全体社会の構造と発展にとって格段の意義を持つ」というテーゼは、政治経済学の文脈において一八世紀後半以来練り上げられてきたものだった。それがここでも、やはりいくらか手を加えられつつではあるが、受け入れられているのがわかる。デュルケムは、分業の概念を社会学的な全体社会の理論の概念水準に乗せるために、構想を一般化する道を選ぶ。この概念は非経済的な領域へと拡張され（S.83ff.〔訳（上）九五頁以下〕）、ついには《性的作業の分担》という観念のうちでは、概念を構成する《作業》という要素がもはや特定の輪郭を持たなくなるに至る。それゆえに後継者たちは経済という概念枠を脱ぎ捨てて、より一般的に社会分化、役割分化、システム分化という語を用いるようになる。しかしデュルケムにとっては分業の概念を保持することは、滑走路として働くという利点を有していた。つまりそれによって〔分業をめぐる〕粗描と論証とを、経済的な生産およびサーヴィスの領域から全体社会の理論という文脈へと持ち込むことが可能となったのである。全体社会の理論は、普遍的な、あらゆる生活領域を包摂する妥当性を持つと主張することになる。

蛇足ながらデュルケムのテクストからは、彼が分業の概念を拡張するのを止めて、より普遍的な概念である分化から、分業を区分しようとしたのはなぜなのかを容易に見て取れる。それは病理の問題、逸脱行動の問題、道徳的連帯からの脱落の問題のゆえにであった。デュルケムは犯罪者という職業を分業の一事例として認めようとはしない（第三巻第一章）[*11]。この事態のためにこそ分化というより普遍的な、価値中立的な概念を取っておこうとするわけである。したがって彼にとって分業の概念においては、連帯に同調する行為という枠組だけは、また全体社会水準で承認された（必ずしも経済的なものではない）利得だけは、放棄不可能だと想定されていた。その点で分業の概念はあらかじめ連帯および道徳の概念とチューニングされているのである。分業と道徳の相関関係こそが本書の中枢的テーゼなのだが、「それが描き出しているのはトートロジーにすぎない」とまでは言わないでおこう。しかし二つの概念においてはあらかじめ相関関係が想定されており、この理論上の意図が両者の拡張ないし限定を規定しているのである。

《3》

デュルケムにおいては連帯と道徳の概念は、一致するに至る。「彼の理論においては道徳は連帯として構想される」と述べることもできよう。肝心なのは《集合意識》[*12]そのものである。それは個々の人間の頭のなかに居場所を有しており、そこにおいて個性を展開する余地を多少なりとも与えてくれるのである。そしてこの集合意識が、今度は全体社会であるともされる。このように構想することによって、社会的なものを主体として、そして客体として、それ自体として考えることが可能になる。かくして自己言及と自己根拠づけの問題は、この概念のうちに封じ込められるのである。[*13]これらの問題が命題へとまとめ上げられることはない。だからこそデュルケムはそれ以降、全体社会‐集合意識‐連帯‐道徳‐法という概念連鎖からなる対象を、一つの事実として扱うことができたのである。方法の点で正確な科学研究ならそれを扱える、というわけだ。

だが連帯そのものはポジティブには結合ないし一致としてのみ、つまりトートロジカルにのみ、規定されるにすぎない。他方でネガティブには、解体に抗することとして規定される。ネガティブなかたちへのこの書き換えによって、当初は比喩的かつトートロジカルに導入されたにすぎなかった概念が、実り豊かなものになる。デュルケムは機械的連帯と有機的連帯という二つのタイプを設定し、社会的結合が有する解体への抵抗力は、社会的発展の経過の中で弱まるわけではなく、むしろ強まっていくということを示そうと試みる。「進化によってこの概念は増幅される」と述べてもいいくらいである。論証は、周知の現象を介して行われる。原始的な全体社会においては、その環節的構造のゆえに、社会的グルーピングを解体し新たに創設すること（分離独立）は容易に生じえた。それに対して靴職人は仕立屋なしでは生きていけないではないか。原始的な全体社会では連帯は——この概念は（どんな社会に関してであろうと）常に想定される！——集合意識として、人間の頭のなかに用意されてもいるのであって、個体性の余地はほとんどない。個体性が独自のかたちで発展し始めるのは分業によって、また分業から強いられる有機的連帯によってなのである。

したがって、結合可能な不等性こそが（単なる感情の強度などが、ではなく）、連帯の基準となる。[*14] 連帯は、常に個々の人間の体験と行為の中でしか現実化されないにもかかわらず、そこから独立した独自の基準を有する。したがって、連帯を増幅する可能性が心理的なものに対応している必要も、なくなるのである。だとすればさらに、こう述べることもできる。分業の増大は連帯の増大と相関する。また増大に伴って連帯の形式は同等性から不等性へと転換されねばならなくなるのである、と。

道徳に関して言えばこの事態が意味するのは、個体性が解き放たれ、他者の他者性への定位が生じてくるということとである。したがって道徳は、同一でないものの同一性として〔単なる主体の自己実現としてではなく〕要求されることになるが、この議論は完全にアダム・スミスの理論プログラムの延長線上に位置している。そこでは、行動選択における個体性と自由とは、派生的現象にすぎない。それらは集合意識が、かつては人間たちの連帯を可能にしていた同等性のうちにもはや基盤を求めることができなくなったことから生じた、言わば応急措置として登場してきたのである。個人は〔他の人間から見た〕自身の他者性を、意識の働きを繰り延べることによって、つまり〔未来へと投射された〕自身の目的を通して〔自己の行動を他者の行動と調整することによって〕、補償しなければならない。自身の志向性を介して〔その点では、意識抜きに機械的に、ではもはやなく〕他者に対する一つの関係を取り結ばねばならないのである。このような構造転換から生じてくる道徳の基礎をまだ求めることができるとすれば、それはただ自由を踏まえることによってだけである。しかしこれは道徳という、〔いかなる分化形態を取る〕全体社会においても生じる事態一般について当てはまるわけではない。〔有機的連帯のもとでの〕第二の道徳が初めて、自由の道徳となるのである。[*15]

この進化論的パースペクティブのもとでは、二類型論が生じてこざるをえない。それによって、別の問題が背景へと退いてしまうことになる。その種の抑圧された問題を、連帯概念の水準では孤独を好むこと（Ungeselligkeit）の固有値という問題として、道徳概念の水準では悪も独自の特質を持つという問題として、指し示すこともできるかもしれない。形式的に見ればここにおいて問題となっているのは、道徳そのものの二項図式をそもそもどう考えるのか、いかにして根拠づけるのかという点である。[★1]

当初は「利己主義と利他主義」として論じられていた事柄に関して言えば、〔本書において〕デュルケムはこの区別を、完全に一八世紀イギリス-スコットランドの道徳哲学の意味において、あらゆる社会性から独立に人間に本性として備わっているものとして、扱っている（S.252ff.〔前掲訳書（上）三三一頁以下〕）。この点はまったくの理論的欠落箇所と見なさねばならない。しかしその欠落こそが、それに続く特定の諸決定を可能にしてもいるのである。すなわち、この二つの根源的特質が理論の中で生命力と動態とをもたらすとすれば、道徳的図式そのものも大幅に単純化されたかたちで提示されうることになる。なるほどデュルケムも、「否定的連帯」という語を用いてはいる。この動揺は、それはそれで興味深くないわけでもない。しかし否定的連帯の概念は、したがってまた否定的なものが特別で固有の特質をもつという論点は、明白に拒絶されているのである。[*16] 否定的連帯は特別な種類の連帯ではなく、いかなる種類の連帯も欠落しているということなのだ云々。デュルケム理論の書体に従うなら、これは道徳に関しても当てはまるはずである。不道徳とは欠落現象なのであり、したがってアノミーと融合していくのである。この理論の中では、悪の快楽が占める場所はない。

概念技法の上から言えばこれは何よりもまず、連帯的／非連帯的、道徳的／不道徳的〔の両項目〕を〔同時に〕表す上位概念が不要になるということを意味している。これは、デュルケムとともに道徳的事実を扱おうとするまさにその場合には、本当に奇妙なこととなる。道徳的な、また不道徳的な行動が〔それぞれ別個に同定可能な〕事実として存在するわけではない、という話になるからだ。両者は一つの総体的概念――「道徳性」ないし「道徳的有意性」と呼べるかもしれない――のうちで包括されうる。存在するのは〔アノミーや悪徳ではなく〕連帯と道徳のみであり、それらは特別な事情のもとでは実現を妨げられることもありうるのだ云々。その点でこの理論はアリストテレス流であり続けている。すなわち否定の欠如的使用で満足しているのである。この理論は、堕落可能性と不完全性とをいくら視野のうちに収めているとしても、全体社会への肯定的な関係を明示している。未来に関しては根本において、〔社会の本質たる連帯＝道徳がやがて実現されるはずだという〕楽観的な雰囲気を漂わせているのである。

多水準問題〔道徳性＝道徳的な行動ないし不道徳的な行動[★2]〕は、一つの肯定性＝実定性（Positivität）――ただしそれは、欠如というかたちでなら否定されうるのだが――へと切り縮められる。この点が、〔連帯を道徳から見て肯定的に〕評定したいという意欲を理論内在的にうまくコントロールできないという事態とも関わってくるのである。こうしてデュルケムはたいていの場合、連帯と道徳とに肯定的に評価された意味を付与する。事実を扱う実証科学へと退却してみても、また道徳に対してどんなに距離を取ってみても――モラリストはそうしていると考えたのだが（S.98〔前掲訳書（上）一〇〇頁〕）――、この意味付与が妨げられる可能性はない。少なくとも、理論がまだ十分に複雑なかたちで設定されていない場合にはそうなのである。集合意識という概念の場合と同様に、〔「良い／劣る」は良いか劣るかという〕自己言及の問題はこうして覆い隠され、連帯と道徳という概念によって一つの問題として《概念的にだけ》解決される。これはすなわち、〔他の概念との〕関係および言明へとフィードバックされることなく、という意味である。そして最後には、この理論に従えばどのみちそうなるのだが、次のような課題が設定されるに至る。《要するに、われわれの第一の義務は、われわれが道徳をわれわれのうちから現実につくることである》（S.480〔前掲訳書（下）二七九頁〕）。社会学はもともと、モラリストがその原理から導き出すものを超えようと欲していた。その社会学が結局は、自らモラリストとなってしまうのである。*17

《4》

道徳がかくも中枢的な位置を占めるのはなぜなのだろうか。私が推測するところでは、それはデュルケムが、自身の中心問題を定式化するに際して曖昧に事を進めているからなのである。

本来なら二つの問いが、少なくとも分析的には区別されねばならなかったはずなのである。第一の問いはこうである。自律的に行動する決定能力を持つ人格が一つの社会関係を、あるいは一つの社会システムを構成するのはいかにしてか。あるいは、「人格が自分自身で行為を選択しうるにもかかわらず、社会秩序が可能であるのはいかにしてか」と言い換えてもよい。もう一つの問いは、「その都度すでに構成されている社会秩序に対して人格が取り結ぶ関係はどのように把握されるべきか」というものである。二つの問いに対して、相互に無関係に解答することなどできないのは、自明の理である。社会学理論は、二つの問題設定の中で、何を社会性として評価するのかという点で、一貫していなければならないからである。しかしだからといって、問題設定そのものを区別することまでもが妨げられるわけではない。区別することで解答の可能性を開かれたままにしておき、あらかじめ《道徳》という解決策へと固定するのを回避することが可能になるからである。

ヨーロッパ旧来の社会哲学では社会的共同体（あるいはGesellschaft, communitas, societas）は諸人格の相互浸透として、友愛として考えられてきた。[*18] デュルケムもまた友愛から、さらには明確にアリストテレスから出発する（S.101〔前掲訳書（上）一〇四頁〕）。したがって彼は、市民は相互に愛し合いまた求め合い、互いを余所者よりも優先する、というように筆を運ぶことができたのである（S.157〔同前一六九頁〕）。この点を踏まえて全体社会は、諸人格の相互への関係の中での連帯として定義される。そして道徳は言わば接着剤となる。連帯は道徳として体験される。全体社会は間人格的関係に留まる。道徳はその平衡錘なのである。

しかしだとすれば、逸脱行動は全体社会の外に位置するという話になってしまわないだろうか。それは厳密な意味で全体社会の外にある、社会的に有意性をもたない行動である、と。諸人格間の関係において反道徳的な、あるいはまたまったく規範から自由な社会性が構成されるということはありえないのだろうか。また、次のような事態もありえないのだろうか。すなわち、間人格的接触のなかで連帯が継続的に再発生していくのであって、その再発生はあらかじめ構成されている道徳にも、すでに頭のなかに存在する集合意識にも帰せられえない。しかしまた（デュルケムが代替選択肢として想定していたように）個人に、独自の働きとして帰属させることもできないのである、と。さらに疑念が生じてくる。社会的なものを独自の事実的世界として想定するのであれば、また進化の中で固体化が増大していくという点を考慮するならば、なおのこと、道徳的に拘束力を持つ集合意識の強化と、相互的な同定という意味での間人格的関係の強化とを区別しなければならないはずではないのか。ルソーはすでにその点を意識していた。クランス[★4]での教育は、分業による巨大社会の中での市民生活への準備とはならない、と。[*19]

これらの論点のゆえにデュルケムの後継者たちは、「社会秩序はいかにして可能となるか」という問題を抽象化して、個人と全体社会との関係についての問いから切り離さざるをえなくなった。一つの解答によって二つの問いを満たすことは、もはやできなくなった。今や二つの解答を相互に関係づける必要が生じるわけである。さらにそこから、友愛による相互作用の理論を抽象化しなければならなくなる（それは古代においてすでにまったく形式的な、多数のタイプを包括するものとなっていたのだが[★5]）。間人格的な、濃密な社会関係の理論は、それだけではまだ社会学一般にとって十分な基礎的構想とはなってくれないのである。パーソンズにとって根本問題はこの種の《ダブル・コンティンジェンシー》の問題であり、[*20]それに対して人格システムと社会システムの関係は、一般行為システムの構造的組成に関する、またその内部での《相互交換》に関する問いとして扱われた。パーソンズの場合、理論のこの二つの部分の間の関係は不明確なままである。[*21]しかし真剣に受け取られるべき理論なら、この区別以前のところへ後退するわけにはいかないのである。

だとすれば、「社会秩序はいかにして可能となるか」という問いへの解答は、単に道徳や集合意識の事実性を引き合いに出すことによっては与えられなくなる。道徳的な問いの現実性と有意性まで否定する必要はないにしても、今や代わって登場してくるのは、象徴的一般化、選択的調整、社会的複雑性の縮減、コミュニケーション・コードといった構想である。これらの構想のいずれにおいても、構造的限定を通してチャンスが増大するという点が強調されているのである。

かくしてわれわれは、再度デュルケム〔の、分業（＝活動の限定）を通して自由が増大するという議論〕へと立ち戻っていくことになる。

《5》

デュルケムの理論のうちに含まれている展望として印象深いのは、総量一定ないし希少性の仮定を打破して増幅関係を描出する可能性という点である。デュルケムの主要な関心は、あるいはおそらくは「理論動機そのものは」と言ってもいいだろうが、個人と全体社会との関係を、両方のリアリティを同時に強化することが可能であるように見えるかたちで把握するという意図のうちに存していた。人格の個人化が、全体社会水準での連帯を犠牲にしつつ進展していくとは限らない。むしろ逆に、両者の増幅プロセスは相互に条件づけあう。両者が可能になるのはただ特定の社会構造を踏まえてのみ、すなわち分業を踏まえてのみのことなのである。そしてその分業のほうもまた両者によって可能になる、というわけだ。後にパーソンズは《組み合わせの利得 combinatorial gain》という語句を用いつつ、その種の利得を可能にする進化上の成果について問うことになる。

一瞥して、この理論が驚くほど洗練された状態にあるのがわかる。件の中心的言明は先験的なものとして扱われはしない。この言明は、理論の基礎のうちに〔最初から〕組み込まれているわけではないし、対象の発展の端緒のうちに萌芽的に埋め込まれてもいない。この言明が提示されるのは、挙示可能な状況の下で経験的に共変化する変数の領域においてなのである。このような配置は、社会学という学科の独自性へと至る道筋の、重要な一歩を記すものだった。アイゼンシュタットは、より普遍的な枠組を踏まえてこの事態を、閉じられた理論構想から開かれたそれへの道として簡潔に描出している。[*22] そこでは最も重要な認識は、当該の理論的文脈の中で、〔前提から自動的に導かれるのではなく、〕自分自身を〔独自の道筋で〕確証するものとして現れてくる——前提および事実と無関係に、という意味ではないが、少なくともそれらを単にトートロジカルに定式化しなおしたものであってはならないのである。だからこそデュルケムの議論によく見られるように、前提からの論証は拒絶される。刑罰を刑罰目的から導出することに対する、あるいは契約の効力を契約は拘束力を持つという規範から導出することに対する、有名な批判を考えてみればよい。それらに代わって登場するのは、深甚な効果を持つ循環である。社会的なものはただ社会的なものによってのみ説明されうるのだ、と。

複数の変数が相互に条件づけあい、より高度な複雑性へと高められていく。この開かれた道筋を、説明を行いうる一つの理論へと定式化しようと欲するなら、「相互に作用する」という単純なテーゼはどうにかして打破されねばならない。それを行うのが進化論なのである。進化論によって独立した要因ないし推進メカニズムが提起されるが、それは〔デュルケムの〕理論構想本体からは十分に切り離されている（したがって、本体の変数に再び依存する、ということはないのである）。

スタート・メカニズムについてはふたつのヴァージョン、ふたつのタイプが議論されている——デュルケムの時代においても今日でも。一方の構想はダーウィンに結びついており、変異のメカニズムを問題にする。[*23] デュルケムから見れば、このヴァージョンを受け入れても展望は開けてこない。社会学においてダーウィンが受容される際には、変異メカニズムは個人に結びつけられてきたからである。個人のメルクマールへの還元は、「独自ノ sui generis リアリティとしての全体社会」というデュルケム理論の根本仮定と矛盾することになる、と。全体社会の進化を、個人による幸福の追求から、あるいは個人の気晴らしへの欲求から生じる副次的効果であると考えるわけにはいかない（第二編、第一章第三節）。それゆえに考慮に値するのは第二のヴァージョンのみである。そこでは説明は大規模な変動を介して、特に人口の変化を、また同時にコミュニケーションの濃密化——例えば都市形成による[*24]——を介してなされる（第二編、第二章）。「大規模変動は分業への移行と相関する」ということについての議論は、強い説得力をもつ。ただし、大規模変動のほうもまた分業を前提とするのではないか、分業なしにはまったく可能でないのではないかという点は、また別の問題である。[*25] しかしこの点を認めねばならないとすれば、本来の意味で原初的な、〔自身から結果として生じる〕効果によって逆に制約されることのないような推進メカニズムを確定することなど、もはやできなくなる。

なおも代替選択肢として残るのは、進化を自己言及的な過程として記述するような進化論を彫琢することだけである。この過程は、自分自身の可能性の条件を自ら形成していくのである、と。

それはともかくデュルケム自身は、コミュニケーションの濃密化と人口増加へと立ち戻ることによって、自分自身を説明する構想——分業が分業を説明する、あるいは発展とは分化の増大《である》——という形式を回避しようと試みる。デュルケムがそうすることによって獲得できたのはとりわけ、複雑性理論の流儀での論証である。[★6] 規模の増大によって、誰もが誰もと〔同時に〕接触できるというわけにはいかなくなる。その結果、同等性を踏まえた連帯の形式は後退していく。それによって今度は、分業の利点を利用する余地が創り出されるのである、と。これは、近年のネオ・ダーウィニズム進化論において初めて知られるようになった定理とほぼ等しい。いわく、組織化された複雑性の形成は、進化過程の本来の意味とはまったく離れたところで生じる副産物である。そしてそれゆえに、説明の対象とはならないのである、と。[*26]

《6》

そこからの帰結は、つまりこの基礎の上に築かれた理論は、周知のところであり、本書を読み通すことによって容易に把握できる。全体社会は、環節的に構造化されており、あらゆる環節の同等性が基礎となっているような状態から、高度に分業化された社会システムへと発展を遂げていく。その際全体社会は、自身の連帯の基礎を同等性から不等性へと転換しなければならなかった。自身の道徳を、またそれに依存した法を、変化させることになったのである。近代社会においても道徳と法は集合意識に基づいている。しかし個人による目標設定も必然的だという点を組み込み、維持しておかねばならないのである。この点を尊重しなければならないという必然性のなかで自由の道徳が、また集合意識を常により抑圧的でないかたちで用いるような法が、発達してくる。その法は集合意識を、以下の三点を承認することへと縮減するのである。すなわち、(1)修復的サンクション、(2)契約形式の非契約的基礎、(3)集合的な拘束力を伴う決定のための権威を備えた行為体、である。

法社会学に関する広範囲に及ぶ（また多くの点で論争の余地のある）帰結について、また個々の点に関する立証については、ここで扱うのは適切ではないだろう。それは、本書を新たに著すことを意味するからである。しかしほとんど明示されることのない、いずれにせよ批判的に取り扱われることはない追加の前提については特に論じておく価値があるだろう。他ならぬその前提こそが、来るべき有機的連帯への、新たな道徳への、専門職的-協働的紐帯の再強化への、デュルケムの希望を支えているからである。

その前提とは、「接触が道徳を生ぜしめる」というものである。これが受け入れられれば、つまり道徳が持つ《係争的 polemogen》[27]側面を無視しつつ「分業によって、生活上必要な接触が多重化されるに至る」ということを認めるならば、全体社会はある種の相互作用によって再健全化されるという予期が、未来へのパースペクティブとして実際に根拠づけられうるように思われてくる。そうなれば近代社会が持つ、そのような発展を阻害する側面は、例えば分業から生じるアノミー的な、不平等を強化する側面は、あるいは資本と労働との両極化は、回避可能な病理状態であると見なされることになる。結局は理論の書体からしてそう考える結果になる。この理論は道徳を実定化＝肯定し(positivieren)、実定性を道徳化する。そして否定的なものは、せいぜいのところ欠如状態として考え合わせることができるにすぎないのである。［この議論の］どこがまちがっているのだろうか。

おそらく大半の読者が驚かされるのは、特にカール・マルクスによって構想された理論から見て驚くべきは、相互作用において道徳を中和するという貨幣メカニズムの帰結が無視されていることだろう。これは分業の概念を一般化したことの、とりわけ労働の概念を経済特殊的に、したがって貨幣との関連のもとで、規定するのを放棄したことの、報いなのである。デュルケムが政治経済学の諸問題を一顧だにせず何ら理解しなかったとまでは言えないだろう。[28] しかし貨幣というものがもたらす構造的効果を、つまり他ならぬマルクス主義理論の出発点を、見過ごしたことのうちに、死角が存していたのはまちがいない。

デュルケム自身の《政治経済学批判》が関わるのは個人の合理性から社会的合理性を導き出すのは誤っているという点にであって、貨幣に定位した経済である《資本主義》によって全体社会が不安定化しバランスを崩すということにではない。マルクス流理論の極端さを共有しないにしても、また搾取する階級と搾取される階級との非対称性こそが中心的だという点から出発しないとしても、反対の極もまた疑わしい。すなわち〔デュルケムにおいては〕重要な労働すべては実際上貨幣によって媒介されているという点が、また道徳によって結びつけられた相互作用が広範にわたって、組織および/あるいは貨幣によって結びつけられた相互作用により代替されているという点が、まったく無視されてしまうのである。しかもそれは、分業と道徳との関係をテーマとする理論においてのことだったのだ! 蛇足ながらそこから、デュルケムが労働を扱うのは職業と役割の水準でのみのことであって、労働過程が〔組織および貨幣に依存しつつ〕分単位で細分化されていくことそのものにまでは踏み込まなかったという点も説明できるだろう。

それに対応することだが、労働と資本とのネガティブな連帯という《病理》を説明することにも失敗する〔この点は以前から、純粋に理論内在的な基準からしても指摘されえていた〕。この病理は、その他の点では理論を導いている、〔分業による〕接触〔が連帯をもたらすという〕構造へと差し戻されることはない。そのために必要な貨幣というテーマが欠落しているからである。病理の由来は、機能の分配と自然な才能とが整合していないことにあるとされるのである（第三編第二章第一節）。しかし有機的連帯の発展もその点に依存するはずだと想定しなければならないのであれば、その発展はいかにして達成されるというのだろうか。

デュルケムは、政治経済的などんな問題も、自身の議論において分業の概念を拡張することによって、また交換および契約の原理を制度的な基礎へと差し戻すことによって、克服されるはずだと想定しなければならなかった。しかし以上すべてを重要な認識として受け入れるとしても、それらの制度的基礎がどれくらい強く相互行為を道徳的に拘束するかについては、ただちにはまだ明らかにならない。しかも、接触が有機的連帯を、単なる放棄不可能性という以上の意味において再発生させていくという現実の展望が成り立つのか否か、またそれは全体社会のどの相互行為領域においてのことなのかを見積もろうとする場合、まさにその点こそが問題となるのである。

《7》

デュルケムは、社会学は実証的な、経験的事実に定位する科学であるという観念から出発する。それゆえに社会学は認識理論および方法論の点で、科学性という条件に従わねばならず、その一環として自身の言明を事実を用いて検証しなければならないということになる。したがって、全体社会 - 集合意識 - 連帯 - 道徳 - 法という概念構成は、相互にリアリティ連関を保証しあう指標の連鎖として読まれうるのである。特にデュルケムの法社会学はそれ自体を目的として精錬されたものではなく、集合意識および連帯に関する言明を、容易に到達可能な、客観的な事実を用いて間接的に証明するために役立つはずのものだった。先にも示唆しておいたように原始的な全体社会への退却も、方法論的に見れば、同様の意味を有していたのである。

このような道行きにおいては科学理論というものが独立要因として、一種の立法者として、前提とされている。しかし反対方向に問いを立てることもできる。どのような科学理論なら、デュルケム型の理論をあえて企てることができるのだろうか、と。

この問いに取り組むための鍵となるのは、次の点を観察することである。すなわち、デュルケムは複雑な関係づけ問題を例えば「集合意識」といったコンパクトな概念のうちへと持ち込んでおり、そうすることでその概念を分析を受け付けない抽象として使用し続けていくことができたのである。この理論技法によって多くのものが詰め込まれた事実概念を用いねばならなくなり、それに対応する《社会的事実 faits sociaux》を想定することも強いられる。特別な社会的事実というテーゼは、心理学と生物学に対する境界づけのために役立つ。また社会学を自然科学と並行する状態に置いてもくれる。自然科学が扱うのもやはり、世界の特別な断片、特別な事実なのだ、と。しかしそこではある重要な次元が無視されてしまっている。百年後には社会学は、その次元をもはや無視することができなくなるのである。

科学史的に見れば自然科学の発展は、事実に関する、また生活世界の明証性に関する分解能力が徐々に、そしてその後急速に増大していくということに帰せられうる。[*29] 最終的な（その時点において分解不可能な）要素があって、それらを関係づけさえすればよいという想定は、〔さらに微細な要素が発見されることにより〕より深いところに移されていく。それによって世界がいかに複雑であるか、世界がいかに選択的に組み立てられているかも、より意識されていく。世界の関係構造を理論的に再構成せよという要求も強まっていく。それに対応するだけの理論の能力が充分に展望できる場合に初めて科学は、その時点の理論の現状において統一体＝単位として働いているものを、〔さらに微細な〕単位間の諸関係へと分解する試みをあえてなしうるのである。例えば亜原子領域にまで突き進んだり、細胞を小さな、しかし高度に複雑な化学工場として分析したり、というようにである。

二〇世紀の社会学は、おそらくは十分な理論的確証なしに、それゆえに同時に多方向に向かって、分解し再結合するというこの道を歩んできた。人間から役割へ、人間から行為へ、人間から人格および社会システムへ、というようにである。その成果とそこから生じる問題とをここで呈示することは、いや示唆することすら、できない。いずれにせよこの過程によって社会学の古典の理論形式と論証様式は掘り崩されてしまった。とくにデュルケムのそれが、である。デュルケムが挙げる諸概念と諸事実とは、〔今日では、さらに分解されるべき〕高度な集積物として立ち現れてくる。この集積水準〔に固執すること〕によって、生活世界における馴染みあるものに依拠することが、簡潔であるにもかかわらず了解できる論述が、予備知識なしの講義が、明示的にあるいは暗黙裏に日常的な言語の用法とあらゆることに関する知識とを引き合いに出すことが、可能になりはする。しかしその意味で古典的理論は、社会学を日常言語とその説得手段とに拘束することによって、この学科の分出の過程にブレーキをかける結果にもなる。特別な問題設定を定式化すること、中心的言明が含んでいる概念構造を変数化することは確かに科学史の過程における最初の一歩であり、それがデュルケムの時代においては古典的形式を可能にしたのだった。しかしそこにすでに、それらをさらに分解していくための萌芽が含まれていたのである。

第二章　社会学的パースペクティブから見た規範

現在においても至る所で周知のものとされている見解によれば、法学と社会学は当為と存在の差異に従って分離されるのだということになる。[*1] しかしこの分離は貫徹不可能である。人間の行為を対象とするあらゆる科学においては、当為および存在が主題とならざるをえないからである。今日では法理論はこの点を認めている。[*2] しかし社会学にとってはこの洞察は依然として改めて追加され、根拠づけられるべきものなのである。[*3]

この企てを、非歴史的な《自然法の復興》という方向へと向けてはならない。その道は、自然法が崩壊した理由を無視してきたからである。[*4] もっとも崩壊の根拠を引き合いに出すことは、そしてその意味で、自然法について語ることも、可能ではある。

ヨーロッパ旧来の自然法の核心は、「法は人間の自然＝本性によって、また人間たちが共に生活することによって、常に既に与えられている」というテーゼのうちに存している。しかもそれは、特定の状況との関連で行為に対してそこかしこで必要とされる規制としてだけではない。規制と並んで法から自由な領域が（例えば真理の領域ないし愛の領域が）存在する、というわけではないのである。むしろ自然法は、人間性そのものを達成し完成するための条件だとされた。〔この議論において〕疑わしいのは、存在と当為が短絡されており、それが論理的に維持しがたいという点ではなく、根本的仮定と規範の存続とがあまりにも緊密に融合されているという点、問題があまりにも具体的な水準に貼り付けられているという点にある。より古い自然法的思考から見れば、当為が体験されうるのはただ具体的に、規範そのものの特質としてのみのことだった〔空間と時間が体験されうるのは物そのものによって、またその運動によってであるのと同様に〕。それゆえにこの思考にとっては、人間の生は法との連関なしには考えられないという事態が、特定の規範在庫の、他ならぬ自然法の、普遍的妥当として現れてこざるをえなかった。かくして規範性のうちにすでに規範が存しており、当為の普遍性によってすでに当為の特定の内容が〔どんな社会や時代においても〕等しいものであることが根拠づけられる、という話になる。そこではこの連関が論理的推論として、ましてや誤謬推論として、可視化されることはなかったものと思われる。

今日でも、当為に関して形式的な、内容から切り離された概念が用いられる場合には、法律家は規範が持つ当為という特質の背後にまで遡って問うことはしない〔この点ではモラリストと変わらない〕。〔規範という〕この概念の統一性の〔想定の〕中で、当為の特質を所与として受け入れるのである。[*5] 法律家にとって当為は、体験の中で挙示されうる、しかしより詳細に定義したりさらに解明することはできないような、根本概念として働いているのである。例えば法律家は、「そもそも何のための当為なのか」「当為なしではやっていけないのか」「いかにして当為の替わりを見つければよいのか」などと問いかけはしないのである。法律家にとって当為への問いが行き着く先は、より高い特質をもつ規範、当為の最終的な原理でしかない。つまりは、ほとんどそれ自体として正しい当為を特質づけるような言明でしかないのである。エミール・デュルケムもすでにそう指摘しうる地点にまで至っていた。その種の最高位の道徳原理は、ある特定の社会の道徳が実際に何であるかについては、何も明らかにしてくれないではないか。明らかになるのはせいぜいのところ、モラリストが道徳をどのように観念しているかということだけである、と。[*6] 当為ないし妥当を表す特別な概念を抽出することも、確かに重要ではある。より高次の、最終的な、無条件に妥当する規範を探究するための導きの糸としてこの概念が用いられている限り、それは依然として、自然法に関する問いを立てるために役立つのである。そうすればこの問いを掲げ続けることができる。自然法の消失を記録することはできても、〔消失を問題として扱うことを〕片づけてしまうわけにはいかない、と。

自然法の位階に相当する一つの立場を再確立するためには、自然法における《自然》だったものを別のものにうまく置き換えねばならない。[*7]「人間が手を携えて生きていくためには、規範への定位が必要である」というテーゼは、別様に根拠づけられねばならないはずなのである。自然概念によって根拠づけは、あまりにも具体的なかたちで固定されてきた。その種の根拠づけは、「人間は変化しえない自然＝本性を有する」という維持しがたい仮定を用いることによって、内容上あらゆる人間にとって等しい一つの規範状態へと向かっていく。これが誤謬として認められるのであれば、自然法のうちで緊密に結びついていた根拠づけ関係を相互に引き離すという発想が生じてくるだろう。そうすれば自然法への批判からは、より抽象的で二段階にわたる問題設定が導かれることになる。

何よりもまず、規範的当為そのものの機能について、従来よりも根底的に考察してみなければならない。論理的な、また概念的な分析によっては、大した成果は得られない。近年におけるその種の試みの一つは、拘束性を拘束的でないものとして説明することで終わってしまっている。[*8]当為そのものが、より高次の規範から導出されるわけでもない。当為は、人間が自身を世界へと関係づける、その道筋と結びついて生じる問題を解決する。それゆえに規範の根拠づけがなされるのは、その存在様式のうちででも、当為として受け取られること（Gesolltheit）においてでもなく、その機能的代替不可能性においてなのである。本章《**1**》節は、この機能を、またこの機能を満たし、それゆえに当為の観念によって象徴されることになるメカニズムを、解明するために当てられるだろう。

その際、どんな規範が存在するのかという点はまったく未決のままとなる。問題から〔特定の〕問題解決を、機能から〔特定の〕構造と過程を導き出すことはできないからである。われわれの分析は、内容的・倫理的な言質を与えることを完全に回避するものの、「社会システムが規範を形成し構造として用いることができるのはどのような観点のもとでなのか、そこで解決されるべきはどんな個別問題なのか」という点に関して、いくらかの手がかりをもたらしてくれるはずである。本章の《2》節では、この問題を論じることにする。諸規範の組成を安定化するための条件は、この上なく入り組んだものであり、その点だけからしてすでに恣意性は排除される。したがって仮にあらゆることが許されているとしても、長期的にもあらゆることが可能であるというわけにはいかなくなる。人間が食事をすることを許容する、あるいは命じさえするような規範も、まったく存在しうる。しかしそれには、食べてよい人間とよくない人間とを分化させる規則が付されねばならないだろうし、また所与の身分秩序と一致するかたちで実行するのを保証する規定も必要となるのである。

《1》

1 世界の中での人間の実存という基礎条件にまで遡るなら、出発点となる事実として、ある時点で意識される知覚と情報処理のための潜在能力が、きわめて狭い範囲に限定されているということが挙げられるだろう。各人に与えられているこの注意範囲のなかでは、人間の体験と行為を十分に調整することはできない。意識の現実性は瞬間的なものでしかない。それに頼って社会的一致を打ち立てようとすれば、まったくの偶然に行き着いてしまうことになろう。同じことを考えている者どうしの出会い、瞬時の思いつき、説得力ある即興に委ねられてしまうのである。*9 合致がより高度でより信頼できるかたちで蓋然性の高いものとなりうるためには、その都度現時的な体験の予期地平が付加されて、行動が予期を介して調整されるようになる必要がある。行動予期の安定化を通して、相互に一致しうる行為の数が、またしたがってそもそも可能な行為の数が、きわめて大きなものへと膨れあがっていく。かくして諸可能性のより大きなレパートリーからの選択が可能になり、人間の社会が持つ適応能力は、他の生物が達成可能なものをはるかに超えて高まっていくのである。

しかし進化上のこの成果は、その原理の中にリスクをも含み持っている。そのリスクを引き受け、保存可能な問題解決策へと鍛え上げねばならないのである。体験内容は現時的に、したがって明証的かつ確実に、与えられている。われわれはそこから出発できるのだが、他の諸可能性への参照がなされていることにも気づくはずである。その諸可能性を予期へとまとめ上げる〔学習する〕こともできる。しかしまたこの参照は複雑かつ偶発的でもある。複雑であるのは、現時化されうる以上の諸可能性が常に示されているからである。偶発的であるのは、体験の他の可能性を挙示することは、〔挙示された体験が生じるだろうとの予期が〕欺かれる可能性を含んでいるからだ。そこで示されるものは存在しないかもしれないし、達成不可能なものかもしれない。あるいは、現時の体験に関して必要な備えをなそうとしたが〔例えば、待ち合わせの場所に行ってみたが〕当のものはもはやそこにはないということもありうるではないか。複雑性と偶発性は予期がもたらす過剰要求とリスクであるが、それを除去してしまうことはできない。除去すればより高度の選択性という利点も、同時に抹消されてしまうだろうからだ。しかしこの過剰要求とリスクを、行動への耐えうる負荷に変形することはできる。除去不可能なリスクは予期そのもののうちで保持され、言わば予期の意味のうちへと溶かし込まれねばならないのである。そのための補助となってくれるのが、「「これまでは常にそうだった」という」想起によって予期を確証することであり、また機能的にそれと等価な、一つの当為という相のもとで〔すなわち、この予期は実現されるべきである。として〕予期を象徴化することであるように思われる。確証されたものと当為として受け取られたものにより、未知の諸可能性の氾濫の中に一つの選択的構造が据えられる。それに依拠し、そこに籠もって自身を守ることができるのである。[*10] このような予期の確かさは、あらゆる確かさの先行条件であり、〔予期が〕満たされることの確かさよりも、比べものにならないくらい重要である。自分が何を予期しうるのかを知っている者は、その予期が実現されうるのか否かに関する不確実性に、相当の程度耐えることができるのである。[*11]

複雑性と偶発性という過剰負担は、他の人間へと向けられた行動予期のみならず、人間の体験一般をも特徴づけるものである。それによって際立ってくる問題状況をめぐって、体験を処理し自身を動機づけるための独特の構造が発展していく。この形式は外界の印象、衝動の解放、刺激、充足からの、ある程度の独立性を獲得する。つまり外界に抗して、内的に条件づけられた確定性を主張するのである。[*12] そこでは自己確認、反復的に使用可能な規則の抽出、それに適合する体験の抽出という技法が、直接的な確証に一部取って代わることになる。こうして、環境に対して選択的に行動する、ある程度の自由が与えられもする。この制御水準において予期を確定し、違背が生じた場合には、予期する者の側でそれに対して二重の可能性を保持しておくことも可能になる——予期を変更するかそれとも変更しないか、学ぶかそれとも学ばないか、というように。学ぶこともできるが、学ばねばならないというわけではないのである。

2　過剰な複雑性と偶発性という圧力は一般的なものであり、それによって自己動機づけ、情報処理、学習の余地の内的構造が形成されてくることになる。他の人間に直面する場合には、この圧力を特に先鋭に跡づけることができる。予期する者の環境の中に他の、その者と同様なシステムが登場することによって、世界は複雑性の新たな次元を獲得する。そこには新たなチャンスとリスクとが含まれており、それらを利用し克服するために特別な要求が課せられるのである。[*13] チャンスが存しているのは、他者のパースペクティブを引き受け、他者の目でものを見て、〔他者に〕報告させ、そうすることで実質的な時間支出なしで自身の体験地平を拡張するという可能性のうちにである。[*14] リスクが潜んでいるのはこの引き受けが、他者は私と同様であるという前提を踏まえることによってのみ、生じうるという点においてである。他の我（alter ego）としての他者は、自身の行動を自由に変化させるものとして現れてくる。体験する者〔＝我〕とまったく同様に、自分を自由だと感じるのである。あるいは誇張表現になるかもしれないが、他者のパースペクティブに依拠することの代価は、他者が信用できないという点なのである。
　この問題状況との関連の中で、新たな問題解決が発展してくる。それを予期の再帰化として性格づけることができるだろう。[*15] 予期する者は他者の行動のみならず他者の予期を、とりわけ自分自身に向けられた〔他者の〕予期を、予期することを学ばねばならない。自然界と相対する場合とは異なって、人間たちのもとでの適応は、学習された行動予期だけでなく、学習された予期の予期をも介して成し遂げられる。そして適応は、より抽象的なこの水準において、心理的および社会的に整備されるのである。[*16] およそ人間を人間として考慮するのであれば、どんな行動のためにも予期を予期することが必要である。秩序を維持するためであれ秩序を壊すためであれ、協調のためであれコンフリクトのためであれ、この点は何ら変わらない。[*17] それは規範形成の（それだけの、というわけではないが）基礎となるのである。

他者の予期を読み取り、学習し、そうすることで自ら〔他者の予期を〕予期できるようになった者にとっては、他者の予期を共に予期することを通して、次のような状態に至ることになる。すなわちその者にとって環境は多数の代替選択肢を備えたものとして、にもかかわらず予期外れからより自由なものとして、体験されるのである。〔今や〕その者は必要な行動決定を、それが自身の動機づけとあまりにも衝突してしまうことがない限り、内的に実行できる。これはすなわち、広範囲にわたってコミュニケーションなしに、ということである。そこに、適応のための時間を相当に切り縮めるチャンスが存している。そしてそれによって、きわめて複雑な、行動という点で開かれた社会システムの枠内で〔他者と〕共に生きていくことが可能になるのである。時間を要する、難点を孕む〔自身の以後の〕描出を拘束することになるがゆえに[★1] コミュニケーション過程は、一定の定められた時点まで保留しておけばよい。その時点については、前提とされる予期コンセンサスを踏まえつつ、状況に即してテーマとして取り上げたり、変更したりできるのである。さらに、他者の予期の中へのこの種の移入を踏まえれば、コンセンサスの力を持つ規則とシンボルを抽出することも可能になる。そうすればその中では、さまざまな行動を予見することができるのである。例えば《来客受付時間は日曜の一一時から一二時三〇分まで》といったものを考えてみればよい。この種の規則は学習されうるし、定位のための同一の前提として用いることができる。そこから出発しつつ、状況およびパートナーに応じて予期を形成し、論証によってそれを支えることも可能になるのである。

今述べた働きは、再帰性の第三の水準までもが包含される場合には、いっそう多くの利得をもたらすものとなる。第三の水準とは、予期の予期を予期することである。これが人工的に聞こえるのは、理論的事後構成の中でだけである。実践においてはこの三段階の再帰性はまったく実行可能である。例えば主婦は、自分の夫が夕食について予期しているのは冷たい料理であって温かい料理ではないということを予期している。[★2] 夫のほうもこの予期の予期を同時に予期できねばならない。そうしてこそ夫は、次の点に注意を向けることもできるようになる。すなわち自分が暖かい料理を望むならそれは〔主婦によって〕予期されていないことになり、面倒を引き起こすのみならず、夫の予期に関する主婦の予期を混乱させもする。それがくり返されれば、きわめて広範囲にわたる不確実性が生じてくるかもしれないのである。三段階に及ぶこの再帰性によって、速やかで思慮深い了解が、コミュニケーション抜きで可能になる。この了解は、予期のみならずパートナーの予期の確実さをも顧慮の領域へと引き入れるのである。ただしそれに対応して錯誤のリスクも高まることになる。このリスクが狭い範囲に限定されるのは、きわめて小規模な社会システムにおいてだけである。

自身の予期構造の統一的綜合のなかに他者の予期を、あるいは予期の予期をすら組み入れようとするなら、当為の脱人称化が必要になる。そうなると当為のほうも、誰もが実際に同意しているか否かとは無関係に立てられることになる。[*18] 当為は、願望や指令などとは異なって、匿名的で客観的な掟として体験される。さもなければ他者一般による本来的になされるべき予期としてではなく、〔特定の他者によって〕外的に課せられた要求としてしか体験されないという話になるだろう。それゆえに当為の客観性は、個々の主体の中で予期が統合されるための必需品であり、規範を描出するために必要な要素なのである。しかしこのような意味での客観性はさしあたり、主観的な、要請的な性格をもつにすぎない。制度化がどれくらい成功するかは、別の問題なのである。

脱人称化された、当為の形式で設定された規則によって、事実的な予期連関――関連する共体験者すべての側での予期を、あらゆる点に関して予期すること――がもつ恐ろしく込み入った、見透しがたい組成を、体験のなかで辿り直してみる（そこには錯誤のリスクが含まれることになる）必要などなくなる。その代わりに一つの象徴的な略語に定位すればよい。この略語によって通常の場合、予期することの統合が摩擦なしに成し遂げられ、他の人間を誤って解釈するというリスクが吸収されるのである。他方で実際の体験の中では一定の場合には、このように形成された規範を掘り崩すことが常にくり返し可能となる。それはすなわち、予期ないし予期の予期を適切に予期でき、その点で互いを理解できる場合であり、その場合のみである。そうなれば、規範を変更したり、修正する、あるいは規範から逸脱する、行動のための基礎を獲得できるからだ。[*19] 規範の《妥当》は、すべての人のあらゆる予期に関して、どの時点でもそうすることができるわけではないという点に、依拠しているのである。[*20]

3 以上の考察の核心を、次のように要約することもできよう。他者の予期を共予期することによって、予期する者は適応を自身の状態への反応として、したがってより容易かつ速やかに、実行できるようになる。この利点は自身の予期構造のうちに他者の予期を包含することに基づいている。すなわち、自身の予期と整合するかたちで他者の予期を共予期することに、である（それはある種の僭称にすぎないのだが）。予期領野は、他者の予期を含んでいるにもかかわらず、自身の予期と調和するものとなる。他の人間には予期された行動のみならず、それに適合する予期姿勢までもが要求される。他者は〔自我の行動に対して〕相補的に行動するのみならず、相補的に予期もすべきである。他者の予期をこのように包含することによって初めて、予期の確実性が保証される。そうしてこそ、他の人間が、当該の予期を満たす気でいる者として、仮定されることになるからである。

これは込み入っているように見えるかもしれないが、自明の事柄でもある。自身の婚約者に関して、〔私と〕結婚はするだろうが、同時にまた婚姻関係を取り結ぶことを予期していないと認めるだろう、あるいはその余地があるだろうなどと真面目に予期することなどできないではないか。このような矛盾したイメージを保持してはおけず、一方かあるいは他方かの方向へと決定が強いられることになる。自明なこの事態の背後にあるのは、認知的不協和という形式に潜む過剰な複雑性を回避せよとの圧力である。*21〔先に「僭称」と呼んだ〕危険なほど斉一的なあの予期像が生じてくるのは——そして絶え間なく予期が裏切られることになるのは——まさにこの圧力からなのである。

予期が外れるというこの負担は、予期構造に伴う、調和へと向かう選択性によって条件づけられているがゆえに、原理的に不可避である。*22裏切られることに反応できるよう、予期する者が用いうるあの二つの対照的な戦略が、すなわち学ぶことと学ばないこととが存在しなければ、裏切られるのは耐え難い事柄となるだろう。成功の秘訣は、対照的なものが、裏切られたという事態を処理するという同じ機能を満たしうるという点に存している。学ぶことと学ばないこととは、この点に関しては機能的に等価なのである。それによって、どの事例に関しても容易に一つの解決策を見いだせるようになる。予期の重要さに、また予期を押し通すチャンスに応じて、固持するかそれとも放棄するかを決定できるのである。

この選択は、予期の再帰性によって制御可能になる。私は、他者に関する私の予期を、他者の予期が私の予期構造にとって何を意味するかに応じて、組み替えることもできれば固持することもできる。私は他者と体験を共有しつつ、他者が自分自身について、したがってまた私について予期している仕方に倣うこともできる。しかしそうすることに耐えられない場合には、私は他者に関する自分自身の予期を抗事実的に固持してもよい。他者が今現に予期している事柄は、私が自分自身について予期できるために必要なものとはなっていないないのだから、と。言い換えれば私は、自分が反応するための主要な基礎を、私に関する他者の予期のうちに求めてもよいし、他者に関する私の予期のうちに求めることもできるのである。前者の場合なら〔相手の予期から〕学びつつ―同調的に―〔相手の予期を、自分なりに取り入れるために〕描出しつつ－〔自分の予期を、相手の予期に合わせるよう〕操作しつつ、後者の場合なら規範づけつつ－〔相手のほうが予期を修正すべきだと〕要求しつつ－忠告しつつ－〔相手の予期は、自分の予期と一致しているがゆえに正しいと〕賞賛しつつ－〔その逆だからと〕非難しつつふるまうことになる。

多くの心理学者たちに顕著に見られる傾向として、今述べた第二の戦略が、つまり他者に関する自身の予期を固持することが、病理的であると、あるいは少なくとも発達不全と見なされがちであることが挙げられる。それゆえに、二つの戦略が同等の価値を持つとは見なされないのである。[*23] そう見なすのが、心的システムの安定化という見地からして利点を持っていないのかどうかについては、不明である。特徴的なのは心理学者が、独力で学ぼうとする態度のみを考慮に入れているという点である。同じ戦略を選ぶにしても、現行の道徳、制度、法に依拠する行動までもが考えられているわけではない。そこから明らかになるように社会的規範によって初めて、学習しないことが承認された、リスクを伴わない、成功をもたらす戦略へと、変換されるのである。社会的規範によって初めて、学ばないことは脱病理化されるわけだ。心的システムが抗事実的に安定化されるためには、社会的庇護が必要なのである。

こう定式化することもできる。社会システムは、学ぶかそれとも学ばないかという、かくも重要なこの決定を、心的システムの統合メカニズムのみに委ねておくわけにはいかないのだ、と。私が〔大学が雇った〕新しい秘書を受け入れるとしよう。私は〔その秘書に関して、どの点を〕学ぶか学ばないかという決定を、社会的にあらかじめ規制しておくことになる。秘書の容貌に関しては学ぶ用意をしつつ予期する。ブロンドを予期していたが、やってきたのは黒髪だったとする。その場合には、髪を染めるよう要求することなどできない。しかし仕事に関する予期については、学ぶつもりなどない。私の予期を、秘書のほうで選んだ仕事の水準に合わせるわけにはいかないのである。

この社会的制御のために用いられるのが、われわれがすでに論じたあのメカニズムである。すなわちこの制御は、予期を予期する可能性に——前段落の例で言えば、秘書に対する私の予期を〔秘書の側で〕予期することに、また学ぶ用意のある予期と学ぶつもりのない予期とを分化させることに、依拠しているのである。私の予期が一部は学ぶ用意があり、一部は学ぶつもりがないということを、〔秘書の側では〕学ぶつもりで予期する、というように。この組成が示しているのは、心的システムと社会システムの安定化のためには共通の基礎的要因が用いられるのであって、したがって完全に分離することはできないという点である。有意味に予期されうる相互行為という領域の中でのシステム形成を通して初めて、心的システムと社会システムが相互に分離する。そしてこの二つのシステムとの関連において、心理学と社会学が分離することになるのである。[*24] とはいえ両方のシステムにおいて同時に用いられる、有意味な体験処理の基礎的なメカニズムが存在する。つまりそれらのメカニズムは、抽象的にかつシステム言及抜きに考えるならば、心的なものとしても社会的なものとしても性格づけられないのである。今述べたような種類のメカニズムを顧慮することなしには、社会システムにとっての規範の機能も心的システムにとってのそれも、把握されえないだろう。[*25]

4　ヨハン・ガルトゥング[★3]の提案に倣って、[*26] 学ぶ用意をしつつ予期された予期を認知的予期と呼び、それに対して、学ぶつもりなしに予期された予期を規範的予期と呼ぶこともできよう。

予期の、また行動のこの二つのスタイルのどちらを採るかを事例ごとに、状況に依存するかたちで決定することが許されるのは、ただ限られた範囲においてのことにすぎない。この点についての決定はそれ自体、完全に内的に規定された規則と蓋然性に従うのであり、重要なケースに関しては予期する者自身にとっても、他者にとっても予見可能なのである。学ぶか学ばないかの決定は、生じうる予期外れとの関連で言わば先取りされる。予期構造の中へと組み込まれ、予期の中で共予期され、予期のスタイルの中で告知されもするのである。そうなれば特定の予期に関して、予期外れが生じた場合にそれを修正することになるのか否かを、前もって確定しておける。この確定によって、予期外れに直面しても、ただちに行為を準備できるのである。各人にとってこの決定は広範囲にわたって——完全に、というわけでは決してないが——社会システムを通して与えられている。《世人 man》は、予期というものは認知的に、さもなければ規範的になされるはずだと規範的に予期しているのである。

存在するのは、学ぶかそれとも学ばないかという、この二つの反応可能性のみであるからこそ、当該の区別は一義的に定義されうる。「存在と当為」という、存在論的なものにまで絶対化された二分法の根底にあるのは、またその完全性を証しているのは、この区別なのである。第三のタイプは存在しない。しかし一方か他方かのタイプへと一義的に帰属されることのない、事実的予期の広範な領域も存在する。すなわち学ぶか学ばないかの決定を言わば未決にしておくような、あるいは躊躇しつつ修正の用意をしながら予告するような、予期の領域である。そもそも予期外れというものはどれも、あるいは極端に言えばあらゆる経験は、現実像の修正を引き起こす。生きるということは世界を継続的に再構成していくことなのである。込み入ったかたちで構造化された意味投企と自己同定によって初めて、規範的予期と認知的予期とを、特殊的に統制された学習の用意という基準に従って区別することが可能になる。心理学の研究によっても民族学の研究によっても、予期を安定化させる基礎的で原初的な形式は、二つのスタイルの混合のうちに求められるということが示されている。この形式は、予期外れが生じるたびに覆されるようなことはない。しかし他方で必要な適応を閉め出してしまうというわけでもない。純粋に規範的な、あるいは純粋に認知的な予期からは、大きなリスクが生じてくる。すなわち、現時点では未知の状況のために他方の処置可能性を保持しておくことが、最初からできなくなってしまうのである。誰もこのようなリスクには、必要がなければあえて手を出さないだろうし、またあえて手を出すには特殊な保障が必要になる。認知的予期と規範的予期の分化（それは存在と当為の分離によって象徴される）は進化上の達成物であり、かなりの程度複雑な社会においてのみ必要とされ、形成されるものであるように思われる。

認知的予期と規範的予期の分離が制度化されうる程度に応じて、システムと過程の機能的な特化がそれに結びつくことも可能になる。規範的予期を後見する特別の役割が、きわめて早い段階から存在していた。裁判官という役割である。裁判官は予期外れの事例のために設けられたのであり、外れた予期を固持し貫徹することを全体社会におけるコンセンサス可能性と統合することを仕事とする。認知的予期に関しては近時に至るまで、それに対応する役割分化は生じてこなかった。なるほど賢者、予言者、教師といった知識人役割の歴史は、はるか昔にまで遡ることができる。[*27] しかしそれらの人々が行ってきたのは、わずかの例外を別にすれば、伝承されてきた知を継承することと、予期外れに関する説明を行うこと、つまり予期を擬似規範的なかたちで定常に保とうとすることだけだったのである。彼らの仕事は、現実に適応しつつ、「予期の構造を変更する」という意味での学習を容易にすることだったのだが、それは予期の認知的スタイルから引き出されたものではなかったわけだ。全体社会水準での[★4]役割発展のこの不均等によって、心理学的な根拠からもすでに推測されうる事柄が、きわめて明白に証明される。予期外れを契機として学ぶことなど、うまくはできないものなのである。それゆえに、規範的に予期し予期外れを除去することへの、ある種自然な選好が存在するのである。適応的学習過程が予期外れの場合とは独立して組織化されうるようになって初めて、認知的予期は規範的予期と同程度にまで、この予期のために分化した役割によって庇護されるようになる。そうなって初めて、大規模な様式での科学研究が投入される。それによって初めて、規範的予期と認知的予期の分化が、全体社会組成の基本的な構造原理となるのである。

さらに次の点も考慮されねばならない。予期様式のこの分化と、それぞれに帰せられる部分システムおよび過程とに伴って、予期同定のより抽象的な形式が発展してくることにもなる。前者は後者を前提とするし、また要求しもするのである。〔今や〕予期は概念と規則とに定位し、そこから場合ごとに具体化されてくる。予期は概念連関の一貫性のうちに、自身の根拠を見いだすのである。それによって〔その予期から生じる〕社会的な影響とコンセンサスのチャンス〔の有無〕とをある程度無視できるようになる。その分だけ、当の概念システムによって、またその中で、仕事を行う役割の機能的特化が容易になるわけだ。ヨーロッパの伝統の端緒においては、例えばさまざまに解釈されてきたアナクシマンドロスによる警句のなかでは、[*28] 世界秩序は法として現れてきていた。それに対して今日では法規範の概念的に秩序づけられたシステムが、世界がどのようにできているかを扱う科学的理論とは完全に分離されているのがわかる。二つの概念システムそれぞれの内的整合性は、両者の間の整合性を放棄することによって達成されている。この事態が映し出しているのは、規範的予期が用いる自己確証の用具は、認知的予期のそれとは異なっているという点なのである。

5　それゆえに予期の規範的様式化が表現しているのは、学ばないという確たる姿勢なのである。規範とは抗事実的に安定化された予期である。そこでも、予期外れの場合がありうるものと見込まれている。われわれが居る世界は複雑で偶発的なものだということがわかっているからである。しかし予期外れはあらかじめ、予期にとっては無関係だと宣明される。予期は、自身が予期される〔はずだ〕との権利を通して自身を動機づけ、根拠づける〔と、予期する者は短絡的に観念する〕。予期外れの場合において予期を貫徹することは、この権利によって支えられるのである。〔しかし、学ばないという姿勢がまずあって、そこから権利が派生してくるという〕真なる事態を明らかにすることも、論証することも不可能である。「私は学ぶことができない。それゆえに君はこれこれの行為をするべきだ、あるいはしないでおくべきだ」、と〔明示するわけにはいかない〕。そんなことをすれば、にもかかわらず学ぶという代替選択肢の存在が、あまりにも明らかになってしまうであろうから。むしろ〔君はこうすべきだという〕この要求は、それ自体として根拠づけられねばならない。あるいは、より高次の規範から導出されねばならない。つまりいずれにせよ、当為内在的に描出されねばならないわけだ。学ばないという確たる姿勢は、そのものとしては表に出てきてはならないのである。

現実に対するこの短絡的な、学ぶ可能性を脱落させる（明確に否定するわけではないとしても）視角は予期の再帰性によって、また再帰性が持つ調和させる効果によって、可能になる。しかしそれだけでは十分ではない。予期を予期するこの可能性に加えて、また認知的予期と規範的予期との十分な分化に加えて、予期外れの場合に特定の解釈と行動とを支えてくれるものが保証されねばならない。予期する者は、それが外れた場合には、自身の予期を貫徹するとは言わないまでも、少なくとも予期として保持できるという可能性を見込んでおかねばならないのである。その予期は、予期外れが生じた場合においても、予期する者の自己描出の要素として、またそれ以降の行動の基礎として、通用し続けねばならない。失敗として、錯誤として、非難されるべき素朴さとして、示されるようなことがおよそあってはならず、世界のなかに居場所と意味連関とを見いだされねばならない。そしてこの固持可能性もまた予期されえねばならないのである。さもなければ予期する者は、リアリティに抗いうる状態にあるなどと感じることはまずできないだろう。

大まかに言えばそのために必要な助力は、二つのグループに分類できる。一つは予期外れを説明することであり、もう一つは〔特定の〕行動様式、とりわけサンクションである。後者は、傷つけられた予期が保持されるということを表現するものである。[*29] 予期が外れれば常に予期はかき乱される。しかし予期外れが予期とは関係のない出来事として説明されるのであれば、予期は引き続き妥当していける。言わば予期外れは、外部から予期へと侵入してきた例外に留まることになるわけだ。〔予期外れに対して〕このように距離を取る一つの可能性は、予期外れを超自然的な力の作用へと帰すことである。魔術として、死者の復讐として、神による正当な罰として、把握すればよい。もう一つ別の説明が狙いを定めるのは、予期に反して行為する者の悪意、罪過に対してである。より近代的な可能性は、擬似科学的な諸概念によって与えられる。予期外れは行為する者がもつ《コンプレックス》に、その階級状態に、システムの強制に帰せられる。《官僚制》《政治家》《今どきの若者》《資本家と独占的支配者》などのネガティブなステレオタイプ化も同様の機能を果たしている。

この種の予期外れの説明は、さらに詳しく分類され探査される必要があろう。それらを区別する基準としては、そこで前提とされる信念体系が——例えば魔術が、宗教が、科学が——「予期外れは私には関係ない」のを同時にどれくらい説明してくれるかという点がある。あるいは認知的予期と規範的予期の分化がどのくらい可能になっているかでもよい。また予期する者自身にどれくらい負担を課すかということもある。これらの問題のうちいくつかについては、**《2》**節**5**で再度論じることにする。とりあえずここで興味深いのは、共通の事柄のほうである。どのケースでも、説明によって当該の行為は予期から切り離されて、予期外れの特定の原因へと帰せられる。その原因と戦えばよい、というわけだ。説明によって、予期を放棄することなく、にもかかわらず予期外れを考慮できるという行動が可能になる。予期が外れた者が、予期外れの特定の原因を取り除こうと試みる場合もあれば、その原因がその人の影響が及ぶ範囲外にあるものとして体験され、それゆえに反応はルサンチマンを募らせるというかたちにしかならない場合もあるだろうが。

まったく反応しないでやっていくことはできない。予期外れを克服しうる最善の道は、予期外れにあった者が、目に見えるように自身の予期に固執することである。そのためには〔引き続いて〕予期を行為の中で表明していけばよい。ただし二方向において危険が生じてくることにもなる。継続的に外れ続ける予期は、対抗表現を見いだせないまま、色あせてしまうかもしれない。気づかれないまま予期外れが学習され、最後には予期外れが馴染みのものとなり、もともと予期されていた事柄は時折想起されるだけになってしまう。この過程は、他の人々もその予期外れを目にすることによって促進される、というよりもその時点で発生することになる。そうなれば頑張り通すか見放すかについての決定が予期される。その決定が説得力を持つのは、ただちに下される場合のみなのである。時間次元においても、また社会次元においても、圧力が生じているのがわかるだろう。それに対しては行動で立ち向かうか、放棄によって回避するかしなければならないのである。

必要なのは、予期を固持することを反応によって描出するという点なのである。規範違反者に対するサンクションに関わる必要はない。ましてや、違反者を予期に従わせるよう試みる必要などないのである。規範概念を、サンクションを課された行動様式へと限定しようとすれば、[*30] この概念を強固な本質へとつなぎ止めてしまうことになる。さらに加えて、予期を固持することのほうが貫徹よりも重要であるという点が見逃されてしまうのである。〔予期を固持するためには、サンクション以外にも〕他の、機能的に等価な戦略も存在するではないか。

私が友人とカフェで待ち合わせをしていたが、そこでは会えなかったとしよう。私は地下酒場のほうに探しに行ってみてもよいし、失望したという素振りによって立腹と、私の予期〔をめぐる〕規範〔が――例えば、「約束は守られるべきだ」が――侵犯されていること〕への心配とを、表現してもよい。後で友人を非難してもよいし、謝罪を求めることもできるし、そう口に出してもよい。その謝罪においては、私の予期が正当だったということが前提とされるわけである。[*31] あるいはカフェに座り続けて無限に待つことも可能である。そうすることで、私が支払う犠牲の大きさを通して当の規範の重要性を示せるのである。さらには、〔いったんその場を離れて〕後でまたそこに戻ってきて、遅刻した友人に恥じ入らせてもよい。予期外れの事例に注意を促しそれを流布せしめるという、その事例をスキャンダルにまで誇張するという、社会的反響を味わうという技法（規範の技法が使えない場合にはスキャンダルの技法を、というわけだ）。規範を満たすことを求める、また謝罪を戦略的に受け入れるという技法。自らを歪める、あるいは苦しみ続ける技法。〔自身の〕不幸を拡大する、あるいは〔他人の〕不幸を喜ぶ（Schadenfreude）技法。古い規範に、新たな状況に適した表現を与えるための十分な可能性が存在するのであり、各人は可能な戦略を選択しうるのである。

総じて言えば日常生活の中では、予期外れの説明と反応様式に関して、豊富な選択肢が用いられている。この豊富さのゆえに、無数の規範投企がチャンスを有することになる。その点でこの豊富さは、日常行動における、広範にわたって規範を貫徹する予期様式と一致しもする。そのような様式もまた不可欠である。人間の人格としてのまとまりは、自身の選択の働きを規範的に安定化させることに強く依拠しているからである。ここにおいてすでに、規範的意味と予期外れの除去とが密接に関連していることが示されている。他方で、このような道筋では規範組成の整合性もコンフリクトからの自由も、機能的特化すらも、達成できない。この種のより高度な働きは、予期外れの除去を特化することを通してのみ、達成されうるのである。

かくして、社会規範への新たな要求が視野のうちに入ってくる。われわれのここまでのパースペクティブでは、すなわち個々人の行動予期の安定化に関する問いによっては、この要求を扱うことはできない。複雑性に直面しての選択的行動、予期の予期、認知的予期と規範的予期の分化（それを安定させるために必要な構造と過程、および十分な予期外れの説明と反応様式が用意され、同時に予期されていることを含めて）——これら当為の諸成分すべては、それだけで十分に込み入っている。今やそこに、システム連関の考慮が加わることになる。この連関のなかで、Aの予期はBの予期ではないにもかかわらず行動予期が安定化されるのである。

《2》

1　規範的な予期様式が生にとって必要な縮減の働きをなしているということを認めるのであれば、規範的予期が社会的に統一化されているはずだとの希望を放棄しなければならなくもなる。規範はそれ自体として、あらかじめ統合された、整合的な範型の中で生じてくるわけではない。規範への需要はあまりにも大きく、状況はあまりにも多種多様であり移り変わっていくので、生活世界的な日常行動というこの水準において統合を可能にすることなどとてもできないのである。複雑性の乏しい全体社会においてもすでに、関与者すべてを同一の予期によって規律づけることは排除されていた。ましてやそれ以降の発展すべては、全体社会の中で規範的予期の十分な多様性が与えられ、構造的に――例えば社会分化によって――可能になっているということに依存する。したがって、ある人の規範が他の人の予期外れと化すという事態が、常にくり返し生じてくるのである。規律化はコンフリクトに陥り、そこから新たな種類の、《より高い段階の》問題が生じてくる。二重の予期外れという問題である。

この問題を視野の内に入れるためには、さしあたり中立的に振る舞わねばならない。現行の道徳ないし法というメガネを外しておかねばならないのである（その種の規範システムは、当該の問題の解決策の諸相〔の一部〕なのだから）。社会学的にはあらゆる規範投企は、たとえそれが支配的な諸観念に逆らうものであっても、尊重されるべきである。[*32] まったく逸脱する領域が存在するのも確かである。その領域は自分自身を無規範的だと見なしており、支配的規範秩序とそのメカニズムに対しては、ただ認知的態度を取るにすぎない。しかし犯罪者もまた、コミュニケーションに向かうや否や、多弁を労して独自の規範を発達させ始めることになる。さもなければ自身のアイデンティティを主張し、自身を描出することができないからである。[*33] 盗人は、盗みをしてはならないということを認めている〔が、その規範を固持しようとはしない〕。しかし自分の件に関する事情を判断することに関して、また刑罰に関して、独自の規範を投企するものなのである。したがって予期外れは支配的秩序にとってだけでなく、その秩序への違反者にとっても生じてくる。若者が秩序を乱すのは、秩序が若者を乱すからである（シェルスキー）。両方の側において予期外れは損傷をもたらさざるをえないのであり、除去されねばならない。そしてその際、一方の側は他方の側を引き合いに出さないわけにはいかないのである。かくして規範的安定化という、すでに十分に込み入っている装置が今や二重化され、相互に制限しあうことを視野に収めねばならなくなる。そして問われるべきは、問題となっている社会システムは規範化への補助と逸脱への補助をどのように、誰に対して、どんな配分で用いるのか、という点なのである。

2　二重の予期外れの問題は、社会統合の問題でもある。規範はそれを解決するために用いられるが、規範だけでは十分ではない。相互的な予期外れを予防し緩和し除去すべく規範を設定すれば、〔規範によって予期外れが防止されうるはずだという〕そのこともまた一つの規範となって、それに関する予期外れが経験され、予期外れを引き起こすことになる。この規範は、予期の規範的様式そのもののうちに根拠を持つ問題を、当の規範的様式だけによって——例えば、より高次の位階の規範として振る舞うことによって——除去することなどできないのである。法の統合機能をその規範性のうちに、当為としての特質のうちに求めることはできない。当為としての特質が役立つのは主として予期の時間的安定化に対してであって、社会的安定化に対してではない。この特質がもたらすのは持続であってコンセンサスではないのである。

規範的に予期がなされる場合に社会的な多様性が生じてくることを考えるならば、問題解決はただ、機能的重点が〔時間次元ではなく〕社会次元のうちにあるようなメカニズムによってのみ予期されうるということになる。われわれはこのメカニズムを行動予期の制度化という表示のもとで取りまとめることにしたい。まずはその機能様式について簡単に論じておくとしよう。そうすればこのメカニズムが規範的安定化といかにして結びつけられうるかも、明らかになるだろうから。

社会統合に関して単にコンセンサスを参照しようとするだけでは、その《問題解決》は完全に同語反復的なものとなってしまうだろう。そもそも問題が生じてくるのは、どの予期テーマに関しても諸行為者間に事実的一致が創り出されうるというわけではない、という点からなのである。事実的なコンセンサスは——この語によって理解されているのが同時的で同じ意味をもつ体験ということなのであれば——社会システムにおいては稀少であり、増加させることなどできない。意識によるテーマ化のための個々人の能力はきわめて限られているからである。したがって行動予期の制度化によって事実的コンセンサスが実質的に拡張されるわけではなく、ただよりよく利用されうるようになるにすぎない。それはすなわち、全体社会水準においてコンセンサスを重要なテーマへと配分し、コンセンサスの用意を実質以上に引き出し、必要に応じて請け出せるようにするということ。そしてとりわけ、コンセンサスを予期可能にすることである。制度化の機能は、コンセンサスの倹約（Ökonomie）のうちに存している。そして倹約は主として、予期のなかでコンセンサスが先取りされること、コンセンサスが想定によって働くこと、それゆえにもはや具体的に問いただされる必要がなくなることによって、達成されるのである。

問題解決のこのメカニズムが設置されるのは、問題のよって来たるところにおいて、つまり注意のための容量が限られているという点においてなのである。あらゆる社会的相互行為においては、共通の注意とコミュニケーションのために特定のテーマが選択されねばならない。そしてテーマの選択においては、その意味構造のゆえに常に、明示されうる以上のものが含意されているのである。それゆえに、有意味に行為しうるためには、受け入れられている状況の定義が前提とされねばならない。その定義の中で、他の関与者にはそれぞれの役割があてがわれていなければならないのである。最初は誰もが自由を拒絶し〔て特定の立場を選択し〕なければならない。しかし相互行為に関与しようとするのであれば、含意されている事柄すべてを不断にかつ明示的に拒絶することなどできないのである。残されているのは総体的な拒絶、すなわち関係を断ち切ることとか、さもなければ想定されたコンセンサスという基礎に参与することだけなのである。だとすれば関与を継続するということは、望むと否とにかかわらず、一括して与えられたコンセンサスを描出すること、その場に居合わせることによる、アンガージュマンと化す。このアンガージュマンは比較的大きな、持続的なシステムのなかでは常に、第三者の前での、観客の前での、《誰も》の前でのアンガージュマンとなる。その拘束力は特殊なものではなく普遍的なのであり、それゆえにそこから身を引きはがすことは困難なのである。

制度化された行動予期は、無条件に断固とした規範的様式を確立しなければならないというわけではない。ましてや、サンクションによって庇護されるには及ばないのである。[*34] そこでは安定化は代替選択肢の不在によって、またその帰結としての、行動負荷とリスクとの分配によって生じる。制度化された予期に抗おうとする者には、自分自身に対して向けられた自明性という重みがのしかかってくる。すでに受け入れられている予期には、他者もまた関わってしまっている。それを抹消し、随伴する自己描出にも敵対しなければならないのである。事を先導するという負担、言語化し明示するという負担が課せられるわけだ。知らず知らすのうちに馴染みのものとなっていたコンセンサスを、情報として与えられたコンセンサスによって置き換えるよう配慮しなければならない。そのような行為は目につくものとなり、ほとんど不可避的にリーダーシップの要求と結びついていく。その行為は当人個人に帰せられるのであり、失敗した場合には当人が破滅することになる。したがってリスクは相応に高くなる。意気を挫くほど高くなることもしばしばである。安全なもののうちで不可視のままでいるか、それともリスクを伴いつつ傑出し、自身を際だたせるか。この二者択一は、制度化された行動予期のもとでの動機状態を特徴づけるものである。そこではあらゆる逸脱ないし革新が阻止される、というわけではない。危険なもの、個人的なものを刺激として用いることによって、逸脱や革新へと動機づけることすらありうるだろう。しかしそこではコミュニケーションのチャンスは、明らかに制度の意味に即して構造化されている。変動が許容されるのは、具体的に説得力を有する適応要件が頭に浮かんでくる場合だけなのである。

3　このような道筋で制度化された行動予期は、規範的様式を採るか認知的様式を採るかという点に関して、不明確なままであり続けうる。さしあたってはそもそもその種の予期は、予期外れの事例を考慮しつつ想定されるわけではない。予期外れも同時に予期されるわけではなく、制度化された行動予期の継続性は問題あるものとしては現れてこない。その安定性が依拠しているのは共に体験される当為としての特質にではなく、代替選択肢を伴わない自明性になのである。

民族誌および法社会学の文献のなかでは、この予期秩序は、慣習（Gewohnheit）、習俗（Brauch）、風習（Sitte）、習慣（custom）としてくり返し指し示され、法的な、サンクションによって支えられた規範に対置されてきた。[*35] しかしこの区別はあまりにも硬直的である。それでは昔の社会は法なしでやっていけたかのように想定されざるをえなくなる。[*36] そして今日においてもなお日常的協働生活の根底に横たわっているような予期安定化のメカニズムが、ほとんど考慮されなくなってしまうかもしれない。近年の社会学的研究では、日常生活のこの自明な前提的了解に——おそらくはそれが、単純な社会における法の重要な源泉を形成しているのだが——、より鋭く焦点が当てられている。[*37] その結果から読み取りうるのは、拡散的な非可動性と、また予期の規範的部分と認知的部分の非分離と並んで、特に予期外れの事例に対してあらかじめ用意がなされているわけではないという事態である。二つの点でそのことが明らかになる。(1)逸脱の特化と分類化がなされていないことにおいて。逸脱が整理分類され、可能な代替選択肢や窃盗、姦通、詐欺などの行動範型へとまとめ上げられることはない。またそれゆえに逸脱が、逸脱として持つ意味において認識されることもないのである。(2)逸脱する行動は今述べた理由のゆえに、認識されるには至らないか、あるいは真剣には受け取られない。または自由意志によるものではないと解釈され、甚だしい場合には精神の病の表れと見なされるのである。両方のメルクマールが相まって生じてくる帰結として、逸脱する者は知覚され理解されることなく、交流からまったく引き離されてしまう。例えば自身を常に、為すことのない、テーマをもたない者として呈示する人、会話の際に身体的距離をあまりにも大きく、あるいはあまりにも小さく保つ人、時間を聞かれて《雨が降ってます》と応える人——それらの人についてはそもそも、秩序だったかたちで予期可能な行動ができるとはもはや考えられないだろう。当人にはただちに、相応の烙印が押されることになる。反応は、真理が損なわれた場合に生じることと似たものになる。そのように振る舞う者は、共体験する重要な主体としての特性を、また通常の役割のためのパートナーとしての資格を、失うのである。[*38] 逸脱には、本来の意味でサンクションが課せられるわけではない。いずれにせよ、動機づけ手段を用いて逸脱と戦おう、この手段によって逸脱者を正しい道へと引き戻すべし云々という話にはならない。むしろ逸脱は認知的に、また行動の上で、逸脱として安定化され、予期可能になるのである。逸脱者は特別な逸脱役割を獲得し、そこに固定されるのである。[*39]

しかし予期外れに対するこのような処理を用いうるのは、逸脱が無意味かつ希である場合であり、その場合のみである。この統合メカニズムで十分なのは明らかにきわめて単純な社会のみ、あるいはかなり複雑な社会ではきわめて小さな社会システムのみである。より強く分化した役割秩序が形成されるや否や、把握可能な代替選択肢の数は増大し、予期外れの可能性も増加していく。そうなれば予期構造は、より高度のリスクに適応しなければならないのである。予期は、外れた場合でも堅固であることが保障されねばならない。そのために規定された予期の規範的スタイルというものが――今や明らかになっているように、それ自体諸メカニズムからなる複雑な組成なのであるが――前面に登場し、言語的に表現されるようになる。今や制度化のメカニズムは自己完結的な予期にだけでなく、さらに加えて特殊な規範にも適用されねばならない。これを成し遂げるのは、パラドキシカルで蓋然性の低い仕事である。というのは制度というものの代替選択肢を伴わない自明性は、逸脱する行動の可能性が視野に入ってくるという事態と衝突するからだ。いかにして難しい投企が制度化されうるのか。いかにして非自明的なものが自明でありうるのか。[*40] その答を探ることによって、われわれは法の根幹へと至ることになろう。

4　この問題の解決にとっての本質的要素は、司法のための特殊な役割が徐々に分出していくことのうちに存しているように思われる。進化上のこの成果は、法の貫徹という狭義の、近代的な相のもとでだけ考えられるべきではない。[*41] その主要な機能は、予期外れを契機として予期を、規範化し制度化するメカニズムという拘束を通して、確実化することのうちに存している。当初においては執行権力は、それどころか裁定力すら、欠落している場合もあったのである。

この作用を把握するためにはまずのところ、規範化するメカニズムと制度化するメカニズムを分離して理解しておかねばならない。両者を結合するためには相互に限定しあう必要がある。制度化された規範化を遂行しうる過程を、選択的に特化しなければならないのである。そこでは元のメカニズムは一部除去され、一部変形されねばならなくなる。今や制度化するメカニズムにとっては、予期外れに対して堅固な、規範化する予期を生産することが不可避となる。そしてその予期のほうも、裁判官のための、また相争う陣営のための役割の中で制度化する過程が分化していくこととの関連で、客観化され抽象化されねばならないのである。

規範的予期の制度化を単に、状況の出来事に、観衆に、周囲にいる第三者に、匿名の《誰もが》に委ねるわけにはいかない。かなり単純な社会の裁判では観衆は本質的な、しばしば決定的な意義を有していた。観衆がそこにいることが、法の出来事という制度的なものを活性化したのである。しだいに重要なコンセンサスは、基準となる判決は、裁判官だけに期待されるようになる。裁判官は制度化された見解を言葉で述べ、〔予期外れに〕反応し〔予期外れへの態度を〕描出する行為を我が身に引き受ける。その行為が、規範を予期外れを超えて存続させ、規範の持続を象徴化するのである。この結合はきわめて大きな利点を持つということが明らかになったため、サンクションを介したコントロールもまた、そこへと合流していくことになった。そうなれば裁判官の言葉は規範であり、それがサンクションを課すということは、係争に関与していない人々においても予期されうる事柄となる。したがって裁判当事者もまたそれに合わせねばならなくなるのである。当事者独自の戦略は制限される、あるいは「法廷で自己の権利を呈示すること」という新たな可能性によって置き換えられるのである。

そこから、制度化の新たな要件が生じてくる。それは裁判官の役割と権限にまで、そして手続きにまで、及ばざるをえなくなる。[*42] 法の出来事は制度的に予期可能な道筋において実行されねばならない。〔個々人〕独自の規範投企のリスクは、手続きのリスクへと書き換えられる。この種の事例においては手続きは、制度化された諸事例の体系と同等視されうる。それらの事例が訴訟を判決へと至らしめるのである。[*43] そこでは規範そのものはリスク地帯から脱して抽象化され、客観的に妥当するものとして定式化されうるようになる。同時に規範は裁判官にとっての判決規範、裁判当事者にとっての手続き規範でなければならない。そこからもまた、抽象が強いられることになる。そして規範は、係争における使用から離れた存続を象徴しなければならないのである。

5　進化的に成功したこの種の装置によって円滑な解決がもたらされるなどということは、ほとんど期待できない。ただしこの装置に注目することによって、その作用から明らかになることもある。すなわち、そこからどのような問題が生じてくるか、自身の逆機能的な帰結を処理し緩和することを通して、いかにして自分自身を安定化させるのかという点である。

そこからの帰結の一つは、予期外れに対する可能な説明が限定され、新たに秩序づけられるということである。規範の制度化に真剣に対応しなければならないのなら、予期外れをもたらす行動を逸脱として、例えば精神病として説明するようなことは排除されねばならない。そのような説明は件の行動を安定化させてしまうことになる。それは自由意志に基づくものではなく、影響を及ぼすことができないとされ、〔「病人」等の〕一つの役割が付与されるのである。この点に関して特徴的なのは、単純な社会においてもすでに、事は同様だったという点である。すなわち、問題となっているのが部族成員内部での特定の災厄であって、それとは戦ってできる限り除去すべきだとされている場合には、悪霊や魔法による憑依という普遍的で魔術的な説明手段は、適用できなかったのである。[*44] 近代的な法秩序においても、逸脱する行動の科学的説明は乗り越えがたい限界に突き当たる――どんな行動でも社会的な、あるいは行為者が左右できない心的な原因へと関係づけることには、原理的に言って何ら困難はないにもかかわらず、である。なるほど科学的説明もまた、魔法によるそれと同様に、普遍的に実行可能なのかもしれない。にもかかわらず特定の予期外れに関しては、その種の説明は規範的に排除されるのである。[*45] 認知的な、あるいはきわめて初歩的な予期に関しては、科学的説明で十分かもしれない。しかし規範的に制度化された予期に関わる予期外れについては、新たな種類の、仮構的な説明が制度化されねばならない。個人の責任＝罪（Schuld）という説明が、である。

個人の責任＝罪という構想は、全体社会の進化上、かなり後になって達成されたものだった。後になったのはそれが個人の不安に合わせられ強く一般化された道徳を、そして代替選択肢を相当程度含んだ社会構造を、前提とするからである。例えばギリシアの偉大な悲劇には、無意味に思われる凶運という衣装の下に、罪＝責任を個人化するという暗黙裏の必要性が潜んでいるのがわかるが、しかし〔個人化を可能にする〕制度そのものはまだ見いだされないのである。この事例はまた、問題となっているのは何なのかを明らかにしてくれもする。多くの場合名指しされる、刑法の歴史においては進歩として記帳される達成物――高い価値を持つ動機づけ手段のための準拠点を〔個人への刑罰というかたちで〕用意しておくこと、行為を《内的》事態へと洗練されたかたちで帰属させること――は、あくまで神話の要素であって、罪＝責任の機能〔という観点〕から形成されたわけではない。罪＝責任の機能とは、救済を可能にすることである。罪＝責任とは予期外れに対する一つの説明であり、それによって、予期外れをもたらした出来事を切り離して孤立させうるようになる。その出来事は後にまで果てしなく続く凶事であり、子孫の代にまで影響が及ぶ云々と考える必要はなくなるのである。[*46] 罪＝責任が刑罰の基準として用いられることによって、犯行の帰結には終わりが設定されることにもなる――少なくとも《公式の》終わりが設定され、それを超えて差別的扱いをすることは、もはや規範的には正統化されないのである。[*47] 罪ある者はサンクションに服しはするが、だからといって予期領域から退去させられるわけではない。〔罪＝責任の観念が定着した〕現在では、規範的予期構造と認知的予期構造との分化は、次の点において示される。すなわち犯罪者に対する《科学的》な、効果を睨みつつ計画された取り扱いにおいては、罪に基づく《正当》な有罪判決とはまったく異なる時間および空間の観念が用いられているのである。

6　予期外れの説明における構造変更と並んで、予期外れの除去という領域でも変化が生じる。特に、学習と非学習の分化に関わる事柄において、である。われわれはすでに、規範的メカニズムによっては、予期外れは除去されえないという点を見ておいた。裁判手続きでは予期外れは、敗訴した者にとって生じてくる。判決を受け入れねばならないからである。通常の場合この効果は手続きそのものの制度化によって、手続きの正当性の承認によって、予期されるものとなる。そしてさらに念を入れて明確に優越する強制力によって、である。しかしより詳細に見ていくならば、本来の、個々の事例に合わせられた作用は手続きそのものの中で生じていることが認識できるだろう。特に、規範的予期と認知的予期とが、したがって予期外れを除去する形式が分化していく様式によって、である。[*48]

確かに法律上の争いは、そのルーツという点では規範的予期のコンフリクトであり、したがって常に規範的な予期の予期をめぐる争い、つまりは争いへの権利をめぐる争いである。しかし他ならぬ裁判官は、このような経験様式にはほとんど理解を示さない。両陣営を意図的に微妙に誤解することを通して、規範的な争いをルーティーン的に不合意へと変換すること、単なる認知的な食い違いへと変化させること。それが裁判官の機能なのである。[*49] 少なくとも関与者たちは法廷では、認知的なスタイルで行動しなければならない。知性的に、学習の用意あるものとして（たとえ納得していなくても）自身を呈示しなければならない。互いを役割において承認しつつ、あたかも問題となっているのは事態ないし法規範の正しい《認識》だけであるかのように、振る舞わねばならないのである。権利意識がかき乱されているとしても、それは言葉には出されないか、あるいは出されるにしてもただ手続きの攪乱要因としてだけである。手続きはこのようにして、コンフリクト解決のメカニズムとして役立つ。それはもともとの争いと比べれば、

〔ケースの違いを無視して〕ほとんど同型的に組み立てられている。[*50] あらゆる争いのテーマは具申され、細部にまで及ぶ注意をもって吟味される。そしてまさにそうすることを通して、規範的なものから認知的なものへと様式変更されるのである。最後には判決が下される。勝者はそこで示された認識を、自身の規範を確証したものと見なすのであり、どのようにして自分が勝つに至ったのかをそれ以上考えてみようとする契機など持たないのである。敗者は学習の用意を示すよう定められる。敗者に洞察が欠けているとしても、判決がその代わりとなる。こうして、関与しない第三者にとっては、誰が学ばねばならず誰が学ぶ必要がないかは明らかとなるのである。

手続きの中での学習条件が不利なものであるという点には、疑念の余地がない。規範的に規定された予期外れの状況の中でうまく学ぶことなどできないからである。学ぶということは本来、予期外れに出会った者から、自身の規範を継続していくことに対してパートナーと支持とを見いだす可能性が奪われているような社会システムの中でのみ生じるのである。学ぶということを心理の上でどのように遂行するのかは、当人に委ねられたままである。かくして、「規範的予期の領域においては、予期外れとは無縁の学習もまた存在しうるのか」という問題が浮上してくることになる。まずもって、この要求がいかにパラドキシカルであるか、要求された作用がいかに蓋然性の低いものであるかを視野のうちに収めておかねばならない。規範的に予期するということは他でもない、断固として学ばないということを表している。そしてこの態度そのものが学ばれねば、場合によっては予期外れをきっかけとせずとも学び取られねば、ならないのである。きわめて複雑な社会において初めて、かくも蓋然性の低い制度が形成されうる。予期外れが生じた場合における学習過程と予期の規範的保持とが相互に大きく引き離されて、両者が干渉しあうことがなくなりうるのである。この解決は、法の実定化のうちに存している。この実定化は進化上の成果であり、先立つ多くの経過の後に、近代の産業社会において初めて完全に実現されたものであった。

現在では実定法は、決定によって成立し決定によって変更されうるような規範のシステムとして把握されている。

立法府における決定過程において生じるのは、主として認知的に定位する、規範ではなく目的を通して構造化された学習である。その学習が法を、全体社会の発達段階に適応させる、というわけだ。それに対応して法に関わる者は、予期外れが生じようが生じまいが、法の変化を継続的に学習しなければならない。法に対して主として認知的態度を取るよう求められるのである。与えられたシグナルに応じて修正しなければならないわけだ。以上の配置によってこそ、きわめて複雑な社会の規範組成において不可避的に要求される、高度な構造的変異性を実現することができる。そこからの帰結として生じるのは、個々人における確実性が高度に必要とされるという事態である。個人は法の存続の保障によって守られねばならず、さらにまた無知が法に対する通常の態度だということになる。そして協働生活の法的《でしかない》側面は著しくトリヴィアル化され、感情、自己描出、パーソナルなアイデンティティはそこから引き上げられるのである。[*51]

この種の秩序が安定化しうるのは、社会構造上きわめて多くの前提を要する先行条件のもとにおいてのことである――今日ではこの点は明らかだろう。その際、次の点を見逃してはならない。すなわち、規範的予期のうち、実定法というこの形式を取りうるのはきわめてわずかの部分でしかないのである。日常的相互行為においては予期形成の源基的メカニズムが働き続ける。そこでは依然として多くの予期が、規範的ないし認知的に特化された予期とはならないままである。逸脱は無意味であり希なことであるから、ほとんどリスクは存在しないのである。社会システムの境界を認識し顧慮することに関する予期。行為を原因へと、結果を行為へと帰属させることに関する予期。予期ないし予期の予期への適切な定位に関する予期。会話において正しい身体的距離を保つことに関する予期。社会的状況の中で共通のテーマのために最低限の注意を払うことに関する予期。見られているか否かで違った行動を取るということに関する予期。こういった領域においては持続的な、ほとんど探られることのない秩序が――ほとんど「自然法が」と言ってもいいかもしれない――存在する。あるいはそこにおいて実定法の、失われたと信じられている基礎を再発見することすらできるかもしれない。ただし実定法として妥当するはずのものを制限する規範的上部構造としてではなく、実定法に耐えることを可能にする、予期の上で確かな下部構造としてであるが。

第三章　道徳の社会学

道徳というテーマを扱うどんな科学も今日では、「その科学自身が道徳的規範に服さねばならないのか否か」という問いに直面している。科学も、善き（良い）ものを是認し悪しき（劣る）ものを[★1]断罪する諸声部からなるコーラスの中で、主導声部としてであれ対位声部としてであれ、共に歌うべきなのか。それとも自身は道徳から自由な認識の働きであると考えるべきなのか。後者の場合には道徳は、他の諸対象と同様の一つの対象だということになる。この問いは、以下の考察の焦点となる。

　本書所収の諸論考で示されているように[★2]、この問いに対してはさまざまな答が与えられうる。問題をより詳細に把握しようとすればそれだけで、答に関する決定をあらかじめ下してしまうことになる。道徳概念そのものが、あちらあるいはこちらの方向を準備する。道徳とは、特別な種類の価値ないし規範の複合体であるとしよう。そうすれば自ずから次のような議論が生じてくるだろう。いわく、それら規範ないし妥当性の基礎を洞察することは必然的に、それらの妥当を承認することへと至るはずである。最初の段階で当の妥当を見抜けるというわけではない。しかし見抜いた後でも承認しないという話にはならない。自分自身で洞察した事柄から、再び身を引き離すことなどできない。そうしようとする者は、よりよい知に抗うことになる云々。あるいはこう言ってもよい。道徳的な問いを口にする者は、常に既に道徳に関わってしまっている。言語というものは常に、理論領域においても、また対象領域においても、記述と態度決定の両方を含んでいるからである、と。[*1]

それに対して次のように述べることもできよう。道徳を特殊科学的に取り扱うためには、その種の距離が必要である。道徳的な規範と価値は、他の諸変数と関係づけられねばならないはずであり、科学的に有意なものとなるのはただ、この関係づけの中においてだけだからである云々。近年の科学における分解と再結合の能力を完全に〔当該の議論の文脈に〕持ち込むためには、きわめて相異なる概念的な、また経験的な素材を綜合する科学の能力を利用し尽くすためには、さらにとりわけ、相関させるという科学の技法においては、有意なものと帰結とを道徳的に事前選択することを度外視しておくのが前提となる。というよりも、そうすることを完全に無視しなければならない。〔対象となる事態を〕孤立させることを旨とする科学的取り扱いにとって、道徳はあまりにも感染力が強すぎるからである。それゆえに科学的関心が向かう先は道徳の事実性にであり、全体社会というシステムの諸変数の組成の中で道徳が占める位置にである。モラリストが道徳をどのようにイメージしているかは、この事実性の一つの契機にすぎなくなる。純粋にプラグマティックに考えても、次のように論じることもできるはずである。道徳に関する単なる理論であってもやはり、その理論の提唱者を道徳的に判定し断罪するために用いられうる。だからその種の理論を書き下ろすのは思いとどまった方がよいだろう云々。周知のようにデカルトはこの結論へと至ったのである。

原理をめぐるこの種の争い[*2]を調停するのは容易である。両方の見解の正しさを認め、並列させておき、必要とあればわれわれの科学システムの《複数性》について嘆いてみせればよい。専門分割と同僚を尊重すべしという規範は科学システムにおいては馴染みのものとなっているが、それはこの解決策に沿うものである。以下の考察は、平和的並存というこの種の解決策では満足できないということから出発する。その策では学習とさらなる理論発展の可能性が、汲み尽くされないままになってしまうからである。今提起した問題には結局のところ決定が下されないまま終わってしまうということもありうるかもしれない。しかしその場合には、真剣に受け取られるべきどちらの立場にとっても、「この決定不能性をどのように受け取り、自身の構想の中に組み入れればよいのか」という問題が立てられたことなる。

《1》超理論★3

理論構想の要求水準は変化しうるし、さまざまなかたちで設定されうる。ただ一種類の理論しかない、というわけではない。「理論によって導かれる研究作業」という通常の水準では、認識理論上の諸前提と道徳的要求とが、それ自体として反省されることはない。作動として〔＝実際のコミュニケーションとして〕下されねばならない決定においては、そこまで要求されはしない。決定は、認識理論的に、また道徳的に庇護されているはずだとの前提のもとでなされるのである。〔下された決定を〕確認するには、同僚ないし協働者を横目で見るだけで十分である。それらの人々も同様にしているではないか、と。理論が、《超理論》の地位と関連する一定の要求状態にまで推し進められて初めて、事態は異なるものとなる。

超理論は、少々オクタン価の高いだけの通常理論といったものではない。超理論は科学システムの中で独自の機能を有しており、独自の権利と独自の手段を要求するのである。超理論は科学システムの内部において、道徳的な、また科学的な（科学システムそのものにおいて生じる）諸要求を受け止め、対処する水準となる。本章冒頭で素描しておいたような種類のコンフリクトが科学内部で解明されうるのは、ここにおいてである（そもそもどこかにおいて解明されうるとすれば、の話だが）。しかしこの理論水準の地位と機能については、解明されているとはとうてい言えない。ましてやこの概念および問題設定について、諸学科において通例とされているようなコンセンサスなど存在しないのである。それゆえにここではまずもって迂回路を通って、超理論のいくつかのメルクマールをテーゼのかたちで確認しておかねばならない。そうすることによって初めて、道徳に関する道徳から自由な理論の基礎となっている、複雑な諸条件について十分に解明することができるだろう。

1 超理論は単なる《世界観》やイデオロギーではない。超理論は、全体社会の中での科学のための特別なコミュニケーション・システムの分出に依拠しており、機能的には、このシステムの構造問題と関わっているのである。したがって歴史的に見れば超理論は、全体社会の〔諸機能システムへの〕分化という先行する過程に依存していることになる。科学システムの分出は、この過程によって初めて可能になったからである。超理論が存在するようになったのは、ようやく近年に至ってからのことであった。おそらくはカント以後において初めて、と言っていいだろう。カントこそが初めて、分出しつつある科学への反応として、認識理論的な問いと道徳的な問いを（および相互の関係における両者を）、新たに定式化する必要性を見いだしたのだった。

2 全体社会の中で特別なシステムが単に分出するということだけからしても、システム言及の多様化と結びついている。システム言及は、当該のシステムの作動にとって重要なものとなる。各システムは自身に固有の機能を顧慮しなければならず、そのことを通して自身を、全体社会という包括的システムと関係づける。各システムが機能を満たすのは、この包括的システムにとってのことなのである。さらに各システムは、全体社会の他の部分システムへの関係をも維持する。後者に対しては、必要で受け入れられうる遂行をもたらさねばならないのである。最後に各システムは反省を通して、自分自身の同一性と連続性とに定位することを通して、自分自身への関係を取り結ぶ。分出したシステムにおいては、これらの関係のどれかを他の関係によって完全に置き換えることはできない――むろん重点の移動は可能であるにしても。*3

科学システムの機能は、すなわち真なる言明と非真の言明との間で決定を下すことは、認識理論および方法論の管轄事項である。しかし反省の働きは超理論という形式を取る。すなわち超理論は科学の統一性を、あるいは科学の一分野の統一性を、反省し、科学の発展における連続性と非連続性との差異を架橋するのである。〔反省という〕この言及関係は、問題となっているのが自己言及であるという理由だけからしてすでに、認識理論および方法論とのコンフリクトに陥る。したがって超理論の水準では、認識理論ないし方法論の指令を躊躇なしに受け入れることなどできない。それらの指令はさらなる認知的用具によって分解され再定式化されねばならない。この水準ではそれら指令も、科学の他の諸契機と並ぶ一つの契機としてだけ現れてくるからだ。

3 自己言及の多様な形式が存在する。超理論における反省という事例の中で疑念に付されているのは、認識と対象の分離可能性である。それゆえに超理論は、対象が可能であるための、ないしは不可能であるための、基準をテーマ化しなければならない。この問題は、論証することが書物、権威、教授の伝統から切り離されるという事態によって、切迫したものとなる。[*4] 科学の分出によって、理論変動はラディカル化されるのみならず、加速されもする。それ以降、対象に関係する諸理論のみならず、対象を構成する諸基準までもが相互的に〔、すなわち、基準が固定されておりその下で理論のみが変化するという一方向的なかたちで、ではなく〕交代させられうることになった。そしてそこからは特殊なコントロール問題が生じてくる。それが解決されるのは、自己言及的な関係づけという道筋においてである。今や可能な対象を限定するための根拠づけを行う書体もまた、理論そのものに関連することになるのである。

そしてこれは唯名論的あるいは超越論的な意味においてだけのことではない。つまり対象を、言語ないし認識の相関物として把握することだけによるのではないのである。超理論はむしろ、このコントロール問題のための新種の形式を見いだす。超理論は自身の対象を、理論自身が当の理論の対象の一部として現れてこざるをえないようなかたちで、構想するのである。〔例えば〕そのようにして問題解決行動の理論が生み出されれば、この理論は自分自身を、問題解決行動〔の一つ〕として把握するしかなくなる。その対象構想は、理論自身に適応したものとなる。理論は、この事態から逃れることができないのである。同じことが、見解の根拠づけと規範化とに関する実践的・道徳的な議論に関しても成り立つ。この議論自体が、「実践的真理は議論の中で、議論の中でのみ根拠づけられうる」という議論の中でのみ根拠づけられうるのである（実践的に見れば、この事例に関しては特にやっかいな事態なのだが）[★4]。そしてシステム理論による企画もまた、この種の自己仮定へと向かわざるをえない。この企画は、システム概念を設定する以上、「自身がシステム構造である」という洞察から逃れることはできない。この事例が示しているように、この種の高度に一般化された理論においては、理論そのものの内部で（問題解決理論は問題の解決ではない、システム理論はシステムを形成しないという）矛盾を回避するために、自己言及に関わらざるをえなくなる。自己言及が「矛盾を回避すべし」という規則に違反するというのであれば、それは当の規則そのものが要求する違反なのである。

さらに加えてこれらの事例すべてにおいて特徴的なのは、理論がその対象の部分領域としてのみ、《……の一事例》としてのみ把握されうるということである。したがって認識と対象との一致あるいは同一性が、連関が、主張されるわけではない。その限りでは、認識理論的に見ても矛盾はないのである。理論は自分自身に関して何事かを経験するが、それは自身が対象をいかにして認識するかを反省することにおいてではない。むしろ理論は、対象の認識を活性化させて、その結果として、認識へと特化した企画としての自身が、自身の対象（の一つ）であるという点を認識できるようになる必要がある。定位のこの変更によって同時に、「認識とは何か」に関する、アプリオリに妥当する吟味条件は放棄される。そして問題解決行動、討議、システムなどとしての認識に関する事柄は、歴史的相対化の手へと委ねられるのである。

4　分出した機能システムにおいては（科学においてだけのことではないが、科学においてもやはり）通常の場合、予期を同定する上での、多数にわたる水準が分化しているのがわかる。人格（人名！）と並んで役割、プログラム、価値が関わってくる。価値とは普遍的に妥当する選好であり、多くの機能領域においては二分図式化されている。したがってそれらを《コード》と呼ぶこともできるだろう。科学にとっては真／非真のコードが機能的に優越する。プログラムは、選択的な体験と行為の正しさの、あるいは〔特定の体験と行為を否定して〕除去する可能性の、条件を定める。科学の場合なら、プログラムは《理論》と呼ばれる。

　したがって科学が通常的に機能していくためには、科学のコードとその理論とが明確に区別されうるということが前提となる。この前提のもとでのみ、科学のコードという枠組内で理論を批判し、発展させ、交替させることができる。両者の区別は科学システムの機能の要件であり、したがって継続的に意義を持ち続ける。しかし自己言及的な反省という文脈では、つまり超理論の彫琢に際しては、この差異は消滅してしまう。そこで問題となるのは科学の、あるいはその一分野の統一性だからである。コードそのものが、例えば論理学の二分論が、理論の水準で分析され、問いに付されねばならない。このような状況の下でも、コードと理論の差異を出発点とする〔通常の〕科学理論が、〔両者を区別しない、その点でより「高い」水準にあると考えられている〕超理論すべてをも批判しうるということは、自明の理である。[*5] しかし科学理論が超理論の代わりを務めることはできない。したがって件の批判が成功した場合には、科学システム総体のバランスを崩すことに貢献する結果にしかならない。[★5] 科学システムのコード水準と理論水準を媒介することこそが、超理論の課題であるように思われるからである。

5　それと関連する問題が関わるのは、認識技法を踏まえた作動という条件内での、理論と方法の区別である。この区別は、認識対象と認識の区別と同一ではないし、同じ意味で問題とされるわけでもない。ましてや問題となっているのは構造と過程の一般的な違いでもない。この区別との結びつきにおいて分化しうるのはむしろ、構造的一般化の、相異なる方向である。すなわち理論はプログラム特殊的な構造であり、方法とは研究過程を選択するための規則なのである。どちらの一般化も、研究過程のそのつどの産物よりも一般的である。ただし理論が一般化するのは結果の正しさのための条件であり、方法が一般化するのは研究の過程の正しさのための条件なのである。[*6]

しかしながら結果への定位と過程への定位が分化しうるのは、想定された一致を踏まえることによってのみである。そのためには、この分化に関して《中立的》な、理論的にかつ方法として利用可能な根本的観念が必要となる。古典的な科学モデルにおいてその位置を占めていたのは、因果概念であった。帰納的推論に対するヒュームの批判によって、そこには《自然な》正当化など存在しないということ、理論という形式類型と方法上の規則を連合させるためには、超理論による正当化が必要であるということが明らかになった。だからといって、因果カテゴリーを今述べた機能において今後とも用いていくということが、排除されるわけではない。しかし代替選択肢を探究する可能性が切り開かれてもいるのである。目下のところシステムの複雑性が、因果的説明を事とするきわめて多くの領域において、乗り越えることのできない障壁として立ちふさがっている。[*7] それゆえに、複雑性概念そのものをこの機能的位置へと引き出すよう考えてみるのも可能なはずである。だとすれば、超理論は複雑なシステムの理論となる必要があろう。そしてまた、複雑性の分析不可能性そのものを、方法論を発展させるための出発点として選ばねばならなくもなる。複雑性の縮減は対象の、[*8] 同時にまた方法論的原理の、構造的要件となるわけである。[*9]

6　教義論とは異なり、また科学に即してあらかじめプログラミングされた理論とは異なり、超理論は原則として偶発的なかたちで設定される。超理論は、根拠づけを伴う概念を用いはしない。超理論は規範的な、自分自身についてあらかじめ評価を下す理論として、与えられるわけではない。超理論〔を構成する諸部分〕は徹頭徹尾〔相互に＝対称的なかたちで〕関係づけられている。だから超理論のどこから出発してもよい。出発点を確定しさえすれば、〔残りの〕すべてを疑念に付すことができるのである。

それによって、否定の使用における構造転換が必要となる。まず最初に、否定は何ものにも対応しないというウィトゲンシュタインのテーゼを、[*10]システム理論的に定式化し直しておこう。そのためには否定を、システム内的な作動の一つとして把握しなければならない。この作動はシステムと環境の間の関係に関わる。したがってそれが確定するのは例えば、予期が外れることなどである（「環境の側にそれ自体として存する」否定的な事実ではない）。だとすれば、全体社会の分化がますます強まっていき、それによって、部分システムとその環境との全体社会内部における関係は、多重化していくはずであるが、その帰結として否定使用の規則も、相応にで分化し特化されていくということになるだろう。

この仮定には、次のテーゼが結びつけられうる。分出した機能システムは、それぞれ独自の偶発性定式を築き上げる。それによって機能システムは世界の無制限の複雑性——すべては別様でもありうるだろう——を、有意味な否定と規定の可能性へと、構造化された偶発性へと、変換するのである。例えば宗教システムにとってはこの機能を満たすのは神概念である。また経済システムにとってはそれは、希少性という前提である。[*11]科学システムも必然的に、否定使用の非任意性を確立しなければならない。それは制限性（Limitationalität）を保障することによって生じる。言明領域において制限性が与えられているのは、否定が空転するのではなく、「これこれはAではない」という言明がAの規定に貢献する場合である。[*12]これが成り立つのは例えば理論が、あらゆる言明は結局のところシステムと環境という選言に関係づけられるのだと取り決める場合である。超理論は、制限性を導入することに対する理論的責任を引き受ける。超理論は、超理論に先立つアプリオリに真なる言明の中で自身を根拠づける必要はない。しかし超理論は自身の諸概念を、制限性を保証する自身の様式と同調させねばならないのである。

これはきわめて多様な仕方で生じうる。一八世紀に至るまでは、自然＝本性そのものが種と類に従って秩序づけられているとの仮定で十分だった。だから選別と除去の過程だけで認識がもたらされるはずだ、と。この種の手続きの適用可能性は存続していったが、そこでの自然=本性の前提の普遍的妥当性に関しては、つまりはその制限性の原理については、異議が唱えられ、その異議は成果をあげることになった。そしてそれに対する代替選択肢として発展してきたのが、ヘーゲルの言う意味での弁証法であった。[*13] 弁証法は制限性を概念構造へと、あるいは後になると全体社会のリアリティ――生産するものであれ、（単に）議論するものであれ――へと移し入れるのである。言い換えるならばそこでは、「否定を用いてプロセシングすること自体が概念を、あるいは全体社会そのものを、自己規定へと導いていく」と仮定されているのである。言わば問題の解決が、問題そのものに対して要求される。解決とは、否定使用が開かれている状況が、自己制限されていくということなのである。[*14]

それと並んで類の論理学を継承しつつ（ただし、その可能性の条件を問題視しつつではあるが[★6]）、類型論を形成するための構成規則を見いだすこともできる。例えば交差表によってである。この技法にはアリストテレス以来、挙げるに足るような改善が加えられてはこなかった[*15]（分類項目概念が、熱い／冷たいおよび乾いた／湿ったという旧い図式から解放されはしたが[★7]）。多くの事柄を要求する社会学理論の領域におけるこの手続きの主唱者は、タルコット・パーソンズである。そこでは制限性は、枠変数ないし分類項目概念に関する《分析的リアリズム》に依拠している。それらが諸類型より成る領域の内部において制限性を保証するとともに、〔分析的に設定されたという点が明示されているがゆえに〕まず最初に概念分析を行わずとも、そのことを正当化できるのである。[*16]

それに対して批判的合理主義は、判断によるテストを信頼する。条件はただ一つ、そもそも判断は反証可能でなければならないという点である。これはすなわち、（限定を加える方法論的条件の下で）否定可能でなければならないということに他ならない。非真の判断を除去していけば長期的には、反証されていない（おそらくは、真なる）判断の在庫が増大していくだろう、というわけだ。この一連の判断が真であるか否かを熟考することは、省略してよいだろう。制限性の導入のためには根拠づけが不可欠であるなどと、考えるには及ばないのである。同様に、矛盾回避の原則を根拠づける必要もない。この原則を疑う者は、矛盾に満ちた理論で作業するのを試してみればよい。そうすればどこに行き着くかが明らかになるはずである。今述べた試みを、制限性の問題に関する興味深い解決策として通用させることもできるだろう。ただし同時に、欠点が浮き彫りになりもする。すなわち、理論形成のための指令が放棄される結果になるのである。無数の誤った判断が産み出されうるはずである。〔したがって誤りを除去するという〕試みに値する事例があらかじめ選択されていなければならない。それをどう決定すればいいのだろうか。今や制限性の問題は、この先行する問いの中で、その点はすでに知られているはずだとの想定のうちへと解消されていくのである。

以上の理由から機能主義においては制限プログラムが、リアリティそのものに関するシステム理論的な仮定と組み合わせられる。[*17] そこでは制限性は、次のような仮定を通して導入される。環境とシステムの間には複雑性の格差が存在しており、どのシステムにとっても解決策としては限られた選択肢しかないような問題が、あらかじめ与えられているのである、と。[*18] この根本仮定は、本節への導入部において示しておいたように、次の方向へと展開されもする。すなわちこの仮定によって制限性の問題そのものが、科学システムに特有の縮減の必要性という観点から把握されるのである。システム理論はあからさまな循環性を採りつつ（この点は《**2**》節で再度論じる）、その対象領域の中での「システム／環境」差異を、限定された問題解決可能性の条件として前提とする。そうしておいてこの（あるいは、機能的に等価な）前提を、自身に固有な縮減の条件として、つまり科学システム特有の偶発性定式として、根拠づけもするのである。

この事例が示しているように超理論は制限性という観点において、多かれ少なかれ明示的に、認識論的問題に関する立ち位置を定式化する。そこでは道徳への関連は後景へと退く。結局のところ、制限制の導入を通して理論形成のどんな書体が選ばれるかによって規定されるのは、道徳理論の版型だけである。[*19] それだけではまだ理論に対して、理論自身が何かしら道徳的に良いものであれとの要求が課されることにはならない。道徳の圧力をより直接的に辿ることができるのは、超理論の別の外的前線において、すなわち全体化する戦略の領域においてである（**8**を参照）。

7　科学システムの偶発性定式の解釈のうちには、すなわち制限制を導入し精錬していくことのうちには、普遍性要求が含意されている。その解釈がなされうるのはただ、対象領域全体に関してだけなのである。したがって超理論は、自身の領域のどの対象に関しても言明を行いうる用意があるということを、告知しなければならない。それによって超理論は、先に**3**で扱ったような、あの自己言及の問題に巻きこまれることになる。超理論は他の理論とは異なって、個別的対象ないし対象グループに、自身を制限するわけにはいかないのである。言うまでもなく対象領域に関して普遍性要求を伴う理論も、やはり選択的に振る舞う。つまり、抽象を行うのである。普遍性は、リアリティの完全な具体性を言明の中に持ち込むといったことを意味するものではない。また、超理論として現れてくる理論の選択様式が唯一可能なものであるとか、可能なもののうちで最善であるなどということを含意しているわけでもない。

自身に関するこの了解事項（それは他の理論を批判する際には、しばしば見逃されてしまうのだが）を度外視するとしても、この種の幅の広い理論は特別な要求と負荷に直面することになる。そこでは、諸概念を相互に調整する構成法は、高度に抽象的なかたちで設定されねばならないし、純粋に概念的な水準での〔概念相互の〕チューニングのために多くの支出が要求されるがゆえに、単線的なテクスト化の可能性は破壊されてしまうのである。習熟し慣れ親しむために要する時間は長くなり、教育法は難しくなる。流布しようとすれば誤解を招かざるをえなくなるのである。他方でこの種の広範囲にわたる方向づけが必要なのは明らかであり、それに関心を抱く向きもいないわけではないだろう。かくして流布においては困難さと容易さの独特の組み合わせが生じてくる。一般的に言って流布は急速に進み、想定よりも早く終焉に向かうことになるのである。

8　われわれはすでに、普遍性要求は排他性を含意するものではないという点に注意を促しておいた。超理論は排他性を主張する代わりに、全体化を行うのである。

われわれは競合する理論提案との関係において、全体化という言葉を用いることにしよう。つまり、科学システムの社会次元との関係において、である。われわれはこの概念によって、特に社会学において流布されている観念から離れることになる。いわく、科学のある分野は凝集した全体であり、そこではあらゆる貢献は、理論的および経験的な根拠からして、より多くの知の集積へと至るはずである。そうでないとすれば、競合する、〔相互に〕比較不可能な多数の理論的定位という意味での複数主義が支配していることになる云々。[*20] 全体化する理論は、一方のモデルを用いるわけでも、他方のモデルを用いるわけでもなく、両方を実現するよう試みる。すなわち、統一性と相違とを、である。

これが生じうるのは、自身の理論的枠組の内部で反対者に適切な場所を割り当てることに成功する場合である。そこではこの理論は自分自身への否定を、単に論駁するのではなく、単に論争するのではなく、自分自身を、また自分に対立するもの自体を、説明するという流儀で扱うのである。したがって超理論は党派的裁判官のように、真理要求をめぐる論争に決定を下すわけではない。この理論にとっては、今述べたような組み立てを行いうるということで十分なのである。

したがって全体化戦略はその概念によって、反対者をすら再構成する。反対者がなぜ反対するのかを、理解できるようにするのである。言うまでもないことだが、考えうるどの反対者についても、当の理論に対するありうる否定のすべてについても、そうするわけではない。ある特定の歴史的状況の中で流通し、口にされている理論についての話なのである。マルクス主義者の論証戦略は、この種の全体化の最もよく知られた例である。しかし今ではこの戦略そのものが、歴史的なものとなってしまっている。《資本》という葉は、マルクス主義という政治的にせき止められた汽水湖（Brackwasser）★8の中で、緩やかに回り続けている。だがその水もまた政治的に停滞しているのである。しかしもっとよい仕事をなしうる、全体化する別の理論が存在するということもまったくありうる話である。その理論はあれこれと試みてはそこから学習しつつ作動し、今述べた点に関する理論の書体を完全に見抜きつつ、相応に洗練された編曲者の意識を駆使しうるかもしれない。

全体化に関するこれまでの経験という歴史的枠組の中では、時間的、社会的、道徳的連関が解きほぐしがたいほど縺れている事例が支配的である。ヘーゲルにとって全体性の概念は、意識の弁証法的運動の契機を指し示すものだった。この契機は当の運動の終局において、それ自身の概念の中で自己を積み上げていく。〔それゆえに現在においては終局は見通しがたいとしても、終局は「より高い」状態として確実に生じてくる、とされる。〕したがってここでは少なくとも、時間の差異《運動》を架橋する概念が取り上げられてはいる。そして運動が社会的な契機をも引き受けることになれば、この概念は道徳性として性格づけられざるをえなくなる。時間次元と社会次元とを交差させることによって、理論の中で道徳的な越権が生じてくる。時間の完結は道徳の完結となる。しかしこれはすなわち、そのつどの現在における状況を考慮し終えるためには、未来を必要とするということに他ならない。というのは時間が未来へと開かれており、道徳の完成もそれに応じて先延ばしにされるとしたら、徳というものはそのつど、《顛倒した世の中をさらに顛倒させて、世の中の真の本質をつくり出すこと》*21に関わることになる。そしてそこから、次のような〔現状に対する批判的な〕態度が生じてくるのは見逃しようがない。《こうして世の中は、世の中に対立して、徳がつくりあげるものに打ち克つ。……だが、世の中が克つのは、区別でもないような区別を担造することに対してであり、また人類の福祉や人類に対する抑圧について、善のための犠牲や天賦のものの悪用やについて、行われる華麗な言辞に対してである。このような理想的なものや目的は、空しい言葉となって崩壊してしまう。それらの言葉は、こころを高めはするが、理性を空しくしてしまい、教化的ではあるが、何かを建設することはしない。それは、美辞をつらねた雄弁ではあるけれども、このような高貴な目的のために行動すると自称し、このすぐれた空語をもてあそぶ個人が、自分をすぐれた人物であると考えているという内幕を、はっきりと言い表わしているにすぎないような、空しい雄弁である。――それは、自分の頭と他人の頭を膨れ上がらせはするけれども、空しい尊大によって膨れ上がらせているような、思い上がりである》。[*22]

時間的-社会的な、またそれゆえに道徳に結びつけられた全体性というこの弁証法的構想は、一つの移行状態の産物と見なされるべきである。その移行状態においては、新たに形作られていく、〔未決の未来を伴う〕時間構造がすでに確認されており、したがって時間が全体化されてはいるが、社会秩序と道徳にとっての帰結〔としてどんな道徳秩序が生じるか〕についてはまだ評価することができなかったのである。ジョージ・ハーバート・ミードが行ったように、時間次元と社会次元とを分析的に完全に分離することによって初めて、実証科学としての、《社会行動主義》としての、構想が提示されることになった。[*23] そしてそこにおいて初めて、超理論へと踏み込むことも可能になった。道徳的な含意を放棄し、その代わりに道徳そのものに〔精神ないし社会の一定の発達段階に対応するものとして〕十分に整えられた場所を割り当てることができるのである。そこでは〔すべてを良い／劣る判断しようとする〕道徳は一つの全体化戦略となり、対抗全体化の対象とされうる。道徳は自身が、道徳を帯びない理論の対抗者候補として、その理論による全体化に晒されているのに気づくことになる。

そこから生じてくる、理論形成技法上の要求が満たされうるか否か、またそれはいかにしてか。この点についてはもちろんのこと、今はまだ何ら決定できない。これまでのところ主として、二つの相異なる全体化戦略が用いられてきたように思われる。一つは歴史化しつつ事を運び、もう一つは問題に定位する。両者はそれぞれ理論に対して、異なる種類の要求を課す。両者を組み合わせて用いようとするなら、理論手段の選択に関してさらなる考慮が必要になるだろう。

歴史化する全体化戦略のためには、対抗者が社会文化的進化のより以前の時期に属しており、それゆえに追い越されてしまったという点を証明する必要がある。そこでは、〔進んだ状態と遅れた状態という〕非同時的なものの同時性という論法が用いられる。これは進歩に関するあらゆる理論の中核として常に含まれるものであり、それがなければ進歩した思考を、他の思考との対照において過程として解明することなどできないのである。[*24] したがってそこには、さまざまな運動の経過（相異なる加速度、停滞、退行、進化の初発状態、促進、阻害など）を構造的に説明する用意のある理論が含まれていなければならない。そのためには、〔旧いものの否定は新しいものをもたらすはずだという意味での〕内的時間上の制限性を表す構想が必要となる。否定は時間的により以前の状態にのみ関わるのであって、同時的なものすべては〔その否定によって〕同時に新たに規定されることになる云々。しかしこの意味での時間と弁証法との完全な同期化は不可能であるように思われる。それゆえに進歩が、同時的に存する遅れたままのものの否定を通して規定されるのはいかにしてなのかを、説明しなければならなくなる。最も信憑性を持つのはこの理論位置において、単純に経済的希少性を用いて論証を行うことであるように見える（蛇足ながら希少性は、〔善をなしうるのは悪に抗う少数者のみである、というように〕道徳の目的のためにこれまで常に有効に利用されてきたのだが）。「一つの階級の進歩は、他の階級の犠牲の上に生じる」と主張するわけである。

歴史化する全体化戦略は対抗者の存在位置を、歴史的および社会的状態の代弁者として構成することへと傾きがちである。それに対して問題に定位する全体化が展開されるのは、言明の水準においてのことである。この戦略は対抗者の言明体系を、別様にも解決されえたはずの問題へと関係づける。対抗者の問題意識を定式化し直し、その理論を再度問題化する。そしてその際、対抗者は一つの関連問題を有していると想定する。そして自分の理論ならその問題をよりよく解決できるという点を強調するのである。この戦法のためには一つの理論〔すなわち、自身の理論〕の中での留保が必要となる。その理論は問題設定を事柄に即して抽象化できる状態にあり、あらゆる問題は常に既に解決されているという現実から出発するのである。原初的なヴァリアントは、副次問題を主要問題として説明することで満足する。例えばリビドー、劣等複合、力への意志、死の衝動などの一般化された心理的問題を文化分析のための準拠点として提案する、というようにである。食い違うパースペクティブ[*25]からのこの種の説明はそれなりに正しいのだが、問題に定位し対抗者の問題–意図をも把握しようとする全体化の可能性を、汲み尽くすものではない。全体化が対抗者の〔無意識的動機のみならず〕意図をも把握するに至ったときに初めて、理論化へのより高度な要求が生じてくる。その場合に初めて、自身と対抗者の位置の同一性と非同一性を定式化するために、超理論が必要になる。またその場合に初めて、問題および問題解決の領域において制限性がいかにして保証されるべきかについて、決定を下さねばならなくなるのである。

歴史化する全体化と問題に定位したそれとは、必ずしも相互に排除しあうわけではない。〔対抗理論の〕歴史的位置を、その前提と問題を再構成することを通して、現時的な比較の文脈へと持ち込むこともできる。それがいかになされうるかということの例としては、バシュラール、ブルーメンベルク、ハイデッガー、ポパーの名を挙げておけばよいだろう。いずれにせよその種の事柄を行う超理論に課せられる要求については、さらに精緻化しておかねばならないかもしれない。問題設定を〔どれくらい〕抽象化する〔かを規定する〕のは実際の歴史、全体社会の歴史であるが、それは偶発的に設定されており、解決策のレパートリーを次第に拡大させてゆく。だから後から登場するパースペクティブは先立つものに優越するという展望がもてる。前者はより多くの可能性から選択することができるし、全体化する理論として、他ならぬこのチャンスを知っており、完全に利用し尽くすことができるからである云々。このように主張しようとするのであれば、いったいどのような想定を行わねばならなくなるのか。この点を明らかにする必要があるだろう。

最後にもう一つの全体化構想に簡単に触れておくとしよう。この構想は全体化であろうとはまったく欲していないが、まさにその点において、超理論の領域における社会的次元という問題構成を、独特の仕方で可視化してくれるのである。

ユルゲン・ハーバーマスの討議の理念は、旧来の対話的芸術学説を踏まえて定式化されたものである。ハーバーマスによればわれわれは、そもそもコミュニケートしている以上、常に既にこの理念に関わってしまっているのである。[*26] 討議は、意見ないし規律化のための根拠を申し述べて、他者がその根拠づけそのものに、妨害を受けない、歪められない、強制力抜きの、支配および労苦を伴わないかたちで、参加することを要求する。実際のところこの点は今や〔討議に参加する以上〕自明の事柄である。そこから超理論的な全体化が生じてくるためには、〔妨害された、歪められた……という〕そのような仕方では、あらゆる参加者から見て真理であると思われるような立場に到達することができないという前提が必要である。そうなれば、〔常に「ここまでの討議にはまだ歪みが含まれていた」と申し立てうるのだから、〕討議が与える処方箋は、「もっと続けよ」だということになる。討議を中断し、その討議が失敗したということを自身の理論の中で再構成するための根拠も存在しうる。しかしそれは承認されないし、承認されえないだろう。というのは中断の根拠は、それがいかに合理的なものであろうとも、〔すでに討議が中断されてしまっているのだから〕討議できるものではないからだ。真の意味での対抗者となるのは、〔討議は、一度始まれば終わりえないという〕洞察を先取りしているがゆえにそもそも討議に関わらない者、あるいは討議を中断する者である。その人は〔討議の水準に位置する対等な相手ではなく〕メタ対抗者なのである。その人に関しては討議理論は他でもない、全体化する以外にはやりようがない。そのために用いられるカテゴリーは《モノローグ》である。討議に応じない者はモノローグを行っているのであり、そうすることによって、間主観的に維持可能な理性への候補からなるサークル（Gesellschaft）から身を引いているのである、と。[*27] 最後には――しかしその時にはもう〔反対者が、自分がどう位置づけられているかを〕独自に学ぶには遅すぎるのだが――この理論もやはり反対者を表す構想を見いださねばならない。しかしその構想はもはや説明するのではなく、補完し完成するという必要性のために役立つにすぎないのである。

9 われわれは全体化戦略をかなり詳細に扱わざるをえなかった。考えうる対抗者と接する中で、道徳の問いが関連してくる可能性があるからである――スタイルの問題としてであれ、論争的に扱われるべきテーマとしてであれ、あるいは対抗者に比較的単純な、すなわち道徳的な仕方で備える試みとしてであれ。超理論の他の特質からは、特に制限性に対する責任からは、認識論的なアポリアが、また全体化からは道徳的なアポリアが、生じてくる。それらに対しては超理論は何らかの関わりを持たねばならないが、問題として解決することはできないのである。

理論をめぐる論争にはすべて、対象そのものに即して決着をつけうる――学術的認識のこの古典的前提を保持できるのであれば、以上のすべては回避可能だったはずである。この前提は、無矛盾律からの必然的な系である。無矛盾律をこう読むこともできる。理論は矛盾を回避しさえすればよい、そうすれば対象に即して、理論が当たっているか否かを確定できるはずである、と。無矛盾律は、矛盾のない世界というテーゼに対応しているのである。しかし他ならぬこの対応こそが、もはや無矛盾的には考えられえない。というのはそこでは次の点が含意されているからだ。判断は世界に属さない。判断は矛盾しうるからである。しかし判断は世界に属している。さもなければ対象と関係しえないからである。

一見したところこの問題は、認識理論にだけ関わるもののように思われるが、実は認識の対象にまで及んでいく。それは対象自らが認識をなしうる（そして自らを認識しうる）ものと考えざるをえない場合のことである。これは自己言及的な心的システムおよび社会システムに関しては、直接妥当する。それらが認識の対象でもあるという点を度外視するとしても、やはり事態は変わらない。この問題は、自己言及的な意味実践の領域総体へと広がっていく。この領域では判断の中で、対象によっては決定されえないような矛盾が生じる場合には常に、決定不能性が存在するのである。

かくして決定の遂行は、対象によってはもたらされないがゆえに、事項次元から社会次元へと移されねばならない、あるいは時間次元において先送りされねばならないということが、またそれはなぜなのかが、明らかになる。超理論はこのような問題状況に、全体化戦略を用いて応えようとする。対抗者を包含し、対抗者に即して、また抗して決定するように、である。超理論はその独自の学習過程を自然に即してではなく、対抗者に即して方向づけるのである。もちろんのこと超理論は、対抗者を単に対象の位置に据えるわけではない。今や対抗者だけが興味ある対象だというわけではないのである。むしろ対抗者が興味深いのは、対象と別の関係を取り結びうると考えており、それを踏まえて、全体化する理論を否定できるとする人ないし理論として、なのである。[28] つまり超理論は、対象への諸関係を関係づけるわけだ。超理論は模倣ないし一致（Adäquation）の原理に従って作動するわけではないし、また単に弁証法的否定の原理に従う[29]のでもない。むしろ再構成の手続きによるのであり、そのためには超理論自らが基準を作り出すのである。超理論はまさにそれゆえに時間に依存し続けることになり、またそのことを知らなければならないだろう。年老いていく全体化構想が生きながらえるのは、他ならぬ対抗者によってである。新たな対抗者が登場してくる分だけ、さらに学んでいくことになるのである。

だが、無矛盾の原理と対象と認識の関係とが、全体化戦略の発展を触発する問題であるのはなぜなのだろうか。この問題がかくも重要であるのはなぜなのか。

この問いへの答を本質ないし認識の概念のうちに求めるのはもはや適切ではないだろう。その種の概念は、遂行されえないことを要求するからである。この問いが狙うのはむしろ、全体化する者がそうと知ることなく反応する問題なのである。全体化する者はそれら触発する問題を再構成しようと試みる。ただしそれは全体化する者に対して〔触発する問題を適切に解きえていないではないか、というように〕再度全体化を施すためではなく、全体化の実践を〔可能な〕

問題解決〔のひとつ〕として描出するためである。代替選択肢に直面させ、全体化の学習能力を改善できるように、である。そしてもちろんのこと、解こうとしている問題を用いている理論を知るならば、《メタ合理的》に振る舞って、問題を解かないという自由が与えられることになる。全体化する超理論という構想は、この《実存主義的公理》[*30]に明確に順応する。それは《メタゲーム》のための構想となるのである。

この問題状況に対しても、システム理論は一つの提案を行う。システム概念を用いて通常理論を精錬していけるだけでなく、超理論を投企することもできる。超理論を触発するあの問題をも把握して、言わばその独自の自己触媒作用を記述できるのである。

システム理論の観点からすれば無矛盾律は、二分図式化する作動を確立するために必要な、象徴的コードの一部なのである。〔そう考えるならば〕二分図式化の利点を挙げることも可能になる。やはり二分図式化を用いている他のシステム（経済、政治、法、芸術など）との比較を通して、利点を示せるのである。[*31]対象は、システム理論の観点からすれば、学術システムの環境の断片であり、特有の仕方で内的にプロセシングされる。その仕方によって他の環境断片（経済、政治、学術に携わる人物の動機など）との関係における学術システムの位置が維持されたり改善されたりしうるのである。環境分化によるシステムの安定化というこの範型は広く見られるものであり、複雑なシステムすべてを特徴づけるものである。[*32]それゆえにやはり比較によってこの点を裏付けることができるのである。認識理論的な問題状況を俯瞰することから生まれてくる超理論は、この構想を用いることによって事後的に構成しなおされ、言わば《通常化される》。今や扱われているのは頻繁に生じてくる事例、すなわち(1)増大する分化、(2)環境の中には対応物を持たない二分図式化、(3)システム相関的な環境分化なのである。それらが相まって当該のシステムに、反省装置を強化することを強いるのである。

10　以上のシステム理論的再構成を受け入れるとしても、競合する超理論に関する判断を行うためにはどんな等級基準が適切なのかという点はまだ未決のままである。われわれは次の点から出発することにしよう。あらゆる競合状態に客観的に決定を下すことを保証するのは不可能である。〔超理論が競合している場合には〕それぞれの理論がそれぞれ独自の〔、競合者を〕否定〔するための基準〕を反省しもするからである。しかし複雑性と学習能力（＝時間次元における複雑性）という基準を挙げることはできる。それらは超理論の機能との関連で差別化されるのである。

それに従えば、広言する概念に依拠して自己規定を行うような理論はうまくいかないということになる。自分自身を推奨し、他の理論も従うように求めるわけにはいかないのである。《解放》がそうだし、反対の意味においてであるが《搾取》もそうである。こう述べたからといって、〔これらの概念が含意する〕道徳化する《傍論 obiter dicta》や論争的な非難に対して何ら異議を申し立てていることにはならない。それらはスタイルの上での、あるいは闘争のための手段として副次機能を担いうるからである。しかしまたそれらは明らかに奇矯なものとして提示され、理論の欠陥を示すことにもなるのである。[*33] 実際のところ、理論がその構築法、規定性、否定可能性において、訴えかけを行う概念に依拠するなら、その理論の学習能力は、他の理論の構成に関する経験を取り上げることは、制限されざるをえない。理論を構成する要素を価値づけから中立的に、修正可能なものとして設定すれば、より高度な複雑性を、また時間次元におけるより高度な複雑性をも、達成できる。そうすることでとりわけ、単なる同調を避け、世界の経緯に対してコメントを発し、反対の見解にも場所を与えてやるという、内容豊かな可能性を獲得できるのである。道徳化する超理論も可能ではあるが、しかし自分自身の論駁不可能性の犠牲にならざるをえないだろう。

しかし複雑性は有意味な基準なのだろうか。それをどこで知ることができるのか。

通常の場合システム理論では、複雑性は次の理由によって推奨される。複雑なシステムは、環境の側の、相対的に蓋然性の低い出来事をより多く受け止めて内的に処理できるという点で、より安定的であるから、と。[*34] そのようなシステムは、より大きな焦点深度を伴って腑分けされた環境をもちうるし、反応としての行動の領域もより大きくなるのである。この点を限定抜きで受け入れるとしても（実は関係づけの内的配置との関わりで限定が必要になるのだが）、二点に関する根拠づけを考えねばならない。複雑性が安定化をもたらすのは安定性の問題が環境の変化のうちに存しており、それがシステムから独立に生じる場合であり、その場合のみである。したがって別の二つの安定性問題は考慮されていないことになる。すなわち(1)内的な成長過程。そこからシステムが不均等に成長し、そして／または、ますます短くなっていくタイムスパンの中で構造を変化させることになる。(2)システムによって引き起こされた環境変動。これは偶然を扱うようには防止されえず、あるいは原因において（その原因を除去するというかたちで）中和することもできない。システム自身が原因だからである。言い換えるならば、複雑性が一定の度合いと形式を取るに至ると、システムは環境に対してよりも、むしろ自分自身に対して無力となるのである。これは少なくとも考えられうる事態だし、証拠を見いだすのもさほど難しくないだろう。近代の世界社会が、そのような事例の一つだと思われるからである。超理論もそのような事例、最も重要な事例なのであり、超理論が自身の対象領域の普遍的コントロールをも主張しようとするのであれば、この点を無視することはほとんどできないのである。

　以上の考察から、基準というものに、あるいは複雑性の概念に反対する、ましてやシステム理論を拒絶する結論が導かれるわけではない。その他のどこかに、さらなる分析のために必要な用具となるものが存しているわけではないからである。全体社会というものが一つのシステムであり、それは複雑性が増大することにより進化の上で得られる優位性の限界に到達してしまった（乗り越えたわけではない）のだとしても、だからといって今述べた点を無視して、その代わりに規範と価値を顧慮する態度を再確立しなければならない云々という話になるわけではない。必要になるのはただ、自ら引き起こしたシステムおよび環境の変化という問題を含み入れて、それと対応するように自己言及的な分析を行っていくことだけである。したがってシステム理論的な論証を用いる超理論の優越性要求は、自分自身が複雑であるということによって根拠づけられるわけではない。むしろその要求は、自身の複雑性を、自身が全体社会の中で置かれている状況と関連づけつつ、反省する能力によっているのである。

11 最後の論点は、ハイアラーキカルで推移的な、論理的で演繹的な理論構築という古典的な観念に依拠する反対者に関するものである。その種の反対者なら次のように論じることもできるかもしれない。超理論は、許容されうる通常の理論の一部ではない。通常の理論は構成上の、また経験的な確証に基づいて流布され承認されている事柄を、科学総体の、あるいは科学の一分野全体の、最終的な問題構成を《解決する》ために用いることを好むものである。概念的に把握された認識は、すべてその基本問題の解決可能性を、常に既に前提としているのだから、この基礎の上でのみ通用するはずである。さもなければ循環的な論証が行われることになるだろう。すなわち理論1は理論2によって根拠づけられるが、理論2は理論1が根拠づけられているということを前提とする、という話になってしまうではないか云々。

われわれはこう答えよう。科学システムにおいては実際のところそのように手続きが進められるのだし、そうしなければならないのだ、と。[*35] 抽象的に見るならば根本問題への解答は、恣意的な見解に属する事柄であり、[*36] 後続する規定によって初めて〔その解答が提示する〕差異に帰結が与えられる(にもかかわらず差異は必要不可欠であるが)。後続規定が単なる二重化(無による有の、非妥当による妥当の、非真による真の、等)の恣意性を、それらに差異として作動上の機能を与えることで、止揚するのである。それらによって作業を始めれば、作動は後から違いを生み、当初の選択を恣意的でないものにしていく。根本問題が、論理的にはもはや利用可能な決定規則ではないからこそ、決定の実践が根本問題を規定しえねばならない。システムがその最終的問題構成を認識し分析し終えた後では(これは歴史的な確定として意識されることになる)、もはや別の可能性は存在していないことになる——メタ合理的に振る舞い、科学システムから、例えば政治のほうに向かって、離れていくのなら話は別だろうが。認識と対象の（あるいは、システムと環境の）非同一性の中での同一性が（すなわち、両者は一つの区別の両項として同時に与えられるのだという点が）問題として定式化されるならば、この定式化はシステムとハイアラーキーとの同一性を破壊してしまう。ハイアラーキーの頂点（あらゆる認識の《基礎》）が全体を代表することなどできなくなるのである。そうなれば、根本問題とシステムの働きの関連性は、二方向に活性化されうるはずである。超理論が経験的知見の衝撃に対して十分に身を守ることができるのは、ただこの関係づけによってのみなのである。

対象の一つとしての道徳に関する、道徳から自由な科学が、適切な仕方でいかにして可能になるのか、そもそも可能なのか。前段の理由によりこの問いに対しては、超理論的構成の水準だけでは決定を下せないということになる。下すためには、システムの概念と並んで道徳の概念も必要である。そして両者とも別の理論水準において、最終的には経験的に、確証されうるのである。科学システムのあらゆる構造化水準は相互に関係しており、全体として作動できるのはこの関係の中でのみである。《より高い》水準は《より低い》水準を前提とするし、その逆も成り立つ。これは、あらゆる水準でそれぞれ異なる《拘束》が成立し、環境の相異なる相が関わってくるのだから、トートロジーではない。終局へと至って事が何なのかをすべて知ったとすればその時に初めて、これまでの努力は壮大なトートロジーにすぎないのが明らかになり、そこから先は嘲りの哄笑が響くだけということになるのかもしれない。しかし実際の状況にとってはそんなことを予測してみても、ポジティブにもネガティブにも何ら得るところはないのである。

《2》システム理論と人間主義的伝統

カント以降、近代科学の発展が、近代科学の分出とその分解および再結合能力の増大が、認識理論および道徳に関する問いに対して種々の帰結をもたらすということが意識されざるをえなくなった。《批判》とは、科学と道徳との妥当根拠の統一性を新たに根拠づけようとする試みだったのである。システム理論が統一性の問いを立てるのは、ただシステム特殊的にだけである。つまりあらかじめシステム言及を選択しておくことを前提とし、科学が分出することが科学自身に与え返す効果を、超理論の構想によって再定式化するのである。したがって超理論とは、科学システム自身が関わる限りでの認識理論的および道徳的な問いを受け止める水準なのである。それゆえに、道徳についての道徳から自由な科学の可能性について問うためには、この構想を描出しておく必要があったわけだ。

超理論に関するこのシステム理論的な構想を利用しようとするのであれば、きわめて大雑把にまとめれば《人間主義的伝統》として指し示しうるような思考前提と思考習慣と対比させつつ、システム理論を用いるのがよいだろう。そのように対照させるならば人間主義的伝統は、人間の名の下に理論形成に対して道徳的要求を提起するものとなる。すなわちこの伝統は〔先に述べたような、超理論に対する〕一つの反対者であり、システム理論に対するその異論を、システム理論そのものが説明できねばならないはずなのである。現下の議論の前線は、この対照に即して生じているのである。[*37]

しかしこれは、システム理論が人間主義的伝統に関わる唯一の理由なのではない。論争は同時に全体化の一例としても、そしてその成果としても、働くのである。

ヒューマニストは、モラリストとして登場する場合には、システム理論を道徳的に評価することがもちろんできる。しかしそうすると当人の道徳が特定の、例えば全体社会水準での政治に関わる、リアリティ連関を持つよう要求される結果にもなる。そのためには、市民革命の価値基準——とりわけ自由と平等と、友愛ではないにしても、少なくともコミュニケーション——に照らして今日の全体社会に欠けていると思われるものすべてを、持ち出すことができるだろう。それらが欠落しているということそのものに関しては、もちろん誰も異を唱えることはないはずである。そうするとシステム理論はその全体社会をテーマ化はするが、先に述べた諸価値に即して測ろうとは（少なくとも何よりも優先してそうしようとは）しないのだから、全体社会を肯定し、劣るものを良いと見なしているのだと想定されることになる。つまりシステム理論は道徳的にまったく誤った判断を下している、というわけである。もう少し洗練された事例では、市民的な諸価値に触れないことそのものが、ブルジョア社会学の特徴として非難される。ブルジョア社会では、自身の価値を行動の基礎として用いることができない。この社会の生産様式がそうすることを禁じるからである。〔市民的価値を万人にとっての普遍的原理として明示すれば、それが現在の支配体制を正当化するものにすぎないことが明らかになってしまうではないか。〕これはブルジョア社会の《矛盾》の一部である。そしてブルジョア社会学は、この矛盾を解決しえない以上は、それを隠蔽するしかない云々。[*38]

　道徳によって誘導されたこのタイプの論証においても、理論的成果が生じることはある。しかもそれは、《単に道徳的な》判断という外見を回避しようとする試みからの、副次的帰結としてなのである。言うまでもなくこの試みは、明白な全体化において必要とされるものである。全体化は対象を、対抗者という対象をも、同時に視野に納めようとすることに他ならないからである。しかし問われるべきはやはり、道徳に加担することによって科学的な分析可能性を使い尽くすのが妨げられてしまう、あるいは早急に脇道にそらされてしまう、ということがないか否か、それはどの程度のことなのかという点である。これに関してはさしあたり推測するしかない。まず最初に、システム理論と人間主義的伝統が分離し、相互に向かい合うことになる分岐点の詳細を分析しておかねばならない。そうして初めて、《全体社会的な有意性》についての問いを最初から道徳的な問いとして導入すれば、どのような分析可能性が遮断されてしまうかを、示すことができるのである。

1　最初の、同時に以後のすべてを規定することになる分岐点を、精確に示しておくべきだろう。それは、社会科学的分析という文脈の中での人間の位置に関わるものである。ヨーロッパ旧来の伝統では、この点に関する選択肢は存在しなかった。プラトンとアリストテレス以来疑問の余地のない出発点とされてきたのは、包括的で自足的な全体社会は政治的共同体であり、それは人々から成るということだった。すべての人々からではないにしても、自身の家政を踏まえることにより自立しており、公共的な事柄に貢献しうるような人々から、である。[*39] 全体社会の内部でのその他のグルーピングすべてもまた、集合体（Collectiva）として考えられてきた。その要素となるのは個々の人ないし個人である、というわけだ。それに対応して人々のほうは、社会的全体性の部分であるとの話にならざるをえなかった。その結果人間は政治的動物（zôon politikón）として、あるいは後には社会的動物（animal sociale）として、規定されることになったが、そこには二重の意味が含まれていた。一方で人間は社会的結びつきの中でしか生きていけない生物であるとされる。他方ではそこからの帰結として、人間は制度の基準であり、制度の目標とは人間の完成であるという話にもなる。かくして社会的全体の内部における、またその諸部分間の、拘束性の構造を、自然な道徳として把握することが可能になったのである。

その後、この点に関しては代替選択肢が存在することになった。それゆえに「人間は全体社会の部分である」という見解を持ち出すためには、別の構想に抗する必要が生じるわけである。システム理論がその分析的可能性を完全に発揮するためには、社会システムとパーソナル・システムを相異なるシステム言及として区別しなければならない。そして、両者が互いに対して環境たらざるをえないという点から出発しなければならないのである。したがって個々の具体的な人間は、どの社会システムにとっても常に環境である。全体社会システムにとってもやはりそうである。個々の人間は何らかの社会システムの中で働くわけだが、その社会システムすべてでも人間にとっては環境なのである。

今日においてこの見解がどの程度の賛同を得られるのかを見積もるのは困難である。すでにマルクスにおいて、《全体社会は個人からなるのではない》[*40] との表現が見られる。実際のところ、類の論理学を弁証法によって置き換えようとするのであれば、そう考えざるをえないのである。今日の表現では《社会は、諸個人の集積体としては、統合されていない》[41]ということになる。パーソンズを一般的(分析的)行為システムの理論という水準へと移行させたのは、他ならぬこの問題であった。このシステムの内部において有機体、パーソナリティ(Person)、社会システム、文化が部分システムとして分化するが、それらは行為システムとの関係においてはあくまで部分システムに留まる。そこで社会システムに帰せられるのは、主として統合の機能である。このようにこの構想ではパーソナリティと社会システムは、なるほど分離されてはいる。しかし一つの上位システムという枠条件によって、両者の間の関係が調整されると見なされてもいる。上位システムが、部分システム間で可能なインプット／アウトプット関係を調整する、と。[42]

これらのどの試みにも含まれる着想が、極限まで追求されたことはなかった。その着想とはこうである。具体的な諸個人は全体社会システムの、また他のあらゆる社会システムの環境に属する。そしてシステム／環境に関する一般的な調整規則は——複雑性縮減の必然性、内的な一般化の必然性、一対一対応では不十分であること、したがって〔システムと環境のそれぞれに属する〕過程が時間的に非同期化されること——は、それらの事例すべてに当てはまるのである。システム理論は、システム内的な構造と過程のすべてを一貫して、システム／環境の差異へと関係づけることによって、分析上の著しい焦点深度と精確さとを獲得できる。社会システムの場合ならばそこから、「このシステムは個人からではなくコミュニケーションから成る」というテーゼが導き出される。全体社会は人間という類(Gattung Mensch)でも人類(Menschheit)でもなく、コミュニケーション・システムである。このシステムは、物理的-化学的-有機体的-心的な基盤の上で実現された人間の潜在力を、選択的に統合する。そしてその選択性を操舵することのうちに、独自の現実性と独自のシステム自律性とを有しているのである。

この選択性はもちろんのこと、これまで常に視界に入れられてはきたが、規範的に把握されることによって、一つの方向へと逸らされてもきた。その線からは道徳概念の中での取り扱いと根拠づけが生じてきて、そこで事が終わってしまったのである。新たな、システム理論的な概念構成から余録を引き出すためには、次の点を認識しなければならない。人間の内的選択性は、人間を有機体的‐心的統一体として構成するものは、コミュニケーション・システムの社会的選択性とは等しくない。両者はまったく異なる経緯を辿るのである。それゆえに「システム／環境」差異は、単に出来事を分かつだけではない。選択性を分かち、再結合しもするのである。

この点との関連で、社会システムの中に、〔このシステムに〕貢献する環境としての人間が、どのように《相互浸透する》[*43]かを明確に視野に入れることができるだろう。有機体的‐心的統一体たる人間がもつ特有の、全体社会を構成する上での貢献は例えば、個の統一体がだいたいにおいて平和裡に、善意から、規範同調的に行為し、そのようにして秩序を維持していることにあるのではない（もちろん事実としてそうであることには異論の余地がないとしても）。

この種の〔平和／紛争、同調／逸脱などの〕あらゆる図式的な評価は、常に既に全体社会システムの内部において、また常にそこにおいてのみ、構成される。その種の評価に先だってこのシステムそのもののほうが、高度に複雑で微細に調整された選択性を伴う諸システム〔＝「人間」〕という外的基盤の上で、構成されるのである。それら諸システムはまず第一に単純に、それらが自身の状態を常に変遷させうるし、変遷させねばならないという事実をもたらす。言わば、活気をもたらすのである。まさにそれゆえに、それらは全体社会の機能的要素ではない。ましてや部分システムではありえない。そうなるために必要な安定性を与えてはくれないのである。それらがなす貢献は、他ならぬ不安定性である。その不安定性こそが他のシステムが、すなわち社会システムが、選択過程を経て形成されるのを可能にするのである。

したがって、人間に即して無数の選択的な構造と過程が存在する。それらは全体社会に属しはしないが、全体社会の環境として前提にされねばならない。全体社会がコミュニケーションという基礎の上でそもそも成立しうるのは、それらを前提とすることによってなのである。逆に全体社会という事実が当初は人間という環境に、今日ではますます人間外の〔自然〕環境にも、影響を及ぼしている。全体社会がなければ人間が今あるようには、ましてや地球が今あるようには、ありえなかったはずである。しかしこれは、〔人間および地球の現状という〕それらの帰結が全体社会システムの一部として把握されねばならないということを意味するわけではない。あるシステムに依存するものはすべてそのシステムの一部だというわけではない。言い換えるならばシステム境界は依存性と非依存性とを、連関性と非連関性とを、分化せしめるわけではない。境界が遂行するのは選択であり、選択によって、依存性と非依存性が相互に増幅しあうことが可能になるのである。

研究上の以後の進展の中で生じてくる多数の問いが、この前提に依存することになる。その一例として、コミュニケーションを過程形式として用いることから、二つの環境が分化するに至るという事態が全体社会の進化にとって大きな意味を持つという点を挙げておこう。二つの環境とは(1)物理的‐有機体的環境、および(2)人間的‐パーソナリティ的環境である。[*44] 両者の《エコロジカルな》連関が、今日では全体社会におけるコミュニケーションの最も重要なテーマの一つとなってはいる。しかしわれわれは、ここでこの点に関する考察をこれ以上追求するのは控えておく。次の点を確認するだけに留めておこう。人間という有機体的‐心的統一体は全体社会システムの環境に属しており、それに対してあらゆる道徳性は、全体社会の内部において構成される。この見解によって、旧来持ち出されてきた、機能と道徳の統一性は破砕される。その結果、分化した分析可能性が切り開かれるのである。そこから、システム理論と人間主義的伝統とを論争的に対峙させようとする以下のテーマにとって、いくつかの帰結が生じてくることになる。

2　差異が生じる第二の点は、全体社会の構想そのものに関してである。理論が全体社会の基礎構造をどのように把握しようと試みるかに関して、と言ってもよい。全体社会をいかにして同定するか、いかにして比較を行うか、いかにして類型を構成するかは、その点次第なのである。

全体社会は人間より成るとの仮定から出発すれば、全体社会の理論を人間学的に根拠づけるしかなくなる。人間の自然＝本性および人間の存在条件に関する言明がまずなければならず、そこから全体社会に関する言明が導き出される、というように。そうなると、人間と全体社会とを結びつけるこの言明連関のうちに、道徳的判断も、あるいは少なくともその判断に対応する〔記述／評価という〕二重構成も、また全体社会そのものの構造の正当化も、組み込まれることになる。

ヨーロッパ旧来の伝統は基本的な態度としては、〔人間に〕肯定的な評価を下しつつ、人間はその本性に基づく目的からして、全体社会の中で生活するよう定められているということから出発していた。人間はその可能性を実現し損なうかもしれないし、可能性を剥奪されていることもあるだろう。その場合には自身の生を、人間に内在する目的論の中で完成させる可能性もまた失われてしまう。全体社会における生の中心的条件に相当するのは、支配である。すなわち、統治する部分と統治される部分が分化していること、それぞれが全体社会の中で集団を形成しており、またそれらの集団が政治的全体社会へとつなぎ止められていることなのである。結局のところ、秩序と支配とは不可分のものとして一体化するわけである。[*45] この構想の中には、階層的に分化した全体社会が写し取られている。そこでは政治の機能的優越が中枢的な位置価を持つものと見なされていた。というよりも全体社会そのものが、他ならぬ政治的全体社会として定義されていたのである。この分化形式は人間学的に基礎づけられていた。人間は、全体社会の支配する部分も支配される部分も同様なのだが、それぞれの生の目的からして支配を必要としており、その点においては平等である、というようにである。[*46]

それに対して人間学が否定的に設定される場合には、つまり〔人間とは〕不安定であり、物欲を持ち、未定の感受性を有し、無規定であり、そして自由であるということになるのだが、人間の自然＝本性が示す傾性はただ自身に対する否定を発動させることのうちにのみ存するとの話になる。[*47] この自然＝本性に基づく否定性に対する否定は、〔単なる〕欠如としての否定ではなく、決定をもたらす否定である。つまりそれは回避されるべき本質的な欠陥などではなく、初めて人間的〔ヒューマン〕なものとなりつつある全体社会を、歴史的に形成するのである。それが〔人間の〕素質の内では《完成可能性》でしかなかったものを現実化する、とされる。この構想のうちには、革命的な全体社会が写し取られている。この社会は、政治および宗教という部分システムの分出を推し進めつつ、それと並んで経済、科学、教育のための全体社会規模に及ぶ部分システムを設置し始めていた。つまり全体社会は機能分化へと、あらゆる個人をすべての機能領域に包摂することへと、転換しつつあったわけだ。今や階層は、個人の行為の効果が集積するという帰結現象としてのみ容認されるのである。このような全体社会は自身の歴史を、未完成の自由の歴史として意識する。そして人間性は、自分自身の否定性のうちで否定を行う自由として、〔すなわち、自身の自由＝不安定性から生じる無秩序を、ホッブズ流に社会契約を通して自ら否定する自由として、〕未来への展望と課すのである。

だがこのような総体的視角からすれば機能的に分出したシステムすべては、特に今や支配的なものとなった経済は、欠陥として、人間の抽象化、疎外、搾取を表わすものとして、現れてくる。新人文主義＝人間主義は人間性に固執しつつ自身の地歩を固めていったが、最後には全体社会のあらゆる機能を欠陥という様相において省察するに至る。政治とは支配であり〔それは今や何かしら否定的なものである〕、教育とは象徴的暴力の行使である。宗教は世俗化されたものとして、あるいは世俗化を通して、無力化される。そして全体社会そのものについても、その正統性が危機に瀕していることが省察されるのである。*48 それらに対抗するものとして、人間が再びそのものとして肯定される。しかしこの肯定は、現状との繋がりを一切持たなくなってしまっている。その結果全体社会の歴史は、その抗事実的な理念をコミュニケーションによって検査する歴史として再構成されざるをえなくなる。

かくして近年の理念史の経過の中で人間性は、否定されうる否定性から、もはや否定されえない、否定を行うだけの肯定性の方向へと展開されていく。こうして人間と全体社会との理論的連関は引き裂かれるに至る。隠し絵の場合のように、次の点が突如として視界に入ってくる。抽象化のこの歴史は全体社会の発展そのものと相関しているのであり、人間から出発することによっては人間社会の現状を捉ええなくなっているという点を表しているのである、と。そうするには全体社会そのものが、あまりに複雑になってしまった。全体社会の中で科学が分出することによって生じた、理論に対する要求は、そうするにはあまりにも高度なものへと進展してしまっているのである。人間主義者たちは、自身の理念に固執することによって、一つの立場へと追いやられてしまう。そこからなしうるのは、なおも拒絶を続けることだけなのである。

システム理論的な分析が取る視線の中では、人間主義のこの展開そのものが説明可能である。理論の基礎が、全体社会の分化の形式と程度とに依存しているのだと考えればよい。そうすれば、人間、個人、主体といった概念によって全体社会の理論が基礎づけられねばならない場合には、それらに負担が課せられるとの事態は、さらには過度の負担が課せられさえしなければならないとの事態は、決して偶然ではないということになる。〔基礎づけという〕この機能に関してはこれらの概念ではうまくいかなかったのだが、それは決してそれら概念によって指し示されていた事態が意義を失った――《脱人格化》《同調主義》《大衆化》について語られるような意味で――ということを示す兆候などではない。むしろこれらの語りそのものが、理論的な誤操舵からの帰結にすぎないのである。《大衆》の概念もまた人間学的な回避策なのであり、社会学的には価値を持たない。反対に事態と理論の現状からして求められているのは、人格と社会システムとを分析的により鋭く分離することであり、情動を孕んだ基礎づけ言明によって相互浸透の分析を先取りしたりしないことなのである。

この種の企図のためには、システム理論に相応する抽象化の働きが必要になる。何よりもまず明らかなのは、個々の機能の優位を人間学的に具象化することは、徹頭徹尾放棄されるという点である。全体社会はその中核においては政治的全体社会であるとか、全体社会はとりわけ政治的エートスに、あるいは経済的生産に依存しているとか主張できるのは、ただ人間学的な前提を踏まえてのことだけである。この種の諸テーゼにおいては、分出した機能のもとで位階秩序を確立しようと試みられている。それらの説得力は、個々の機能がすでに一定程度分出していた歴史状況の中に存していた。全体社会の発展状態に従えば、重要なのはそのような状況だったのであり、そこでは〔機能が分出しているという〕それ以外の点では主として階層によって、したがって位階的に、分割が行われていたのである。この種の構造類型に際しては、機能の一次性と役割表象とが結びつけられえた。そしてその結合が人間学的に基礎づけられえたのである。多数の個別機能が分出した後では、全体社会の状況も変化しているのだから、この種の構想を維持していくことはできなくなる。政治、経済、法、宗教、教育、家庭生活、科学、公衆衛生制度が相対的に高度な要求を掲げつつすでに分出しており、それぞれ特殊な遂行〔＝他の諸システムへの関係〕を伴いつつも独立しているのであれば、古典的なスタイルでの具象化は根拠づけられないものとして現れてくる。政治が他のすべてよりも重要なのは、全体社会の政治システムにとってだけのことにすぎない。同様に、また同じ権利をもって、教育システムを機能的に特化しうるのは、「教育は他の諸機能よりも重要である」との前提のもとでのみであると言える。他の機能領域すべてに関しても、事は同様である。そのような機能の一次性を全体社会そのものへと逆投射することは、機能分化の原理に矛盾するのである。

以上の批判は同時に部分的な分析ともなっており、それによってこのシステム分化そのものがどんな意義を持つのかが認識されもする。それゆえに機能の具象化を人間学的に根拠づけることに対する批判の中にすでに、代替理論が含意されているのである。その理論が狙いを定めるのは、分化それ自体である。今や全体社会システムは、コミュニカティブな諸関係の分出したシステムとして把握されねばならない。そして分化の相異なる諸形態を区別できる。それら諸形態は、全体社会システムの分出の度合いと相関するのである。環節分化から階層分化へ、そして階層分化から機能分化への移行の中で全体社会システムは、体系性と分出の、環境からの相違の、より高度な度合いを達成しもする。全体社会システムの自己主題化（広く受け入れられる命名と同定、という意味での）の変動を強いるのみならず、その根底にある理論構造に影響を及ぼしもするのが、タイプのこの変動なのである。変動によって理論の説得力の基礎もまた変化するからだ。われわれはこの事例においても超理論の論証技法を示してきたわけだが、超理論の構想もこの状況のために提供されたものなのである。この構想が正しいと言いうるのは、全体社会を（それによって、自分自身をも）構想するこの理論構想の変移をも〔機能分化によって生じてきたものとして〕同時に反省することによってだからである。

3　われわれはこの抽象化の圧力そのものを〔抽象的に〕説明することによって、その圧力に服することになる。そしてこの圧力から、システム理論と人間主義的伝統との分岐をもたらすさらなるテーマの取り扱いに関しても、帰結が生じてくる。問題となるのは、全体社会の歴史を人類の発展として、あるいは進化として把握する可能性である。その際、全体社会の理論として競合相手となるのは、次の点を視野に入れ把握しようと試みる理論だけである。すなわち、どの全体社会もその統一性を歴史の中でも維持していくのであり、その統一性を自身の同一性として――それが存在するならの話だが――時間次元においても、自分自身の内に集積していく歴史過程と見なしつつ反省するのである。[★9]

人間主義的伝統の様式の中でそれを貫徹しようとすれば、道徳と理性を時間化し、歴史の帰結として――肯定的にであれ否定的にであれ――予期するということにならざるをえないだろう。このプログラムが徹底して定式化されたのは、ヘーゲルによってだった。それ以来、力も説得性も、また原則的には細部も、欠落したままだった。反省の統一性という要件は歴史の主体の統一性にも投射されえなかったし、[*49] 過程の連関の統一性（それが、やはり全体社会的な対照的契機をまったく欠いたまま、進歩だけを、あるいは没落だけを保証する、というわけだ）[*50] に投射することもできなかった。この事態を受け止める位置に置かれたのは依然として「その主体とは間主観性であり、満たされない妥当要求が討議されるのは過程＝訴訟（Prozeß）においてである」というテーゼだった。

システム理論家としては次のように推測せねばならないだろう。間主観性への関心が標的としているのは、システム傾性の新たな水準であり、そこでは〔個人主体とは〕別の、《超主体的》なシステム歴史が経過していく。すなわち人間の諸行為の社会的結合可能性の条件の歴史が、である。しかし人間主義的理論はこの指し示しのもとで、一つの伝統を継続しようとの利害関心を追求しもする。その伝統は連帯を、人間そのものの特性として取り扱う。そして、この形式の中で連帯を規範化するのである。[*51]

〔システム理論による〕この基本的立場からは、全体社会の歴史に関するどのような構想が展開されうるのだろうか。

システム理論は、存在と生成、構造と過程という、フォアゾクラティカー以来通例となってきた両極的対照化を克服することによって、事を進める。さらに言えばそれは、システムを形成する過程と進化的過程の間に、さまざまなシステム形成の水準において存する、込み入った相互依存を明らかにすることを通してなのである。典型的な歴史家の視点からすれば、ここにはまだ何ら完成した理論提案など存していないということになろう。理論プログラムの抽象度もまた、物語りうる歴史へと加工できるような結果が得られるのかという疑念を、生じさせることになろう。あるいは、歴史家がこれまで事を進める際に馴染んできたような心的説得力へと加工できる結果が、と述べてもよい。いずれにせよ《歴史の道徳》がプログラムに登るわけではないのは確かである。

人間主義的構想は、こう想定するかもしれない。この構想は、物語に寄せる歴史家の関心にいっそう寄り添うことができる、と。人間主義的構想も、歴史の中で行為する行為者ないし集合体に、理論に条件づけられた関心を示しはする。しかし〔最終的には、〕それら行為者・集合体の意図を、成功ないし失敗の契機として判定しようと試みるのである。[*52] しかしこの構想は誤るかもしれないし、自分自身の歴史を踏まえてそのことを知りうるかもしれないのである。歴史的理論と共生していくには、人間的な生活条件を実現することへの、あるいは価値そのものへの関心は。あまりにも抽象的なものとなってしまった。しかもそうなったのは、他でもない、その関心が前市民社会的な全体社会秩序を解体するために歴史的に用いられたからなのである。そしてそのためには、人間の自然＝本性が社会外的に〔ルソー〕、人間の理念と格律が超越論的に〔カント〕設定されねばならなかったのである。

その後で残された道はといえば、人間性を当為価値にまで社会化し、歴史化することだけだった。これを行えば、危機が発見されることになる。エトムント・フッサールにおいてもユルゲン・ハーバーマスにおいても、主体から間主観性への転換が生じたのは危機意識を伴ってのことであった〔それぞれまったく異なる理由からではあるが〕。[*53] これは決して偶然ではない。そこでは間主観性は明らかに道徳や理性などの、それまで主体に帰せられてきた人間的な表題を〔自身が実現していると主張するのを〕拒絶する。そして現在によって〔それらを実現できていないのだと〕弁明を行う。技術、科学主義、資本主義〔のせいである、と〕。当為価値と歴史的意識という二重の眼鏡を用いて全体社会へと視線を向ければ、常に危機が見いだされることになる。しかしだからといって同時代の人々は、不安になったりいきり立ったりするには及ばない。危機の指摘が歴史に関する理論提案となるのはただ、それが社会性の歴史性と歴史の社会的発生を実際に提示して、人間的なものとして評価されうるが危機に陥っているような諸条件へと、フィードバックさせることに成功した場合のみのことであろう。

今日においてその種の試みを企てているのは、ユルゲン・ハーバーマスである。そのプログラムは、進化論を精錬することによって、事実としての歴史を、人類が規範と意見とを共同生活との関連のなかで討議によって根拠づけることを学ぶという経緯として、説明しようというものである。[*54] この見解によれば根拠づけは、現状と利害関心からの単なる派生現象に留まるものではない。誰もがこの現象と、自身の利益を確保しつつ折り合っていける云々という話には収まらないのである。根拠づけが目標とするのは人間の協同生活の根本的条件（Konstitutien）であり、この条件との関連で人間は、自身の利害関心を選択的に調整することを学ぶのである、と。次の点には異論の余地がない。さまざまな意見と利害関心を間主観的に両立可能にするための、〔通常のコミュニケーションとは〕違った諸水準というものが存在する。〔討議の中での根拠づけはその一つである。〕そしてそれらは進化の中で変化していく。全体社会のそれ以外の構造と相関しつつ、社会化と教育の過程を介して多かれ少なかれ成功裏に心的システムへと移転され、心的システムの中で再び、さまざまな態度の両立可能性の水準を規定しうるのである。人間に関する判断を回避するシステム理論もまた、これらすべてについて述べうるはずである。[*55] システム理論の進化観念と人間主義的なそれとが袂を分かつのは、「人が学習を通して、協働生活の社会的諸条件へと態度を取るのはいかにしてか」という決定的な問題に際してのことである。システム理論は成功した、機能的なあるいは逆機能的な、相対的に進んだあるいは遅れた構造を、常に全体社会というシステムそのものに即して区別し、それに対応して学習目的を弁別しようとする。[*56] 人間主義は同時に従来の全体社会に対する批判であろうとするし、全体社会そのものを、学ばれるべき事柄を表す構想として〔つまり、実現されるべきもの、欠けているものを示す不満足な状態として〕拒絶しもする。したがって学習目的を外から導入しなければならない。それによって、出来事の歴史が記述されることは、もはやなくなってしまう。出来事の歴史を超えて、抗事実的に理念化された基準へと向かうしかなくなるのである。人間主義にとって歴史の中で問題となるのは、歴史そのものとは何かしら異なるものなのである。

4 四番目の差異点が関わるのは結局のところ、自己言及が取り扱われる様式にである。伝統的には常に、反省というものは精神的な能力だとされてきた。それは精神の力を持つ生物、とりわけ人間の特性である、と。反省が導入されたのは最終的には人間学的な論証によってだった。そうしておいて反省を、認識関係の中での認識する側へと移すことができたのである。認識の対象が反省に感染することはなかった。それゆえに、〔対象の側にも〕自己言及的な構造と過程〔が存在しうる〕という論理的な問題とは無縁でいられたわけだ。そしてそのことが今度は、回避されるべき矛盾という公理が必当然的に（apodiktisch）妥当するための、前提となった。すなわち、矛盾する言明の間に決定を与える能力を対象が持つための、前提となったのである。それに対応して、自然＝本性に基づいて、あるいは天地創造によって固定された、主体と客体——と、後には呼ばれることになるのだが——の違いから出発できた。一方は意識において反省を授けられた実体であり、他方は延長を有する実体である。後者は空間と時間に即して特化可能である。そして主体の側において、回避されるべき矛盾という原理を働かせることができるのである。かくして論理学が、思考の法則に関する教説として把握されえたわけだ。

この構想は、人間そのものを認識することによって、困難に直面する結果となった。その困難は、認識を表す宗教的、道徳的な確実性が揺らいでいく度合いを辿っていけば明らかになる。社会科学はまだ発展しえなかった。社会科学は自己言及的な対象の科学とならざるをえず、結局はその点で破綻してしまうからである。しかし伝統に由来する言葉遣いは後々にまで影響を及ぼすことになった。それゆえに主体や反省などの概念には、特別な予期が結びつけられるようになり、専門科学もそれに直面せざるをえない。システム理論は、人間を客体化し物象化して扱っている——そうすることによってこそ、〔主体や反省を特別視する〕維持できない立場から移動することが可能なとなるのだが——と、非難されているではないか（あたかもシステム理論は、〔人間が主体であるという〕事態から目を逸らしているとでも言わんばかりに）[*57]。この批判に直接応答することはできない。システム理論は、自己言及的な構造と過程を考慮に入れる以上、応答を〔主体について論じることによってではなく、〕認識の客体に即して行うことになるからだ。そしてまさにそうすることによって、主体の特権的地位——システム理論はそれを見逃していると非難されてきたのだが——を揚棄しもするのである。

社会科学によって突き付けられた要求に反応しつつ、システム理論は次の点から出発する。自己言及は対象の持つ構造であって、認識関係の主体の側にではなく、他ならぬ客体の側に位置づけられるべきである。認識過程の再帰性だけが、認識を認識する可能性だけが、認識する者自身をも自己言及として現象せしめる。しかしそれは認識過程が、認識することへと向けられた認識過程の対象となる限りでのことなのである。主体は認識理論の対象となる場合に初めて、反省を帰することのできる何ものかとなる。

この転換を通して、超越的なものないし超越論的なものへと至る道を回避しつつ一般化を行うことが可能になる。自身が認識しているということを認識する、認識を行うシステム。このシステムという事例に則して、一つのきわめて一般的な問題をきわめてうまく研究できる。[*58] すでにルソーは、自己維持を自己愛（amour de soi-même）として解釈することによって、この方向へと向かっていた。自己維持＝自己愛とは根源的な自己関係であり、その閉鎖性の中で環境への感受性を発生させる。かくして文明によって堕落させられうるパーソナリティ形成が解発されるのである、と。[*59] 出発点となるこの洞察を普遍化すれば、次のテーゼへと至るだろう。システムと環境の差異という前提のもとでシステムの普遍的な特性として、特定の観点においてシステムを環境に対して敏感にするのは、他ならぬシステム過程の循環的閉鎖性なのである。自己言及システムは常に自分自身に反応する。しかし事情によっては他のものにも反応するのである。自己接触を、環境に条件づけられつつ修正できるわけだ。このシステムは環境への感受性を、可能な自己接触の選択性を、つまりは内的な複雑性を、高めることによって増幅する。また増幅できるのはそうすることによってのみである。このタイプの基底的自己言及に注目しそれを把握することによって初めて、次の点を認識できる。すなわち閉鎖性と開放性は、普遍性と特殊性は、相対的にわずかのシステム複雑性と相対的に高度な環境複雑性は、相互に前提としあっているのであり、互いとの関係の中で増幅されうるという点を、またそれはいかにしてなのかを、認識できるのである。

システム理論においてこのタイプの研究課題が現在までのところ、広く扱われてきたとは、ましてや解決されたとは、言い難い。この点は認めねばならない。しかしこの課題を取り上げれば議論の現状が変わることになるだろう。

自然科学と精神科学とは、自然科学と社会科学とは、もはやさほど鋭く対置されなくなる。理論と方法論による教導は、自己言及の問題が経験的に取り扱われる地点へと移っていく。主体という——意識、意志の自由、精神、反省という——古典的なタイトルは、独特の未分化性を帯びており、無内容なものに思われてくる。その魅力は色あせる。主体の名によって道徳を追求しようとする者は、その良き名がまだどれくらい効果を発揮するのかを、吟味してみなければならなくなるだろう。

5　人間主義的伝統を踏まえた思想家は、歴史的に見れば、すでに高度に発達した道徳を前提にできたし、そのような道徳が現に存在していると見なしえた。[60] 道徳のこの事実性との関連で、規範（あるいは、規範的に捉えられた方向づけの観点）と行為とを区別しつつ、両方に道徳としての特質を与えようとの発想が生じてきた。この事実性を目の当たりにした高度道徳が取る形式はもはや、事態に即した、現実に適合した行動の予期には留まらなくなっていた。高度道徳には、帰属のための内的および外的な関係点を道徳の内部において組み合わせるという課題が与えられるのである。[61] それは規範と行為とを区別することによって生じる。規範は——原則としてであれ、行為の内在的目的論としてであれ——行為する者の傾性からは引き離される。行為者に帰することはできない、というわけだ。それに対して行為そのものは行為者に帰せられるのである。そうなれば規範に対応する行為が、道徳として把握されうることになる。そのような行為によって、外へと帰属されるもの〔＝所与の規範〕と内へと帰属されるもの〔＝行為〕が、言わば自分自身を整理しつつ、組み合わされるからだ。

　この構想の難点は周知のところである。最善の意図が悪しき結果を生じさせることもある。文句の付けようがないかたちで営まれている生が、悲惨な終わりを迎えるかもしれない。この種の経験は道徳理論を成熟させることはあっても、破滅させはしなかった。システム理論は、神義論というこの問題に、よりよい解決を与えることを約束するものではない。システム理論から見れば今素描した構想が疑わしく思えてくるのは、まったく別の道筋においてのことである。

われわれが以下で取り扱う主要論点は、「道徳に対してより大きな距離を取ることによって、道徳のよりよい理論を追求できる」というものである。当面のところ関心の対象となっているのはただ、人間主義的な伝統とシステム理論との断絶を、より精確に位置づけることだけである。断絶が現れるのは、伝統的モデルにおける規範と行為との区別および関係づけに対応して、二つの箇所においてである。全体社会に関する近代的で市民的な観念が浸透していくにつれて、道徳の規範は偶発的で歴史的で、全体社会に依存するものとなっていく。法の場合なら、決定を通して実定化されていくのである。行為のほうは、人間存在はその構造からして行為への能力を持つという点によって、全体社会の道徳という文脈から切り離され、抽象化される。その際手がかりとされるのは、物理学、技術、感覚的-有機体的な生命のモデルである。[*62] 人間は、自然=本性による人倫が欠如していることそのものによって定義される。[*63] その際、欠如（privatio）〔が欠如しているものを求める行為を生じさせる、という論点〕そのものが、意味を喪失していく。欠如は本質的形相を前提としていたからである。残るのは、不安定、無規定性、世界開放性である。それらは、市民的な人間学に従えば、〔万人の万人に対する戦争という〕社会的諸条件そのもののもとでの行為の中で、否定される。つまり規定を被るということになる。しかしそれらを今素描してきた〔システム理論の〕構想の中で、基底的自己言及として把握することもできる。基底的自己言及は、環境との接触を通して自己触媒的に、自身をシステムとして形成するのである。

ここまで来れば、次の問いを拒絶できなくなる。行為が、「良い」と「劣る」（gut und schlecht）あるいは「善い」と「悪い」（gut und böse）という二者択一に即して営まれていくなどと明確に言えるのは、いったいどこからなのだろうか。誰が、あるいは何が第三の可能性を〔例えばわれわれの関心の対象である、道徳の理論を道徳から自由に用いることを）排除するのだろうか。自然＝本性に基づく人倫と、自然＝本性による（欠如によって達成されないこともあるが）目標という目的論が脱落するとともに、道徳の自然的な図式論も脱落する。〔善い／悪いという、前提とされる〕選言が一致することによる、規範と行為の最終的なあの同一性も、脱落するのである。これは、誤って想定されているように、今日では何もかもが許されるということを意味するわけではない。しかし二分図式化の由来と帰属についてのこの問いを知ってしまったからには、もはや道徳の理論を規範と行為という概念枠の中で展開することはできない。規範と行為の解釈学として設定することなど、もはやできないのである。善いと悪いの差異そのものの源泉を再び善きものとして指し示すこと——感受性ある自然＝本性として、自己愛として——などできないのである。この理論的欠陥は、神学者なら理論外的な理由からやむをえないと感じるかもしれないが、ルソーにとっては許し難いものだった。

システム理論的分析においてこの欠陥が反復されるようなことが、あってはならないだろう。そもそも二分図式論が、また特に道徳図式論が、どのシステムにとってどんな機能を満たしているのか。この点が明らかにされねばならないはずである。そしてその分析は、機能が満たされるのは善いことであると、あらかじめ宣言することなしに実行されうるのである。

《3》道徳の機能

位置取りに関するいささか長々とした釈明をここで終えて、道徳という主題に立ち返ることにしよう。システム理論と人間主義的伝統の関係を分析してみれば、人間学的な思考前提を度外視して、道徳を社会システムの構造として把握すべく試みるのがよいと思われてくる。しかし自分自身をも、したがってまた自身の仮定を否定しうるあらゆるものをも、道徳的に判断する道徳理論が可能であるということが知られているがゆえに、システム理論的な道徳理論は超理論として設定されねばならない、あるいは一つの超理論の枠内で構想されねばならない。一方では理論化する道徳の諸概念を再構成できねばならず、他方ではさらに加えて、その理論化する道徳がいかなる制限に服しているかを説明できねばならないのである。

この種の理論プログラムは、実行される中でしか実行可能であると証明されえない。超理論はアプリオリな生命を持つわけではない。超理論は科学的な、また経験的な適合という領域における着想と作業結果に依拠しているが、それらを超理論の側であらかじめ保証しておくことなどできないのである。超理論は、言わば下から正統化されねばならない。[*64] したがって決定的な論証となるのは、道徳という事実を、道徳から自由な概念によって把握するのに成功するということであろう。

1

われわれの出発点となるのは、複数の人が相互に関係を取り結ぶ時には常に、社会システムが成立するという事態である。それらの人々一人一人は相互の関係において、しかしまた自身を形成する社会システムとの関係においても、環境に留まる。個々の人々は相互に融合することもなければ、社会システムと融合することもない。同様に個々の人から見れば社会システムは（必要な、あるいは必要でない）環境に留まるのである。これらのシステムどれにとっても、つまり関与する人々にとっても、またそれらの人々が形成する社会システムにとっても、環境は常にシステム自身よりも複雑である。したがって出発点となる状況は、多重的な方向に及ぶ複雑性の格差である。どのシステムも、それ自身よりも複雑である一つの環境との関連のなかで、自身の状態と過程（内的な関係づけ）とを整える。〔複雑性の格差という〕今述べた条件の下で、それら諸選択を選択的に結びつけることができる。この種の諸選択の選択もまた、安定した範型を生み出しうる。ただしそれは当の選択が、各システムがその環境に対して態度を取る際のレパートリーを、超えない限りにおいてのことであるが。われわれは「選択的調整」という表現を用いることにしよう。しかしその種の調整がうまくいっていることが、あるいは選択範型が安定していることが、意識されているなどと想定するものではない。

それぞれのシステムにとって他の諸システムは、きわめて広範囲に及ぶ環境の部分でしかないが、その部分にしても高度の複雑性を有している。さらにそれらは各自の環境へと定位するが、その環境には他の諸システムと並んで最初に挙げたシステムもまた属しているのである。したがってどのシステムも、他の諸システムの過程および状態変化を産出することなどできはしない。諸システムは互いに不透明なままである（これは必ずしも不都合な事柄ではない。もとよりそれらは互いにとって環境にすぎない、つまり選択的にのみ関わりをもつにすぎないからである）。実践に際しては、他のシステムの複雑性は分解不可能であり、見通しがたいものなのである。それは複雑性として経験されうるものではさらさらない。経験されるとすれば、偶発性として意識されるというかたちにおいてのことである。言わば偶発性は、複雑性の縮減形式なのである[*65]。それによって、他のシステムの過剰な複雑性が、「これか、さもなければそれ以外か」という形式へと縮減される。そこではあらゆる状態変化が、他の諸可能性という地平の内部において現れてくる。どんな行為も、為されないこともありえたはずだ、と。それに応じて未来の構造と過程は、そうでもありうるが別様にも生じうるものとして経験されることになる。問題のこの縮減的な変換は、定位の上での利得という長所を有している。システムは、環境の側の諸システムの偶発性に対して、自身の行動様式の選択を通して態度を決めることができる。望ましい事柄の蓋然性はより高く、望ましくないものの蓋然性はより低いと、想定できるのである。

以上の単純な考察だけからでも、古典的な問題設定に関する広範に及ぶ帰結が生じてくる。すなわち以後の分析を、「世界の成り行きが、またシステムの行動が決定されているか否か」という〔アリストテレスの海戦論で扱われていたような〕設問から独立させてくれるのである。高度に複雑なシステムの過程が完全に決定されているとしても（多くの事柄がそう思わせるのだが）、多重的に交錯する複雑性の格差という先に挙げた条件のもとでは、自由を想定することが単純化計算として必要になる。言い換えるならば、根底にあるリアリティが規定されえなくなるところでも、自由に順応することができるわけである。

この点については、意志の自由という特殊問題を扱う際に、再度論じることにしよう。ここではさしあたり、社会システムの中での偶発性の処理という問題を、さらに追求しておく。叙述を単純化するためにわれわれは、相異なる（少なくとも二つの）人格システムがコミュニケートし、そうすることで一つの社会システムを形成する場合、それらを自我（Ego）と他者（Alter）として指し示すことにする。したがって「自我と他者」という用語が関係するのは、独自の体系性と具体的な複合性（Komplexheit）を備えた人格システムにではない（そのようなシステムにとっては、社会システムは環境の相に属しているということになろう）。この用語が関わるのは、一つの社会システムの構成という文脈における機能に、すなわち相互浸透[*66]に、だけなのである。

自我と他者が相互に関係を取り結ぶや否や、ダブル・コンティンジェンシーとして指し示される一つの問題が登場してくる。[*67] 自我と他者は互いを、偶発的に行為するものとして解釈しなければならない。他者の行動を体験することはすべて、また予期はすべて、偶発性というこの形式を引き受けざるをえなくなる。自己経験に関しても同じことが成り立つ。この経験も自分自身への関係づけを通してしか確立されえないのであり、自己分析のためには、〔分析する自己という〕当該システムのプロセシング容量が十分ではないからである。したがって自我にとっても他者にとっても、またどちらにとっても（それぞれ異なる人格システムにおいてではあるが）、社会関係はダブル・コンティンジェンシーの形式を取ることになる。さらに加えて両者はそうであることを経験しており、またそれぞれにとっての他方もそのことを知っているということをも知っているのである。[*68] 両者はこの事態を、社会関係そのものの中で経験する。その関係の中では、どちらも相手から見れば〔不透明な〕環境であることを経験し、自身の行動の前提として引き受けねばならないのである。

古典的社会学がそこから引き出した結論は、「社会システムは非合理的な行為基盤を、とりわけ価値に関するコンセンサスを、必要とする」というものだった。[*69] この推論の狙いは道徳の道徳性ではなく、社会システムの存続前提としての道徳の事実性である。社会学者はこの推論によってモラリストから、同時にまた経済学において顕著な個人主義的合理性モデルからも、距離を取ることができる、と。この推論は批判されるべきでも、反駁されるべきでもない。しかし道徳の機能について問う中で、そして道徳という形式がこの機能をいかにして勘案するのかをより精確に分析する中で、理論の働きを改善することはできる。この設問によって、道徳そのものも偶発的なものと見なされるようになり、機能的等価物について問うことが可能になるのである。

2　自我と他者がいかなる（偶然的な）理由からであれ、相互にダブル・コンティンジェンシーの関係に入るや否や、すなわち互いに相手に偶発的な行為を帰属させ、その結果、互いに対して他我（alter Ego）としても働くようになるや否や、どちらもそのつど三重の役割を自分自身のうちで統合しなければならなくなる。どちらも自分自身にとってはまずもって自我である。しかし同時に、相手から見れば自分は他者であることをも知っている。さらに加えて、相手はこちらを他我として考慮していることをも知っているのである。かくして、この選択連関の中で方向を定めるためには、またこの連関を継続していくためには、次の問いが重要になる。関与する者はいかにして、自分にとって自身が我であり他者であり他我であるということを統合していくのか。ミードはこの過程を、《他者の役割を取得すること taking the role of the other》と呼んだ。[*70] 各自が他者の選択性と選択連関を、自身のアイデンティティ定式のうちに組み込んでおく。そうしてこそ当の関係の中で、自身の作動を継続できるからである。これはきわめて多様な、個人的な道筋で生じうる。心的構造の初発条件、およびその個人史次第なのである。しかし同時に、個人がこの問題をいかにして解決するかという問いは、顕著な社会的関心事ともなる。したがって、その点に関して直接間接にコミュニケートされるのは、ほとんど避けがたいことなのである。

しかしシステム／環境パースペクティブが異なることによる制限のゆえに、問題はコミュニケーションにとって、さらにまたたいていの場合意識作用にとっても、あまりにも複雑なものとなる。関与する者は、この問題には近づけないのである。「我／汝」関係の単純な相対性なら、想定されているのは誰なのかを、誰もが知っている。通常のコミュニケーション過程には、それ以上のことは要求できないのである。それゆえに互いに制限されたパースペクティブとアイデンティティに関しては、単純化された形式の中でコミュニケートされるしかない。自我〔であるA〕を〔相手Bにとっての〕他者として、また他我として、他者〔であるB〕の視角と自己同定に受け入れ可能なかたちで組み込むための指標として役立つのは、尊敬（Achutug）の表明であり、相互に尊敬しあうための条件についてのコミュニケーションである。自我は、自分自身を他者のうちでの他者として再発見し再認識して、それを受け入れうる場合に、あるいはその明白な見込みを有すると考える場合に、〔要するに他者が自我を正当に扱っていると見なしうる場合に、〕他者を尊敬し他者に尊敬を示す。つまり尊敬はコミュニケーション過程の中で、根底にあるきわめて複雑な事態を現す略語として働く。そもそもこの事態がコミュニケート可能となるのはただ、象徴的な代替物を介してだけのことなのである。パースペクティブの上で統合されたコミュニケーションに対する〔報酬の〕支払いは、尊敬の証明によってなされる。失敗は尊敬の撤回によって罰せられる。そしてこれらすべては段階的に配分可能なのである。尊敬をめぐるこのような単純化されたコミュニケーションを用いることによって、繊細さの新たな水準が達成される。どのような体験と行為が尊敬をもたらすのか、危険にさらすのか、接触、持続、通常性ないし非通常性を継続していく上でどの程度の重要性を伴うのか。この点について直接述べることもできるし、仄めかしても、察知させてもよいのである。

尊敬は一貫した、あるいは規範に則した行動からの、劣ったものではない、かつ直接的な、産物である。尊敬は、《本来は》自分〔＝自我〕に何が期待されていたのか、ないしは他者の自我がよりよいものであったなら、〔自我に対して〕

何を期待すべきなのかを、他者に初めて意識させるような行動によって、一から獲得されえもする。道徳上の革新はまさしく、一貫していない、いまだ規律化されていない領域へと、さまざまなかたちで突き進んでいくことになる。あるいはその種の革新は、アンティゴネの場合ように、諸期待の統合可能性の水準が変化したことを可視化するために、規範を〔あえて〕破らねばならないのである。ましてや尊敬は、利害関心を充足することから自動的に生じてくるわけではない。[*71] 尊敬は利害関心の水準において、自我にとっての、また他者にとってのメリットと両立可能である。利他主義ですら、尊敬獲得のための処方箋ではない。ましてやそれは道徳の、独立して考えうる原理ではないのである。[*72] 自身の利害関心を度外視するだけでは、他者を利するためにも害するためにも、あまりにも広大な余地が残されてしまうという点を考えてみさえすればよい。

尊敬あるいは軽蔑をめぐっては、自我との関連で、またはある他者との関連で、統一的な決定のみが可能である。それはこの構想が持つ縮減作用の一部なのである。したがって問題となるのは、個々の能力あるいは特定の功績ではない。[*73] ただしこれは、尊敬の問いにおいては総体としての人間が判定されるなどということを、意味するわけではない。ある人が受け取る尊敬と並んで、特定の能力、立派な外見、財産、特殊な関係などを有していて、それらによって尊敬の喪失を補いうるということもまったくありうる話である。尊敬によって賭けられているのは必ずしも「存在か非存在か」ではないし、社会関係の継続でもない。それらが問題となるか否か、あるいはどの程度までそうなるのかは変数であり、さまざまな全体社会において、また全体社会のさまざまな部分システムにおいて、多様な値を取りうるのである。

したがって尊敬は特性ではなく、分配である。尊敬はそのつど、社会システムの中で獲得されたり剥奪されたり、増幅されたり縮小されたりする。さしあたりただそれゆえにだけ、システム総体的な重要性を持つにすぎないのである。その結果、社会分化が増大する中では、つまりより複雑な全体社会では、尊敬値は浮動しうるし、分配の非一貫性が生じることもある。その種の事態への、対抗的安定化による対処が必要になるのである。それは一方では、尊敬獲得と尊敬喪失の条件を一般化することを通して行われる。この点については、後で道徳の一般化に関する節で詳しく論じることにしよう。他方では、人格システムを踏まえて自己尊敬を発達させることによる場合もある。そうすれば関与者は、限られた範囲においてではあれ、尊敬市場の浮動からは独立することが（あるいは少なくとも、独立していると感じることが）できる。そうすれば、新たな社会関係へと参入することで尊敬を偽装し利用することも、容易になる。自分自身を尊敬し、それによって独自の自我／他者綜合を信頼しているのを示す者は、それだけで他者の尊敬を半ば獲得することになる。

3　われわれの見解によれば尊敬とは創発的な象徴化であり、それが道徳形成を可能にするのである。この意味で尊敬は、道徳の根拠である。人文主義的＝人間主義的伝統においてはちょうど逆に、道徳が根拠づけられたものとして前提とされ、そこから尊敬の分配が正しいか正しくないか（Recht und Unrecht）についての決定が下される。それがどんな有様になるかは、アバディ[★10]から読み取ることができる。[*74]

まったく近代的な議論では道徳の根拠は、人格の自然な自己言及性そのもののうちに存していることになる。すなわち、自己愛のうちにである。これは神の本性として望まれたものであり、神は、自己憎悪ではなく自己愛を創造したという点において、自身が善き神であることを証すのである。[*75] 自己愛は三つの水準で、それぞれ異なる仕方で働く。動物的水準では快楽（plaisir）として、理性の水準では尊敬（estime）として、自然的宗教の水準では良心（conscience）として、である。これら諸水準の関係は、一種のサイバネティック・ハイアラーキーによって操舵される。良心が尊敬の愛を規制し、尊敬の愛が快楽の愛を規制するわけである。[*76] したがって尊敬は道徳の基礎などではなく、道徳の分節化の一水準なのである。尊敬は、やはり神の意志に従って、人間の行動を文明化されたもの、好ましいもの、穏当なもの、よい評判を取りうるものの領域内に引き留めておく。尊敬は同時に、他の人間の理性を、〔自我の側の〕行動のコントロールに関与させることにもなる。他の人間の理性は自身の理性ほど容易には、情欲によって腐敗してしまう恐れがないのである。[*77]

しかし自己愛が不死性を視野の外に置いてしまい、言わば自身を時間化することになれば決まって退廃へと向かっていくのと同様に、尊敬愛もまた危険と堕落とに晒される。人間の生が悲惨であり、わずかしか続かないということを目にすれば、尊敬愛が極端にまで追求されて、尊敬に値する特質がまったく欠けている場合でもそれを偽装しようとする誘惑に駆られかねない――この偽計は、今述べたパースペクティブからすればほんの短い間だけ為されればよいのであり、にもかかわらず当面の間、利益をもたらすのである。[*78] 不幸もまたこの意味で時間化される。あまりにも速やかに幸福になろうとする、早まった試みと見なされるのである。[*79]

宗教の領域では道徳の最終的な妥当根拠は、〔創造主の〕善き意図の下での自然の創造というテーゼに留まっている。原罪に話が及ぶことはもはやない。その代わりに登場するのは、神への愛と自己愛の統一性を条件づけることである。この統一性が主張されるのは、人が自身の不死性へと定位するという条件下でのことである。[*80] そしてこの条件によって、宗教の意義は人間化されることになる。[*81] したがって神への愛はもはや、神ヲ見ルコト（visio Dei）として現れてくるのではなく、〔移ろいゆく〕時の動機（motifs du temps）と永遠の動機（motifs de l' eternite）の、〔人間の内部で生じる〕争いとして競われるのである。[*82]

この構想は明らかに、宗教システムの環節化に対する反応である。〔宗教改革から生じた〕信仰の分裂に対する、また異なってはいるが〔キリスト教と同様に〕文化的には十全な世界宗教の発見に対する、反応なのである。道徳は、歴史と地域に拘束された宗教よりも上位に置かれる。それは他ならぬ宗教の、人間主義的な根拠づけを用いてのことだった。[*83] 神の観念ですら、一つの派生的な現象として扱われる。[*84] にもかかわらず、天地創造の神学と不死性への信仰が、自己愛という抽象的原理を再特化して、それにより道徳を根拠づけるために、用いられるのである。

かくして根拠づけの問いは、未決のままとなる。超越論哲学の超人間学へと向かう道がどこで分岐するかを、見て取ることができるだろう。自己言及がそれ自身の上に立てられて、宗教に依存した再特化抜きに、《主体》であると宣明されるのである。尊敬の原理は、従属的なものに留まる。〔道徳の根拠を超越論的主体の内的原理に求めようとする〕この動向は、道徳的な理念という水準における進歩として、くり返し称揚されてきた。のみならず今や、以前なら社会的尊敬を極端に、際限なく追求することに対する異議としてだけ持ち出されていた事柄が、〔独立した議論として〕通用するに至るのである。いわく、尊敬が動機となっては、《自己目的》となっては、ならない。尊敬のために道徳的に振る舞う者は、人倫の上では堕落しているのである云々。[*85]

初期ブルジョア的な人間学と比較すれば、超越論哲学は実際のところ、一つの安定した立場を達成してはいた。しかし神学の助力による再特化が、十分に〔別の議論によって〕代替されたわけではない。道徳の根拠づけは敢行されるが、それは何が根拠づけられるのかを十分に規定することを、放棄しつつの話なのである。社会学的に見ればそこでは、次の点が前提とされている。すなわち、全体社会における市民層の上の階層も下の階層も、市民層の道徳観念に大幅に適応しており、それを自明のものと見なしえたのである。この潜在的条件もまた理論化されうるようになった後では〔もはやそれに無条件に依拠できはしないがゆえに〕、社会学は道徳というこのテーマに対する独自の管轄権を主張する以外には、選択肢を持たなくなるのである。

ブルジョア革命に随伴した人間学では、個々の証拠に即して見て取ることができるように、正統的な宗教の枠外で、自己言及という構図において概念的一般化の新たな水準が達成されていた。それは宗教そのものをしのぐとは言えないにしても、それに匹敵するものであった。歴史的に見れば《相応の一般化》は、他の諸機能システムが宗教との関係においてより強く分化するための必要条件だった。とりわけ、教育システムが宗教システムから分出するための必要条件だったのである。というのはルソーによる、広く影響を与えた教育学もまた、アバディのカテゴリーを用いて形成されたものだったからだ。しかし同時に、宗教を単に突き放すのではなく、新たな構想のうちに組み込む必要もあった。分化がより強くなれば、宗教を信仰する人々も新たな人間学を受け入れて、その助力によって例えば経済に、政治に、科学に、教育に関与しうるようになるという事態が、必要とされるからだ。この必要条件は、パーソンズが進化的構造変動に関して定式化した構想と完全に対応している。適応度の上昇、分化、包摂、価値の一般化は、相互に増幅し合うかたちでのみ生じうる、と。[*86] 全体社会の進化から来るこの外的要請は理論技法上の問題となり、そこにおいて多かれ少なかれ巧妙に解決されることになる。そのために必要とされる概念上の処置はやはり、道徳理論の文脈における尊敬の位置づけに関するものであった。しかし理論的には宗教は、少なくとも《自然宗教》は、再特化の手段として、また社会学的には包摂の手段として、放棄されえない。それゆえに尊敬は、三つの《自然な傾向inclinations naturelles》[*87]の一つとして、理性的な（しかし堕落しうる）全体社会の中間水準に据えられる。全体社会がまだ意味を構成するシステムそのものとして考慮されていないのと同様に、尊敬もまだ道徳一般の発生原理と見なされるには至っていない。社会学的な理論によって初めて、このさらなる一歩が踏み出される。そこでは尊敬が道徳の原理として把握される。この原理は、全体社会の中でコミュニケーションに晒され、その道筋そのものにおいて再特化されるのである。

4　ある全体社会において、相互的な尊敬と軽蔑に関する、実際に実行された条件づけの総体が、その社会の道徳を形成する。したがって道徳は、尊敬ないし軽蔑の挙示そのものから成っているわけではない。それゆえに国民総生産の流儀で、尊敬を増加させることによって道徳を増加させるわけにはいかないのである。しかし道徳は尊敬に（尊敬にのみ）関わるものである。道徳は、暗黙裏にであれ明示的にであれ、尊敬に関するコミュニケーションとともに生じてくる。そしてその種のコミュニケーションが可能になるのは、以下の事態を通してのことなのである。すなわち、自我と他者が相互に尊敬を獲得する余地を有すること。そのための現行の条件を知らせあうこと。そしてそれもまた暗黙裏にの場合もあれば明示的な場合もある。繊細なかたちも取りうるし過激なかたちもありうる。状況に即して具体的に、一回限りのこともあるし、抽象的で規格化される場合もある。他者の意見が引き合いに出されることも、出されないこともあるのである。つまりそれは結局のところコミュニカティブな(したがって、社会システムに特化された)要件なのであり、尊敬および尊敬条件の分化へと至る。またその分化によって、特別な道徳観念が切り離されて沈殿するための契機が与えられもするのである。

それゆえに道徳とは、特殊な機能を伴うコード化過程である。その機能とは、尊敬条件と尊敬コミュニケーションに関して、また同時に自我／他者の綜合の継続的調整を、舵取りするということである。問題になっているのは定言命法ではない。今述べたことがいかにして生じるべきかを定める〔道徳〕律ではないのである。しかしそれによって念頭に置かれている問題が扱われてはいる。したがってわれわれは、テーマ、シンボル、意見、予期の《道徳化》という言い方のほうを優先することにしよう。そうすることで指し示されるのは、今列挙したような意味内容が、尊敬と軽蔑のコミュニケーションないしメタ・コミュニケーションのために用いられる、その度合いなのである。

その際に現れてくる、コミュニケーション過程の中でテーマ化される尊敬条件を、多かれ少なかれ予期可能なかたちであらかじめ定式化しておくことができる。そうすれば尊敬条件を相互行為の文脈において、場合ごとに発見し、展開し、説得力あるものにする必要はなくなる。標準化し、記録しておくことができるのである。集団特殊的なコンセンサスを達成できるし、さらに、全体社会に及ぶ規模で制度化することも可能である。そうすれば、見知らぬ人とのコミュニケーションに関しても妥当しうるものとなる。このように定式化された尊敬条件そのものもまた、コミュニケーションのテーマに、最後には《実践的に》哲学することのテーマにすら、なりうるのである。しかしテクスト化された道徳が、このように固定化され伝承可能な意味複合体となったとしても、それによって次の点から目を背けることは許されない。ある意味内容ないし記号に道徳的な特質を付与するのは、それを言わば自我／他者の両立可能な綜合を表す指標として機能せしめるのは、結局のところコミュニカティブな使用なのである。

そこから帰結するのは、とりわけ次の点である。尊敬は、基準として働く諸条件によって自身を方向づける。のみならずそれら基準のほうもまた、誰もが享受する尊敬によって自身を方向づけるのである。違背者は、しかしまた道徳の達人も、先鋭化した基準を計算に入れねばならない。道徳は通常的なものへと向かう傾向を持つ。そこでは、どんな方向にせよ目立つことは《罰せられる》のである。[*88] テクスト化された場合でも道徳の要求水準は、個々の人格ごとの変数に留まる。基準は可動的な観点として働くが、そこでは動くものの中での、テクストに固定された同一性が前提とされるのである。この種の《人の見た目》は、法における反対方向への動きとともに、すなわち法においては人の見た目抜きの裁きが、また法の前での平等が、制度化されるとともに、それだけますます耐えうるものとなる。[*89]

道徳の《より高度な》形式の展開についてはさまざまな見解があるだろう。しかしわれわれの分析が示しているのは、尊敬という基本的な出来事を踏まえることによって道徳は実際上無制限の再発生能力を持つという点である。自我／他者の綜合が尊敬を介して示される以上、またその点に関する機能的等価物は存在しない以上、社会的な接触が、相互的な尊敬を介しての触診のために用いられることになる。自我が、他者が自我を尊敬しているか否かに関心を抱いている限り、次の点が焦点になる。すなわち他者は、うまくいった綜合を安定させるために、あるいは失敗した綜合を作り直すために、どうやってその尊敬を踏まえることができるのか。また自身によるその尊敬の証明をいかにして投入できるのか。この水準では、テクスト化された道徳が無味乾燥なものとなっていることに気づかされる。尊敬される可能性を示す語彙が、道徳的なものを喚起する力を失ってしまった場合には、この水準へと立ち帰ればよいのである。その種の語彙としては例えば、深さと広さ、ゲマインシャフト、賭け金（Einsatz）という、かつてはきわめて愛好され口にされたドイツ語[★11]を、あるいは今日なら民主主義、革新、創造性、改革プログラムという洗練された、技術的でユートピア的な語彙を考えてみればよい。

以上の手短な論述によって素描された道徳概念は、いくつかの点で通常の道徳観念からは逸脱したものとなっている。それゆえにこの構想の持つ、さらにいくつかの相を、対照化する比較手続きを用いつつ明らかにしておくのには意味があるだろう。さしあたり、そして何よりもまず、ここでは道徳は、《当為》という先行理解を、あるいは前提とされる規範概念を踏まえて、特別な種類の一群の諸規範として、あるいはその体系として、定義されるわけではない。道徳的な意味内容は、規範がなければ道徳はまったく生じてこないとしても、規範的に設えられる必要はない。つまり、抗事実的な行動要求として、予期外れが生じた場合でも貫徹されるべきものとして[*90]、獲得されるとは限らないのである。なるほど、規範的な予期形態と道徳化とが特別高度に相関しているという点は、他ならぬヨーロッパ的伝統を特徴づけるものであり続けてきた。しかし道徳から自由な規範も、また規範の形態を取らない道徳的観点も、存在しているではないか。つまり利得のかたちで定式化された観点もまた、常に道徳化される。《剰功徳の＝義務を超えた supererogarorisch》行いによって尊敬を得るという可能性を考えてみればよい。それを実現することなど予期されえないのであり、用いられずに終わったとしても失望をもたらすこともないのである[*91]。この行いのための根本的動機は、あらかじめの行いを通して謝意へと義務づけることにあるように思われる。

道徳的なもののシンボル構造という厳格な形式のほうは交替しうるし、不明確なままであり続けてもよい。その一方で道徳にとっては常に、高度の通常化が不可欠である。そして暗黙裏の、コミュニケーションを要しないサンクションは、その点に依存しているのである。通常的／非通常的な行動という差異は、事例の単なる頻出度に関わるものでもないし、また特定の行動タイプの枠内での、通常的なものと非通常的なものの分配比率の問題でもない。もちろん通常性と非通常性が認識されうるのは、特定の行動様式に即してのみのことである。例えば冬には、凍えないように住居を暖めるのは通常的なことである。暖めるより冷やそうとする人がいれば、非通常的だと感じられるはずである。しかし通常的／非通常的というラベリングの意味は、今述べたような頻出度を確認し、行動をそれに帰属させることにあるのではない。その意味はむしろ、他の場合に関する推測を規制することにある。ある観点からすれば非通常的な行動を取っている人は、別の観点からそうしているのかもしれない——自身の非通常性の領域を限定する根拠を［つまり今だけ特別にそうしなければならないのだという理由を］、自ら産出できるのなら、話は別であるが。[*92] したがって通常性／非通常性は、状況の型と行動の型を横断して一般化する図式、予期を一般化する図式なのである。通常化もまた、領域を用意することを通して道徳的図式化を防護しはする。ただしそれは二つの図式化の収斂を設定することを通してではなく、通常的なものから見て非通常的なものに軽蔑（無能力、違法行為）を、あるいは強い尊敬（英雄的行為、禁欲）を書き入れ、道徳がそれに関して決定を下すという道筋においてなのである。そうすればそれとの対照の中で通常的なものは良いものとして、また《あたりまえ》のものとして現れてくるのである。[*93]

さらにわれわれは、すでに示唆しておいたように、道徳とコンセンサスとの概念的連関を切断する。規範的な道徳は、行動予期におけるコンセンサスをも同時に規律化しなければならない。というのは、それに同意するよう義務づけられていない規範に従えと要求することなど、無意味だからである。それに対して相互的な尊敬の条件から出発するならば、関与者の選択見地とパースペクティブの非同一性とが道徳の内に、構成的契機として組み入れられることになる。尊敬によってコンセンサスのごときものが称揚されるわけではない——それは余計であり陳腐なことであろう。しかしそのつどの他者を、自身の自我の作動的同一性のうちに組み入れることに成功しはする。したがって道徳のこの概念は、達成可能なコンセンサスの範囲についての問いを、未決のままにしておく。自分自身は当該の見解ないし行為様式を受け入れることなく、理解し尊敬することもまったく可能なのである。道徳は、コンセンサスと不同意のいかなるグラデーションにも感応しうる道具立てである。しかしコンセンサスあるいは不同意がゼロに向かっていくような状況とは、両立できないのである。

かくして、通例の、あまりにも平和的にチューニングされた道徳把握に対して、むしろ道徳が持つ《争論的なpolemogen》[*94]、争いをかき立てる特徴が、視野に入ってくる。さまざまなパートナーとの自我／他者綜合は、完全に相補的ではない場合には、そして他者が自我に、自身の選好からの帰結にそぐわないような帰結は受け入れないと伝える場合には、状況しだいできわめて容易に、あからさまなコンフリクトに陥りうるのである。その典型的な帰結としては、関与者の選好がコンフリクトそのものによって再構造化されるということである。《コンフリクトの中で立場を守ること》が、あるいは《他者の損害》が目標として優越し、それによっては自身の目標が達成されはしない場合でも、貫徹されるのである。[*95]こうして道徳は、コンフリクト発展のこの形式を強化していく傾向を持つ。そして当初の紛争契機を越えていきもするのである。道徳は、《立場を保持すること》ないし《他者の処罰》を優先させようと考える、追加の動機を作り出すからである。

コンフリクトへと向かう出発点が存在している場合、道徳化はコンフリクト素材の一般化へと向かう傾向を持つ（それに対して法との関連づけは、この素材を限定するのである）。[*96]尊敬についての問いは、問いとして立てられることだけによって、すでに問題を先鋭化するのであり、コンフリクトへと向かう傾向を持つからだ。この問いは、そのつどのテーマを人格のアイデンティティへと結びつける。そしてそのアイデンティティは他のテーマをも身に纏っていくのである。それゆえに道徳的衝動は多くの場合、間接的コミュニケーションという道筋を選ぶことになる。特定のテーマには尊敬の問いが含まれていることを単に仄めかすか、知らしめるだけ、というようにである。あからさまな道徳化はたちどころに自己尊敬の条件を確定し、話者を関与せしめることになるのだから、常に（多かれ少なかれ大胆な）コンフリクトの提起でもある。それゆえに道徳と付き合うためには、メタ道徳が必要になる。すなわち、配慮（Takt）が、である。配慮の道徳化を介して、道徳は再帰的になりうる——道徳の根拠づけのさらなる根拠づけという意味においてではなく、道徳そのものの持つ特殊なリスクをコントロールすることへと道徳を適用するという意味で。[*97] 再帰性の世紀たる一八世紀においては道徳に関して、尊敬を重視する第二の意味が発見された。決定を未決にしておくこと——それによって誰もが、決定が下されるということを知りうるわけである。機知に富む間接性。巧みに言い表された虚偽——その反対こそが正しいということを暗示するわけである。そしてこれらのスタイルが、巧みさ（finesse）として道徳化されたのである。しかし今日の全体社会においても、次のような断言が見受けられる。《私が思うに今日の社会では、ほとんどの集団が、強力な道徳的宣明を行うことは〈不道徳的〉であるとすら見なしている。そのようにする人は堅物であり、モラリストであり、四角四面であり、お節介であることがわかる、と。社会的な効果を発揮するためには、道徳的感覚を仄めかすか間接的にコミュニケートしなければならない。たいていの場合、嫌悪の情を示すなどのノンバーバル・コミュニケーションによってである》。[*98]

道徳がこのように紛争との類縁性を持つことからの別の脱出策もあるが、こちらのほうがはるかにわかりやすいかもしれない。それは、その行動を道徳的に判定し断罪しようとする者とではなく、第三者とその点について話し合うことである。道徳的判断を強化するためには、自我が三人目（Tertius）とコミュニケートするというこの回り道こそが必要であるように思われる。他者についての〔第三者との〕コミュニケーションは、相互行為において必要とされる顧慮からは独立したものとなる。このコミュニケーションは、独特の手軽さと負担の小ささによって、言わば解放機能を持ち、パラドキシカルな二重効果を発揮するに至る。他者を貶めるのを容易にし、同時に良いものへの過大評価を引き起こす。後者はすなわち、道徳的同調への過大評価である。というのはそこでは良いものに関する抽象的な、《あらゆる他者》について成り立つ意見が、確証されるからである。[*99]

われわれの道徳概念は規範性とコンセンサスを含意しないが、また、相互的な尊敬の条件を掲げ合う者どうしの平等を含意するものでもない。徹頭徹尾ヒエラルキカルに構造化された道徳も存在する。そこでは相互的な尊敬が、上位ないし下位を踏まえて根拠づけられる。それも単に対応する地位と任務の配置ではなく、人格そのものの上位ないし下位を踏まえて、である。[*100] このように自分自身を、他者が自身の上位ないし下位に居るとしつつ同定すれば、尊敬の様式も、他者が、その同定過程の中で割り当てられた位階に即して行動する、という点に依存する結果になる。そうなれば、自身の意に沿わない主人に抗する道徳的論議も存在するという話になる。[*101]

他方ではわれわれの道徳概念がもつメルクマールは、今日のモラリストの道徳観念と比較すれば、概念を拡張するのみならず、狭めもするものであることがわかる。規範は〔自身が〕妥当することを主張する一方で、人が規範に従うか否かは尊敬次第であり、その点は、多かれ少なかれより詳細に調べられるべき諸事情を基準とする〔と見なすのである〕。確かに他者を、その都度働いている我の定式（Ich-Formel）へと統合することは、対面状況のもとでの直接的な相互行為においては、最も重要であり必要不可欠である。そこでは統合が成功しているか否かを、たちどころに目にすることができる。そしてその点が、以降の相互行為の経緯を規定するのである。それに対応して相互行為は、継続的な尊敬様式に、また尊敬に関する継続的なメタ・コミュニケーションに、依存することになる。相互行為システムにおいて心理的な争いが生じている場合でもやはり、対抗者を強力であり熟練しているからという理由で尊敬しているか否かが、表現されているではないか。相互行為から離れた社会関係にとっては、これらすべてが同じ程度に当てはまるということにはならない。この洞察から、「道徳は本来、対面状況下での相互作用にとってのみ重要である」との結論が導かれるわけではない。しかし、道徳をその都度具体的に与えられている相互行為枠組を越えて一般化することは、特別な問題を孕むようには思われてくる。この点に関連するのが、《5》節の議論である。だがまずは尊敬と道徳の連関という原理的ないくつかの設問を、また道徳の機能的等価物を（《4》節）、解明しておかねばならない。

5　道徳の二価性（Bivalenz）という問題は特に、より詳細な分析に値する。なぜ二つの、二つだけの道徳的価値づ

けが存在するのか。いったいなぜなのか。良いと劣る（gut und schlecht）であれ、あるいは（心情道徳Gesinnungsmoral という特殊事例の場合）善と悪（gut und böse）であれ。[*102] そしてこの差異は、どこまで図式化されうるのだろうか。

単純な尊敬コミュニケーションという水準においてすでに、二つの可能性を区別しうるが、それらを一つの図式へと取りまとめることはできない。尊敬と軽蔑は人格へと関係づけられた、細かく陰影づけ可能な事態であり、自分自身に関しても活用されうるものである。尊敬も軽蔑も、希少な財ではない。ましてや両者が全体として、総量一定という一つの法則に服するわけではない。尊敬を失えば必然的に軽蔑へと至るというわけでは、決してない。無関心に終わるかもしれないではないか。また軽蔑を徐々に尊敬の方向へと移していけるというのも、何ら確かな話ではない。一度でも拘禁されたことのある者なら、それを知っているはずである。[★12] ある時点で（historisch）決定的な出来事によって肯定的なものあるいは否定的なものに焦点が当てられ、それが以後生じうる〔尊敬／軽蔑の〕減少ないし増大の経過を構造化してしまう。《快》と《不快》の場合と同様に、問題となっているのは一次元的な原理〔という一つの直線上での位置の変化〕ではなく、何かしら質的に異なるものである。つまり二つの特質であって、単なる否定によって他方へと移行するというようにはいかないわけだ。[*103] 対なるもののこの形式こそが、各関与者のうちの一方の原初的なシステム／環境パースペクティブを再現するのに、特に適しているように思われる。〔パースペクティブ全体を一度に、「良い／劣る」で判定できるから。〕

とはいえ尊敬と軽蔑は、状況下での裁量に即して自由に浮動しつつ生じるわけではない。その割り当ては恣意的なものではなく、諸条件に従う。条件づけへの主要な関心はおそらく、尊敬の実践の一貫性を、また第三者とのコンセンサスを、あらかじめ確保しておくことのうちに置かれる。そこから生じる効果として、象徴的に一般化された媒介の新たな水準が構成される。必要な場合にはそこから、直接的な尊敬コミュニケーションを根拠づけることができるのである。この水準において準拠点、主導モデル、行ないの型（Tattypen）、あるいは規則が確定されていく。そうなればそれらが《良い》と《劣る》という観点のもとでの、尊敬コミュニケーションの新たな二価性の形式を可能にしてくれるのである。

《良い》と《劣る》の二元化は、どんな全体社会システムにおいても、限られた射程を有するにすぎない。それが一種の超二元（Superdual）となって、他のあらゆる二元を構造化し、その結果、あらゆる対立において結局のところ問題となるのは、《良い》対《劣る》の変種にすぎないというわけには、いかないのである。[*104] 道徳は問題に特化しつつ展開されるのであり、そうであり続ける。どんな全体社会でも、道徳一つだけでなく、より多くの根本問題が解かれねばならない。道徳的シンボルをどんなに一般化しても、この限界を超えることはできない。あらゆる状況が道徳的に評価されうるとしても、当の状況が道徳的にのみ評価されうるということにはならないのである。

さらに加えて道徳的二元論によっては、一方の値を技術的に容易なかたちで反対の値へと変換することを可能にしてくれるような二分図式化は、達成されえない。真なる言明の否定によって非真の言明へと移行しうること、交換を通して所有から非所有へと移行できることを考えてみればよい。この種の図式主義は、縮減作用の機能的特化以上の事柄を前提とする。すなわち機能システムが、それぞれの機能の優位のもとで分出することが要求される。そしてまた、象徴的に一般化されたコミュニケーション・メディア（目下のところ十分には解明されていないが）[*105] の発達のための特殊条件に依存するのである。道徳の特殊機能は、相互行為システムに結びつけられているということだけからしても、全体社会システムの中では（遍在する、という意味で）あまりにも中枢的であるがゆえに、特殊なシステム形成と作動上の技術化を介して分出しうる、というわけにはいかない。したがって、他の社会システムと並ぶ、道徳のための一つの社会システムが存在するということにもならないのである。さらに加えて、あらゆる図式主義において登場してくる、二者択一性の厳しい要求を、道徳の中で押し通すことはできない。[*106] 君が良く行為していないなら、劣って行為をしていることになる——この規則は、道徳的功績を〔単に「劣る行為をするな」という以上に〕より高度に要求することとも、自我／他者綜合という複雑な問題とも、尊敬の設問における特別な繊細さとも、調和させにくいだろう。この規則は道徳を完成させるどころか、かき乱してしまう。[*107] 道徳という事例において達成されうるのは、《良い》と《劣る》という形式の中で、道徳的特質を二元化することだけなのである。

他方で、このように道徳の論理的合理性と技術性を限定するとしても、二元化そのものの機能を低く評価することにはならない。二元性は形式として、二つの値の相互的排他を、また境界を見通す可能性を、保証してくれる（この可能性は、三項布置の下ではもはや確かではなくなるだろう）。さらにまた、状況に依存した経験を、肯定的ないし否定的な総体的判断へと導いてもくれる。歴史的-伝記的〔に形成された〕人格が尊敬ないし軽蔑を通してラベリングされるか否かとは、ある程度独立してそうすることができる。つまり、判断をある程度客観化するために、貢献するのである。質的な二価性は、二つの評価次元を〔単に「劣った行動と劣っていない行動」〔という一次元連続体の上での評価〕をではなく〕伴う判断に、十分な余地を与えてくれる。だからといって、予想しなかった事態を「心地よいか、心地よくないか」というかたちで状況に即して処理することへと流れていくわけでもない。他ならぬこの二元性こそが、古代において常に諸価値の間で求められてきた《基準》なのである。

したがって道徳化することの機能および縮減作用が存しているのは、劣った行動との対比において良い行動へと動機づけることのみのうちにではなく、何よりもまず、分岐（Disjunktion）そのものに定位することのうちになのである。[*108] そもそも二つの方向において——それ以上になれば、あまりにも多くのことが要求される結果になる——尊敬条件に注目することが、状況を道徳的なものとして構造化する。それを踏まえてで具体的にどう行動することになろうと、その点は変わらないのである。全体社会の理論にとってはこの点を確認しておくことが重要である。というのは、全体社会の進化が経過する中で生じる道徳の形態変動を、行動がますます道徳的に、あるいはますます不道徳的になっていくこととして記述することなどできないからである——歴史的に思考し道徳化する道徳理論なら、そのような結論に至るのかもしれないが。形態変動は分出の増大として、尊敬ないし軽蔑が依存する諸条件の一般化と特化の増大としてしか、記述されえないのである。

6 尊敬が展開されうるのは、自由が前提とされうる程度に応じてのことである。そこではさしあたり自由は、行為の偶発性を表す婉曲的な表記に他ならない。したがって尊敬に狙いを定める道徳は、自由の帰結なのである。自由は道徳の《根拠》である。この根拠は、道徳を触発し道徳に随伴する問題として、把握されねばならない。それが道徳の構造発展に触媒作用を及ぼすのである。それゆえに道徳の自由への関係は両義的であり、ある意味で矛盾するものである。自由を与えよ、しかし自由であってはならない（Freiheit ja, aber nicht so!）、と。

以上の分析によって、少なくとも二つの点において、道徳理論の古典的立場に対する修正が必要になる。意志の自由の問題に関して、そして道徳的に理想化された自由への関心をめぐって、である。

ダブル・コンティンジェンシーの理論モデルにおいては自由はさしあたり、偶発性として見越されているにすぎない。すなわち、行動の予見可能性と予期可能性を、決して排除しない形式において、ということである。そこではそれらの可能性が、反駁されうるにすぎない。偶発的な行動を予期することは可能だが、その際自身の予期を、可能な予期外れを計算に入れることで様相化せざるをえないのである。[*109] この通常的な接触水準では、非決定論と決定論という問題は存在しない。因果機械論的な外部からの規定とは対立する、自己規定（原因なき自発性）が問題とされることはない。自由の問題が先鋭化を被るのは、他者の行動に関する予期ないし予見が、あるいは理論が、他者に伝達される——明示的にであれ、暗黙裏にであれ、意図的にであれ、意図せざるかたちでであれ——場合であり、その場合のみである。それによって、他者にとっては新たな状況が構成される。今や他者は、自身の行動に関する理論を（あるいは、自身の行動について考えられている事柄を〕知っている。したがってそれを否定しうるのである。他者は、以前はそうできなかったのだが、別様に行動しうる。そして別様に行動しうるということが、先行する規定へと結びつけられるのである。アダムはまず、神による禁止を通して〔違背へと〕唆された。〔禁止によって初めて、それを破る可能性が与えられたのだから。〕そして次に、神が自由を〔人間が持っていると〕予見したことによって〔、それゆえにアダムに禁止事項を明示的に伝えたことによって〕唆されたのである。それこそがかの規律＝規定の本来の意味であり目的なのではないかと、あえて考えてみることもできよう。人間の本来の持ち分に属しているのは、否定するという普遍的可能性だけである。いずれにせよ人間の自由は、その行動の規定を通して初めて成立する。自由な意志が予測不可能となるのは、人が自身が正しく（zutreffend）（！）予測されているということを知る場合のみなのである。

　言い換えるならば自由は、行動そのもののメルクマールではない。ましてや、人間の自然な特性などではない。自由は予期、規律化、予測をコミュニケートすることからの効果なのである。これは行為の単純な偶発性に関して、すでに言えることである。ましてや、人間の行動の原則的な予測しがたさに関しては、なおのこと当てはまる。行動を予測する理論を知れば、同時にそれへの拘束から解放されることにもなる。[110] 実際にその理論に従うか否かは、動機づけの問題である。どちらの選択肢も、代替選択肢を知りつつ選ばれねばならないという意味で、自由なのである。

　とはいえ、どんな形態の規定でも副次効果として自由を構成する、というわけではない。全体社会の進化が規定に関する観念をも転換させ、そうして初めて自由への結びつきの基礎を作り出すことになるのである。規定が、個人へと降りかかってくる出来事ないし生の状態という意味での運命である限り、対抗行為は、外的な要因に魔術ないし儀式によって影響を及ぼすという形態を取る。偶然と偏差は、外的原因に関係づけられる。運命についてのこの観念は、古代後期の全体社会において、また初期の高文化において、精錬されていく。[111] 規定が自身の行動選択に関係づけられる場合に（それが当初はどれほど蓋然性が低いものであらざるをえなかったにしても）初めて、対抗行為が存在するのは、規定を知りつつ別様に行為することのうちにのみであるとの話になる。リスクをより孕んだ予言こそが、この新たな意味での自由を構成する。その種の予言が、宗教を用いて偶発性を制限することで貫徹されたのは、その一例である。

意志の自由の問題をこのように定式化し直すことによって、自由を道徳の格率ないし目標概念として観念することは、困難になる。自由はむしろ、社会文化的進化の結果として生じてくる。進化の経過の中で行動規定が、またその規定によって生みだされる自由の効果が、増大していくのである。道徳理論というものが結局のところ、社会的慣例の枠内で自由を増大させることへの道徳的関心を定式化するものだとすれば、この理論が行っているのはただ、今述べた進化の成果を外挿化すること、生じている事柄を理念化することだけである。道徳理論は理論として、自分自身を道徳化する。社会学的に見ればそれが示しているのは次の事態である。すなわち、この理論が定式化しようとする全体社会は、自分自身が産出する自由を、尊敬されうるための条件を介して統制するよう定められている。そしてまた、〔統制という〕その利害関心のために、理論的な庇護を求めているのである。

自由を道徳化しつつ構想することへの以上の批判を、ここで詳細に仕上げるのは止めておくべきだろう（〔自由を道徳化する〕この道徳の信奉者が、理論構想へのわれわれの批判を、自由に反対する議論として読んでしまうという危険すらあるのだから）。目下の文脈において肝心なのは、一つの代替選択肢を詳細化するための余地を、獲得することだけである。この代替選択肢は、偶発性定式の概念に結びつくものであり、自由を道徳を表す偶発性定式として解釈しようと試みるのである。

われわれが偶発性定式として指し示したいのは、特殊な機能領域に、あるいは全体社会にわたる特定の縮減メカニズム——道徳はその一つである——に、狙いを定めた、社会的偶発性の解釈である。偶発性定式は、あまりにも高度な複雑性から生じるがゆえに規定されえない偶発性を、規定可能な偶発性へと翻訳する。これはとりわけ、二分図式との協働効果を通して生じる。二分図式のほうは、偶発性定式を通して根拠づけられる、少なくとも信憑性あるものとされるのである。例えば、経済の偶発性定式としての希少性は明らかに、所有ないし貨幣の図式と相互連関している。所有ないし貨幣を介して希少性は分節化されて、一方に有利な変化は他方のコストへと至るという事態が生じてくる。制限性と論理との間、公共の福利と政治的権力の間にも、同様の連関が存するものと推定されうる。そこでは偶発性定式そのものも、とにかく定式化されている以上、《実存主義者の公理 existentialist axiom》に従って、否定可能なものであり続ける。それによって当の定式は、自身の機能システムが、あるいは自身に特殊な縮減メカニズムが、普遍的な否定可能性と両立しうるということを保証するのである。同時にその構造化効果はきわめて信憑性を持つがゆえに、例えば経済の領域で、希少性の否認に基づく有意味な行動可能性を見いだすのは困難になる。自由の否定の上に据えられた道徳的判断についても、事は同様である。お望みとあれば、言わば否定技法の上でそう試みることはできる。しかし自我／他者の効果ある綜合を見いだすことは、つまりは尊敬を獲得することは、困難だろう。そこで生みだされるのはせいぜいのところ——文学だけである。

自由の問題から明確に読み取れるように偶発性定式は、ゼマンティクとして縮減し命名するための触媒として作用する。この触媒は、好都合な環境条件の下で社会的接触が生じる場合には、構造の発展を進行させるのである。触媒は消耗しえないものでなければならない。少なくとも短期的には消耗せず、その点ではその都度触媒が生産するものよりも普遍的なのである。したがって、ダブル・コンティンジェンシーといった問題が触媒として働きうるのはただ、それが解決されえない限りにおいて、まさにそれゆえに構造発展に継続的刺激を与える限りにおいてのことなのである。偶発性定式は、この解決不可能性を反映するものでなければならない。道徳理論は自身を道徳そのものと同一視しようと試みる。そこでは今述べた事柄が、偶発性定式が理念化され、超越化され、あるいは超越論化されて、そのものとして評価されるというかたちで生じてきた。そうなると偶発性定式は選択基準と、あるいは増幅への関心と、同一視されえたのである。この関心は、道徳そのものの中でも道徳理論の中でも、是認されるべきだとされてきた

——尊敬の喪失というサンクションの下でのことではあるが。おおよそ一八世紀の後半以来、あらゆる偶発性定式は——宗教の領域は例外となったが——この方向へと改修され、増幅への関心によって庇護されるようになっていった。これは明らかに、市民革命の随伴現象である。*112

しかしやがてこのタイプの遠大な構想は、説得力を失ってしまった。社会学的啓蒙は、理念的なものが（常にまだ）達成されていないということを示すだけで満足するわけにはいかない。あるいはまた、原初的な段階の次の段階を、今述べた事態にに責任を負う人のグループないし関係を、明らかにするだけでも満足できないのである。社会学的啓蒙の課題はただ、中間的時点において展開された分析的用具を用いて、市民革命の理論的装置の連続ないし非連続に関する決定を可能にしてくれるような、係留地を用意しておくことだけである。そのためには分析的作用そのものの増幅が必要になる。理論的アプローチがもつ複雑性が優越している必要があるわけだ。(1)自由（道徳内在的な理由からして誰も異を唱ええない）から偶発性への、偶発性から複雑性への遡及、(2)社会的な自由の制限からダブル・コンティンジェンシーへの遡及、(3)理念的なものないし統制的理念（それら自体が価値を描出する）から偶発性定式への、偶発性定式から触媒として働く問題への遡及——これらすべての遡及によって、理論が持つ分解と再結合の能力型が高められる。同時に理論の用具から、直接的な道徳的特質が剥奪されることにもなる。遡及によって全体社会の理論は、ましてや道徳の理論は、比較可能性によって豊富にされ、負担を負わされるのである。比較可能性は慣れ親しんだ対象の輪郭を打ち消して、これは《触媒》という語によって示唆されていたことだが、自然科学にまで足を踏み入れてしまうのである。どこまでのことをなしうるかは見定めがたい。しかし作業の関心を定式化することはできるのである。

《4》機能的等価物

1　道徳の機能の分析を十全なものとするためには、機能的等価物を一瞥しておかねばならないだろう。機能的等価物（時として「機能的代替選択肢」とも呼ばれる）[*113]の概念は、三項関係を前提とする。すなわち一つの関連観点（関連問題）があり、〔その観点ないし問題から導かれる〕ある機能を同一に保ちつつ、それを担う複数の道筋が導き出されうる、というわけである。機能を満たすこれらの相異なる様式が、機能的等価物として指し示される。それらは相互に比較されうるし、場合によっては一定範囲で代替されうるのである。

機能を比較する分析というこの技法を用いるならば、道徳批判の広く流布した形式がどのような単純化に陥ってしまっているかを、きわめて容易に認識できるだろう。すなわち、そこでは道徳が補償として把握されているのである。補償の概念は[*114]三項関係を二項関係へと切り縮めてしまう。それによって関連問題と代替選択肢が重なり合うことになる。現存するもの自体が問題であると同時に、置き換え可能である〔すなわち、一つの解決策の実現によって解消される〕、と。問題が、その位置に登場しうる何か別のものと同一視される——欠落そのものが代替を駆動する、というわけだ。この種の切り縮めが生じるのは、道徳が生の弱さ、劣等感コンプレックス、ルサンチマンなどに対する補償として把握される場合である（その補償が真正の補償か、それとも真正ならざるものなのか。この点についての評価は、まったく別の話となる）。今世紀〔二〇世紀〕前半においてこの種の観念が流布され人気を博したことに鑑みるならば、「機能的等価の概念を補償関係として把握することはできない」という点を明示しておかねばならないだろう。この概念は、機能的に等価なものの間の代替可能性を含意している。この可能性は、等価なものを可能にする関連問題によってやはり可能にされているが、特化による制限を受けてもいる。機能を特定の仕方で満たす以上、それと並ぶ他の満たし方も可能である——この点によって特化が生じてくるのである。

道徳を「補償すること」という要求から解放すれば、代償を支払わねばならなくなるのは明らかである。すなわち、

〔解放しようとする〕その構想が持つ理論的能力をもより高めつつ理論を形成していくことが、ますます要求されるに至るのである。これは実際のところ、道徳の理論を道徳へと義務づけるのが、より困難になるということを意味している。

　機能的な作用のための関連問題がそもそも意味を持つのは、その問題が構造と過程における変換の可能性を一つ以上開示してくれる場合だけである。さもなければそこにあるのは偽装したトートロジーだけだという話になるだろう。したがって機能分析の技法は、客体を二つの側から捉えるのである。機能が関係する問題を精緻化するとともに、その問題を扱う、あるいは解決する他の諸可能性を限界区画する、というようにである。この二重アプローチを言葉によって描出しようとしても、困難に陥ってしまう。それによって、数多くの不要な論争が惹起されてきた。単純に定義を行って《道徳とは……である》と述べることはできない。まずは機能が定義されるが、それは事物の本性の表現などではなく、一つの関連性規定にすぎないからである。その規定が比較領野の範囲を示すのであり、その内部で物事が他の、機能的に等価な諸可能性の限界区画を通して、輪郭を獲得するのである。

　「道徳は尊敬を通して自我／他者の綜合を表示し、短縮しつつコミュニケート可能にするという機能を持つ」と考えるとすれば、それは機能分析の立場から見れば、半面だけの認識に留まると言わざるをえない（言明のかたちで定式化すると、その点で誤誘導されてしまうのだが）。認識を十全なものとするためには、自我／他者綜合を扱うどんな他の可能性がそれによって排除されるのか、またなぜそうなるのかを知らねばならない。ここでは、（われわれは機能的等価物のグループを完全に知悉しているわけではないが、そのうちから）歴史的かつ全体社会的に非常に重要な三つの代替選択肢を取り上げておくことにしよう。それはすなわち、接続合理性、法、愛である。[*115] 近代の全体社会は高度な分化を遂げており、そこでは接続合理性、法、愛の間の分化も明確になっている。とりわけこの社会を分析することによって、今取り上げている選択が確証されることになるはずである。

2　われわれが接続合理性として指し示すのは、ダブル・コンティンジェンシーの問題を解決するために時間を利用する行動である。どんな種類の計算を通して《合理的》と呼ばれるに値するものとなるかは、目下の文脈では未決のままにしておいていいだろう。自身の選好を実現することが、合理的なものとして妥当するとされるというだけで十分であろう。[*116] ここで関心の的となっているのは、合理性を改善することではなく、ダブル・コンティンジェンシーの問題を解決することのほうである。解決策はこの上なく単純である。自我は他者が決定した事柄を引き受けて、自身の決定を対応するかたちで設える。要求された価格を支払う、さもなければ買わない、というようにである。立法府と行政府によって定められた基準に従って、請求申請を行う。半完成品を受け取って、さらに手を加えていく。法律上の争いに決定が下される。争いが生じた後から、なぜそのような争いとなっているのかを究明することなど、なされないのである。これらの例は〔接続合理性という〕当該現象の適用範囲の広さを示すとともに、検算を許容しもする。自我が価格そのものに関して交渉したり、先行作業の質を批判したり、争いを調停したりしようとする場合には、さまざまな追加的衡量や知見を投入しなければならないはずである。

　このように、接続合理性が実行されるところでは、社会的関係は決定の連鎖へと分解される。そこではある決定が、別の決定に先行するとともに、後者によって、完結した過去として扱われうるのである。複雑性の縮減は、自身の決定の中で実行されるのでない限り、時間へと委ねられる。先行する決定の関心は、それが生じると考えられる領域の複雑性にでも、自身の偶発性にでもなく、自身の能力のうちにのみあった〔と想定してかまわない〕。その決定を操舵していた選好を知る必要すらないし、ましてや選好を一定範囲で共有する必要などない。結果に関する情報だけで十分なのである。[*117] 先に決定する者は、選択の自由を全面的に行使できる――ただしそれは、他者のために複雑性を縮減しもするという道筋においてだけのことである。後続者から見れば先行決定を通して状況が確定され、自身の合理性チャンスを増大させる手がかりが得られるのである。このように、可能性の余地と資源が十分に存しているのであれば、連鎖化を通して、時間が社会的な有利さへと変換されることになる。
ある文脈において関与者が、接続合理的に連鎖化されたものから出発している場合、ダブル・コンティンジェンシーの問題は情報問題へと縮減される。したがってパートナーからの尊敬〔を得ること〕は、主観的な意味でも客観的な意味でも断念できるし、自身の自己尊敬を犠牲に供することもまったくないのである。エヴァが神の呪いを、子どもを作らないよう考えることでやり過ごそうとしたとき、接続合理的な考慮がなされていたことになる。それに対してアダムの考え方は道徳的だった。そこには、神への尊敬が含まれていたからである。[*118]
とりわけ近代の市民的全体社会へのブレークスルー以降、広範囲にわたる制度的な備えが存在するようになり、それによって、接続合理的な行動の領域が著しく拡張されてきた。そこに近代的な全体社会の合理性様式を見いだせるという点については、ほとんど異論の余地がないだろう。制度的に言えば肝心なのは、決定の余地が連続的に狭隘化されていく傾向に抗すること、接続行動が〔先行決定への〕依存性を抱えているにもかかわらず、十分な選択可能性と合理性チャンスを保持しておくことなのである。貨幣と実定法はこの合理性様式にとって本質的なメカニズムであり、そこでは成功が尊敬の補償物となるのである。明らかに接続合理性は、広範囲に進展した機能的分化およびシステム自律性と、よく同調させられうる。一方道徳性は、この構造的条件において破綻する危険に直面するのである。機能システム間の交流は、それぞれの決定性向へと介入することなしに、接続合理的に処理されうる。だからこそ道徳は、自由の両立性条件を承認することへと縮減されてきたのではなかったのだろうか。
ただし以上のすべてが認められるとしても、この問題解決法が強い一面性を有している点を見逃してはならないだろう。継起化は全体社会の時間運営に負荷を与える。時間は希少になり、同期化は困難になる。[*119] 継起化によって、公共の福利という意味での合理性を使い尽くすチャンスが保証されるわけでは、まったくない。[*120] 決定することが個人化されていけば、そこからは統制不可能な効果の累積が生じてくるが、それに対しても接続合理的に反応するしかない

――そもそも合理的に反応しうるとしての話だが。

3 道徳に対する機能的等価物として、接続合理的行動と並んで言及するに値するのは、法である。法は、近代において伝承されてきた一群の思想財を踏まえてみればただちにわかるように、接続合理性の単なる手段以上のものだからである。いずれにせよ時間へのより複雑な関係が考慮に入れられねばならない。法を通して接続合理性のための前提は拡張されて、行動予期の抗事実的な安定化という技法を通して、出来事から、望まれたものへと拡大される。[*121] 法は、接続する〔はずの〕ものがまったく生じない場合でも、接続合理的に行為することを可能にする。〔生じるべきだと〕提訴できるのである。ただし行動前提をこのように一般化することが可能となるためには、何が予期されうるのかが特化されする必要もある。したがって何が予期されえないかも、決定可能でなければならないのである。こうして引き延ばされた予期そのものもまた、道徳の予期でありうる。道徳の超過要求的な（supererogatorisch）〔つまり、現に為されていること以上を要求する〕予期であるのみならず、道徳の規範的な〔抗事実的に妥当するとされる〕予期でもありうるのである。したがって法は、行為を道徳的に庇護することから独立しうる（ただしこれだけではまだ、規範を道徳的に庇護することすべてから独立しうる、というわけではない）。社会的調整は、法の規定に依拠できることで確証されている場合には、尊敬に定位した自我／他者綜合を前提としはしないのである。[*122]

この代替選択肢が社会的技法として確証されるなら、そこには無条件に、法を地位・権力・尊敬の問いからは独立して容認するということが含まれるはずである。そうなるや否や法は、道徳的圧力に抗して確証を行うという機能をも、引き受けうるようになる。例えば所有権法は、譲渡と分有という〔すなわち、貧しい者に財を分け与えるべし、富は独占せず共有すべきという〕道徳的要求に抗するかたちで確証を行う。契約法総体の機能の一つは、直接的な道徳的規制に対して日常生活を守ることにある。そして近代的自由権の多くは、教会の、国家の、また今日ではますます諸団体による、圧力に対する防衛線を張るに至っている。それらの圧力は道徳的にコミットしつつ、そうすることに応じた要求を立ててくるのである。法はこのようにして諸個人に、自己尊敬と道徳的コミュニケーションそのもののための準拠集団を選択する自由を、保証する。[*123] 道徳が持つ危険で争議的な傾向は、法によってある程度中和される。コンフリクトの中では法だけを勘案すればよいのである。これらすべてによって、法が道徳を著しく冷却する効果を発揮するよう要求される——記録類や道路交通などの、道徳に関して中立的な素材が規制されるべき場合のみならず、〔例えば「富を共有すべし」といった格率が引き起こしかねない、〕道徳の全体社会範囲での逆機能〔的帰結〕に関しても、またそこにおいてこそ、である。

道徳の領域ではこれを迎え撃つかたちで、法への敵対を示す見逃しようのない兆候が現れてきている。もちろんどんな道徳理論も道徳原理も、法を一括して断罪するようなことはしないだろう。しかし日常生活において条文を常に引き合いに出したりすれば、協働が大切な場合、したがって近所付き合いや会議、経営、あるいは仕事上の交流においてすら、[*124] 大半の場合攪乱的だと、それどころか敵意の表明だと、判定されることになる。少なくとも多くの社会的文脈においては、法に至る敷居を超えるには声望と尊敬を失わねばならないのである。

法と道徳とのこの分化は、とりわけ中世後期および近代初期の宗教的‐道徳的狂信者たち〔への反発〕によって強化されたものだったが、他方では、どこまでも好きなだけ推し進めうるというわけにはいかなかった。法と道徳はともに予期の一般化に依拠しており、その点で大幅に重なり合っているからである。道徳と同様に法も、社会秩序と一致するかたちで妥当していると、申し立てねばならない。したがって、道徳の圧力を受けてしばしば法の変化が生じるのは、疑いのないところである。また逆に法が変化することによって、道徳的判断が影響を受けもする。[*125] しかし結局のところ、分化と相互的影響は排除し合うわけではなく、むしろ互いに条件づけるのである。さらに加えて、相互行為システムにとっての重要性がただちに、全体社会にとっても重要であるわけではない〔およびその逆〕という点も考慮されねばならない。例えば相互行為水準では、法が攪乱的である場合には法を掘り崩すよう、圧力が増大するかもしれない。同時に法規範が重要である場合には、その法規範が、自由、確実性、経済性などの道徳化された諸価値によって庇護されるということもある。

道徳の機能的等価物については、ここでは手短に輪郭を示唆することしかできない。いずれにせよ、それら等価物が道徳を完全に押しのけうるとか、歴史的に見て代替しうるなどということは、ほとんど予期できないだろう。反対に、尊敬のコミュニケーションとその条件づけが依然として重要であるような布置状況が、〔代替選択肢が発展していく〕歴史の経緯の中でますます明らかになっていく。接続合理性と法だけでは十分でないという点が、あまりにも明白になるからである。道徳が前面に出るのは、接続合理性と法に対して境界づけられる場合のみであり、それら等価なもので十分な場合には、背景に退くのである。道徳は、自身の限界を視野に収めている場合にのみ、より確実に展開され投入されうる。接続合理性が実行可能な場合、あるいは法で十分な場合には、そうはいかない。そこでは道徳は成果を伴なわず、単に訴えかけることとして、自分自身の信用を落とし、失効してしまうのである。[*126]

4　ダブル・コンティンジェンシーの問題に対処するもう一つ別の可能性を考慮するならば、以上述べてきた、道徳、接続合理性、法の対照化は鋭さを失う。自我は、われわれがこれまでのところ、いささか性急に不可能だと宣明してきた事柄を、実現しようと試みることもできる。すなわち他者を、その全き複雑性において〈その行為の偶発性において，に留まらず〉考慮し、他者という人格システムの環境に一致しなければならないかのように行動しよう、とするわけである。自我のこのような態度においては、他者というシステム言及が自我自身のために選択されている。これは、他者の望みをすべて叶えるとか、他者に服属するとかいうことを必ずしも意味しない。それこそが他者にとっては不十分な、誤った展開を引き起こす環境となるかもしれないのだ。だが〔自我の〕行動選択に先だって、「その選択は他者のほうからはどう見えるか、他者にとってはどんな意味を持ちうるのか」という問いが配置されるのである。このような根本的定位を、愛として指し示すことができる。[*127]

尊敬とは異なって愛は、条件づけ不可能である。どんなかたちであれ条件づけを示唆すれば、それは愛そのものと矛盾することになるだろう。すなわち〔その場合には〕、自身のシステムから出発しているのであり、自分自身にとって好都合な環境として他者を求めているということが明らかになるのである。それゆえに、愛とは常に無責任なものである。[*128] それに対応することだが、愛の中での安定性は、相互的な条件づけにおけるコンセンサスを通しては達成されえない。安定性が達成されるのは、再帰性の水準においてのみである。そこで生じてくる格律はこうである。愛する者〔自我〕は、まさに愛する者として、愛される者〔他者〕が必要としている環境となりうる。したがって自我は、他者にとっては他者であるのみならず、他者から見た他の自我でもありうる。つまり愛することができるために自我の自我性（Egoität）を、〔他者が体験することを確証するために〕投入なければならない。それゆえに自我は自分自身を、愛する者として愛しうるのである。[★13] というのは《あらゆる愛は愛だけを愛する。愛は、愛固有の対象なのだ》[*129] から。外側から描出すれば愛のこの自己言及は、情熱として、したがって尋常ならざる行動を表すタイトルとして、通常性の要求からの逸脱として、現れてくるのである。

そこに人格性を発展させる、あるいはアイデンティティを強化するための処方箋を見るなら、それだけでまたしても浅瀬を泳ぎ回る結果となる。[*130] われわれにとっては決定的な、システム／環境の差異が無視されてしまうからである。そもそも、心理学的に言って愛がどの程度実行されうるのか、実行されているのかは、経験的には未知であり、ほとんど評価不可能である。したがって、象徴的に一般化されたコミュニケーション・メディアのコードとしての愛を、事実として生じた態度から区別しておかねばならない。[*131] 文化的規定、象徴、行動モデル、正統性の水準では、愛することの単なる可能性が確証され、文字によって伝承され、再生産され、時代状況に合うよう修正される。その水準ではアンドレアス・カペラヌスの[★14]「愛の英知 sapienter amare」の構想が、一八世紀の感傷、ロマン派の深い情熱を経て、二〇世紀における理解ある仲間意識へと変化していったのである。[*132]

象徴的に一般化されたコミュニケーションの、一つの特化したメディアがますます分出していくというこの次元において、愛と道徳の分出も、決定的に増大していく。一七世紀に至るまでこの問題は、友愛（φιλία／amicitia）というゼマンティク上の統一的複合物の枠内で、扱われてきた。その後それぞれの道が明確になっていく。神学的および道徳的に見るならば、妻へノ過度ノ友愛（immoderarus amor amicitiae uxoris）が、原罪の説明となっていた。〔それは原罪という悪しき結果を引き起こしたがゆえに断罪されるべきだ、と。〕それに対してロマン派が展開したのは、無条件の、帰結を度外視する愛の言葉だった。そこでは、尊敬を顧慮することなど不要になっていたのである。

この妻へノ過度ノ友愛〔を断罪する議論〕によって、二者関係の中での紐帯を無条件に優先すべし、それを最小の基礎として踏まえることにより、世界を評価するシステムを実現できる云々という話は、とりわけ疑わしく過剰なものとして現れてこざるをえなくなった。アルカイックな全体社会では、二者関係を〔特別なものとして〕許容することに対する、あからさまな嫌悪が示されていた〔特殊事例のための一定の飛び地は、用意されていたが〕。[*133] 修道院の生活に関する文献では、二者へと囲い込むことへの警告がなされている。ザドルガの[★15]家政共同体は、少なくとも夫が〔妻以外の女性に〕《屋根の下で囁くこと》を可能にしてくれるのである。[*134] 自我／他者綜合を伝達するためのコミュニケーションが速やかに、短い経路で、親密なかたちで生じることは、道徳にとっては危険を意味する。まさにそれゆえに愛は、二者関係に基づく特殊なコミュニケーション・メディアが分出していく中で、〔道徳から切断されるかたちで〕特化を遂げることになるのである。この種の関係の中でのみ――理想的には、この種のただ一つの関係の中でのみ――自我は、一人の他者の世界全体を、非道徳的に振る舞う可能性をもすべて含めて、自身の行動の前提として承認することができるのである〔そうできるとして、の話だが〕。

この要求に晒されると、愛そのものは道徳化されえなくなる。道徳的に称揚されることすらなくなるのである。愛が尊敬をもたらしはしない。愛は道徳的にも社会的にも一般化されえない。一般化されればたちどころに、第三、第四、第五の他我がいる世界のもとでは、〔誰に〕定位〔すればよいか〕の問題およびコンフリクトの問題へと至り、それらは解決不可能となるだろうから。愛と道徳の統一性を想定すること、あるいは愛の道徳を説くことはすなわち、存在論的な、《単一次元的な monokontexrural》、諸形式が〔一つへと〕高度に統合された世界を仮定することを意味するはずである。これは今日ではもはや維持しがたい前提である。[*135] しかしまた、愛は道徳と独特の関係を取り結びもする。それはすなわち機能的等価性という関係であり、この関係が、尊敬の服務規程により何が期待でき、何が期待できないかを定めるのに貢献することになるのである。

愛するに際しては、愛のコードに則らねばならない。言うまでもなくそのコードには、機能の指示など含まれてはいない。道徳的に尊敬されうる行動を定めているテクストや、接続合理性を算出する観点についても事は同様である。共通の機能は、かくもさまざまな実行を包括するものであるがゆえに、機能を満たそうとする〔個々の〕定位へと引き入れられうるものではない。当該機能を知悉すればよりよく愛し、尊敬し、算出できるなどというわけにはいかないのである。機能という関連問題は、比較を可能にする定位様式を越えて広がる。つまりその問題は、定位様式の本性や本質を表現するものではないのである。

5　この機能主義的な理論的姿勢が持つ射程は、理論比較によっても認識できる。アリストテレスはここでわれわれが論じている問題を、愛（友愛）の諸形式についての類型論へと取りまとめていた。そこで引き合いに出されえたのは、善きもの（ἀγαθόν）、快なるもの（ἡδύς）、効用あるもの（χρησιμου）だった。[*136] われわれにとっては道徳、愛、接続合理性として分離できる事柄が、ここではまだ、同一物が〔異なる三方向へと〕展開された表現として現れてきている。肝心なのは人間の目標および傾性である、と。そこでは道徳が、発生的な語彙を提起しもするという点で、優位に立っていた。結局のところ誰しも、自身にとって善きものを愛するのだ、というようにである[*137]（そしてそれこそが〔快をもたらす〕善き生であり、善き生を可能にしてくれるのはただ政治的共同体のみである〔そこにこの共同体の効用がある〕、と）。このテーマは、倫理学の枠内で扱われることになった（その点が、長期にわたる伝統にとっての模範となったのである）。そして善なるものは全体の、同時にまた類型の一つの部分の、意味でもあった（その点でこの部分は、とりわけ重要な部分となる）。善きものはまた、それ自体としてあらゆる安定性の利点を保持してもいる。快と効用は過ぎ去っていくからである。道徳への選好によってこの理論は、自身の道徳的特質を保証しもする。それは《実践哲学》となるのである。

超越論的な分析にとっても、間主観性および他我の完全な開示という問題を、機能的に等価な諸構造と諸過程へと分割するのは困難な事柄だろう。そこでは次の設問が登場してくる。主体はいかにして世界へと至りうるのか。またその世界において諸事物を、また他の主体を構成し、その多様性において認識しうるのはいかにしてか。そのために活動形式として、あるいは志向性の形式として、役立つのは尊敬と共感である。ただしこの設問方向においては両者は、選択しつつ用いうるような機能的等価物としてではなく、相互に条件づけあうものとしてのみ考えうる[*138]。そしてそこにおいて、接続合理性を表す、物に類した用具性は、あるいは商品としての使用は、あらかじめ不十分なものとして排除されることになる。件の問いは、人間と物との区別をめざしているとされるからである。

どちらの設問コンテクストにいおいても、つまりヨーロッパ旧来の実践哲学および間主観性という超越論哲学的問題のなかで、われわれが尊敬、接続合理性、愛といった観念によって捉えてきた区別の兆しが見いだされる（法は、全体社会そのものの構造として、特別な地位を占める）。しかし道徳の機能についての設問は、実践哲学のこのどちらの伝統においても提起されはしなかった。というのはその設問は、道徳的評価と実践的解決を受け付けないであろうような一つの関連問題を、理論的に重要だと見なすからである。その関連問題の（ひいては理論そのものの）道徳的評価を切断しておくことが、機能的比較の要件となる（そうしてこそ、比較自体があらかじめ道徳そのものに沿うように決定されてしまうという事態が避けられるだろうから）。さらに加えて、道徳的な先行評価を放棄することは、学習の用意ある学術的コミュニケーションのための要件でもある。他者に対して、こちらの理論問題をも承認せよと要求し、人格的な尊敬も、また以後のコミュニケーションをも、そのことに依存させるとすれば、それは自身の学習準備の失効宣言を行ったに等しいことになる。そこでは超理論的構成のプログラムが、せいぜいのところ半分しか実現されていない。普遍性と全体性への要求は満たされているが、さらに学習していくことには開かれていないのである。そしてまた、学術的コミュニケーションの内部に道徳の論争的なスタイルを持ち込むことにもなる。そうなれば理論は防衛的手立てという負担を強いられるだろうし、理論が、自身をさらに展開していくためには不必要なほど、閉じられているという印象を呼び起こすことになろう。道徳家は、自身の理論に対抗する者をも道徳的に評価し、《なにゆえに？》との問いに、自身の道徳を引き合いに出すことによって対処する——なるほどそうすることで全体化が可能になりはする。しかし理論的討議の文脈において別の、理論特殊的な自我／他者綜合という形式における機能的等価物が示されるや否や、その示唆は説得力を失ってしまう。そうなれば、道徳化を行う理論そのものがオプションと化す。この特殊な文脈の中では道徳は、誰かが、自身は全体社会的な利害関心を追求しようとしているのだと告知するための形式にすぎなくなっているのである。

《5》進化的発生

1　道徳の内部、道徳的理念の水準では、道徳の歴史を追尾し跡づけることができる——例えばアルカイックなエートスから政治的エートスへの移行として、である。[*139] そこではより古い時代を引き合いに出すことで、一つの単純な、言わば二段階的な進歩モデルを展開できるだろう。その時代では続く時代と比べて、何が達成されていたかを確定できる、というわけだ。[*140] そうすることで強い説得力を伴いつつ、道徳の技法の改善と洗練を示唆できたのである。しかし《進歩》は、長く続いていくほどに、説得力を、また〔一体的なものへと〕構成される可能性を、失っていくように思われる。あるいはより正確に言えばこうである。歴史的意識の焦点深度は、〔機能分化が進展し、物事の偶発性がより明らかになっていくという〕全体社会構造上の理由からして、歴史の純粋な時間的持続とは独立に増大しうる（それこそが過去二世紀にわたって経験されてきた事柄だった）。この事態も、進歩の発想には逆行するのである。歴史の中であまりにも多くのものを目にすれば、もはや統一的な線など認識できなくなる。歴史的な経験が有する持続と焦点深度が増していけば、最後には良いものへの、あるいは劣るものへの発展という意味での歴史と道徳の単純な並行性は、破綻する。そうなれば、道徳的二元論が同時に歴史理論としても働くというわけには、もはやいかなくなるのである。

《理念史》とは、一つの救済の試みである。私に対して道徳がどんなものとして現れてこようとも、道徳的理念はますます洗練されたかたちにおいて与えられていくことになる、と。理念の改善は言わば、実際に観察されうる態度という低地から離れて、独自の道を歩んでいく。文献に対して文献が反応する、というようにしてである。こうして道徳化する理論における衒学的な要素の増大を説明できるかもしれないし、ある時代のある全体社会については、つまり古代の全体社会と近代の世界社会の時期に関しては、この発展構想はまったく適切なのかもしれない。しかし理念史の領域においても、単線的な継起が込み入ったものによって解体されるという、あの現象が反復される。評価の要因は増加していく。そして多元主義を道徳として育んでいく全体社会においてこそ、もはや次のように述べることはできなくなる。あまたの新たな理念の中で、そのような〔多元性を認める〕ものが、旧来の諸理念をそもそも道徳的に（！）凌ぐものなのである云々。

他の領域と同様に道徳においても、相対的に自立した理念の発展というものが存在する。社会学も、この点に異を唱えるつもりなどない。ただし社会学は、理念史から相関関係の歴史へと移行していく。社会学が歴史的な関心を抱く場合には、社会に関する理念の単なる連なりを扱うわけではない。つまり、先行するものが存在したからこそ後から来るものが可能になるという意味での、過程が想定されるわけではないのである。社会学は歴史を、理念とその他の全体社会構造上の変数との関係の変化のうちにあるものと見なす。そこでは理念の発展の相対的自律性は、有意味に相関していることに対する障害では何らなく、むしろその前提に他ならないのである。

この考察様式の基礎が据えられたのは、一九世紀のことだった。それ以来、次の事柄が出発点となってきた。すなわち、全体社会がより分化し拡張されていくのに対応して、その統合手段ないし連帯形態は、ますます一般化され特化される方向へと変化していく、と。道徳の発展もまた、この分析のうちに含まれる。[*141]「一般化と特化」と言われるようになったのは、この構想の枠内における本質的な進歩に他ならない。[*142] そしてまたそれによって、肝心なのは単に幅広い、広い範囲を覆う、より無規定なシンボルではないという点が示されてもいる。むしろ、一般化が必要になるのは、そこに再特化へのポテンシャルが含まれているからであり、一般化が追い求められるのもその点に関してなのである。今述べた事柄を踏まえておこう。〔そうすれば〕問われるべきはただ、道徳の機能と作用様式についての観念をより精緻化することによって、追加的に何を得ることができるのか、という点だけである。

2　相関関係についての洗練された言明に到達するために、複雑なシステムの超理論に依拠することにしよう。それを用いて、分化と一般化の古典的モデルを、両方の側においてさらに分解してく。そうすればさらに作業を進める中で、分化も一般化も、複雑性という根本問題へと結びつけられねばならなくなる。同時にまたその問題が、次の点をも説明してくれる。すなわちここにおいて重要なのは、他の可能性を除去することを通してのみ実現されていく諸変数であり、その諸変数が纏う形式は、変化する諸条件の下で自身を変化させていくのである。

分化という語は、多重的な意味で用いられうる。ある場合には全体社会システムの部分システムへの分化が、またある場合にはシステム形成の諸水準の、とりわけ全体社会システムと相互行為システムの、分化が増大していくことが、焦点となる。進化的変化の根底には、両方の相が位置している。社会文化的進化の経緯の中で、全体社会システムを構造化する主要な分化の形態が変化することもある。環節化は階層によって、そして階層は機能分化によって解体されるのである。[*143] 他方では、システム形成の諸水準が相互にさらに分離していく。その結果、個々の相互行為システムは、以前ほどには全体社会総体に及ぶ有意性を負わされなくなる。他方では全体社会システムは、以後の進化の中では、個々の相互行為システムの中で生じることから、相対的に独立するようになる。[*144] この二つの変化は相互に関連している。全体社会システムの分化の形態は、規模と複雑性にとって特定の含意を有しており、したがって相互行為が持つ全体社会にとっての有意性のために枠条件を設定することにもなるからである。したがって進化は、分化という観点のもとだけにおいてすでに（分化がそもそもいかにして生じるかという設問はさしあたりまったく度外視するとしても）、きわめて複雑な出来事なのである。

以下の議論のために、一般化の概念に限定を施しておこう。すなわち以下で扱うのは、尊敬コミュニケーションを操舵するシンボル構造、つまり道徳的シンボルに関してのみなのである。そうすることでわれわれは、このシンボルの特殊な機能を考慮に入れる可能性を獲得する。このシンボルは、すでに詳しく論じておいたように、ダブル・コンティンジェンシーを加工処理するために役立つ。つまりこのシンボルによって、自我／他者綜合が《自然に》収斂していくことを前提にできない場合でも、綜合を請求し伝達することが可能になるのである。以上の機能規定を用いることによって、われわれはより詳細にこう問いうるようになる。全体社会総体の構造（とりわけ、分化形態）における進化的変化が、次の様式にどのように影響を及ぼすのだろうか、と。(1)いかにして複雑性が偶発性（コンティンジェンシー）として表出されるか、⑵そこに出来するダブル・コンティンジェンシーを、尊敬のコミュニケーションの諸条件を介していかにして規制するか。

「分化が増大すれば（どんな形態においてであれ）道徳への影響が生じる」という出発点は、われわれの理論構想の中では次のように再構成される。尊敬のコミュニケーションに関しては自我と他者のみを見越せばよいのであり、込み入った事態が高度に増幅されていくのも、ただ両者の間でのみである――このような単純なモデルは、言うまでもなく、最も単純なタイプの全体社会に関してもすでに、一つの抽象に他ならない。コミュニカティブな相互行為に関与する者は、全体社会の他の成員への関係のもとに置かれており（さしあたりその関係が非現時的なものだとしても）、また相互にそのことを知っているのである。村の広場でおしゃべりをしてもよいが、妻たちはやがて家に戻ってそれぞれの夫のために食餌を用意し、それぞれの子どもの面倒を見なければならない。そのつど対面状況にある者はそれぞれ、第三者に対して異なる関係を取り結んでいるかもしれず、その関係が一定の意味と義務内容を含んでいるという点は、道徳的には否定しようがない。自我と他者が相互行為の中で尊敬を要求し、証明し、獲得する場合、それはさまざまな社会的な関係の網目の交点に当たる人格としてのことである。「尊敬される人格」〔が及ぶ範囲〕は、単にその人格的複雑性にとどまらず、単純な相互行為が持つ知覚・主題化・傾性の可能性に関する社会的・環境的複雑性にまで広がっているのである。相互行為がそれにもかかわらず、自我／他者綜合を、収斂へと至りうるような仕方で提供することに成功する――尊敬が言祝ぐのはこの事態なのである。

この初発状況が社会生活によって与えられているものと仮定すれば、こう推測される。道徳的観念の変化へと向かうはずみは、その都度の他の関係可能性の領域における変化から生じてくるのだ、と。対面状況下での相互行為そのものは具体的であり、そうであり続ける。その点に関しては、何一つ変えられえない。しかしコミュニケーション・パートナーが持つ他の諸関係、他の義務づけ、他のコミュニケーションおよび影響可能性を考慮に入れる様式は、全体社会の進化に伴って変化を被るのである。パートナーにとっての他の接触の数および多様性が増大するなら、あるいはパートナーがそれらを選択する元となる領域が拡大するならば、それらは相互行為に特化した価値づけおよび尊敬様式からは独立することになる。自身の尊敬を、別のところから入手できるのである。さらに加えて、この点に関して相互行為パートナーの間で生じてくるチャンスと、他の接触の中で要求される事柄との異質性も、増大する。そうなれば、すべての関与者が、高度に相違する、そのつどの他者たちには接近できないような接触を、駆使するという事態もありうることになる。多くの接触を持つ、〔特定の相互行為関係の中で得られる〕尊敬および自己尊敬からは独立したパートナーが別のパートナーと相互関係を取り結ぶが、後者は他ならぬその相互行為の中でしか、あるいは具体的な、きわめて狭い範囲のパートナー圏の中でしか、尊敬を獲得できないということも、ありうる話である。[*145] かくして《それ以外のもの》を相互行為へと持ち込み、そこにおいてテーマ化し、尊敬条件の中で改鋳するのは困難になる。そうするためには、一般化された表現形式が準備されねばならないのである。

最低限、継続的なコミュニケーションのなかでの尊敬の証明と、尊敬の条件とは分化しなければならない。一般化されうるのは尊敬の証明ではなく、その証明が関係を取り結ぶところの尊敬の条件のみである。それらの条件は言うまでもなく引用可能で、示唆のかたちで理解可能なものであり続けねばならない。この事態によって道徳の一般化には、乗り越えがたい限界が課せられることになる。しかしこの枠内で、著しい多様性が存在しもする。アルカイックな全体社会および初期高文化に関しては、とりわけ神話および英雄の形姿を、言わば尊敬の缶詰を、また同様に、物語る中でくり返し呈示されうる標準化された状況類型を、考えるべきである。そこでは、意味内容に基準のない形式が付与されることによって、また伝達の様式によって、意識の関与が差し挟まれるのはわずかなままに留まる。[*146] さらに「近くと遠く」という単純な差異が加わってくる。それを通して道徳が関わる事柄における関連性と無関連性が分化し、見通しうる相互行為領域に従って、あらかじめ整えられるのである。[*147] 道徳の境界は、システムの境界と重なり合う。[*148] そしてシステム境界によって（テクストの解釈によって、ではなく）コミュニケーションの上で必要な具体性を獲得するのである。にもかかわらず、またまさにそれゆえに、道徳の境界を個々の相互行為の中で自由に処理することなどできない。同意のもとで境界を掘り崩したり、逸脱する集団道徳へと至ることなどできないのである。この全体社会においては《サブカルチャー》は存在しない。[*149] 非現実的な、ユートピア的な道徳化は存在しない。幻想への関与が尊敬条件を示し、幻想としての性格によってそれを掲げるグループに結びつけられるような、道徳化の余地などないのである。

道徳のこの形態の構造的前提は、以下の通りである。⑴全体社会システムと相互行為システムの水準分化がわずかであること、⑵全体社会の分化形態が主として環節的なものであること、そしてその構造的特徴からして、⑶万人（男と女、大人と子ども、富者と貧者）にとって統一的に構成された社会的リアリティ。全体社会は性別に従って、あるいは居住共同体に従って、それゆえに斉一的な単為へと、分化する。全体社会はどの関与者にとっても、その人が到達可能な相互行為の連なりであり、〔その時点で〕経過しつつある相互行為すべてに関与できなくても見渡せるし、関与する必要もないのである。なるほど関与者は、そのつど現時的な行為を通してどこかに位置を占めるし、あらゆる所に同時に存在するわけにはいかない。しかし構造的に、あるいは人格的ないし地位に即したメルクマールからして排除される、ということはない。隔離と秘密は独自に作り出されねばならず、疑わしいものであり続けるのである。

全体社会の分化における別の、階層化する、あるいは機能的な、形態が加わってきて、それによって、全体社会にとってのシステム形成の水準と相互行為にとっての水準とが、相互により強く引き離されるに至る。この事態に応じて、今述べた構造的条件も変化していくことになる。その場合に初めて、全体社会システムにとって、一般化された道徳が必要となるのである。われわれの理論モデルに従えば、一般化へと向かう二重のきっかけが予期されねばならないはずである。全体社会の道徳コードが階層に適したかたちで分化することを可能にするのも、この事態なのである。

一方では自我は、他者が相互行為の複雑な網目の中に位置しており、自我はその網目には部分的にしか到達できないという点を、考慮しなければならない。それゆえに他者は、別の人々と関わり合う際に引き受けうることになるアイデンティティを、必要とする。別のパートナーから、「君はあの人（＝自我）に対してどう振る舞ってきたのか」と尋ねられるだろうからだ。言い換えるならば他者は、自身の行動原理を定式化するにあたって、多数の準拠集団によって支えられている。それら集団は場合によっては他者にさまざまな種類の行動を要求したり、あるいはさまざまな種類の尊敬条件を押しつけたりするかもしれないのである。[*150] より複雑な全体社会では、予期のこの多種多様性は、もはや相互行為そのものの多種多様性に、木を切る場合は踊る場合とは別の振る舞い方をするということに、関係づけられはしなくなる。それによって、コンフリクトを伴わない相互行為継起が可能になる。顕著になるのはせいぜいのところ、才能の違いだけである。むしろ、あるパートナーおよび相互行為の文脈から、別の関与者との相互行為に関する追加的な視点が生じてくる。例えば、いかなる生活状況においてもジェントルマンとして振る舞うべし、あるいは、他の関与者の信仰やスポーツによるフィットネスを、それが相互行為の中でまったく問題となっていない場合においても、尊重すべしとの要請を考えてみればよい。そうなると相互行為の連関はもはや単純に、並びあうもの、連続するものの問題だけではなくなる。そして他者は、常に部分領域にだけ参加しているにもかかわらず、心理的には完全に分割されているというわけにはいかなくなる。社会的有意性は重なり合って生じてくる。相互行為の中では、対面状況にある者による不在の者に対する以前の、あるいは後の、行動について問いただし、テーマ化し、義務づけることができるからだ。この総体的構造によって、自我／他者の相互行為および尊敬の条件を、相互行為に特化したかたちで取り扱う可能性には、制限が課せられることになる。自我は、他者のアイデンティティ定式を道徳的に特質づけ、尊敬様式をそれに関連させようとするなら、今述べた点を考慮に入れねばならない。だがそれはすなわち、自我は、決して相互行為パートナーとはなりえないような、知りもせず評価できもしない他者というパートナーを考慮に入れねばならない場合もある、ということを意味する。

他方で自我は、自分自身も同じ状況にいることに気づく。他者を尊敬する、あるいは軽蔑する流儀を、他者が不在である状況の中でも保持しえねばならないのである。特定の他者のパースペクティブの中に閉じこもろうとしても、他の人々が他者のそのパースペクティブを悪く思っているなら、そうはできない。他の人々がその他者に指導と厳しさを求めているのに、〔自我が、その他者との間で〕愛と同意とを追求するわけにはいかないのである。もはやどちらの側も、それぞれの相互行為システムの歴史を、あるいは均一な社会的リアリティを、自身に与える自由など持たない。それぞれ異なる不在者を考慮しなければならず、そして互いにそのことを知っているのである。

こうして生じてくる問題状況のためには、まったく異なる種類の多数に及ぶ解決策が存在する。それらは進化の経過の中で、当初は並行して試みられてきた。その一つは、奴隷制のうちに存していた。そこでは、道徳的に特質づけられうる尊敬という問題は制度的に篩い落とされるのである〔言うまでもなく、〔篩い落としという〕そのうちに、抽象的な道徳的一般化の極端な事例を見いだすこともできる。この一般化から奴隷制まではあと一歩である〕。別の解決策が、二者関係の中で特異な尊敬関心を育むのを解禁することによって与えられる。アルカイックな全体社会では、それは多かれ少なかれ忌避されてきたのである。[*151] 真剣に受け取られるべき全体社会の〔生活領域の〕外側での、道徳的には不毛な対の狂気（folie a deux）への許可状〔がそこにおいて与えられる〕、というわけだ。また、特定の地位および職業集団が、その特殊な技能に関して一般的な承認を得ている場合にも、そのための特別な道徳が分出してくる。それが道徳の複雑性を増大させるのに貢献するのである。一般化された予期を再特化する装置——この機能ははるか後になって初めて、どのために独自に作り出された、良心決定のカズイスティクに委ねられることになる——がそれに加わってくる。テクスト解釈学派、司法権（Gerichtsbarkeit）、宗教的なカルトと助言の制度、ギルドが、である。しかし効果がもっとも広範に及び持続的だったのは、道徳と宗教との新種の綜合だった。すなわち宗教そのものが、道徳化されるのである。生じてきたのは——多くの場合、明確に把握されうる政治的根拠から——宗教的な観念世界を、至上神の形姿に拘束することだった。この神自身が善であり、尊敬されようと望んでおり、道徳の問いに積極的に関心を抱いているのだ、と。[*152]

しかし以上の注記によってはまだ、高度に文明化された全体社会の形式類型への移行を通して引き起こされた道徳の変貌が、きわめて表面的に示されているにすぎない。道徳の社会学理論が達成する、より大きな焦点深度を入手するためには、道徳そのものがいかに変化していくのかと問わねばならない。そのためには一般化の概念に代わって、関係づけの概念を用いる必要がある。

3　道徳は、その機能領域の複雑性が増大していくのに対して、自分自身のうちに関係づけの可能性を作り出すことを通して、反応する。そのための手がかりを与えてくれるのは、道徳的な出来事に関与する者が自己言及的な単位としてテーマ化されるという事態である。

もちろん自己言及ないし反省というこの概念が、そのままで使用可能だというわけではない（基底的自己言及の機能様式をシステム理論的に分析する場合は、話は別だが）[*153]。しかし道徳として働くゼマンティクの領域においては、それに対する等価物が存在している。意図に関する観念、および公人がその行動に対して持つ独自の責任に関する観念が、それである。この二つの観念は、当初は判断の対象となっていた行動と効果との単純な関係を、あらかじめスイッチを切り替えるかたちで自己に関係づけることで、修正するのである。行動は言わば、その効果に関係する前に、まずもって自分自身に向かって行動する。この自己関係づけは、効果を増幅するメカニズムなのではない。投石器〔の把手〕がまずもって回されて引き絞られ、より遠くへと投石できるようになる、というように働くわけではない。自己関係づけはむしろ、さらなる諸関係づけを束ねるものなのである。

意図、故意、良心、自己責任などの観念が抽象的に表現される場合、その時々で問題となっているのは、自分自身への関係を確立することである。行為の担い手（行為は言わば、この担い手において現れてくる、というわけだ）は二重化され、自分自身へと関係づけられる。そこでは担い手は道徳的有意性というスクリーンの上で二重化され、自分自身へのこの関係の中で、判断されうるものとなる。この二重化の帰結として、人格と行為とは、メルクマールの帰属と評定のための、相異なる帰属点となりうるのである。*[154] そうなれば道徳的条件づけが関わるのは、両者の間の関係の確立にのみであり、それゆえに一つの規則という形式を引き受けることになるのである。

この自己言及的な内的関係づけは、偶発性処理の形式である――それゆえに、道徳の機能を引き受けるのに適してもいるのである。他者が特定の仕方で行為しているが、別様に行為しえたかもしれないという点が、知覚されるだけではない。むしろ、意志も行動も偶発的に設定されるが、非恣意性は意志と行動の関係へと移っていくのである。別様に欲することもできるし、別様に行為もできる。しかし意志と行動との任意の組み合わせなど、可能ではない。何かを意志するなら、それによって、行為可能性の遊域が画定される。行為を済ませているのであれば、意志しなかったという可能性は限られてしまう。他ならぬ偶発性のこの二重化によって、そのつど他者ないし自我において、新たなタイプの組み合わせ制限を導入することが可能になる。この組み合わせタイプが今度は、道徳的条件づけに服することになるのである。

われわれは、《**2**》節で論じておいた理由から、高文化の道徳のこの接続前提を描出するに当たって、非 - 人間学的な言葉を意識的に選んできた（したがって、われわれの伝統において道徳そのものが分節化されてきた言葉は、選ばなかったわけだ）。それゆえにわれわれは、意志や、良心や、意図ないし志向性を形成する能力などの概念が、人間の独自性を指し示しているということから出発するわけではない。*[155] むしろこれらの概念の相関物として想定されたものがそもそも生じてくるのは、一つの関係づけ関心によってのみなのである。それら相関物はゼマンティクの産物であり、尊敬に定位したコミュニケーションにおいて、より高度の分解と再結合への関心が働く場合に成立する。一方で意図、他方で行動。この差異が構成されるのは、帰属問題が登場してきて、解決が求められる場合のことである。[*156] しかしそうなるのは、〔行動ないし意図の〕諸帰結がその解決に依存する場合であるし、それは道徳によって舵取りされうるのである。

この意味で道徳は自分自身で、自身の前提を作り出す。帰属、評価、尊敬、軽蔑、自己尊敬の関心はその対象領域を、対象領域のうちに十分な変種があらかじめ存しているように定式化する。言うまでもなくこの戦略の基礎は次の点にある。人格システムは常に既に自己言及的システムであること。その集権的に操舵される神経システムは、自己関係的に閉じられており、そのつど自分自身の状態に反応する。環境に対してはそれを通してだけ、特殊なかたちで選択的に反応するのである。[*157] したがって自己言及の仮定は、決して非現実的なものではない。しかしにもかかわらずそれは帰属過程の中で、「意志が行為を用いる」という形式で構成され、コミュニケート可能にされるのである。またそこに、先に（《3》-6）スケッチしておいた、自由の理論が挿入されもする。自由が構成されうるのは、他者規定のコミュニケーションを通してのみなのである。

以上の考察はどちらかというと概念的なものであり、歴史と経験からはまだほど遠い。とはいえそれを踏まえるならば、道徳の歴史的発展を、具体的な形式から抽象的な形式へと向かう過程として性格づけるだけでは（それもまた当たっていようが）、もはや十分ではなくなる。決定的な経緯はむしろ、出来事に関係づけられた思考から、単純な諸関係から、多段階的な関係づけの構想への転換のうちにあると見なされねばならない。そしてさらにこの多段階的な関係づけは、コミュニケーション可能性を維持するために、より抽象的な諸形式から成る定型表現を作り出していくのである。[★16]

尊敬諸条件はテーマとなりえ、コミュニケート可能であり続けねばならないのである。それらは規範、価値理念、原型、寓話、事例の形姿で、真剣なコミュニケーションのために保存される。しかしそれらが形成するのは、関係の継続的な関係づけというはるかに複雑な出来事の、可視的な表面にすぎない。これはまた、次の事柄の理由でもある。道徳というものを、それ自身の定式化を踏まえて把握することができないのはなぜなのか。単純に解釈学的に把握し、道徳としての価値がある認識として呈示できないのはどうしてなのか。道徳は構造の上で、道徳的コミュニケーションの中でテーマ化されうるよりもはるかに多くの、複雑性を備えている。複雑なシステム一般において典型的に見られるように、構造上の複雑性は、その構造によって整序される過程の中では十分には統制されえない。そうするには情報処理能力が十分ではないからである。複雑性の反省は、他の場合と同様にここにおいても、縮減的な象徴法（Symbolik）に依っている。この象徴法が、善意（αγαθός）、神ノ似姿（divina similitudo）、自由などの統一的表現へと理論的に集約されて、道徳的コミュニケーションのために用意されることもあれば、そうでない場合もある。いずれの場合でもこの象徴法は、道徳の複雑性問題を再構成してくれるわけではない。それをなしうるのは、そもそもなしうるとしての話だが、道徳的コミュニケーションの特別な前提から解き放たれている理論、それゆえにその前提に関して成り立っている縮減を（縮減一般を、というわけではないが）放棄することもできる理論だけなのである。

4　自己言及をこのように関係づけることによって到達可能となり、道徳のテーマを抽象へと押しやることになる、おそらくは最も重要な達成物としては、先に描き出しておいた（《3》-5）道徳の二価性（Bivalenz）が挙げられる。行動のみならず、道徳的判断までもが自己言及的な構造を帯びるにつれて、この達成物は再帰的に投入可能となり、その結果きわめて複雑な構造が生じうるに至る。われわれのテーゼはこうである。道徳は二価的オプションというこ

判断の内容

		+	−
行動の道徳性	+	1	3
	−	2	4

表1

の道筋を通して抽象圧力のもとに置かれる。われわれはこれを、いくらかペダンティックなやり方で、布置描写を用いて示すことにしよう。

出発点となるのは比較的単純な全体社会秩序であり、そこでは良い行動と劣った行動が知られており、「良い」ないし「劣る」として判断されうる。このような状態を図式的に模写するためには、四つの類型をもつ単純なクロス表化で十分である。

この種の道徳は、真理の観点のもとでの判断を取り扱うことができる。良い行動に対しては肯定的判断が下され、また劣った行動には否定的判断が下される。事例類型1と4は適切な判断であり、2と3は不適切な判断なのである。行動の基準と判断のそれとは同一であるということ、両者に関して存在しうるのは錯誤のみであって、差異ではないということ――以上の点が前提となるのである。この前提のもとでは他者を判断する自我は、自身の判断行動と〔その判断を表明する〕コミュニケーション行動に道徳的に責任を負うべき者として考えられる必要がない。この自我には、自己言及的構造、内的偶発性、《主体性》など認められはしないのである。

しかしながら、いかなる歴史的な理由からであれ、判断に特有の偶発性が組み込まれるに至るや否や、布置の遊域は著しく拡張されて、われわれの推測するところでは、もはや押し留めようのない展開が引き起こされるのである。そうなれば道徳的判断そのものが、道徳的に判断されうることになる。判断という活動自体が、道徳的な出来事の内部に位置することになるのである。それゆえに布置類型を模写するには、三次元の表が必要になる。

今や、こうして可能となる事例類型のどれも、〔実際に生じている良い／劣る行動という〕

		道徳的判断の道徳性			
		+		−	
		判断の内容		判断の内容	
		+	−	+	−
行動の道徳性	+	①	③	⑤	⑦
	−	②	④	⑥	⑧

表2

一つの単純な秩序と同一視されえない。それらは、判断そのものの上位を占める道徳化（表2の「道徳的判断の道徳性」）を通して、別の偶発空間へと移されるからである。同時に、道徳化することの道徳化という、上位を占めるこのギアチェンジによって、特殊道徳的な有意性が、真理と法の有意性に対して、そしてついには（ほぼ一七世紀の後半以降）宗教の有意性に対して、分出していく道筋が開かれもしたのである。

良い行動は賞賛され、劣った行動は罰せられる。それ以外の判断は錯誤である――この意味での道徳的同調は、もはやただちに前提とされるわけにはいかなくなる。むしろ、行動の道徳的特質と、行動に関する判断の道徳的特質とをそれぞれ考えて、両者を相互に関係づけることができるのである。しかしより詳細に見るならば、二つの異なる状況が区別されねばならない。判断することの道徳性が肯定的にのみ価値づけられるか（①・②・③・④）、あるいは否定的にも価値づけられるか（⑤・⑥・⑦・⑧）に応じて、である。[*158]

歴史的にはおそらく、次のように述べるのが正しいだろう。古代の高分化においてすでに、道徳的判断に関する道徳的関心が、分出しえていた。宗教に、教育に、また政治的修辞学に依存しつつ、である。こうして、行動を評価すること自体が尊敬を、場合によっては軽蔑を引き起こす、道徳的な仕事（Leistung）となる。予言者、著述家、扇動家その他の道徳起業家が登場してきて、道徳的な窮状を告発することで、[*159] あるいはまだ知られていない道徳的功績を示唆することで、尊敬を勝ち得るのである。そうなると、良い行動を良いものとして、そしてとりわけ劣ったものを劣ったものとして指し示すことも、特別な功績となりうる。良い行動も劣った行動も、あまり適切ではないと思われる種々の随伴事情を伴うからである。だからこそ、〔確かにあの人の行動は災厄を引き起こしたが、あくまで善意で為されたのだからそれは良いものであった、というように〕道徳的動機の純粋性が強調されるわけである。道徳起業家が①と④の事例類型を強調する場合、保守的に動いていることになる。道徳起業家が、劣った行動を良いものとして（＝②）、あるいは良い行動を劣ったものとして（＝③）価値づけ、そうすることに対して尊敬を要求する場合には、革新的に動いているのである。

これらの事例類型のそれぞれについて歴史的な例を挙げるのは、困難なことではないだろう。その点に関して道徳の発展は、1・2・3・4から①・②・③・④へという道を辿っていく。道徳化することの道徳化というメタ水準は、肯定的な形式においてのみ、言わば道徳の強化のためにのみ、用いられていた。だからこそ、道徳的諸原理を一般化を伴いつつ高く価値づけることと折り合っていけたのである。今やそれら原理の普遍性は、行動の道徳性と判断の道徳性を包括するものとされる——両者はそれぞれ、自己言及的な意思形成を、相異なるかたちで投入するよう要求するにもかかわらず、である。そこから生じる問題状況の特徴を示す刻印を、事例の原理に対する関係を問題として取り上げるような道徳のうちに、見て取ることができる。[*160]

複雑な、再帰的に操舵される道徳の形成は、この道筋を辿らねばならなかった。まず最初に道徳化することを否定的にのみ道徳化する（事例グループ⑤・⑥・⑦・⑧）という逆の道筋を辿ることは、できなかったのである。そのように設定された道徳は、絶えず自分自身を否定することになるだろう。しかも全体的に否定するのである。というのはその道徳は、自身のうちで可能な道徳的判断のすべてを道徳的に断罪するからである。良い、あるいは劣った行動が良いと、あるいは劣ると判断されるか否かとは独立に、そうするのである。きわめて高度の抽象水準において否定性を制度化するためには、非常に多くの前提が必要となるのがわかるだろう。にもかかわらず、道徳的に判断することの道徳性を一価的に〔すなわち、常に「良い」ものとして〕のみ分出させることは、つまり道徳を事例グループ①・②・

③・④に制限することは、問題含みであり続ける。それが維持されるのは、肯定的に価値づけられた世界のうちで生きたいという欲求（これはおそらく心理学的にはそれなりの理由を持つのだろうが）によってなのである。[*161] しかし道徳が一度精錬されてテクスト化され、それを支持する人に尊敬の念を呼び起こすようになると、まさにその分だけ疑念と否定とに結びつく可能性も生じてくる。再帰的価値づけの水準がひとまずは肯定的なもののうちで確立されたとしても、この水準で否定もまた主張されるようになるのは時間の問題である。そうなりさえすれば、再帰的に道徳化するという水準においても、道徳を偶発的な決定過程へと変換せしめたあの「良いと劣る」の二価性が見いだされることになる。そうなって初めて、他者について道徳的に判断する、あるいはそうするのを放棄するその様式によっても、尊敬ないし軽蔑を獲得できるようになるのである。

しかし事例類型①から⑧までを包括する道徳は、どんな相貌を見せてくれるのだろうか。それはすなわち道徳が、道徳的に判断することそのものを否定するのを許容する、それも論理的に、ないしは正しいか誤りかに関してのみならず、道徳的に否定するのを許容するということである。さらに、かくも複雑な道徳が成立するのは、どんな全体社会的枠条件下でのことなのだろうか。

この種の道徳をめぐる試みの端緒を、一七世紀において観察できる。社会学的にはそこに、全体社会システムの機能分化が進展していくことへの反応が存していると推定しうるだろう。同時代人たちの意識にとっては、そこで前面に出てきていたのは、宗教システムの奇矯さに対する、宗派をめぐる内戦に対する、教会による科学の発展への干渉に対する、免疫〔的拒絶〕反応であった。いずれにせよ道徳は外化されると同時に、内化されもした。一方では、駆け引きないし調子合わせの類のコミュニカティブな顧慮に服することになり、その上で再び道徳的に特質づけられえたのである。[★17] 他方で道徳は、静寂主義的-敬虔主義的な内面性の自由領域を際立たせもする。人はそこにおいて神と世界とに向き合い、道徳の問いにおいても、慎重で寛容を湛えた働きをしなければ〔すなわち、他人の行動を性急に「良い／劣った」で断罪してしまわないようしなければ〕ならないということを介して、自分自身に関する真実を語ることもできるのである。

以上の分割の経過が、自ら道徳化を行い、またそのための統一的表現を求めるような道徳の理論を、満足させないのは、理解できるだろう。それゆえにこの水準においては、反対への動きが生じてくることになった。それに範例的な表現を与えたのは、カントだった。しかしこの理論は再帰性の問題を、反省の問題として設定するだけで、構造的複雑性の問題としては立てなかった。システム理論的に定式化された問題意識への移行によって初めて、道徳を再帰水準において二分的に構造化することの困難が、開示されるのである。それによって、〔グラシアン流に〕コミュニケーションの上での配慮をメタ道徳化することを通して、道徳の新たな秩序づけへ向かう、最初の契機を正当に評価することが可能になる。この問題解決は、あらゆる再帰‐関係――研究に関する研究、信用の財政化、教育者の教育など――に関して成り立つ洞察のうちに、追加的な支えを見いだすことになる。〔それらの洞察いわく、〕再帰的操舵の水準においては、めざされた（gezielt＝人工的に導入された）縮減が用いられねばならない。このような構造を分出させるシステムは、どの〔機能領域の〕場合にせよ、一点からの総体支配のためには、あまりにも複雑すぎるからである云々。この事態のゆえに、単なるコミュニケーションによる規制が言わば《外面性》を帯びることについて〔、したがって、それら規制が形式的・無内容で表面的であるとの非難に対して〕、弁明しなければならなくなるかもしれない。しかしだからといって、本来の道徳の《内面性》という対抗原理によってバランスを取らねばならない、という話にはならないのである。

今素描してきた道徳の構造的複雑性の諸問題を分析し、それら問題にとって可能な配置を把握しようと試みること。そうする社会学理論だけが、〔分析対象である道徳に、代替選択肢として〕対応する道徳でもあろうとしたり、メタ道徳として道徳を提示したりという状態に陥らずに済むのである。もちろん例えば、配慮による問題解決がもたらされるための全体社会構造上の枠条件も存在するし、そのような条件は、等価な機能値を伴う十分な後継装置を発達させないままに、消え去ってしまうこともあろう。だからといって道徳の終焉が到来するわけではない。あらゆる全体社会状況において、道徳の再発生能力を想定しうるからである。したがって道徳の領域でも、他の所でと同様に、二次的素朴さの新種の形式が生じてくるかもしれない。例えば現実から乖離した集団道徳とか、行動〔せよと〕のカルト〔あるいはむしろ、《実践》だろうか〕、徳も配慮もなしに要求を申し立てる道徳を考えてみればよい。そうなれば、道徳の外的関連と内的関連の旧来のバランス取りを、抽象と〔以前の、具体的内容を伴う道徳的要求への〕後退のバランス取りによって置き換えることが自然になる。それによって少なくとも、抽象と後退が相互に、〔一方への〕過度に引きつけられるという事態を妨げるだろうと考える可能性は、与えられるかもしれない。しかしこの構想のほうから、再帰的に道徳化するという水準での二価性を取り扱うための規則を、いかにして見いだしうるのか。この点は、さしあたり見て取れはしないのである。

5　全体社会的な機能が要求される典型的な形式は、分出という概念の下で取りまとめられうる。この概念の範囲は、システム概念よりもさらに広範である。こちらは状況にも、また個々の役割類型にも関係づけられうるからだ。機能に特化した役割が存在しうる前にまずもって、問題に特化した相互行為への契機がくり返し現れてくるという意味での、機能に特化した状況が存在しなければならない。次に来る段階が、特殊な機能のための役割が分出することなのである。その段階によって、特定の作用のための、訓練を積んだ正統なキャパシティを用意しておくことが可能になる。それが、きわめて多種多様な相互行為システムに影響を及ぼしうる――宗教的諸力と関わるための、コンフリクト規制のための、公益のためのスペシャリストを考えてみればよい。それに対して全体社会システムの中で機能特殊的なサブシステムが成立するのは、受容役割あるいはクライエント役割もが追加的に分出することによってのみなのである。そのようにして機能という準拠問題が、相補的な、しかし相異なる役割を相互に結びつけるための、そして特別な関係を伴いつつシステムを形成するこの関係を他の関係から区別するための、契機となることによってのみである、と言ってもよい。例えば政治の分出は、公衆のための諸役割を前提とする。医療システムの分出は、患者のための諸役割を、宗教システムの分出は信徒のための諸役割を、経済システムの分出は消費者のための諸役割を、前提とするのである。全体社会の分化の形態類型としての機能分化が貫徹されるのは、これら補役割までもが、相互に対して分化する程度に応じてのことである。特定の信仰を持つ信徒〔だけ〕が政治的有権者でもあるということはない、政治的有権者として消費者でもあるわけではない、というようにである。そうして初めて、機能特殊的な抽象が、全体社会におけるダイナミズムを保持できるようになる。それによって、達成されたもの〔＝特定の機能への特化〕が他の可能性〔＝他の機能の度外視〕をコストとしつつ、貫徹されるのである。

社会進化の進展の中で機能特殊的な達成物を安定化し、さらに推し進めていくこと。この支配的原理に対して、道徳は奇妙な仕方で対照をなす。道徳もまた、これまで詳細に論じてきたように、全体社会という社会システムの中で一つの特殊な機能を有している。にもかかわらず道徳は、全体社会の部分システムとしては分出しえないのである。道徳の機能はそうなるには深く入り込みすぎている。一つの社会システムにとって特別な保護育成を受けえないほど、社会システムの形成の過程と濃密に混ざり合ってしまっているのである。〔道徳の〕達人役割、道徳起業家は存在する。〔道徳的な営みへと〕前者は自身を、後者は他者を、駆り立てるのである。しかしスポーツの場合のように、特殊な関心を持つ公衆を伴う、高成績ゲットー（Hochleistungs-Ghetto）が生じてくるわけではない。たとえ美徳の〔濃密な育成に特化した〕温室を備え付けることができたとしても、全体社会の道徳をそこに集中するわけにはいかないだろう。せいぜいのところ、集団特殊的な道徳、例えば修道院道徳が、他の道徳と並んで成立するだけであろう。言い換えるならば、道徳を社会から抜き出すわけにはいかないのである。国家や教会や生産企業を範型とする、重点組織という形式においても、やはり無理である。道徳的コミュニケーションの需要が生じた場合には、全体社会総体が直接的ないし間接的にその組織に関係すればよい、というわけにはいかないのである。

以上の分析からはかくして、理論的に見て多くの点で興味深い事例が導かれてくる。それらが示しているのは第一に、全体社会の機能システムのどれもが、機能特殊的なサブシステム形成という文脈において、独自の社会システムを触発する同等のチャンスを持つわけではないということである。むしろ機能的分化という形態原理は、機能に関しても選択的に働くのである。この原理は、他ならぬ機能特殊的なシステム形成の可能性に従って、あるシステムには有利に働く。あるシステムを促進し、別のシステムを遅滞させるのである。第二にこの構想は、道徳が全体社会の進化の経緯の中で、全体社会システムに拘束され続けており、このシステムとともに拡張されていくという事態を説明してくれる。したがって、全体社会の進化が展開していく際に残された道筋は、道徳的諸観念を相応するかたちで一般化していくことだけなのである。この一般化は、全体社会そのものが階層の上で、そして／または都市と地方の上で秩序づけられている限り、説得力を持って提唱されうるものだった。[*162] 高道徳と民衆道徳《大乗 great rradition》と《小乗 little rradition》は確かに分岐してはいたが、それでもまだ相互に関係づけられえたのである。[*163] 中心と周辺からなるこの秩序こそが、近代の、機能特殊的に分化した全体社会への移行の中で、破砕されてしまったのである。しかもそれは、機能分化が補役割にまでも拡張することによってだった。[*164] そして第三に、そのように把握されるべきなのは、機能分化の支配が全体社会の形態原理として貫徹される場合には、またその限りにおいて、道徳が進化的に切り離され、イデオロギー的にも動機づけの点でも非特権化されるからである。予期と業績を増幅していくという優先される道筋は、また近代の全体社会の規範的装置の大部分は、成功した自我／他者-綜合を称揚することにとっては、したがって尊敬のコミュニケーションにとっては、無関係なものとなってしまった。なるほどまだこの道筋は、《価値》として道徳化されはする。だがそれは、公的なコミュニケーションの中では民主制、教育、福祉、健康への配慮に関する《もっと》の要求に抗うなら、立派に振る舞えはしない〔、したがって、尊敬されえない〕という意味でしかないのである。この事態の特に顕著な事例は、平等の市民的道徳化である。より多くの平等のために、不平等に抗して振る舞うことが期待される。しかし同時に構造的諸条件によって、この方向への《進歩》など存在しえないということが明らかになりもする。問題を道徳的にアンガージュしつつ定式化することと、問題をその解決可能性の条件という観点のもとで定式化することの間の距離は、大きくなってしまっているのである。

6　全体社会システムの複雑性の増大は、道徳の複雑性の増大と相関することになる——これがわれわれの出発点となる仮説だった。なるほど、より複雑な全体社会においては、愛や接続合理性といった機能的等価物が加わってはくる。しかしそれらが道徳に取って替わることはできない。できるのは道徳の負担を軽減し、われわれがパーソンズから借用した概念によって「一般化と再特化」として指し示してきた発展の道筋において、側面から支えることだけである。一般化と再特化が同時に予期されうるのは、比較的高度な複雑性という条件の下でのみのことである。複雑なシステムに関して通常の場合には例外なしに成り立つことだが、システムは、自身のシステム複雑性を使い尽くすような過程を活性化することなどできない。だからこそ道徳の非道徳的理論が必要とされるし、またこう問われることになる。どのような概念装置によって、道徳を、道徳的に提唱はしないにしても、それでもなお分析できるのだろうか、と。

それに続く次の段階においてわれわれは、より複雑になった道徳の形成問題を、二つの異なる相の下で分析しようと試みてきた。まず問題としたのは、道徳コミュニケーションに関与する者が★18自己言及的な諸関係として〔すなわち、外的に規定されているのではなく自身の行動を自ら決定しうる者として〕、尊敬される、ないしは軽蔑される場合に、可能とされ発展させられねばならないような関係づけ技法だった。第二の考察は、尊敬ないし軽蔑を表現するコミュニケーション過程そのものに関わるものだった。そこで問われたのは、このコミュニケーションが再帰的になり、自分自身への適用という前位相においても〔、つまりある行動が良い／劣ると判断する前に、そのように判断しようとすること自体が良い／劣ると判断される局面に関しても〕二価的に構造化されうるようになる場合に、何が生じるのかという点だった。関係づけと再帰化は、複雑性を形成する道徳内在的な（しかし他でも用いられる）形式である。それゆえにわれわれはこう推測する。これら形式の選択は、進化過程の中で偶然的に生じるのではなく、道徳が複雑性圧力のもとに置かれる場合に、そしてその限りでのみ、与えられるのだ、と。それはすなわち、より高度な複雑性が全体社会において有意性を持ち続けうる限りでのみ、またその機能という文脈で、機能的に等価な代替物が発展しえない場合に、ということである。

道徳にとって、今日において典型的な脱出策が、すなわち全体社会システム総体の部分システムという形式であれ、組織を通してであれ、特別なシステム形成が、失敗している以上、道徳に残されているのは、そのテーマの水準で進化的構造変動に反応することだけである。それゆえに道徳そのものの発展は、テクスト化された、文献として伝承可能な、多くの全体社会においては宗教的に教義化された高度道徳の方向へと動いていった。ここで歴史的にこれまで見いだされうる諸道徳の内容に、概観のかたちにおいてであれ立ち入ることは不可能である。われわれにできるのは、テーマ形成による反応がいかにして購われうるかを、いくつかの例に則して示すよう試みることだけである。全体社会システムの複雑性が増大するれば、複雑性によって、〔道徳が〕恣意的なものに思われ、他の諸可能性との比較に晒されるという危険が迫ってくる。テーマ形成は、その複雑性を縮減する形式の一つなのである。*165 この危険には、特殊な仕方でのみ対処可能である――そしてその対処法自体が、全体社会適合的な道徳としてどんな可能性が残されるのかに、選択的に作用を及ぼす要因となるのである。

そこに加わってくる周辺条件は、次のように集約して指し示し可能である。極端なものを、あるいは道徳のテーマ・

レパートリーの総体を一面的に極大化するのを、回避すること。[*166] もちろん個々のテーマは極端な予期として定式化されうる。しかし全体としては道徳は、自己利害の上でのみ、あるいは他者利害の上でのみ、形成されるわけにはいかないのである。ただ内的にだけ、ただ外的にだけ、帰属されるわけにもいかない。[*167] さらにただ規範的な、抗事実的な予期を貫徹しうるテーマのみを用いるとか、尊敬獲得の超過要求的な可能性だけを貫徹するテーマのみを用いるというわけには、いかないのである。[*168] したがって、個々のテーマからではないにしても、道徳的観点のレパートリー総体から読み取られうる、バランス取りの必要性というものが存していることになる。なお、これが、自由という偶発性定式がパラドキシカルにも、自己制限の理念としてしか提唱されえない理由でもある。

これらの枠条件が道徳を決定するわけではない。それらは、適切な複雑性の条件にすぎないのである。あらゆる道徳化がそれに従わねばならない、というわけではない。特定のグループ、相互行為類型、サブカルチャーのための、価値の低いものとして再発生させられていく道徳性というものも、常に存在する。認知的複雑性という形式について知られていることが、道徳的複雑性の形式に関しても成り立つ。その形式はどんな機会にも用いられるわけではなく、[*169] 当該システムの中で使用可能でありさえすればよいのである。言い換えるならば、複雑になった全体社会においては尊敬条件を、社会的諸関係の高度な複雑性と両立可能なよう定式化することもできねばならない、との要求が課されるのである。広く受け入れられている、しかし理論的にはまれにしか定式化されることのない見解に従えばこれらの、複雑性の上に築かれた象徴的形式および全体社会の制度的諸装置こそが、(1)優先して伝承される力を持ち、(2)全体社会の動態の発動因ともなるのである。

7　道徳という多くを要求するテーマは、関係の形式を引き受けねばならない。それによってこのテーマは、安定性を変異と結びつける、したがって抽象可能性に適う、形式を獲得する。それを通して自我と他者の関係の道徳的基礎は、具体的な行いの構図から抽象され、単純な条件および反応の連関から、変異の連関へと移される。この事態によって増大するのは、流布している観念に抗して強調しておかねばならないが、道徳的定位における感情的要求よりもむしろ、合理性要求のほうなのである。[*170] もはや単純に物や出来事が問題とされ、それらが生じるあるいは生じない場合に評価される、というわけにはいかない。この点を三つの顕著な事例によって示すことにしたいが、四つ目の、ますます重要になりつつある事例も添付しておこう。ここで扱われるのは、互酬性の道徳化、個人の道徳化、事例に関する規則〔道徳決疑論〕、そして最後に帰結との関連における行為の道徳化である。このリストは演繹的にではなく、ただ進化的にのみ《根拠づけられる》。おそらく補完も可能だろう。しかしいずれにせよ、取り上げるに価する道徳のテーマはほんのわずかしかない。〔関係の形式を引き受けるべしとの〕かの要求により、あらゆる具体的なものはふるい落とされてしまう。道徳から具体的なものが排除されるわけではないが、体系化の試みにとっては無関係だとされてしまうのである。

なるほど、社会的関係そのもののテーマ化としては互酬性は、普遍的に見いだされる理念などではないが、[*171] 比較的単純な全体社会にまで遡及できる場合もある。その際、こう前提してよいだろう。互酬性が規則としてではなく、個々の事例における義務内容として定式化されることもありうる、と。双務性（Synallagma）の理念は、当の事例にあてはまらない諸事例が統制されねばならない場合に、初めて必要とされる。そうなればこの原理が定式化されざるをえず、それが通用する諸条件が備えられねばならなくなるのである。

より複雑になった全体社会において、人格に道徳的有意性を割り当てようとするのであれば、人格もまた関係づけされる。しかもそれ自身の中において関係づけされるのである。この事態が生じるのは、人格が自分自身を、自身の行為にいかにして関係づけるが（行為を意図する、欲する）という、その流儀に関連してのことである。意図と、行動という出来事とは、偶発的である見なされる。つまり、相互に独立して変異可能である、と。考慮されるのは、一致の事例、すなわち志向的行為のみなのである。意図ないし行動という出来事の発現類型は、この関係づけによって選択的に取り扱われる。道徳的判断がこのような自己言及的関係づけという根本的事態に関係づけられるや否や、道徳的コードそのものが抽象化されざるをえなくなる。そうなればコードは、倫理の古典的教養が教えているように、自由に選択されて志向的に行為することにしか関係しない、ということになる。そのように行為することだけが、人格に尊敬ないし軽蔑を書き入れるのである。蛇足ながら西洋の伝統では自己言及は人格の属性として、また人格のうちにのみ見いだされうるものとしてすら、通用していた〔後者は誤りである〕。自己言及は、存在論的に取り出して保護されるのであり、かくして道徳は自然的道徳として現れてくることができたのである。

また別の、むしろ専門職の実践を通して条件づけられた道筋において、法実務の中で、教説とテクストの解釈の中で、あるいは報告実務の中で、原理と事例の差異の意識が成立してくる。専門職の仕事は、諸事例を原理へと関係づけ、そうすることで決定を下すことのうちにある。しかしまた逆に、事例の変異を考え抜くことによって諸原理を詳細化することにもある。[172]《決疑論》が初めて完成を迎えるのは、この両面的変異性においてのことであり、その変異性は関係づけの必然性によってのみ拘束されるのである。その際、道徳決疑論は中世以来、人格の自己言及性に立ち帰ることを通して特化されてきた。それが扱ってきたのは意識の、内ナル良心（conscientia）の、諸事例だった。原理を引きつつ持ち出される諸事例を個別化するのは論争ではなく、意識だったのである。

これまで挙げてきた関係づけのもとでは、すでに示唆しておいたように、〔異なる水準を関係づける〕斜交的結合が、それとともに体系化可能性が、際立ってくる。互酬性は原理として定式化されうるし、事例と原理の差異は自己言及的な意識の事柄であると考えられ、扱われうるのである。しかし四番目の関係づけは、この連関を破砕してしまう。それはすなわち、帰結の顧慮である。

多くの日常生活上の経験が、また言うまでもなく経験的研究の結果が、[173]次の点を示している。事実として生じてくる、あるいは予期される帰結が今日では、道徳的判断にとって決定的なとまでは言わないにしても、顕著な意義を有しているのである。未来を巻き込むこの関係づけは、これまで挙げてきた文脈の中では体系化されえないようである。それはむしろ当の連関を解体し、その有意性を切断してしまう。かくして道徳の義務内容は、帰結のコントロールを伴う領域と事例に制限される。それ以外の条件づけは、法および接続合理的な行動のためのその他の諸前提に、委ねられるのである。[*174] だとすれば道徳の秩序領域は、可能な（そして推測されうる！）帰結支配の及ぶ領域に制限されることになる。道徳は副次的帰結を取り込むことによって拡大するが、[*175] 推測可能性を顧慮することを通して限定されるのである。

以上の考察がより詳細な検証に絶えうるとすれば、次の点を示せるだろう。道徳のテーマ史もやはり、文献上、また様式上 - ゼマンティク上、どんな独自性をもつにしても、枠条件を通して、そして合理性要求を通して、操舵されている。そしてそれらが今度は、全体社会システムの構造的進化と相関しているのである。同時にわれわれはそこから、こう推測する。道徳は、帰結-問題によって負荷を与えられる場合には、理論的には困難に陥ることにもなる、と。すなわちそうなれば道徳理論の道徳性は、道徳において帰結に焦点を当てる場合にはどんな帰結が生じてくるのかに、焦点を当てねばならなくなるはずである。そんなことはほとんど知りようがない。帰結に焦点を当てなければどのみちより悪い結果になると、論じることはできる。しかしこの議論は、根拠づけ不可能性の反映でしかない。否定を単に否定してみても、道徳を形成するための手がかりなど得られないのである。その分だけ、道徳のこのような状態に直面して、道徳理論の道徳化を放棄することのほうが有力に思われるのである。

第四章　政治家の誠実さと[★1]、政治の高度な非道徳性

この論考での主要な設問には、考察の最初の一歩において容易に解答可能である。「政治家は誠実（ehrlich）でなければならないか」との問いへの答は、「原則的にそうである」となるだろう。だが設問をさらに精確に整えていくと、事態はより困難になる。かの設問が本当に述べているのは、「政治家は誠実でなければならない（müssen）か否か」ということではありえない。〔必然的で、他の可能性を許容しないという意味で〕「ねばならない」であらねばならない者など、誰もいない。政治家は誠実であるべき（sollen）か否かと、熟考してみることもできるかもしれない。その場合、問いがこう続くことになる。誰がそれを決めるのか。政治家が誠実でないということになったとしたら、何が起こるのか。さらに困難な一歩となる問いは、「政治家はそもそも誠実でありうる（können）のか」である。不可能なものを要求することなどできない。そしておそらくこの問いが含む道徳問題は、誠実さは不可能であると宣明することによって、すで片付けられてしまうのである。「ねばならぬ／べき／うる」というこの分岐によって、事柄自体として本当に想定されているのは何なのかを、より明確に述べざるをえなくなる。あらゆる政治家はどんな状況においても実際に考えていることを口にしなければならない……そう要求するところまで行くべきなのだろうか。そうなれば、日常生活においてすら、あらゆるコミュニケーションを停止させてしまうようなものを、要求することになるだろう。かつては政治家のための特別な道徳を考えることができた。中世における宮廷劇の意味での、道徳的模範を要求できたのである。しかしそうすれば政治そのものを停滞させ、自己解体に追い込んでしまうだろう――こう想定

する立派な根拠があるとすれば、誰がその種の道徳的厳格主義を主張するというのだろうか。〔主張するなら、〕その時われわれは、倫理的に高潔な政治家を持ちうるかもしれない――政治なしで、だが。

しかしそこに留まらずに厳格主義を緩和しようと試みるや否や、足がかりは失われてしまう。そうなればまだどこに手がかりがあるというのだろうか。不誠実さは回避できないとしても、許容される不誠実さと許容されないそれとを分割する規則があるのだろうか。衡量の規則が役に立ちうるとでもいうのだろうか。しかし職業柄、考えるよりも速く話すのが習いとなっている政治家にとって、何が助けになるというのだろうか。

われわれは、〔政治家の誠実さについて云々する時に〕何について語られているのかをより精確に規定しようとする場合に陥ることになるこの窮状に直面する――この窮状に直面して〔くり返し原文ママ〕、「まずもってすでに存在している事柄を探査せよ」というのは、よいアドバイスだろう。結局のところ、この問題は新しくなどない。〔歴史を振り返ってみれば〕依拠できる表現が存在しているかもしれないのである。この考察は、一六世紀および一七世紀にまで遡る。すなわち、近代初期の領域国家およびその《国家理性》の観察と記述が始まる時代にまで、である。私の印象では、当時においてだけ、誠実さの問題が本当に真剣に政治の中で引き受けられ、論じられたのである。そう論じられたのは、当時マキアベッリの名に結びつけられていた見解を背景としてのことだった。それゆえに当時において達成されていた議論状況を思い浮かべて、それと結びつけつつ次の点を熟考してみるのは、価値ある作業だろう。その内の何かが今日でもまだ有意なのか否か。否だとすれば、それはなぜなのか。われわれの時代にとって適切な政治的倫理を構想しようと試みうるのは、歴史との対峙の中でのみである。そしてそのためにはまずもって歴史的な差異意識が必要となる。

国家理性の道徳的問題に関するこの議論の結果は、少数の論点に集約できる。

1　人間の自然＝本性に結びつけられた道徳が出発点となる。政治における道徳的判断の意義については、原理的な疑念は何ら存在しない——マキアベッリは、その種の疑念を象徴する人物と見なされてはいたけれども。問題は道徳の内部において立てられていたのである。

2　堕罪の後で初めて、道徳に関わる問題が生じてくる。そしてそれは、道徳として提示される社会的問題なのである。問いはこうである。自分はいかにして揺るぎなく道徳に即していけるというのか——他者たちがそうしていないにもかかわらず。ストア派の助言に従って、単にそう試みる（自分の力が及ぶ限りは）ことならできる。しかしだとすれば、次のような話になるのだろうか。われわれは賢明かつ理性的に行為しはするけれども、それは実際の諸事情を考慮しつつの話である、この世での生活はそれら諸事情のもとで営まれるべきものなのだから云々。あるいは状況によっては、道徳を厳格に尊重することからある程度逸脱するよう要求されるということには、ならないのだろうか。

3　普遍的に通用する規則（例えば、「約束は守られるべきである」）が、すべての状況下で通用するわけではない。法と道徳の効力を失効させるような、より高い価値を伴なう利害関心が存在するかもしれない（公共の福祉、教会の維持、国家の維持）。政治的敵対者を殺害させることが、あるいは貴族の法違反を（今日ならば不法定住[★2]を、ということになろう）、償わせないで放置することが、どうしても必要であると判明するかもしれない。この問題は、規則／例外図式を介して解決される。そして道徳的熱狂は、例外の許容に関して厳格な要求を立てることに、はけ口と良心とを見いだすのである。諸侯は嘆きつつ法律違反を行えばよい、という話になる。

4　事が誠実さに関わる場合についても、いくらかの追加的規則を付加すれば、同じ範型が通用する。まずはこう忠告がなされる。誠実さのほうが不誠実さよりも扱いやすいし、長期的に見ればより報われるのだ、と。われわれならば、「情報負担がより少ない」とでも言いたくなるところだ。あるいは、「誠実さが最も長く持つ」とでも。しかしフランシス・ベーコンの有名なエッセイ《偽装と擬態について Of Simulation and Dissimulation》が示しているように日常生活においてすらこれは直ちには機能しないのである。他者が何に耐えられるか、どう反応するのかを考慮に入れねばならない。これが日常生活についてすでにあてはまるのであれば、国家業務という困難な条件下では、はるかに多くそう言えるはずである。

5　さらに、ある一つの区別を用いて、厳格なモラリストのうちに救いを見いだそうと試みられる。偽装（Simulation）と擬態（Dissimulation）の区別を用いて、である。偽装の場合、問題となるのは他者を能動的に欺くことである。他者を誤謬へと導き、嘘をつき、騙すわけである。擬態において肝心なのは、秘密を保持するために自身の考えを、あるいは情報状態をも、隠すことだけである。だから〔擬態する者への〕助言としてはこうなる。他者を欺いてはいけないが、蒙を啓いてやる必要もない。他者に嘘をついてはならないが、警告してやらねばならないわけでもない、と。そこに複雑な決疑論が結びつくと、この区別によって再び例外が作り出されることになる。誰かが死に到ろうとしているなら、わずかの帰結を伴う欺き〔によって危険を回避させること〕のほうが、警告しないよりもましではないか。私の知見の範囲では、この種の道徳決疑論についての考察は、萌芽的なものしか見当たらない。しかし告解と魂への配慮をめぐる忠告に関する文献をより詳細に眺めてみれば、おそらくさらに多くの事柄を発見できるはずである。

6　最後には一七世紀において、自身の誠実さあるいは正直さ（Aufrichtigkeit）（当時は sincerite と言われていた）をコミュニケートしえないということが、周知の事柄となる。「私は誠実である」と言おうとする者は、同時に、疑いがあるということをも伝達しているのである。その者は、その言葉を信じるかそれとも信じないかという可能性を状況の中に導き入れてしまうのだが、そこではかくも無様なコミュニケーションの試みがなされなければ、問題がそもそも生じなかったはずなのである。そしてここでもまた脱出口は、洗練のうちに求められる。自身の誠実さを、それとしてコミュニケートすることなしにコミュニケートするには、いかにすればよいか、と。ではそのこともまた見抜かれる場合には何が起こるのだろうか。そこにおいてまだ、上層でのみ可能な行動原理に、礼儀、気配り、無視する能力などに、頼ることができるのだろうか。

長期にわたる過去へのこの回顧を、次のような定式化へとまとめ上げることができる。すなわち、二つのパラドックスが発見されてきた――道徳コードのパラドックスと、コミュニケーションのパラドックスが、である。道徳コードのパラドックスにおいて問題となるのは、道徳は、自分自身を不可能にしたくないのであれば、時として非道徳的な行為を要求するという点である。それに対して、コミュニケーションのパラドックスにおいて問題となるのは、コミュニケート不可能なもののコミュニケーションである。この二つのパラドックスをめぐる労苦は無益ではあったが、そこから高度に人工的な構築物が導かれてもきた。それらは、このテーマに関して見いだされうる最上のものに属しているのである。そしてこの結果を社会学的に解釈すれば、次のような推測が生じてくる。すなわち問題となっているのは、(理解できない)移行状態を、ゼマンティクの上で解釈することなのである、と。この状況の中では、全体社会はまだ自然的に、人間の文明的な結びつきとして、また社会的行為はまだ道徳的に、良い／劣るの図式の中で、記述されていた。しかし諸現象はもはや、このゼマンティクの前提とは一致しなくなっていた――活版印刷術、貨幣経済、領域国家などの現象を考えてみればよい。

われわれは、近代初期におけるこの思考上の努力に対して、現在でも賛嘆の念を覚えるかもしれない。しかしもはや、それらを用いることはできないのである。それらを想起する時、もはや二度と達成されえないものという印象がかき立てられ、そしてこう問うことになるだろう。政治における道徳が問題となる時、その代わりにいかにして自身を方向づけたらよいのか、と。

出発点となりうるパラドックスは、残存し続けている。しかしその解決はもはや、賢明さの管轄事項として把握されはしない。旧来の賢慮の教えの文脈で説かれるものではないのである。パラドックスをパラドックスとして定式化すれば、その種の希望は打ち砕かれてしまう。表面的に考えるならば残るのは、別の様式の区別である――道徳との関わりにおける素朴さとシニシズムの区別。しかしそれはあまりにも安易である。どちらの側においても、大した知的努力なしでやっていけるからだ。

全体社会システムの構造的変動に着目するならば、何よりもまず顕著なのは、多数の機能システムが高度に分化していること、それぞれに固有の動態、相互の依存性である。政治システムと並んで、経済、科学、法、教育、医療、宗教、近代的な意味での家族を考えねばならない。この発展のゆえに、全体社会を今日においてもなお道徳を通して統合されているものとして記述するのは、困難になる。これらの機能システムそれぞれにおいて、一定の不道徳を伴う飛び地ないし例外状態〔の存在〕を見越しておくだけでは、十分ではない。例えば経済における利潤追求、政治における不誠実さ、科学における結果を顧慮せずに研究すること、子をもうけるために必要とされる以上の性的関心を伴侶に対して抱くことなどである。これらすべては中世後期および近代初期においてテーマとして配されてきたきたものだった。それに対して今日ではわれわれは、次の点を目にしているし受け入れねばならない。さまざまな機能システムの価値は、道徳的価値ではないのである。われわれは、非所有との違いにおける所有を道徳的に、つまり一方が道徳的に良く、他方が劣るというように特質づけることには、何ら意味を見いださないだろう。統治権力と反対者、健康／病気、研究の結果としての真と非真、スポーツにおける勝敗についても同様である。どの事例においても機能システムの二値コード化を、良い／劣るの道徳コードと等置することはできない。したがってそれら機能システムの自己組織化総体もまた、道徳的コントロールを免れることになるのである。道徳がこれらの領域から撤退することこそが、道徳そのものによって促進され庇護される。今日の道徳的感性からすれば、政権党が、一時的に多数を占めているという理由だけによって、自身を道徳的により良いものとみなそうとしても、われわれはそれを拒絶することになるだろう。ある人が敗訴して、その事柄に関しては違法だということになったとの理由だけで、その人から道徳的尊敬を引き上げてしまうのも、同様に疑わしいはずである。病気が、道徳的に疑わしい生活に対する神罰であると見なされることも、もはやないし、罪なき者が苦しんでいるという事実に直面して神を正当化することが問題となるというようにも考えない。ノーベル賞受賞者が世界統治に関わろうとしたり、良い事のために肩入れしたりすることすべては、その人の科学上の業績によっては正当化されはしまい。そうされる場合に生じているのは明らかに、功績ある名声の濫用なのである。また思慮深い教育者なら、学校の失敗を道徳的災厄にまで拡大するのを拒絶するだろう。そうする代わりに、困惑の身振りで、全体社会に責めを負わせるほうを選ぶだろう。

以下同様。このような事態はいかに理解すべきなのだろうか。むしろそのうちに、われわれが旧来の、例外が挿入された道徳が通常的であるという状態とは、もはや折り合ってはいけないということの、社会構造上の根拠が存しているのではないか。むしろわれわれの問題の根底には、まったく別の種類の複雑性があるのではないか。その複雑性のゆえに、われわれがいまだ駆使したことのない、観察し記述する別の道具立てが必要となるのではないか。

いずれにせよ顕著なのは、機能システムのコード化を踏まえて道徳を放棄することとは、道徳的に庇護されている、すなわち道徳的に良いことと見なされているという点である。道徳は、自身の退場を道徳的に肯定するのである。道徳は、機能システムの二値コードによって開かれるオプションに介入することを放棄する。道徳は、学校における選抜プログラムとして、政治的プログラムとして、経済プログラムとして……作動することを放棄する。そして、くり返しになるが、この点で自分自身を道徳的に判断する。機能システムそのものに介入することに伴う行き過ぎた道徳化は、道徳的に却下されるだろう。このタイプの道徳は、自分自身の適用と不適用についての決定のための主権を要求する。道徳はそうすることによって、全体社会システムの機能分化という事態に反応するのである。

かくしてわれわれは、倫理（学）が関わってこなければならなかった問題の前に立たされる。一八世紀以降「倫理（学）」のもとで理解されるようになったのは、この変化のほうもまた、すでに示唆しておいた社会文化的変動の帰結なのであるが、もはや良い、有能な、有徳な生の教えではなく、道徳的判断の根拠づけのアカデミックな理論なのである。しかしこれは、われわれの問題にとって、適切な課題設定なのだろうか。なるほどモラリストにとっては、自身の見解を根拠づけるのは難しいことではないだろう。そのモラリストに教えを垂れようと試みれば、モラリストとの論争に巻き込まれざるをえなくなる。モラリストは自身の道徳図式から出発する。そして道徳の良い側に関する根拠づけを〔疑念の余地あるものとして〕問おうと試みる者を、そのことだけで、自身の道徳の否定的な側を〔採るべきではないかと〕真剣に考慮する者と見なすだろう。劣るものを、環境破壊を、女性の不利な扱いを、〔容認しうるかもしれない事柄として〕真剣に考えているのだ、と。この水準において議論すれば、道徳的素朴さと道徳的シニシズムという二者択一にはまり込んでしまう。真剣に受け取られるべき意味での倫理など、跡形もなくなるのである！

倫理が近代の全体社会の状態を正当に評価しようとするのであれば、道徳の適用と不適用に関して判定を行いえねばならないはずである。倫理は道徳を一つの形式として観察できねばならないだろう。二つの側を、つまり良いものと劣るものとを持ち、両方の側によって作用する形式として、である。そのように見るならば、あらゆる道徳的判断は良い、および劣るという特質づけを作り出すことになる。あるものが良いと見なされ、まさにそのことによって他のものは劣ると見なされる。根拠づけ倫理はまさにそのことに反応しようと試みてきた。そして少なくとも高度な抽象状態においてではあるが、諸判断が収斂しうるような根拠を見いだそうとしてきたのである。コンセンサスが達成可能であるような、あるいは、さらに抽象的には、少なくとも理性的なものとして要求されうるであろうような根拠を、である。この理論プログラムは破綻してしまった。追い求められた普遍性が存していたのはただ道徳の形式のうちにのみ、道徳コードの二側面性のうちにのみ、良い側と劣る側との違いのうちにのみである。何らかの原理のうちに、ではない。根拠というものが、道徳的に良い／道徳的に劣るの判断を取り扱いうるであろうような基準を与える、ということを意味しているというなら、十分すぎるほどの根拠が存していることになる。しかしそれらの根拠を、社会的に受け入れられうる中枢的定式へと縮減することはできない。普遍的形式としては、存在するのは道徳のコードだけである。そしてそれに従えば今日では、これまでも常にそうであったように、あらゆる世界地域で、あらゆる事柄の領域で、道徳化がなされるのである。しかし基準の問いにおいては、すなわち、どんな条件のもとでなら何かを良いないし劣るとして指し示すことが正しいあるいは正しくないということになるのかとの問いにおいては、意見が食い違ってくる。そして他ならぬ倫理的に反省された、すなわち自分自身を観察する道徳という条件下では、この事態がいかにして変えられうるかを見通すことができなくなるのである。

その後現在に到るまでに、この種の事態を分析しうる論理的道具立てが存在するようになった。作動的、構成主義的な論理学へのアプローチ、観察するシステムを観察するサイバネティクス理論、肯定的／否定的、真／非真、良い／劣るなどの二値的図式を採用ないし拒絶する論理的条件についての研究、さらにはパラドックスについての、その作動的解決についての、探究がそうである。これらすべては、ある種の倫理（eine Ethik）にとって有意でありうるかもしれない。この種の認知的用具を領有する倫理そのものが、それでもなお道徳的に良いと感じられうるか否か、この点については疑ってみることもできよう。おそらくこの疑いによって、その種の倫理においては、倫理という古典的明証を導いてきた権利が失われてしまうことになるだろう。

たとえそうであっても、政治の中で道徳がいかに扱われるのかを観察する時に、セカンド・オーダーの観察者の目に入ってくるのは何なのかを、記述しようと試みることはできる。その時われわれは、良いものと劣るものとを自分でより分けることには、あまり関心を持たなくなるだろう。関心が向かうのはむしろ、形式使用の帰結、特定の区別を作動として〔すなわち、実際にコミュニケーションの中で〕用いることの帰結になのである。

政治的コミュニケーションが道徳的内容を伴いつつなされているということは、日々観察できる。放送や活字での報道を信じる限り、大仰な表現にも事欠かない。そしてそれを優先的に取り上げるメディアによって、読者は次のような印象を受けることになるだろう。政治的文化は相互的侮辱の文化であり、この文化は、誰もがその点を特別な模範なしでも理解できるほど、明確に選ばれざるをえないのだ、と。道徳的な想像力が駆使されておりそれが的確であるというなら、〔相互的侮辱という〕この光景はとっくの昔に一掃されて〔あらゆる政治家には、道徳的に劣るとの烙印が押され〕、生き残るのは、リヒャルト・フォン・ヴァイツェッカー[★3]ただ一人ということになっていたはずである。特に選挙期間中には、〔道徳を持ち出してのつぶし合いという〕この奇妙な現象が増殖していく。E・T・A・ホフマンの『ブランビラ王女』〔種村季弘訳、筑摩書房〕に出てくる比喩が思い起こされるだろう。二匹のライオンが怒りに駆られてぶつかり合い、猛烈な争いのなかで互いを食い尽くす。そして最後には、二つの尾しか残らなかったのである。どちらの尾を選ぶかに、いったい誰が関心を持つというのだろうか。

　そんな事態を真剣に考えることなどできないと、言われるかもしれない。しかしそれはわれわれの眼前で生じているのである。誠実さなど跡形もない。そこで問題となっているのは、おそらく緑の党は例外なのだろうが、道徳的素朴さの事例ではない。しかしまた本当は道徳的シニシズムが問題なのだというわけでもない。さらにまた、素朴さとシニシズムの《弁証法的》綜合が問題なのでもない。というのは弁証法においては、ヘーゲルの理論に従うならば、作用の素材としての精神を推定しなければならないだろうから。この事例においては精神など、どんな善意をもってしても観察されえないのである。むしろ予想されるのは、政治的道徳主義という表現メディアに忙殺されるという事態だろう。明らかに政治家は、「有権者は選挙においては道徳的基準に従って決定する」という〔正当であろうがなかろうが、いずれにせよ検証不可能な〕脅迫観念のもとで行為するのである。

　これは、民主制的な政治システムの根本仮定と、明らかに矛盾する。その仮定によれば、有権者は選挙に際しては、それまでの政権党とそれまでの野党との間で決定を下すという状況に置かれるべきなのである。この仮定は、選挙が道徳的にはオープンであることを要求する。どの党派も、自分自身を民主的なものとしてイメージしようとするのであれば、他の党派が選択されうるものであることを認めねばならない。問題となるのは、道徳的なチャンスは平等であるという条件下で、自身のプログラムを政治的によりよいものとして描出すること、あるいは直近の歴史の中に、職務の継続ないし交替を指示する政治的な理由を見つけ出すことであろう。もしも誰が尊敬に、誰が軽蔑に価するのかを道徳的に決することができるとすれば、選挙は道徳的判断の帰結だということになってしまうだろう。選挙とは政治的業績のテストであり、将来の政治が進む方向を選んでいることの表現だというわけには、まったくいかなくなるのである。

社会学者としては常にそう想定することになるのだろうが、物事はなるようになるものだという理由があるのかもしれない。おそらくは二大政党システムへと向かう傾向が見て取れる。そこでは、主要政党間の量的差異はきわめてわずかであり、それゆえに少量の得票パーセントの追加をもたらしてくれる手段なら、何でも歓迎されるのである。おそらくは、今日の大きなテーマが、政治的に決定可能な選択肢に合わせて形作られうるわけではないという点も、関わってくる。福祉国家的な政策のすべてが国際的な金融および生産マーケットでの出来事に、あるいはエコロジカルな脅威に依存していることを、考えてみればよい。それらの政策に関して有権者には何ら明確なオプションが示されず、政治のどちらの側も最善のことをすると約束している場合、道徳的なシャドウボックス（Schattenboxen）[★4]はその代わりに次のような印象をもたらすことになる。すなわち有権者は、〔候補者が行う〕諸決定についての決定を行いうる——良い、そして劣る政治的能力の間の決定にすぎないとしても。

これによって多くの事柄が説明されるかもしれない。しかしその種の説明が当たっているとしても、それは分析の基本的仮定を裏書きすることにしかならない。すなわち、政治が道徳に頼るか否か、それはどんな特殊機能を伴ってのことなのかとの問いを決するのは結局のところ、政治的布置なのである。そしてその限りでは実際には政治家は自身の自己描出においても、権力の犠牲となっているのである。

以上の描出によってわれわれは、われわれの分析の理論的前提の中ですでに登場してきた事柄を、くり返しているにすぎない。われわれが観察しているのは、道徳コードと政治的コードの構造的非同一性であり、政治家のコミュニケーション上の実践と、政治家たちが信じていると公言している民主制の機能的仮定との間の矛盾である。政治を単純に道徳へと縮減するわけにはいかない——政治システムの中で、政治的対抗者を道徳的に貶め、その議論によって政治から遠ざけようとするなら話は別であるが。

しかしながらこれだけではまだ、政治と道徳の関係を十分に把握したことにはならない。他でもない、問題となっているのが二つの相異なる区別、正の値と負の値の間で選択する二つの相違する形式であるがゆえに、交差を考えねばならないのである。われわれは、二つのコード化の一致など欲していない。その種の一致は、道徳的表現も政治的表現も回避して言えば、システムの複雑性をあまりにも強く縮減してしまうことになるだろう。しかし非道徳的に行動する政治家も、われわれの望むところではない。政治的コードが道徳的評価から独立しているからこそ、そのコードを維持するために特殊な道徳が必要とされるのである——例えば、政治的フェアネスの道徳が。

フェアネスという観念の由来である領域を例として、すなわちスポーツという事例によって、この点を明らかにできる。そこにおいても、勝敗が道徳的運命へと固定化されてしまうことなど受け入れがたい（他でもない、道徳的に受け入れがたい）はずである。この差異が参照するのは、純粋にスポーツ的な基準である。そしてまさにそれゆえに、ドーピングという術策に関する道徳的判断が存在するのである。この術策はスポーツのコードとその基準を掘り崩す、それどころか破壊してしまうのである。このように、機能コードの《高度の非道徳性》は、道徳における保護を必要とする。あるいは少なくともそのコードは、勝ち負けの違いをスポーツの上で甲斐あるものとし、〔勝敗によって〕観衆に与えられるのは、生化学上の業績ではなくスポーツ上の業績についての情報なのだという点を保証しようと試みる道徳と、一体化しうるのである。

もう一つの事例となるのは、科学における盗用とデータ偽造であろう。これは、アメリカの大学で、倫理委員会が主要業務として取り組んでいる事柄でもある。ここにおいても問題となるのはシステムのコード、決定的な差異、違いである。科学システムはこの違いに依拠しており、それは信頼と道徳によってのみ守られるのである。

最後に政治においては、厳密に並行する問題を、腐敗の領域のうちに見いだせる。それは法治国家の基礎を掘り崩すことになる。また、他党の、公表を想定されていない発言に関する情報を非合法的に入手してその党の信用を失墜させる場合も同様である。前者の場合は職務権力と決定の受け手の差異が、後者の場合政府と野党の差異が、脅かされるのである。

スポーツ、科学、政治の比較によって、他ならぬ機能システムが、きわめて特殊なかたちで道徳に依存していることが認識できる。それらのシステムの同一性を認識可能にするコードを、再びそのコードによってコントロールすることはできない。コードは外的な保証を必要とする。ただし、そのために道徳を用いるとなると、問題が生じてきもする。

マスメディアを通して運営される道徳においては、機能システムの、とりわけ政治の道徳的コントロールというこの仕事は、スキャンダルの形式を取る。これには多くの利点がある。少なくとも何を避けるべきか、どこに気をつけねばならないかが周知の事柄となるのである。スキャンダルは、一回性を際立たせる。スキャンダルがマークするのは個人的な過誤行動であり、したがって通常の業務を、マークされないまま生じさせるのである。犠牲になる者を捕まえれば、他のすべてはそのまま続いていける。そのためには、個人の過誤行動がきわめて明確である必要がある。暴露がなされた時には、非関与者すべてが驚きと激怒を示す可能性を伴っていなければならないのである。これらすべては、メディアにおける報道業務の選択条件に適合している。

どのような行動がスキャンダル含みなのかは、これだけではまだ決定されていない。ホテルの部屋での情事がそれに属するというのは、むしろアメリカ合衆国の文化の特性というものだろう（アメリカの大学における《セクシュアル・ハラスメント》の追求のほうが今では上なのかもしれないが）。ただしその種の出来事に対して政治的敏感さが示されるのは〔出来事の内容によるのではなく、それを通して〕、政治的コードへの侵害が問題となる場合である。例えば〔先に挙げたように〕汚職や、他政党の秘密に非合法的に侵入することなどがそうである。ここにおいてスキャンダルは、事は決定的な面で、コードを自発的に尊重することに、また信頼することに、懸かっているのだという点をシステムに見せつけるために貢献しうるのである。

しかしながらスキャンダルという形式は、重大な欠点をも孕んでいる。それは個人に狙いを定めるものであり、それゆえに、政治システムにとって個々の人格が持つ意義はもともと過大評価されているのだが、それを裏書きしてしまうことになる。しかしとりわけ、政治システムにおける無数の情報加工こそが、本当にスキャンダラスな特性なのだが、それらがまったくスキャンダルとなりえなくなってしまうのである。それらもスキャンダルとして指し示されはするが、そこから生じるのは道徳的な憤激ではなく、せいぜいのところ諦念とアパシーだけである。特に考慮されるべきは、財政計画において生じる著しい欠損である。それは隠蔽の意図抜きにはほとんど理解できないではないか。あるいはまた、エコロジカルな問題に関する無頓着さも顕著になっている――この問題をめぐっては〔世論が〕すでに十分に敏感になっていることが背景にあるのだろうが。このような事態に直面してシステム批判を推し進めたり、指導的人物に《責任を取らせる》こともできる。しかし装置そのものにまで手を出すことはほとんどできないのである。外側からは次のような印象を受けるだろう。国家の行政官僚制が社会的ネットワークのように構築されており、その主要目的は、何かが生じたとしても何も起きはしないという点を確証することにあるのだ、と。

以上の考察は、本章で行ってきた分析の基調を裏書きする。この女火刑に及ばず（die Dame ist nicht fürs Feuer）。[★5] 政治システムは、道徳的基準を用いたコントロールには及ばない〔＝適さない〕のである。このシステムは政治的にしか操舵されえない。これが意味しているのは、現実はどのみち道徳に従う傾向などほとんど示しはしない、ということだけではない。しかしまた、近代社会においては道徳はもはや何の機能も有してはおらず、私的なルサンチマンとしてのみ登場してくるにすぎない云々ということでもない。分析結果が示しているのはむしろ、複雑な一つの像である。政治システムは、同じ事柄が他の機能システムにおいても成り立つのだが、どの点に関して、またどのような形式で道徳が関連性を持つのかを、自ら規制するのである。政治的倫理はとりわけ、システムのこの自己規制を反省すべきだということになるのかもしれない。だからといってそれと並んでさらに、道徳的繁茂も存在するということに、異論が唱えられるべきではない。人々が道徳化に傾くのは、良い／劣るの道徳図式が、自分自身を良いものの側に位置づけるチャンスを与えてくれるからである。倫理はその点に関しても理解をもたらさねばならないはずである。

しかし以上すべてによって疑わしくなってしまったのは、道徳と理性との伝統的な連関である。そこでは、全体社会の道徳的統合可能性が前提とされていた。それは《聖なる監視 holy watching》[★6]という条件下で、伝統的な村落ないし都市文化、あるいは領域的に拡張しつつあった貴族社会という条件下で、観念されえた事柄だった。啓蒙による理性概念の抽象化は、このような世界の終焉を示すものであり、最後には自分自身を破壊するに到る。そして今日では、道徳に入れ込む者でも誰一人として、自分は全体社会を代表しているという要求などなしえない。この点を経験することによって安堵のため息を漏らすのは、他ならぬ個人なのである。

第五章　政治、民主制、道徳

《1》

数年前から、《倫理》に関するコミュニケーションが、まさに流行性の広がりを見せている——児童における麻疹のように。注意されたい。広まっているのは倫理そのものではなく、倫理についてのコミュニケーションなのである。拡散に成功したのは、次の事情によっているものと思われる。《倫理》ということで問題となっているのはヨーロッパ旧来の伝統であり、それゆえにこの語の使用に際しては、何について語られているのかを誰もが知っているし、誰にも説明する必要などないということを前提にできると、信じられているのである。このような《多元的無知》はコミュニケーションを容易にするし、またおそらくは、拡散のテンポをも説明してくれる。《価値》に関する議論においてもまた、反道徳的な価値が、それが存在しうるのはまったく確かだとしても、排除されるべきであるかのように話が進められているのである。問い返してみても、答えなど返ってこない。ただ解かれねばならない、まさに倫理によって解かれねばならない喫緊の問題が、示唆されるだけなのである。

ここではこれ以上の詳論は差し控えて、アカデミックな倫理学は破綻したということから出発するとしよう。私にはこの結論は明白なように思われる。論証が必要だというなら、哲学者たち、特に分析的な方向を取る論者たちが、倫理の設問を扱う際に示してきた恐るべき精緻さを示唆するだけで、十分だろう。いずれにしても、次の点から出発すべきである。旧来の（アリストテレス的な）倫理学は、すなわち事柄に〔倫理学という〕名前を付与してきた知的努力は、一七世紀には、あるいは遅くとも一八世紀には、放棄されざるをえなくなった。この倫理学は、善きものがそれ自体として動機づける作用を持つ、したがって行為の必然的な因果的構成要素である、ということから出発するものだった。行為が堕落しうるとしても、それはせいぜい認知の欠陥のためである、と。この倫理学はまさにそこに問題を見いだしていたのである。

しかしとりわけエートス倫理は、全体社会構造上の前提に依拠することができた。環節的分化においても階層的分化においても、全体社会の分化の形態が同時に、比較と道徳的要求の閾を成してもいた。ある部族が他の部族にとって、道徳的予期を伴いつつ登場してくることなどありえなかった。また同様にインドのカースト・システムにおいても、カーストの閾を超える道徳的要求は存在しなかったのである。旧いヨーロッパの全体社会では、道徳がキリスト教的‐宗教的に保護されることを通して、すでに事情が異なるものとなってはいた。しかしそこでも日常生活の中では、貴族が農民に、あるいは農民が貴族に、人格的な尊敬ないし軽蔑の条件を示すなどということは、ほとんど考えがたかったし、いずれにしても〔そんなことをすれば重大な問題を引き起こすという〕帰結を伴わないわけにはいかなかっただろう。法的な規制に依拠することはできた。しかし通常の場合、眼は天国にだけ向けられていた。そして他人の不幸を喜ぶ態度で（schadenfroh）、最後の審判を待ち望んでいたのである。★1

この事態は、機能分化への移行によって根底的に変化する。今や、旧来の分割と比較の閾は解体されるからである。ここに到って初めて、普遍的で、にもかかわらず全体社会的に〔個別的な事態に即応しつつ〕実践される道徳への野心が生じてくる。個人主義的な、あらゆる社会的分割を、また宗教をすら、掘り崩すような基礎の上に据えられた道徳への、である。そして今や、あらゆる個人が道徳的に内的規制を行うべしとの要求が立てられ、強化されていく——ただし後で見るように、道徳が機能システムの正／負のコード化をメタコード化しもする〔すなわち、道徳のコードが機能システムのコードを規制する〕という事態は放棄されるのであるが。

しかし〔実践の水準のみならず〕定式化された倫理というゼマンティク上の問いにおいてもまた、一八世紀には配置換えが生じていたのを眼にできる。目的論的因果性のあらゆる形式が、過去と未来の間により大きな亀裂が生じるのに直面して説得力を失ってしまった——この点だけからしても、そうならざるをえなかったのである。今やその代わりに、道徳的判断のための、良い、つまり理性的に見通しうる根拠が求められる。今では、単によくあること、またそれを他の人々に薦めることだけでは、十分ではなくなる。矛盾する事例に関してもなお良い行為のための良い根拠を備え付けねばならない。そうなればアカデミックな議論の中では時として、道徳的判断〔の対象たる行為のみならず、その判断自身〕をも根拠づけるための、より良い根拠までもを備えねばならなくなるのである。

しかし結局のところ、今日では知られているように、そうすることで道徳の事柄に属する判断との矛盾をすべて除去するというわけにはいかなかった。周知のように倫理的社会主義の道徳社会〔の構想〕ではこの問題を、逸脱者を精神医学的に取り扱うことで除去しようと試みられたのだった。言わば、道徳の必然的な補遺としての精神医学、というわけだ。[*1] これは、あらゆる原理と規則が不同意（Dissens）を可能にする、それどころか教唆しさえするというこの問題に対する、徹底していると同時に不満足な解決策である。しかしこの解決策を望まないというなら、少なくとも政治的には受け入れがたいと見なすのであれば、いったい何に頼ればよいのだろうか。

われわれは次の点から出発しなければならない。善く、あるいは少なくとも悪く（＝意識的に劣るかたちで）なく行為すべきだということの、反論の余地なく良い根拠など見いだしえなかったのである。〔善く行為すべきだということの〕逆もまた考えうる。絶対的に悪いものは、絶対的に善いものから、どのみち区別されえないのである。純粋に倫理的な理由からしても、そういう話になる。というのは、善いと悪いの区別を用いて観察しようとするなら、「この区別の一方の側、すなわち善きものが同時に区別そのものをも正統化する」などと前提にするわけにはいかないからだ。そこには他ならぬ悪しきものも含まれるのだから。この差異そのものが善いということ——それは伝統にとっては明白な事柄だった。もっとも、原罪の物語をより詳細に読み込んでみれば、この差異に対して、より良いものを示すこともできたはずなのだが。[★2] しかしこの差異を良いものとして指し示そうとすれば、論理学を侵犯することになる。論理学は区別されるもの（善い／悪い）を当の区別そのものと同一視することを、パラドックスとして扱うだろうからだ。道徳に評価を下そうとする倫理（学）は、道徳的自己評価をも実行することになる。しかしこれは、ダグラス・ホフスタッターのテーマであるあの不思議の環（strange loops）、不可思議な切断面である。[*2] すなわち上位および下位秩序を、ヒエラルキーを、用いると同時に掘り崩しもする作動なのである。この点については後でまた論じることにしよう。

目下のところは地歩を、言わば社会学という要塞の前面が草刈りされた状態を、確保しておけばそれでよい。道徳を通して、モラリストたちがいかに振る舞うか、どのような隊列を組んで進軍していくのかを、妨げられることなく観察できればよいのである。そうすることには、モラリストの倫理的尊厳とは無関係に洞察できるような理由があるかもしれないのだから。

《2》

正と負の違いに関わるとなると、ゲーデルの決定不能性証明が想起されるだろう。この証明は、今世紀の公理的論理学を揺るがしてきた。それは、数についての言明が常に、同時に数についての言明についての言明をも含んでいるとの洞察に基づいている。これは、論理学的《思想》によって何が考えられているかに関わりなく、きわめて容易に回帰的で自己言及的なコミュニケーションの理論へと翻案できる。そうすれば、議論を論理学から倫理学へと移すというアイデアも生じてくるだろう。良い／劣るという道徳的な価を用いるコミュニケーションもまた、常に同時にコミュニケーションについてのコミュニケーションなのであり、そのようなものとして、問い返しに晒されている。

これは、かの決定不能性定理が倫理学に関しても成り立つということである。しかしこれはまた、何らかの外的言及が、例えば道徳を宗教的基礎の上に据えることが、必要になると述べているにすぎない。この点については、近代社会においては何ら一義的な基礎は与えられていない。あるいは政治的な方策しかない。それを採るなら、非民主的に〔特定の見解を〕強いることも可能になる。議論は、決定のパラドックスを経て、こう続いていくわけだ。道徳的な設問は決定不可能である――まさにそれゆえに、決定されうるし決定されねばならないのだ、と。[*3] ただしそうなれば、決定が決定として、ということは他でもありうるものとして、可視的になるのを避けえなくなる。そしてまた、そこには最終的な、反駁できない根拠づけが欠落しているという事態も回避できはしないのである。

それゆえに私は、決定理論的な分析へと移行することにしたい。それも次のような問いを携えて、である。良いと劣るの違いを、「必要〔最小限〕なだけの劣ることを、また可能な限りの良いことを」という最適化プログラムに変換するには、どうすればよいのか、と。そこからすでに、政治への接近が予感される。例えば、〔国家は、自身の維持という良いことのためには、法を破るのも許されるとする、〕国家理性の旧来の定式への接近。あるいは、最適ナモノノタメノ道徳ノ必要性（necessitas moralis ad optimum）という奇妙な言い回しへの接近。〔悪と悲惨は、神による最善な世界の必然的な一部であるとする〕弁神論的議論の先駆への接近、である。

すでにこの点において、一つの経験的仮設が助力を与えてくれるかもしれない（それが当たっているとすれば、だが）。いわく、罪ある世界（此岸 hic mundus）では、行動を変えるよりも基準を変えるほうが容易なのである。後者の場合、問題となるのはゼマンティクだけ、コミュニケーションの中に別の価値を導入することだけである。前者の場合、問題となるのはより深いところに位置する習慣、性格、くり返し生じてくる〔悪への〕誘い（Versuchunge）[★3]、誘惑（それはそれで社会的な支えが存在するのだが――例えば、成功への見込みによる）。しかし同じ事柄を別様に定式化することもできる。行動が基準に従うべきだとすれば、基準は行動に従わねばならないのである。サイバネティクス学者なら、

「コントロールのサイクルが非対称化されねばならない」と言うところだろう。この種の対称性打破の一つは、早い時期に宗教によって提供されていた〔まさにそれによって、罪ある男女との交わりという問題に直面せざるをえなくなる——それらの人々には、〔罪にもかかわらず〕天国が約束されていたのである〕。今日の倫理はこの問題をどう解決するのだろうか。

可能な解決が二つ考えられる。どちらも経験的に観察されうるものである。一つは偽善であり、もう一つは価値に訴えかけることである。偽善は、《道徳性への長期的投資》[*4]である。長期投資であるのは、そうすることで基準は少なくとも、コミュニケーションとして維持され続けるからである。〔この機能を果たすがゆえに、信じてもいない基準を信じるふりをするという意味での偽善は、長期的には有益なのである。〕ロマン派においてすでに、フランス革命がもたらした失望を受けて、この反応が生じていた。いわく、人間性という一般会計への支出は、道徳観念によって支払われねばならない、と。[*5]なるほど、コミュニケーションがテーマを変えて、偽善そのものをテーマとするというリスクを引き受けることにはなる。しかしこのリスクは、万人が、例えば政治システム総体が、あるいは教会そのものが、この脱出策を選択する場合には減じられうるのである。

偽善は、公的なコミュニケーションが比較的良く認識されえ、何が言われたかに関する確実さが作り出されることを通して、促進される。文字通り、ＰＣへの神経症的強迫観念である——ここでは、〔「ＰＣ」によって〕意味されているのは「パーソナル・コンピュータ」ではなく、「ポリティカル・コレクトネス」であるが。そしてそれが示しているのは、偽善が政治的要求にまで昇進したということである。行為は〔文脈の〕具体的な断片のうちに、実際の動機のうちに留まるのであり、またとりわけその帰結に関しては多くの場合不明確であり、しばしば矛盾する評価に晒される。特に、回顧的に評価される場合はそうである。生じうる否定的な評価をすべて考慮しようとすれば、可能な行為のレパートリーを大幅に制限してしまうことになろう。それゆえに、行為することの領域において十分な可動域を確保するためだけからしても、その点に関する道徳的に異論の余地のないコミュニケーションを備え付け、最善の意図に従って〔事が為されて〕いるのだという点を、確認しておくよう推奨されるのである。

こうすることで、確立された範型を踏まえることもできる。問題が生じてくる典型的な状況としては、構造と実施法の変化に狙いが定められる場合がある（これこそが、行政とは区別される政治の課題なのである）。倫理は典型的には、すでに受け入れられている規範ないし価値を認識するのを事とするがゆえに、いかなる革新の提案も、両義的な光を浴びてしまう。確かに今日では典型的な場合、イノベーション、創造性、学習は肯定的に評価される行動様式である。とりわけ政治においてはそうである。ただし当然のことながら、まったく代価なしにというわけにはいかない。それゆえに偽善は、事情に応じて古いものの中に新たなものを、あるいは新たなものの中に古いものを隠すために役立ちもするのである。[*6] 強調点は、《古代 antiqui》と《近代 moderni》という旧いレトリックの場合のように、[*7] 成功条件次第で移動可能である。自己欺瞞と他者欺瞞は、解きほぐしがたいほどもつれ合う。そうなると、そもそも問題となっているのは偽善なのか、それともナイーブな一面性なのかは、それ自体が、道徳化を行うコミュニケーションの中で論争的に論じられうる設問となるのである。

偽善は一七世紀において議論のテーマとなったが、その深度はもはや二度と達成されえないほどのものだった。すでに近代的な劇場が存在しており、欺瞞、自己欺瞞、欺瞞を見抜くことが観衆に対して演じられえた。虚構性というメディアの中で上演されたものを自分自身に適用することは、その観衆に委ねられたままだったのである。これによって旧来の倫理は、身分によって条件づけられた自然な完成態という教説は、崩壊へと導かれざるをえなかった。しかし、旧来の修辞学もまだ存在していて、肥沃な土地を新たに見いだすことにもなった。またピューリタニズムを宗教的にラディカル化することも行われた。そこでは旧来の聖職者による演出、定型祭文、儀式を解体しようと試みられたのだが、それは信徒の誠実さを、完全に個人の自発性に委ねるためであった。しかしこの試みは、コミュニケートされた自発性はコミュニケートされたということだけからして、もはや誠実ではなく、うわべだけのものとならざるをえないとの問題に突き当たる結果にしかならなかった。それ以降コミュニケーションは、望むと否とにかかわらず、表出的個人性と偽善との二連車で運行されることになった。そして個人は、望むと否とにかかわらず、外観を操作するための帰属点となる。それは社会的交流において、したがって宗教および道徳によっても、要求される事柄なのである。[*8]

結局のところ偽善は、呈示者＝俳優が道徳的な浄化儀式に服する場合には、ほとんど自動的に生じてくる。観察者として働くのが神か、それとも観客なのかとは無関係に、である。通常の道徳理論ではこれは、生来の罪への傾向や《自制心の欠如 Akrasie》によって表明されうるものであり、その種の表明によって通常化されるのである。しかしここで興味深いのは弁明ではなく、《純粋さのパラドックス》[*9]という現象である。少なくともフロイト以来、呈示者＝俳優にとって、自身の意識を制限することが助力となりうるという点が、知られている。しかし論争が生じる状況においては、特に政治においては常に（「私は心底良い人間なのか」と問う代わりに）、《良い》と《劣る》という道徳的な値を自身と対抗者に割り振ることのほうが、はるかに効果を発揮するのである。

そうしている間にも政治、マスメディア、個人的なライフスタイルの分化が進展していく。かくして政治家の偽善を非難する際に、自分自身の私生活をも翻って問う必要はもはやなくなる。しかしそれによって、非難は道徳的な力を失ってしまうことにもなる。道徳という言葉を口にできるのは、誰もが自分自身をも翻って問うのを許容する用意ができている場合だからである。そして今や偽善が持つ構造としての値を、偽善を良いないし劣るものとして指し示すことなしに、描出することも可能になる。そうなると、公的な描出と私的な意見表明の間には齟齬が存在するということを誰もが知っているのは確かだし、またそこから出発できるという話になる。問題はただ、齟齬が明らかになった場合には私的な意見のほうを真理だと見なすのであって、周知の政治的伝統が考えようとしたように、公的意見が真理だとはならないという点に存するのである。[*10]

このような状況において偽善が最適化戦略として（これは、他の場合と同様にここでも、根底的なパラドックスを分解する形式として、ということだ）どれほど推奨されるか。機能的等価物として考慮されてきた代替選択肢を考えてみれば、その点を見て取れるだろう。歴史的に試みられてきた代替選択肢の一つは、基準を行動に適合させることである。これは、魂の救済のための支出を減らすという形式において、ジャンセニストの戦略となった。これが信用を失なった（まだ宗教の文脈の中で生じたことだったが）後に続いて、《価値》がはるかにエレガントな、同時に世俗化可能なかたちで見いだされることになった。これが、道徳的コード化の問題の第二の解決策となるのである。かくして偽善は言わば脱人格化され、アプリオリな価値妥当という形式へと移し入れられる。それを信じると公言しうるが、だからといってそれに縛られねばならないというわけではないのである。この概念構成の歴史については、さらに徹底的に論じられるべきなのかもしれない。いずれにせよ問題となるのは、選好が規範的に積み増しされたという点である。一八世紀にはすでに価値概念は、この一般的な意味において用いられていた。例えば、目的の価値についての設問という形式において、である。[*11] われわれの問題設定から見ればこの解決策は、価値関係を多重化しつつ、諸価値相互の関係は未決のままにしておくということによっている。諸価値は〔それぞれ〕規定されるが、諸価値の〔それぞれの、相対的な〕価値は未決のままとなる。それについてはもはや、価値ハイアラーキーを踏まえて決定するわけにはいかず、状況との関連においてだけ、つまり機会主義的に決定することになる。なるほど場合によってはイデオロギーが踏まえられることもある。しかしイデオロギーとは、安定化された機会主義に他ならない。それは価値ゼマンティクのスペクトラムから、特定の目的にとって必要なものを選び出すのである。価値は目的選択を正当化する。目的が価値選択を正当化するからである。

この解決策の成果は、それがシニカルにだけでなく真剣にコミュニケートされるという点から、認識されうる。近年ではさらに価値変動が加わってくる。とりわけ政党プログラムを定式化する際には、時流に即していなければならない。確立されている価値を単純に放棄するのではなく〔どのみち複数主義が公言されているというのに、なぜ放棄しなければならないというのか〕、価値の現時性という価値が加わってくるのである。しかしだからといって、価値を名指すことを介して行動を操舵しうるわけではないという点は、何ら変わらない。諸価値は一種のゼマンティク資本であり、決定を下さねばならない状況の求めに応じて、用いられうるのである。かくしてこう結論してもいいだろう。肝心なのはセカンド・オーダーの偽善、脱偽善化を組み込んだ偽善なのである、と。少なくとも今日においてはまだ、シニシズムという非難を背負い込むことなしに、価値を召喚できる。全体社会はそれに対して、《政治的階級》ないしは他のエリート集団の評価切り下げによって反応する。それらの集団は価値の言語を駆使するがゆえに、コミュニケーションによって攻撃することは難しいからである。〔あいつらは立派なことを言っているが、自己保身しか考えていないのだ、というように。〕

もちろん偽善が道徳的に報われることはないし、倫理的に根拠づけられえもしない。それは二分コードのパラドックスとの知的な付き合い方にすぎない。とはいえこの付き合い方は、通常の実践の中で幾重にも実証されてきたものなのである。しかし倫理が自分自身に対してさらに複雑な要求を立てる場合には、次の事情が攪乱作用を及ぼすことになる。偽善のような、かくも知的で普及したコミュニカティブな行動に対しては、うまく付き合うよりも、道徳的に判定を下すほうが容易なのである。偽善がなければ道徳は、よりよいかたちで存在するだろうに、とである。モラリストたちはさらに加えて、かのパラドックスの脱パラドックス化の独自の様式を育成するかもしれない。悪しきものを悪いとして指し示すが、ルソーの範型に倣って、〔そう判断する〕自分自身には留意しないことを善しとする、というようにである。しかしモラリストが持ちこたえることができるのは、少数においてでしかない。すなわち、他の誰もそのような英雄的な行動を求めていない場合のみ、それに加えて、モラリストがギロチンへと送られることが妨げられている場合のみなのである。

事態観察してみれば時折、切り込みを入れて膨らんだ空気を抜こうとする試みが見つかるかもしれない。[*12] しかしその場合、マスメディアが政治家に保証する到達しがたさが、政治家を守ってくれる。あるいは、相互行為文化の洗練が、である。

《3》

決定理論による分析がすでに、次のような試みをかなり広範にわたって行っている。道徳において、さらには倫理においても、重要なのは一つの原理ではなく一つの差異であるという点だけが考慮されることから、実際に生じる行動を説明することを、である。あるいはこう言い換えてもよい。重要なのは一つの形式、その両側を考慮する場合にのみ、二つの側をもつ形式として実践する場合にのみ、用いることのできる形式であるという点だけが、である。システム理論という手段によって、この分析を補完できる。二分コードは作動を導く区別であるだけでなく、しばしば、全体社会の機能システムを同定することを可能にする構造でもあるからだ。

近代的全体社会の最も重要な機能的諸システムは、相異なるコード化を用いるということによって、相互に区別される。所有コード（持つ／持たない）から出発しつつ、取引によってコード値を割り振り直すなら、経済システムにおいて作動がなされていることになる。真／非真が問題となっているなら、コミュニケーションは科学に属している。宗教の場合なら、超越／内在によるコード化を想定できる。医療が介在してくるのは、ある人が健康ではなく病気であると記述される場合だろう。政治において二分コードは、国家官僚によって担われる権力を行使するか、それに服するかという問いのうちにある。そして第二コード化は、国家の嚮導に関して政府の側にいるか、反対党に留まるかのうちに存するのである。コードとして用いられる諸区別を区別できない者は、今日の諸条件のもとでは混乱を生じさせることにしかならないだろう。だからといって相互的干渉が排除されるわけではない。しかしその場合でさえも、どのシステムが自身の作動のためにどの相互依存を利用するか、あるいは相互依存によって攪乱されるのかを観察しうるし、観察しなければならないのである。独裁者の死は医療技術を用いて、後継者が明らかになるまで遅延させられる、というように。

近代の全体社会では明らかに、道徳のための特別な機能システムが分出することはなかった。その理由についてはあれこれ考えてみることもできよう。規範的予期に十分に定位するためには、またその貫徹可能性に関する確実さを生ぜしめるためには、おそらく法システムの分出だけで十分なはずである。いずれにせよ〔道徳の分出の回避という〕この仕方で、道徳的コード化という全体社会的なこの機能が関わってくるのは一つのシステムだけにおいてであり、他のところにおいてではないという事態は、回避されてきたのである。他の〔機能の〕場合すべてにおいて典型的に見られる、問題権能の普遍性とシステム言及の限定性の組み合わせは、ここでは成立しない。その代わりに道徳においては、機能システムには備わっていない、独特の近代的な刻印が見いだされる。道徳においては、コード化の普遍性（どんな生活状況においても、良いと劣るの区別が用いられる）が、基準のコンセンサスなしに通用する。問題となるのは常に良い／劣るという同じ区別であるにもかかわらず、どんなコミュニケーション群がどんなプログラムを踏まえて了解に達しうるかに従って、多数の道徳が存在するのである。もちろん機能システムにおいても、不同意は存在する（例えば政党の間の、科学理論の間の、あるいは疾病判定における相異なる症候学の間の）。しかし機能システムの境界を通して、またオートポイエーシスを通して条件づけられることによって、システムをプログラムの水準で特徴づけることへと向かう傾向が、〔道徳の場合よりも〕はるかに強く浮かび上がってくるのである。

しかしそもそも二分コードが多数存在し、〔にもかかわらず、それらすべてを包括する〕全体社会が一つの統一的システムとして働かねばならない、つまりは《多次元的に》作動するはずの場合、どのコードにも《第三の値》が付加されざるをえなくなる。コードはそれによって、自分自身を指し示す〔こともできる〕のである[*13]〔――合法／違法というコードに基づく自身のコミュニケーションは、どちらの値を取ろうと、美的に見れば不適合的である、というように〕。別の表現法を採るならば、全体社会は超言的作動の水準を維持しなければならない。その水準において、特定のコードが、例えば合法と違法のコードが、適用されるべきか否かが決定されうるのである。[*14] これは、個々の機能システムのコード相互の関係についても妥当するが、また同様の理由から、機能コードの道徳に対する関係、また逆に道徳の機能コードへの関係に関しても妥当する。それゆえに道徳の中には、オンの値ないしオフの値が存していなければならない。それを用いることにより、あるテーマが道徳化されるべきなのか、されない方がよいのかが決せられるのである。そしてそのためのプログラムないし基準も存していなければならない。そこには、どのような条件下で道徳コードのオンないしオフが薦められるのかの指令が含まれているはずである。この第三の値は、また道徳のオンないしオフというその機能は、倫理学には知られていないままだったように思われる。倫理学はその代わりに、良いと劣るの区別そのものを良いものと見なす権利を道徳に付与する原理ないし根拠を、求めるのである。

しかしそれは、この第三の値は、存在しなければならない。というのは、さもなければあらゆる機能コードが道徳と統合されてしまうだろうからである。そうなれば全体社会が道徳的に統合されることになり、その結果、機能システムがそれぞれのコードを用いて区別されるという事態そのものが排除されてしまうだろう。そこでは全体社会は、尊敬と軽蔑の分配という一つのシステムに他ならなくなるのである。

《**4**》

第三の値は道徳を、全体社会に結びつける。そして倫理学が失敗するなら、社会学こそが第三の値を発見しなければならないのである。社会学にとって、次の点を示すのは困難なことではない。すなわち道徳は、道徳の多様な用法を道徳的に認めないのである。そしてこれは何にもまして、道徳的な値による機能コードの重層決定〔前者によって後者を、つまり前者を後者に重ねて、判定すること〕に関してあてはまる。

所有者を道徳的に良いと、非所有者を道徳的に劣ると見なそうとすれば、取引の可能性は極限まで縮小されてしまうだろう。自身の所有物を手放すことで良いが劣るに転換してしまうとすれば、誰がそんなことをするというのだろうか。天国に入るのは富める者よりも貧しき者のほうであるということもあるかもしれない。しかし所有物がある／ないは、富む／貧しいと同一なわけでは決してない。単に逆転してみてもやはり役には立たない。逆転すれば、所有者が劣り非所有者が良いという話になる。しかしそれもまた取引を妨げる。あるいは少なくとも取引に、道徳的声望を失うというリスクを負わせることになるのである。また、この問題を、価格という形式で表現できないのも明らかである。できるとすれば道徳の獲得者は、道徳喪失者に財政的な埋め合わせを行なわねばならない（そうできるなら、の話だが）ということになる。たとえそれが経済的な、したがって市場の形式になりうるとしても、その事態は道徳を腐食させてしまうだろう。したがってコードのこの種の同調化を視野の外に置くのは、厳密に道徳的な理由によるのである。

あらゆるコードに関して、同じことを試みてみればよい。ここでは政治システムのコードにだけ触れておく。すなわち官職権力および政府／野党である。[*15] 政権に居る者に道徳的ボーナスをもって報いるのは、マイルドな言い方をしても、アンフェアというものだろう。決定の受け手に関連してであろうと、野党との関係においてであろうと、である。また有権者に選挙において候補者を、あるいは候補者を指名する政党を、道徳的に良い／劣るに従って選別するよう要求するのは（一般に言われるように）《非民主的》というものだろう。それは被選挙権を原理的に否定してしまうことになるからである[*16]（十分に多くの有権者がサド侯爵の道徳の教えに従うというのなら話は別だろうが）。そしてここでも道徳と権力のこの種の綜合は、政治のみならず、道徳そのものの信用を失墜させることになるだろう。そのことだけからしても、政治家に互いに対する偽善を義務づけるほうがましなのである。それによって、道徳的に選ぶことが排除されるだろうからだ。実際に、キャリアへの定位と偽善とが《固有値》となっているように見える。そのことが政治的な営みにおいて回帰性を、またそれによる安定的なアイデンティティを、保証してくれるのである。倫理学はこの事態を甘受するか、あるいは社会学による道徳研究の領域に委ねなければならないのである。

《5》

コード化が同一でないからといって、道徳が政治的コミュニケーションにおいて何の意義ももたないという結論が生じるわけでは、もちろんない。より低い機能水準への退行を避けようとするのであれば、コード化のより高度の非通常性は尊重されねばならない。だとすれば偽善は、この〔政治〕システムの罪の程度を一定に押し留め、選択のチャンスを改善させたり悪化させたりしうるための形式だということになる。しかしだからといって、続けてこう問うことが排除されるわけではない。政治システムにおいて道徳コードを引き合いに出すことは、どんな特別の機能を担っているのか、と。

政治的実践を観察するならば、「道徳は病理的な事例を指し示すのに役立つ」という仮定に対する、多くの裏付けを見いだせるだろう。[*17] というのも道徳的コミュニケーションは一方では、自己除外の禁止に服するからである。道徳的にコミュニケートし、自身を〔道徳の〕起草者として知らしめる者は、自身の基準が自分自身にも適用されるということを受け入れざるをえない。これは、政治的スキャンダルの発覚と利用に際して生じる問題の一つであり、とりわけ、最近のイタリアのように、周知の実践が突然スキャンダルとして記述される場合がそうである。[*18] 要するに道徳的コミュニケーションは、それをあえて行う者へと跳ね返ってくるのである。さらに加えて、その効果は広範に及ぶのであり、近代的な状況のもとでは、コントロールしがたい。というのはそれが及ぶのは法の場合のように特定の行動様式だけでなく、統一体としての人格にまでだからである。したがって、当該人格のほとんどすべての役割にまで作用することになる（その人物を誘えるだろうか。その人とともに公式の場に登場できるだろうか）。道徳的コミュニケーションはこのようにして、通常の場合にシステムで用いられている区別を掘り崩す。だが何のためになのか。道徳にスキャンダルの形式で、少なくともいくらかの勝利を与えるために、というわけではないだろう。

あるいは問題となっているのは、特別な種類の政治的学習なのかもしれない。だとすればそれはプランニングでも予測でもなく、過去の発見によって引き起こされうる学習だということになろう。それは明白なものによって働くのであって、推測によってではない。推測の場合なら、たちどころにさらなる推測が生じてくるだろう。その学習の提案は、利害関心と操作された情報とに基づいているのではないか、と。そしてここで問題となっている学習は、なるほど学習として機能しはするが、システムが学習の後では学習する前よりも良い状態になるということを、何ら保証してはくれない。[*19] いずれの場合でも問題となるのは、開発政策とは正反対の事柄である。開発政策では〔実現されるべき〕未来に即して学びうると考えられている。それに対して政治的道徳は、オド・マルクヴァート[★4]の区別を用いるなら、目標追求から欠陥の回避へと転換するのである。[*20] 道徳的学習のこの理論によって、改革オプティミズムが減退する時代において、スキャンダルを発見するためにより多くの準備がなされるのはなぜなのかが、きわめてうまく説明されうるかもしれない。

《6》

より抽象的なところで問題設定を行えば、次のような印象を受けるだろう。すなわち、あたかも倫理学と社会学は機能的に等価なかたちで作動するのであり、したがって　相互に代替しうるかのような、である。この点については、あるパラドックスを視野に入れておかねばならない。それは、一つの二分コードを、統一性として、同時にまた区別として、利用しようとすることから生じてくるものである。これは、先に注記しておいたように、原理的な決定不能性へと到る。そこで残る問いは、そのようなパラドックスはいかにして再分解されうるのか、いかにして展開されうるのかだけである。この点に関しては倫理学と社会学は、異なる提案を行う。倫理学は（その伝統に忠実であろうとする限り）良い／劣るの区別を道徳的コミュニケーションの形式として用いるのは良いことであるという、良い根拠を求める。事柄カラシテ（eo ipso）（あるいはアプリオリに）すでに、そうするのが良いというのなら、そこからどんな帰結が生じるかを問題にすることなどできない。とりわけ、帰結が生じてしまった時に、決定者自身および決定者を観察する者とが、それをどう評価するかが、現時点においては不確かな場合にはそうである。

論理学および言語学の（現在では古くなってしまった）用語で（ラッセル、タルスキなど）、「この種の倫理学は多水準問題を見損なっている」とも言えるだろう。この倫理学は一つの区別の内部において、同時にその区別について（＝を超えて über）コミュニケートしうるものと考えているのである、と。同時に、ゲーデル問題も見損なわれている。すなわち倫理学は、善いと悪いに関する言明によって同時に、その種のコミュニケーションについてのコミュニケーションをコミュニケートしているのである。この混同は、したがってパラドックスは、当のコミュニケーションそのものの内部では、明らかにならないままである。というのは、善きもののためにコミュニケーションが投入されている以上、善きものに抗してコミュニケートすることが善いというわけにはいかなくなるからである。倫理学はその点には沈黙をもって応え、問題に別の、よりコミュニケート可能な形式を与えようとする。〔善きものに抗してコミュニケートするのは、善悪の問題ではなく、病理状態の現れなのだ、というように。〕かくしてセラピストの仕事が始まるのである。

明らかなことだが、社会的な超越的事物（Transzendentalien）を、技巧的な利得計算を、その他何であれより良い価値を、持ち出すことによってこの問題を回避するわけにはいかない。論理学もやはり助力となってはくれない。論理学そのものが、区別することの作動的統一性というパラドックスに直面せざるをえないからだ。むしろ数学を手本にすることができるだろう。数学は数を操作するが、数の《言及先 Referenz》ないし《真理値》を気にかけることはないのである。[*21] だがそうすると、この問題はきわめて一般的な型を取ることになる。したがってもはや回避策など存在せず、この問題に直面する他はなくなる。すなわち、あらゆる観察およびあらゆる記述の基礎と可能性の条件とを、一つの原理のうちに見いだすことなどできないのである。原理が観察者を、その観察者が用いている区別の良い、真なる、美しい、あるいはその他の存在論的に傑出した側へと運んでくれるわけではない。むしろ件の基礎と可能性の条件とは、パラドックスのうちに求められる。観察者は、そもそも何かを指し示して他のものを排除するためには、そのパラドックスを分解し、より使用可能な区別によって代替しなければならないのである。

社会学もその点では、何らより良い立場にいるわけではない。しかしおそらくより良い神経を持ってはいる。少なくとも、特定の全体社会において特定の区別が持つ、経験的な信憑性をテストできるという長所を有しているのである。だからといって、観察することを可能にしうる区別がすべて偶発的であるという点は、何ら変わらない。しかしそれによって社会学は自身が、創造神学の善き全体社会の内にいることに気づくことになる。この神学はすでに以前から、偶発性の超様相的必然性について論じてきたのである。[★5]

社会学は道徳を反省する倫理学を引き継ぐとの提案を行い、それ以外はすべて道徳に委ねればよいのかもしれない。しかし倫理学にかくも多くの希望が委ねられている全体社会において、それはよい助言なのかどうかを疑ってみることもできるのである。

〔偶発性の必然性という〕道徳のこの種のレトリックが個人にとって特に魅力的ではないということは、容易に理解できるだろう。驚かされるのは、どうやら政治家が、有権者はこのレトリックによって——スキャンダルそのものによってだけでなく——影響を受けうるということから出発しているようだという点である。自己経験と他者経験が常により強く個人化されていくにつれ、次の事態が一般的になっていく。すなわちコミュニケーションは独自の秩序に従うのであり、個人の実際の志向と感情を表現するためにはほとんど適さないのである〔だとすればむしろ、コミュニケーションはコミュニケーションとしての道を進んでいくことのほうが生じるだろう〕。コミュニケーションにとっては、率直さと誠実さが欠落していることが、またこう言ってよければ、二重の鏡像が、通常の経験となってしまっているのである。現在ではディドロの「俳優に関する逆説」は、日常的状況を記述するものとなっている。[*22] 個々人が自身を観察者として観察する場合でも、自身が道徳的規則の権化として世界を眺めているなどとは、ほとんど想定しないだろう。自身の生活の楽しみを道徳によって制限する準備ができているとしても、やはり同じことである。そして個人はますます、他者による価値知見を、そのあり様に則して受け取ることになる――すなわち、〔絶対的な道徳規則としてではなく、他でもありうる〕コミュニケーションとして。

だからこそ誠実さと自己経験のかけがえのなさの意識が近代社会において、公共的なコミュニケーションから読み取られうる以上に強固なかたちで発展してきたのである。それを示す文学上の原型も存在する。最初の明確な事例が、最もよく知られたものの一つともなっている。すなわち、ルソーの告白である。[*23] その書き出しは挑発的であると同時にプログラムともなっている。《わたしのほうがすぐれてはいないにしても、少なくとも別の人間である》そしてこれは、誠実で正直なコミュニケーションという意図において言われているのであって、そこで支えとされているのはもはや傑出でも理性でも道徳でもなく、個人性だけなのである。おそらく政治家の仕事は、また代表という義務は、正反対に振る舞うよう要求する。すなわち、〔政治家は〕他者たち〔である有権者〕とは別様ではない、ただよりよい者ではあるとの印象を呼び起こさねばならないのである。しかしだとすれば、政治的コミュニケーションがいまだそのものとして、つまり〔政治家個人による〕談話としてだけ受け止められているのは、驚くべきことではないのだろうか。〔結局のところ、政治家が有権者と一体化し、有権者の声を代別することなどできないのだ。〕

これは、政治へのさらなる予期外れ＝失望が付け加わってくるとまでは言わないにしても、《政治への立腹》へと到らざるをえないのではないか。だが、有権者の政治に対する距離が増大し、〔政治家の言葉は〕もはや傾聴されなくなっていくのではと推測することもできる。いずれにせよ人々が目にするのは、テレビの中のことであり、そこでは画像が目を眩ます働きをする。したがって、次のような帰結が生じてくるかもしれない。すなわち、有権者の決定は以前にも増して最新の出来事に、また目下の直観に、従うようになるのである。

《7》

道徳コードは次の点で、機能システムの普遍的な二分コードから区別される。すなわち道徳コードは、二分コードのもとでのみ作動し自身の作動をその点によって認識するような、特定のシステムを参照するわけではない。近代社会において典型的に見られる、普遍主義と限定性の組み合わせは、成り立たない——この組み合わせによってこそ、多数の普遍主義的な定位を、宗教的な最終定式による正統化なしで、制度化できるようになるのだが。それに対して道徳は、限定なしの普遍主義を提示する。もちろん道徳は、独自の統制的基準を参照しうる。しかし、他のコード化の場合なら、当該コード特殊的なシステム言及によって制限が与えられるのだが、道徳の統制基準は、その代替物となってはくれないのである。したがってこう問われねばならない。道徳はいかにして、限定なしの普遍主義としてやっていくのだろうか、と。

モラリストは以上の条件下では、普遍的な妥当要求を放棄するに至るように見える——倫理学においては必ずしもそうではないにしても（倫理学によって道徳は以前と同様に普遍主義を要求していく）、コミュニケーションの実践においては。モラリストは実践的には、説得できない敵対者と関わるという点から出発するからである。したがって道徳は、闘争的な特徴を帯びる。道徳はコンフリクトによってこそ燃え上がるのであり、自身の立脚点を、全体社会の中で見いだされる他の見解を拒絶することを用いて、根拠づけるのである。まさにこの意味で道徳は、一七〇〇年ごろの言葉遣いに戻るならば、狂信的とは言わないまでも、熱狂的になる。[*24] 熱狂の反対概念は、これもまた一八世紀に強調された点なのだが、アイロニーだということになろう。[*25]

熱狂的道徳の事例を、抗議という形式で表出される新しい社会運動のうちに、また宗教的な、あるいはエスニックな原理主義のうちにも、見いだせる。それらを取りまとめている動機は、共通の《対抗物》であり、しばしば、機能システムの世界規模の普遍主義の効果への対抗であるように思われる。さらに特徴的なのは、対抗者の自己記述の中では次の点が考慮されはしないということである。つまりそうすることでセカンド・オーダーの観察からファースト・オーダーの観察への〔低速ギアへの〕切り替えが生じているのである。そして最後に、批判では満足せずアクティブに、しばしば身体と生活とを賭して、当該の事柄への関与がなされるという点も挙げておこう。以上すべてからは、普遍主義と限定性という近代的な組み合わせに代わって、普遍主義と複数性との組み合わせが登場しているとの印象が生じてくる。パーソンズのパターン変数の理論では、これはパラドキシカルな組み合わせだということになろう。そこでは同一の自己言及の両極端の値を同時に実現しようと試みられているからである。したがってセカンド・オーダーの、距離を置いた観察からすれば、この種の立場は疑わしいものに思われてくる。少なくともそれは特定の観察者に特有なものと見なされ、それら観察者に帰属されるのである。この事態は、それら観察者の普遍性要求の信用を失墜させ、きわめて容易に、その種の抗議の正当な核がもはや知覚できないという事態へと到るのである。そうなればまだ問題となるのは、近代的世界のあからさまな偶発性に直面して、自身のアイデンティティを救おうとする、特定のグループの試みだけなのである。しかしそれに対してはこう応えるしかない。君が自分自身の問題に関わっているということが、どうして僕の注意を引くというのか、と。

したがって、この種の熱狂的道徳に関しては、社会学的記述は行いうるにしても、倫理学などもはや存在しえないように思われる——アイロニカルな倫理学なら話は別かもしれない。だとすれば、それに慣れなければならないという話になるのだろうか。

締めくくりの考察として、こう問わねばならない。道徳化することの問題点とリスクとを知悉しており考慮に入れる、道徳化を行わない倫理学――それはどんな実践的効用を有しているのだろうか。

《8》

これまでの考察から、今日の状況に適合的な倫理学の内容への、遡及推論が生じてくるわけではない。価値コンフリクトの決定不可能性の論理的分析もまた、倫理的規則へと通じるわけではない。その分析によって、まさにそれゆえに決定が必要になるとの印象が生じてくるとしても、である。偽善の機能に関する、また複数の二分コード化の両立不可能性に関する社会学的洞察を、倫理学的プログラムへと直接に変換することもできない。倫理学というものが、道徳的コミュニケーションの反省理論であろうとする以上、今日では《主体》の存命中とは異なる問題を解決しなければならないという点は見て取れる。しかし、道徳の区別のパラドックスを展開するどんな形式が、倫理学として提案されうるかは、見て取れないのである。さらにまた、〔道徳が機能システムを形成することはないという〕この問題の独自性のための感覚が欠落してもいる。

したがって現在のところ残されているのは、《倫理》の日常における政治的語用法によっていったい何が期待されているのかを注視してみる可能性だけである。倫理委員会が設置されるのがどのような契機からなのか、また何のためになのか。この点に注目するならば、答えは明白だろう。それは、法的規制を、拘束力を伴わないかたちで〔政治的にも拘束力を伴わないかたちで〕準備させることなのである。[*26] 問題が論じられ、解決策が探し求められる。《倫理》という指し示しのもとで生じてきた伝統は、それとはほとんど関係がない。その種の委員会で、あるいはカント流の《討議》において、実質的な価値倫理家ないし規則功利主義者との論争が行われたなどという話は聞いたことがない。

道徳ないし倫理と法との伝統的な区別を用いて、法的に拘束力のある決定など期待されていないという点が示唆されるだけのことである。和解への圧力を受けているわけでもないし、権力関係を考慮する必要があるわけでもない。重要なのは議論の交換、了解であり、そこでは誰も、自身の信念を道徳の祭壇に捧げることなど予期していないのである。しばしば、不確かさとリスクの問題がきわめて支配的なものとなり、その結果、どのみち《肯定的な》、すなわちあらかじめの、規制だけが提案されうるということになる。〔少なくとも当委員会は十分な規制策を提案したのだ、との弁明のために、である。〕そこでは関与者が、相互の尊敬ないし軽蔑を賭けることを無視するという点が、相互行為の前提となるのである。

《倫理》がこのように理解されるのであれば、それは偶発的なものと計測不可能なものに対する、政党民主制における〔政権を取ったり取られたりの〕キャリア・ゲームと〔相手陣営からの〕同意取り付け計算に対する、並行的行為として把握されうるだろう。問題を処理する、不確実性とコンセンサス探究を縮減する、第二の道筋として、である。だとすれば倫理という尊敬を要求する概念は、距離を正統化する機能を、また同時にあたかも問題なのは利害関心ではないかのような見かけを醸成する機能を、有していることになる。このように理解されるならば倫理は、民主制的政治文化の高度な非道徳性に属しているということにもなる。

第六章　経済倫理――それは倫理なのか

開始早々に言っておかねばならない。私がそもそも何について話をすればよいのか、わかっているわけではない。当該の事柄に名称が付されてはいる。「経済倫理」と、である。そこで〔解明されるべき〕秘密とは、規則であるということもわかっている。しかし私の推測ではそれは、国家理性だとか、イギリス料理だとかの事例と同様に、ある種の仮象に属している。それらが秘密という形式で登場してくるのは、そもそも存在しないがゆえに秘密に保たれねばならないからなのである。

この推測に従って、以下では分析をセカンド・オーダーの観察の水準に設定することにしよう。これはすなわち、経済倫理というものが存在しており、それに従うべきだと暗黙裏に前提にする、あるいは明示的に強調する、コミュニケーションを、観察し記述するということである。規範という形式は明らかに、秘密を確証し、またそれも秘密であるということを、つまり秘密自体が秘密に保たれるということを、隠すために役立つのである。というのは、この形式によって許される立場へと後退することによって、次のように述べうるからである。この倫理が、仮に存在しないならば、存在するべきである、と。そうなれば実際のところ、それなりの理由を挙げることができるのである。

しかし事実にのみ関心を向ける社会学者には、この事態は特殊な種類の病理状態として現れてくる。それを、オトマール・バルヴェーグ[★1]（Ottmar Ballweg）の診断に従って、[*1]《アピール Appellitis》と呼んでもいいだろう。それは原則的には無害であり、生命に危険を及ぼすことは決してない。しかしそれに見舞われている者当人にとっては、まさに苦痛に満ちているのである。その点を独特の痙攣によって、また患者が行動し、他人に感染させようと試みる際の激しさと強度によって、見て取れるだろう。

《1》

まずは歴史的語用法という、事実に関わる考察から始めよう。一八世紀末以降において「倫理（学）」として指し示されてきたのは、一つの学術的な分野である。それは道徳的判断の根拠づけに関わるとともに、実践的にも、当該の根拠づけられうる行動に与するものである。それには二千年にわたる伝統が先行しており、そこでは「倫理」ということで、エートス（ēthos）の教説が理解されていた。そしてエートスは、自然的な生の完成形態として理解されていた。その後、中世においては、制限を受けつつもなおも自己規定された生活様式の自然的完成態として、家政（経済）あるいは市民社会（政治）という文脈によって与えられた（各人の自然＝本性に基づくものではない）諸条件との違いにおいて、理解されていたのである。この構想が放棄されねばならなかったという事態はまちがいなく、近代社会への構造的移行と関連している。したがって、現在においても件の過去へと逃避しようとする試みがなされているにもかかわらず、[*2]この放棄は不可逆的なものとなっているのである。学術的な倫理学が周知の困難に陥っている以上、旧来の構想に立ち帰ることなど、もはや正当化されはしない。この困難を三つの事例によって、手短に想起しておくことにしよう。おそらくそれらは、きわめて重要なものでもあるのだから。

最初の事例は、カント流の人倫法則の演繹的不毛性に関するものである。そこからは具体的な行為の指示など生じてこない。この点には法学者も教育学者も、芸術批評家も（フーゴー、ヘルバルト、A・W・シュレーゲル）きわめて早くから注目していた。彼らはその代わりにむしろ自身の行為領域の制度的な、専門職的な目論見に努力を傾注したのである。一八〇〇年ごろにはこの点に関して了解が成立していた。[*3]

第二の難点は、次のような経験に関わるものである。すなわち実質的な価値倫理学は、一部は新カント主義者たちによって、またとりわけマックス・シェーラーによって推奨されたのだが、価値コンフリクトの規制について何ら配慮していなかったのである。かくも多くの否定されえない価値ないし非価値を、信頼できるかたちで送達し、それについてのコンセンサスを見いだした者など、いまだかつて存在していない。価値というものは、それぞれが自身にとっての反対価値を排除するにすぎない――しかも〔当該の価値／反対価値の区別は何から区別されるのかについての〕未決の面を伴って、である。そしてこれは以下の事態を意味するのである。確かに価値は、コンセンサス能力ある視点を、あるいは全体社会総体に及ぶ評価を画定する。しかし〔その視点や評価を実践しようとする〕あらゆる決定は、常に〔特定の〕機能システムおよびその組織の中で、あるいは私的なかたちで下されねばならない。そしてそこではただ決定を下すシステムを通してのみ規定されるのである。つまり経済的決定の場合なら経済そのものによって、企業ないしは、わずかな収入でやりくりしなければならない私的家計を通して、ということである。

第三の倫理学、すなわち功利主義のそれの場合、問題は個人的選好の社会的集積のうちに存している。これは少なくともアロー以降、周知のものとなっている。[*4] ウィトゲンシュタイン流の規則概念を参照することを通して、これを回避しようとするのが普通ではある。この概念は、規則について語りうるのは、その規則が一つ以上の事例に適用される場合のみであることを示すのである。しかしその欠陥は、この概念が言語ゲームを前提としており、個々の事例においてどの言語ゲームがプレイされているのかを示しえないという点に存しているのである。

倫理学の議論は今日に到るまで、この意気を挫くようなパースペクティブから解放されるわけにはいかなかった。しかしそこではまだ、社会学にとって最も重要な異議がまったく考慮されていなかったのである。それはすなわち、劣るかたちで意図された行為が有益な（wohltätig）帰結を伴うこともあるし、逆に良く意図された行為がしばしば帰結において失敗するという洞察である。それゆえに心情倫理から責任倫理への移行が宣言されるわけだが、これは未来を知りえないということによって挫折する。だから今日では、リスク倫理への拡張が生じているのである。しかしこの倫理（学）のほうも、倫理的に推奨されるべき、《正しい》リスク準備のための規則を、何ら発展させてはこなかった。むしろそこからは、決定者のパースペクティブと当事者のそれとの齟齬が生じ、それが現在までに高度に政治化されるに到っているのである。だからこそしばらくの間、共通の助言の手続き、《手続き化》、参加に、拠り所を求めようとされてきたわけだ——結果としては、それらの希望もまた潰えていくことにしかならなかったが。[*5]

この学術的な瓦礫の山の中から、まだ修理可能なものを見いだしうるか否かについては、疑ってかかることもできる。識者のほうは自制しているのが目立つ。[*6] 倫理が何に関係するにせよ、例えば人間の生活様式の完成態にであろうが、良く根拠づけられた規則にであろうが、もはや倫理は一方的に良いものによって方向づけられるわけにはいかない。問われるのはむしろ、良いと劣るないし善いと悪いの区別によって自身を方向づけることは有意味でありうる、あるいは必要とされうるのか、またそれはどんな事情のもとでのことなのかという点である。この観察ないし判断の図式があまりにも重大な帰結を引き起こすがゆえに、倫理が、「慎重であれ」と助言しなければならなくなるということもありうるかもしれない。[*7] 一ナルモノヘノ還元（reductio ad unum）が考慮される場合には、つまり道徳のコードが統一性として扱われうる場合には、それは《良いもの》としてではなく、パラドックスとして生じていることになる。このパラドックスに突き当たるのは、良いと劣るの区別がそれ自体として良いのか劣るのかを決定しえない場合である。[*8]

倫理学という部門の分節化の困難さはまったく明白だが、おそらくその背後に控えているのは、この問題なのである。少なくとも一つの要求が浮上してこざるをえない。倫理一般に関する、とりわけ経済倫理に関するあらゆる議論において主唱者は、自身が何を考えているのかを、また倫理という名指しのもとでどんな規則を道徳的に根拠づけうると見なしているのかを、正確に述べるよう求められていると感じるはずである。だがこの要求そのものは倫理的命令ではなく〔そうであるとすれば、これは一つのパラドックスであろう〕この種の議論にさらに関与していくことへの関心の問題でしかない。私はすでに車のキー〔＝倫理〕を、ポケットの中に〔上記の要求に従いつつ〕探しているのだ。

《2》

しかしセカンド・オーダーの観察者として関心の対象となるのは、状況であり不可解さであり、なぜ他者は見ていないものを見ていないということを見ていないのかを明らかにしようとする試みなのである。

このテーマを改めて通覧してみれば、別種の問題設定が浮上してくる。すなわち、なぜ誰もが倫理を、また同様にして文化を口にするのか、との問いである。なぜ有価証券基金は倫理基金と称されるのか。そうすることで、そこでは良い貨幣で良心を贖いうるとでもいうかのように、である。またそもそも経済運営が相場帳簿、利益、市場配当のみに視線を向けるのではなく、それを超えて、世論の口を借りて自身を整えよとの需要に直面し、その需要に屈するのはなぜなのだろうか。

この種の倫理の波は、活版印刷術が導入されて以降、一つの世紀が終わるまでの間に終息していった――あたかも、〔これまでのやり方を続けていけば、やがて破局が訪れるぞという〕予言的な回顧が〔一時的に生じはしたが〕、世紀の動向によって精算されていった時代でもあったかのように。[*9] 道徳化しようとする動きが特に生じるのは、他者に責任のある状況が、病理的だと感じられる場合である。ここで、一六世紀後半における貴族理論の最後の一花のことが想起されるかもしれないが、それは三身分説とも決定主権の近代国家への集中化とも、折り合ってはいけなかったのである。あるいは一七世紀終わりに生じた、公的なものと私的なものとの、〔自己〕呈示と誠実さとの、国家業務と《クラブの自由》〔シャフツベリー〕との齟齬でもよい。さらには一八世紀終わりに、フランス革命によって確定された貴族社会の崩壊が可視的となったことでもよい。あるいは一九世紀終わりに立てられざるをえなかった、経済的な利得獲得ないし政治的帝国主義から生じざるをえない、〔経済活動に対する〕制限についての問いでもよい。今日の状況も、異なるテーマを伴ってではあるが、きわめて類似したものであるという点については、誰も異を唱えようとは思わないだろう。そして神学者によってお墨付きを与えられた、未来を見通す予言など、存在しえないがゆえに〔なおのこと〕、この世紀の犯した罪が回顧されることになるのである。

今日においても、それに続く思想として思い当たるテーマには事欠かない。近代社会の技術的配置から生じるエコロジカルな帰結については、誰もが口にするところである。近代的なテクノロジーのリスクと、その《封じ込めcontainment》という問題についても事は同様である。産業国家と周辺的国家の間の格差が減少するどころか増大しつつあることも挙げておこう。さらに、国際社会が戦争の危険を効果的に除去する能力を持たないこと、経済が潤沢な生産を、特に農業において、何十万もの人間が飢餓によって亡くなっている場所で実現できないこと、また投入の用意のある資金を投資に回せないという点もそうである。そして言うまでもなく、この世紀の社会倫理的な巨大実験の、すなわち社会主義の、崩壊もそうである。それは市場経済の優越性による云々というのは、どちらかというと表層的な説明だろう。しかしこれらがテーマとなっているとしても、それに答えうるような倫理学はどこにあるというのか。それとも、倫理学は治療ができないにしても問題の疼きを減らしてくれるという理由で、処方されているのだろうか。

特に経済を取り上げる場合、何よりもまず次の点が想起されるだろう。すでにアダム・スミスは、経済を自身の道徳的共感の理論の応用事例として扱おうとする試みに、失敗していた。だから後に彼は、靴職人には適切な価格を与えるほうが、道徳感情に訴えるよりもはるかに良いということを認めるに到ったのである。ある種の不愉快さは残ってしまう——とりわけ、経済理論にとっては見たところ、行為者、行為、客体、相互行為およびそれらの前提を量的な用語で、所有物に結びつけつつ記述することで十分だからである。すなわち資本、信用利率、価格などとして、である。そして、これはことにマルクスを苛立たせたのだが、資材コスト、資金コスト、労働コストを単に決算するだけで、企業が所与の市場条件のもとで収益を上げつつ運営されうるか否か、またそれはいかにしてかを考えるには十分である、あるいはそうすることが合理的ですらある。しかしこの事態を天国のために、倫理を用いて修正すべきなのだろうか。倫理という特別会計を貸借表に書き入れることによって、というわけなのだろうか。

もう一つの事例を、経済の組織領域から取ってくることもできるだろう。ここにおいては明らかに、あらゆるハイアラーキーは短絡を生じさせてしまう。それゆえに旧来の支配の形式は止揚される。ヘーゲルによればこの形式では、主人ではなく奴隷だけが、自身がいかに観察されているかを観察しなければならない。この主人は、ファースト・オーダーの観察者としてだけ働くがゆえに、客体とのみ関わればよいのだった。そのような主人は今日ではもはや存在しない。存在するとすればアノーマリーとして、アナクロニズムとしてのことにすぎない。近代的な指導学説では、トップもまた、いやトップこそが、自身がいかに観察されているかを観察することを学ばねばならないのである。[*10] とはいえ立場と責任のハイアラーキーは残る。おそらくは、リスクを孕む決定を行わねばならない組織においては、それは増大してすらいくのである。[*11] 次のように推測するのには、それなりの理由がなくもない。組織は、観察することを、また観察されていることをこのように観察するのを、実行する中で、現状よりさらに保守的になっていく。そうなればリスク問題は、ある種の陰謀じみた《コントロールの幻想》によって扱われることになるのである。

論理学から情報を得た理論がこの点について述べるところでは、この種の循環化された、もつれたハイアラーキーは《ゲーデル化》されることになる。つまり、外部への言及へと手を伸ばすわけである。倫理の魅惑は、これによって説明されうるのかもしれない。《超もつれは新たな不可侵のレヴェルを作り出す》と、ベストセラーとなった（これは偶然のことではない）ある本の中で述べられている。[*12] 法理論では、ロナルド・ドゥオーキンが高い声望を享受している。それは彼が、法システムは規則と折り合っていくだけでなく、原理にも向かわねばならないと考えているからである――そしてその時念頭に置かれているのは、直接の法的妥当を伴う道徳的原理なのである。[*13] しかしこれは、《システムから飛び出すこと》[*14]を重視しているわけではないし、それゆえにまた、その種の《不可侵のレヴェル》が実際に存在するのか否かが重要なのでもない。システム内においてそれを引き合いに出せれば十分なのである――今日では論理学において、証明不可能なものすべてが、それ自体の明証性によって正当化されない場合でも公理として導入されうるのと同様に、である。作動を継続するためにはそれで十分なのである。

かくして管理者は会議と技能研修コースへと向かい、文化と倫理についての、あるいは《全体性思考》についての、教えを拝聴する。瞑想に、あるいは奇妙な名称であるが、《サバイバル・トレーニング》に励んだりするのである。増大しつつあるサービス市場が、ここにおいて反転していく余地が生じる。〔各種サービスの提供増大という経済活動への制限が、「トレーニング」を提供するサービスによって導入される、というように。〕倫理はその中央に位置するのである。それは機能するがゆえに機能的である。それによって決定に何らかの影響が及ぶか否かは、未決の問題である。[*15] ましてやこう問うてみればよい。《経済全体 die Wirtschaft》のために一つの倫理を提唱する際に、守衛のことも株主のことも、労働者のことも労働組合員のことも、消費者のことも、同じくらい想定されているのだろうか。つまり、直接にであれ間接的にであれ、あらゆる経済的な、支払いに結びついた取引が想定されているのか。あるいは問題となっているのは、管理者の自己呈示のための助言にすぎないのだろうか。

しかしこのようにして、あるいは別の言い回しで生じてきたものが、ジャン・パウルが《美徳の単なる見せかけ》と呼んだものにすぎないとしても、[*16]そこには進歩が存しうるのではあるまいか――ジャン・パウルもそう見ていた。〔見せかけにすぎないとしても、それは〕古い時代の非文明的な振る舞いに比べれば進歩している、と。

《3》

以上の、どちらかというと知識社会学的な分析によっては、重要な理論的設問には何ら答えられないままなのは明らかである。次のような設問がまだ残っている。はたして倫理学は、今世紀末の全体社会の状況に適切に反応しうる理論形式なのだろうか。倫理ファンの善意の中には、悪しき（schlimm）帰結が潜んでいるかもしれない。すなわち、近代の全体社会を、またその中にある経済という機能システムを把握しようとするあらゆる真剣な試みが蔑ろにされてしまうという帰結が、である。

経済学は非常な成功を収めてきたが、今述べた課題が経済学の手によって最もうまく扱われうるなどとは、あまり期待するわけにはいかない。社会学理論という距離を置いた地点から見ればむしろ、こう問われるところだろう。今日において支配的な、高度に集積されたデータの数学的描出よりもリアリティに近い、経済の記述はありえないのだろうか。もしありうるとするならば、経済の方向づけの危機のための解決策は、倫理による方向づけよりもむしろ、経済そのものによって経済を方向づけることのうちに存しているのではないだろうか。

組織に対する外部から設定された助言は今日では、経営経済学（Betriebswirtschaftswissenschaft）の手によるものではほとんどない（それが行いうる事柄については、企業自らがなしうるだろう）。この点は考えさせるところがある。明らかに、観察することを観察することということこの問題が、十分には扱われていないのである――この設問に関しては、注目すべき、パラドックスに触れている古典的著述家もいるのだが。[*17] マクロ経済学的にはこの問題は、価格を用いて解決される。[*18] この問題がそのようにして解決されることからは、広範囲に及ぶ帰結が生じるが、組織内部に関してはほとんど何も述べてくれない。すでに以前から知られているように、市場は正しい組織についての遡行推論を何ら可能にしないからである。だから次の点も驚くには当たらないだろう。すなわち、テクノロジーの領域では革新的に整えられた企業でも、組織の問題に関しては既存の構造を保持するほうに傾きがちなのである。[*19]《指導スタイル》

について論じられてはいる。しかしスタイル概念が用いられていることからしてすでに、このテーマを理論的に扱いきれないことが明らかになっているのである。★2

決定のための正しい時点を見極める上で、知を頼りにして何ができるのか。こう問いを立ててみれば、同じ困難を見いだすことになるだろう。これもまた古典的な、以前は《賢慮 prudentia》のもとで扱われてきたテーマである。今日ではこれはより鋭いかたちで提起されているが、それは全体社会がさほどの誇張なしに、「目的適合的なものが目的適合的であるのは瞬間的にのみだ」と主張しうるようになっているからでもある。中央銀行政策を見るだけで、この点を認識できるだろう。経済を操舵しようとする試みは明らかに、より不安定な条件と、速やかに撤回可能な決定とを伴いつつ事を進めねばならない。また、評価と意図とを伝達することだけからしてすでに、自己成就的ないし自己破壊的な予言という意味で効果を発揮してしまう、そのような状況を伴いつつ、である。この状況下では予言はただ、観点を特化するという意味しか持たない。その観点は次の瞬間には修正へと委ねられることになるのである。

これは貨幣政策に関しても成り立つだろう。そしてそこにおいては予言は、チューリング・マシンのように機能するのである。すなわち、自身のアウトプットを継続的にインプットとして用いるわけである。しかし経済は生産および労働部門においては、この最高度の不安定性に比べれば、はるかに不活発である。社会主義的な経済帝国の残余を市場経済へと転換させようとする試みを見れば、この点は明らかである。あるいは、経済においてインフレが想定され、それが企業や家計の財務構造に組み込まれている場合に、マネタリズム的政策手段を用いてこの災厄を払拭しようとする試みを、考えてみてもよい。それがうまくいかないことは、現在のブラジルの事例でも示されている。雇用は基準には合わせられないのである。

さらに別の問題は、貨幣手段の用法が投資的というよりもはるかに投機的であることに存している。比率は一日当たり十対一であると評価されているが、これはまったく誤っているわけではないだろう。さらに、投資はインフラストラクチャー部門よりもむしろ消費部門に向かうという事情が加わってくる。現在までに、社会主義的な経済計画がこの設問をよりよく解決できるわけではないということが知られるに至っている。それどころかそこでは、この設問が視野に入ってくることすらないのである。というのはそこでは情報は自身の計画の達成／未達成という図式の中でのみ知覚されるからである。しかし社会主義的経済計画が失敗したからといって、われわれ自身の心配の種がなくなるわけではない。

これらの問題から、次の点に立ち帰っていくことにしよう。われわれは経済的合理性を、企業に特化した賃借対照表を用いることによってのみ、認識しうる。またそれは、企業と市場との十分な分化のもとでのみのことなのである。したがって合理性は細目化された、矮小とも言えるフォーマットにおいて、生じてくる。これはまた、貨幣政策が有している可能性は、システムのそのつどの歴史上の、特定の状態を踏まえつつ、埋め合わせる効果を及ぼすことのみであるという点のも示している。そこでの観察手段は、高度に集積されたデータである。さもなければ合理性は経済において、誰の興味も引き起こさないだろう。さらに加えて近年の文献では、合理性に対する、ではないにしても合理化に対する、疑念も増大している。しかも二つの観点において、すなわち全体社会総体の進歩に関してと、行為への動機づけに関してである。[20]この事態もまた、遡って《倫理》について問うことを動機づける。もはや無邪気に、「目的と手段の関係において経済的に最適化を行うことの合理性が、全体として合理的である」ということから出発できはしないのだ、と。しかし、ではどうなるというのか。

この種の問題は、直接的にであれ間接的にであれ、近代社会の経済システムという枠条件から帰結するものである。より精確に言えば、このシステムが貨幣というメディアを用いて分出し、作動の上で閉じられていることからの帰結なのである。この種の《脱埋め込み化》が事実としてどこまで達成されているかは、[21]問われてしかるべき事柄である。とりわけ、住民の最低生活水準がもはや維持できない（一九世紀初期の言葉では《窮乏状態 Pauperismus》が生じている）、あるいは全体社会そのものが、住民の大半を実際上あらゆる機能システムから排除することに依拠している場合に関しては、特にそうである。われわれは、一つの問題を定式化することによってこの問いに代えることにしたい。

倫理が正しい宛先なのかどうか。この設問に立ち帰るとしよう。外化する言及がどうしても重要であるというなら、《政治経済学》という伝統的概念をその代わりに再導入するのを考えてみることもできよう。あるいはさらによいのは、次の点を考慮することである。経済は機能システムとして全体社会の中で作動するのであり、その独自の自律性と作動上の閉鎖性を、他ならぬこの周囲状況に負っているのである。金融市場における、しかしまた企業水準においても、急速に濃縮されつつある国際化という背景のもとで、この反省は国民経済から世界経済へと、したがってまた世界社会へと振り向けられねばならないだろう。

倫理家は安んじてこう言おうとし続けるかもしれない。それはわれわれの問題ではない、と。彼らは当為の世界へと逃避するだろう。だがわれわれはリアルな問題と関わらねばならない。そしてどんな表面的なものであろうと、何らかの分析を加えてみれば、これは構造的問題であって、何らかの種類の倫理によっては解決できないということが明らかになる。倫理は常に個人の行動へと向けられてきた。あるいは少なくとも、中世以来、〔行動するのは個人であるという〕この観念は倫理の概念と結びつけられてきたのである。しかしながら組織領域ではすでに、企業家個人の決定というこの観念は放棄されている（経済学的ヴァージョンにおいてすらそうなっている）。決定とは、組織化されたシステムの内部でのコミュニケーション過程において、生じるものなのである。そして部分的決定とは決定過程をエピソードへと分かち、先へ推し進めていくものなのである。これらすべては不可避的に、セカンド・オーダーの観察の様式において生じる。この種の過程を当為価値によって裏打ちすることに反対するものは、何もない。専門職に見られるように、少なくとも《非倫理的な》行動を画定し排除することについても同様である。

しかしこの種の、今挙げてきた諸問題に密着して作動する倫理が、すでに存在しているのだろうか。存在するとしても、それは社会学において以前から《草の根》として、あるいは《インフォーマル組織》として、指し示されてきたもの以上の何かなのだろうか。

この点について何かもっと、特に精確な事柄を、聞かせてもらえれば嬉しいのだが。

《4》

最後の驚嘆の眼差しが、次の観察へと向けられねばならない。すなわちよりによって神学が倫理に、しかも経済倫理に、関心を示しているのである。何故なのだろうか。

蛇が本当に悪魔だったのか否かは、今日では決しがたい。あるいはそれは神のプラクティカル・ジョークだったのかもしれない。その目的は、楽園という美の局面の後で、〔労働の労苦を伴う〕事業という現実的事態によって、人間を天地創造に関わらせることだったのだ、〔エデンの園を追放された後で、人間は労働を通じて世界を加工し、神が意図した状態を実現していくのに参与できるようになった、〕というわけだ。いずれにせよ、道徳は悪魔によるものだと考える理由は多々ある。特に、道徳が正義としての刻印を持つ場合に関しては、そうである。中世において道徳はすでに悪魔の所行であると見なされていた。そうなるとマリアのトリックに満ちた魂救済活動がそれに対置されることになる。それに対して神には、個々の事例に対して、区別せず、比較もせず、直感的に介入することが、留保され続ける。〔神の介入は、善／悪の図式に従ってではなく、それを用いて、したがってそれに縛られることなく、為されるのである、と〕。既に当時から神学は、この問題をめぐる困難に直面していたのである。神の観察様式は、例えばニコラウス・クザーヌスにおいて述べられているように、区別によるものではない。いわく、神は《異ナルモノスベテニ先立ツ ante omnia quae differunt》。[*22] このテーゼに関しては数多くの議論がなされてきた。神は起源でも非‐起源でもない。存在でも非‐存在でもない。異なるものであることも、異なるものでないこともない。[*23] 神は善くも悪くもない、神は道徳に対しても無関心である――しかしどこにおいてそうなるかを、私は知らないのである。〔知っているならば、そうならない場合を考えることができ、したがって神を区別に服させることになるから。〕

神学と道徳のこの結婚は教会によって信任されたものではあったが、不幸な成り行きとなり、結果は不毛なままであった。いずれにせよその結果は、宗教に留まるものではまったくなかった。宗教は、人が為すことを善いと見なす力を与える。同時に、それを〔実際に〕コミュニケートする力をも〔したがって、「それを良いと見なすのは良いことなのか」と問い返す機会をも〕与えるのである。問題となるのは魔女狩りかもしれないし、テロリストの活動かもしれない。ホテルの経営か、ハンディキャップを負う人々のための政治的施策かもしれない。すでに膨大な数に及んでいるにもかかわらず常に新たな星を発見すること、自動車が夜間に照明が当たっていないコンクリートブロックに激突しがちなところに、交通を沈静化させる〔減速ハンプなどを施した〕道路を備え付けることでもよい。道徳は、そのためによい、最後には説得力を持つ間主観的にしっかりした根拠が、存在しうるはずだとの幻想によって生き延びているように思われる。

しかしその想定は、今日ではもはや維持しがたい。宗教が意味しうることを再び見いだすには、おそらくここにおいてきわめて多くのものを放棄しなければならないのである。

第七章　相互行為、組織、全体社会――システム理論の応用

科学的な理論形成の課題の一つに、諸概念の適用範囲と焦点深度と理論的仮説との関係を、規制することがある。一つの概念がより多くの事態を包括しなければならなくなれば、その分だけ、当の概念は無規定になっていく。科学政策的にはこの法則は、並外れた意義を有している。ある学科がより強く発展し、さまざまな知がより多く集積されていく。その分だけ、なおも科学的に提唱しうる総体的構想を形成するのは、困難になる。進歩は、相互に関連性のない諸細部の積み上げに帰着するように思われる。それに対して学科の統合のほうは、思弁的に追求される企てに委ねられたままとなる。それは学科において通例となっている〔部外者には通用しない〕標準によって規律化されるのであり、〔外部からの〕コントロールを巧みにかいくぐっていく。短期的な概念流行を作り出して、あわよくば研究を刺激することには成功しうるとしても、それが実際に研究を嚮導できるわけではない。〔学科全体の〕概観〔の試み〕には、いかがわしさという汚点が、知の集積そのものにも、関連性のなさという汚点が、張り付いてしまう――どちらも恣意性の形式なのである。

社会学という科学のために一つの普遍的理論を展開しようとするあらゆる試みは、この問題の圏域に入り込まざるをえない。この種の要請は今日ではとりわけ、社会‐文化的進化の普遍的理論と、社会システムの普遍的理論によって立てられている。どちらのアプローチに対しても次のような非難が加えられてきたが、それはまんざら理由がないわけでもない。すなわちそれらは普遍化という基準を立てている分だけ内容空疎であり、その点で科学的には使用に

耐ええないのだ、と。ある社会学者が社会学の現状について研究したとすれば、一方で思弁的に進行する思考の企てと、他方でただ特定の設問にだけ興味を持つ研究とのこの対立が、眼に入ってこざるをえないだろう。意味のある分業と言うには、二つの立場は相互にかけ離れすぎている。そこから社会学という学科の内部において、体系の危機が生じている。そして言うまでもなく、今日社会学者を第三の道に、規範的信仰告白に、また社会政策的な関与に走らせているのはこのディレンマであるように思われる。学科のこの状態のもとで喫緊の関心対象となるのは、次の問いである。普遍的な構想を、その統合的機能を喪失することなく、使用可能な研究理論へと翻訳することに成功しうるのか。またそれはいかにしてか。本章の狙いは、社会システムの理論という事例によってこの問題を論じることにある。

《1》

多数の人格の諸行為が有意味に相互に結びつけられており、それによって、連関しているという点で、そこに属さない環境から区切られうる――この場合には常に、社会システムという語を用いうることにする。人々のもとでコミュニケーションが生じるや否や、社会システムが成立する。というのはどのコミュニケーションによっても、一つの歴史が始まるからである。この歴史は、それぞれのコミュニケーションが多くの可能性の中からいくつかだけを実現することにより、相互に関係づけられた諸選択を通して分出していく。環境は、システムが領有し加工しうるよりも、常により多くの可能性を与える。その点で環境は必然的に、システム自身よりも複雑である。社会システムは、自己選択の過程を通して自身を構成する――生物が自己触媒の過程を通してそうするように。したがって社会システムの形成も、またその維持も、そもそも可能なものの複雑性を〔この自己選択を通して〕縮減することを含意しているのである。

このテーゼから出発するならば、そこには同時に特別なシステム類型の形成に関する規則が存してもいるはずである。社会システムは、自己選択と境界設定の過程がどんな前提のもとで進んでいくかによって、さまざまな仕方で形成されうる。この観点のもとで、相互行為システム、組織システム、全体社会システムが区別されうる。今日の社会学研究の最大の重点は、これらの違いに対応している。相互行為における行動の理論ないしはシンボリックに媒介された相互行為の理論、組織理論、そしてまだ不十分にしか発展していないが、全体社会の理論へのアプローチである。システム類型理論は、社会学のこれら相異なる研究分枝を相対化するとともに、統合してきた。その結果として、これらシステム類型の一つを絶対視することは、もはや可能ではなくなっている。包括的な社会システムの理論としての全体社会理論ですら、この点からすれば独自の制限を被っているのである。この理論は確かに、包括的全体に関わるものである。しかし全体を全体的に研究することなど誰にとっても可能ではないという点を、認識しなければならないのである。

まず最初に、システム理論の三つの応用事例のそれぞれに関して論じなければならない。その後で、それらの間に成り立つ関係について、いくらかの事柄を述べうるだろう。

1　相互行為システムが成立するのは、居合わせる者たちが相互に知覚することを通してである。これは、自己-知覚の知覚を含む。その選択原理は、また同時に境界設定原理は、居合わせることである。居合わせていない者は、このシステムには属さない——その者が、他の点では〔このシステムの〕関与者への関係が緊密であろうとも、である。相互行為システムの事例としては、家族内で昼食を共にすること〔家族そのものではなく〕、個々の閣議〔政権そのものではなく〕、劇場窓口で列に並ぶこと、スカート〔トランプのゲーム〕の集まり、群衆、殴り合い、タクシー乗車などがある。これらすべての事例において、居合わせる者には、優先的に注意が向けられる——場を乱すかもしれないし、いつでもイニシアティブを取りうるという理由だけからして、すでにそうなるのである。それと比べれば居合わせない者への顧慮は後景に退く。居合わせていない者がどんなに強力でも、あるいはどんなに愛されていようとも、である。このシステム境界は、居合わせる者とは話すことはできるが、居合わせる者について話せはしないということにおいて示されている。また逆に居合わせない者については話せるが、居合わせない者とは話せない。誰でも知っているように、誰と、誰について話すかは、テーマの選択の上で著しい違いを形成するのである。

言語によって、相互行為システム内で、居合わせない者を扱うことが可能になる。つまりシステム内で、環境の一定の相をテーマ化することができるのである。記号が、居合わせていることの代替となる。記号は、居合わせていない者を代理表象しうるのである。環境は言わば、象徴的に切り縮められてシステム内に引き入れられる。このようにしてシステムの環境関係は著しく濃縮され、強化されうる。とりわけ、過去へと、また未来へも、拡張されうる。かくしてシステムと環境の間の一対一対応は、もはや前提とはされなくなる。これは動物の相互行為と比べて、人間の相互行為が持つ決定的な長所なのである。

ただし、相互行為システムにおけるこの長所が獲得されうるのはただ、著しい制限のもとでのみのことである。話すことのできるのは、一度につき一人だけである。多数が同時に言葉を差し挟み、どうしても話し続けようとするならば、発言の聴き取りやすさと調整可能性は損なわれ、たちまちのうちに無に帰していく。これはすなわち、相互行為システムは内的秩序に対する高度な要求を課すのであって、共通の注意の中心となっているそのつど一つのテーマに集中しなければならない、ということである。多数のテーマは、順次にのみ取り扱われうる。関与者は自身の発言をそのつど現時的であるテーマに限定するか、あるいはテーマ変更を実現するよう試みねばならない。そこから、静かな権力闘争が、シーンの中心と他者の注意をめぐる闘争が、生じてきうるのである。顔を突き合わせての原初的な相互行為という最も根源的な水準においてもすでに、平等なチャンスを伴う社会システムなど存在しないのである。

しかし何よりもまず、テーマの集中という要件は、きわめて時間を奪う構造原理である。あらゆる発言は、順次という形式へと強制されるのであり、したがって時間を要する。さらに加えて、連続という単線的な形式は、内容の上で非常に複雑なコミュニケーションを整理するためには、不都合である。概して言えばこのような構造的条件のもとで作動するシステムは、きわめて高度な複雑性を達成することなどできない。自身の可能性においても、また環境関係においても、である。

2　この制限は、単純な相互行為システムの水準では、原理的に克服されえない。それ以上の働きは別のタイプのシステムの中でのみ、可能となりうる。それはすなわち、相互行為からではないにしても、相互行為の水準におけるシステム形成の制限からは独立しうるようなシステムである。これを達成するのは、全体社会というタイプの社会システムである。

全体社会は、伝統に即するならば、包括的で、それゆえに独立した、自足的な社会システムとして定義される。それは必ずしも客観的に存在するあらゆる行為を、ましてやあらゆる人間を含むわけではない。したがって、われわれはこう述べることにしよう。全体社会はコミュニケーションの上で相互に到達可能なあらゆる行為の、包括的社会システムである、と。現今では全体社会は、世界社会である。存在するのはただ一つの全体社会システムだけなのである。しかし以前は事情が異なっていた。それゆえにわれわれは、全体社会システムの唯一性をも多数性をも指し示しうるような概念を、必要としていることになる。

したがって全体社会は、単にあらゆる相互行為の総和なのではなく、より高度の秩序を伴う一つのシステム、異なるタイプのシステムなのである。全体社会は、その都度不在の者のもとでの、あるいはその都度不在の者との可能なコミュニケーションを同時に体系化できる状態になければならない。その規制は相互行為システムの境界を超えて広がるのであり、したがって後者の境界形成および自己選択原理からは独立する。全体社会独自の境界は、可能な、また意味を持つコミュニケーションの境界であり、とりわけ到達可能性と理解可能性の境界である。それは相互行為システムの境界よりもずっと抽象的であり、また、文化史が示しているように、はるかに曖昧に定義されるのである。

この幅広い全体社会概念に比べると、ヨーロッパ旧来の伝統は全体社会の概念をより狭く捉えてきた。政治的-法的に構成されたシステムとして、政治社会（societas civilis）として、である。今日においても多くの社会学者は、とりわけタルコット・パーソンズは、規範的な全体社会概念を保持し続けている。それによれば全体社会の統一性は、規範ないし価値に即して、一つの最低限基準を共同的に承認することの上に据えられるのである。しかしそこでは、構造上必要とされる、また事実として成立している、コンセンサスが、過大評価されることになる。それによれば奴隷にも犯罪者にも、ヒッピーにも、根本的には全体社会の規範を承認しているはずだとの想定が、押しつけられるのである。

しかし他ならぬ社会学者こそ、犯罪者は犯罪者として全体社会における存在を全うしているということを知っているはずではないか。それは、規範を顧慮し警官に対して自身の行いを隠すということではなく、禁じられている事柄を欲するという点においてなのである。悪しき者独自の論理というものが存在しており、それもまた全体社会に属しているのであって、全体社会の境界の外に位置しているのではない。それゆえに全体社会システムの基礎となりうるのは規範コンセンサスではなく、同調的行動と逸脱的行動の選言であり、両者が予期と反応に関して相応の差異を伴っていることなのである。

さらに、可能なコミュニケーションに狙いを定める全体社会概念は、歴史のために場所を空けておくという長所を有してもいる。ここで想定されているのは、この概念が十分に普遍的であって、全体社会構成体の歴史的多様性を包含しうるということだけではない。さらに加えて、歴史形成の原理を示してもくれるのである。どのコミュニケーションも、相互的な選択の過程を発動させるがゆえに、構造の形成へと向かわざるをえない。その構造が次には、後続のコミュニケーションの可能性の条件として働くのである。この過程が複雑な全体社会システムの形成へと到るための諸条件は、社会–文化的進化の理論の内で取りまとめられる。全体社会システムのみが、進化的過程の可能な担い手なのである。

その際進化は常に、歴史への拘束であると同時に歴史からの解放でもある。進化は既存の達成物に結びつくが、同時に全体社会システムを、その発生的諸条件から独立させもする。例えば科学的研究は今日ではもはや、近代初期において科学システムの分出を可能にした神学的、経済的、技術的与件に基づいてなどいない。はるかに単純に、また直接的に、現在までに確立されている成果への期待に基づいているのである。

基礎的な相互行為のシステムとは異なって、ここでは歴史による一撃は単なる忘却の過程とはならず、機能的代替の過程となる。全体社会は、あらゆる可能なコミュニケーションを包括するがゆえに、自己代替的な秩序である。全体社会はあらゆる変化を既存のシスエムに結びつけるのであって、相互行為のように、単に中止して新たに始めることはできないのである。

3　最後に、複雑な全体社会システムの内部では、第三のタイプの社会システムがますます大きな意義を有するようになりつつある。それは言わば全体社会システムと個々の相互行為システムの間で、全体社会における生活の多数の領域の中へと侵入してきているのである。それはすなわち、組織というタイプである。組織ということで問題となるのはまったく独自の発展であって、それは新たな種類の境界設定と自己選択の原理を体現するものであり、相互行為というタイプにも、全体社会というタイプにも帰されえないのである。

われわれが社会システムを組織化されたものとして指し示しうるのは、成員であることが一定の条件に結びつけられている場合、つまり加入と脱退がその条件に依存する場合である。システムによる行動の要請と成員自身の行動動機は、相互に独立して変異しうるという点から出発しよう。しかし事情によっては両者が、比較的持続性のある布置へと結びつけられることもある。成員性規則――例えば、給与の対価として権威に服従すること――を用いることによって、成員であるかないかが自由に選択され、変異しうるにもかかわらず、高度に人為的な行動様式をかなり持続的に再生産していくことが可能になる。システムの魅力と行動要請との一般的なバランスさえ確保されればよいのであって、各々の単独行為にとっての自然成長的な動機が、あるいは道徳的コンセンサスが、作り出されうるか否かとは無関係となる。動機状態は、成員であることを介して一般化される。兵士は行進し、書記は記録し、大臣は統治する――それぞれの状況下で、そうすることが本人に気に入ろうがいるまいが、である。

成員性規則の形式の中で、分化した職務構造とコミュニケーションの閾が、手段使用の権利と責任が、命令の連鎖とコントロール・メカニズムが、備え付けられうる。加入する者には、それらを一括して承認するよう義務づけられる。そしてさらに、成員であるためのそれら諸条件の変更の規則に服従することすら、義務づけられうるのである。組織のメカニズムは事象的な一般化のみならず、時間的な一般化をも可能にする。きわめて多種多様な行為を同時に可能にするだけでなく、変異を遂げた環境に対する高度な柔軟性および適応能力をも、可能にするのである――これらすべては明らかに、成員であることが成員でないことよりも有利であり続けるという一般的条件の下での話なのであるが。

言うまでもないことだが、あらゆるシステムタイプと同様に、このようにして達成されうるものにも、制限は存在する。例えば次の点が知られている。組織メカニズムは、サービス部門では製造業部門よりもうまく機能しない。行政官僚制の上位の水準では下位の水準よりも、好景気と完全雇用という条件下では過剰な労働力を伴う経済の場合よりも、うまくいかないのである。しかし決定的なのは、動機の一般化と行動の特化が高度に達成されうるのは、ただ組織メカニズムを介してだけだという点のほうである。近代社会においては、多数の機能領域において、この高度な達成が必要とされているのである。

《2》

ここでこの論考の第一部を要約して、第二部に移っていくことができる。

社会システムの一般的理論が定式化するのは、きわめて抽象的な諸概念と、社会的現実を分析するための枠条件だけである。とはいえそれによって、社会システムが自己選択と境界設定の過程を通して自身をいかにして構成するのかは、明らかになる。ただしこの構成過程は、そのつど特別な条件下で進行していく。したがって、相互には還元されえないシステムタイプが成立するのである。あらゆる社会システムが相互行為という定式に従って形成されるわけではない。すべての社会システムが全体社会の定式で、ましてやすべてが組織の定式で、というわけではないのである。したがって、それらシステムタイプに帰属される理論は、それぞれ限られた射程しか持たない。そのどれも、社会的現実総体を掌握するわけではない。全体社会という包括的なシステムですら、自身の内に他のシステムタイプを含んではいるが、だからといってそれらのプロトタイプだというわけではまだないのである。

このような研究アプローチは、最終的にはシステム概念そのものから派生してくるのだが、自ずから著しく錯綜したものとならざるをえない。しかしそれによって、社会的現実へのよりリアリスティックな接近を可能にしてくれもする。この論考の第二部では、三つの観点から、この長所がいかにしてもたらされうるかを示すことにしよう。その際まず第一に、システム理論が適切に扱いえないと主張されてきたテーマを考慮することにしたい。すなわち、社会変動とコンフリクトである。

1　社会文化的進化は、相互行為システム、組織システム、全体社会システムが形成される水準がますます分化していくこととして記述できる。まず、この展開の始点と終点を考えてみよう。最も単純な古代社会の社会構成体の中では、相互行為、組織、全体社会はほとんど同一である。部族社会は、見渡すことのできる、個々人にとって接近可能な、相互行為の圏域から成っている。そこでは組織と同様に、該当しない人員（Person）をはじき出すと同時に、とりわけ結婚を通して、人員を受け入れるのである。相互行為、組織、全体社会は構造上相互に交差しており、互いに制限し合っている。それに対応して、民族学者たちがしばしば観察してきたように、それら社会の境界と自己同定は不明確なままなのである。

逆に〔終点のほうを考えてみると、〕今日において実現されている世界社会にとっては、自身を統一的な組織システムとして構成することは不可能である。組織の動機づけメカニズムが加入と脱退の可能性を、つまりは成員であるか否かに関する偶発性を、前提としているという点からして、不可能なのである。かくして統一的な世界社会への発展は、全体社会と組織というシステムタイプの分離へと到らざるをえない。ましてや相互行為システムと全体社会システムは、互いに引き離されることになる。全体社会はもはやその現実性を、相互行為システムを形成する単なる可能性のうちに持つわけではない。日常的な出会いの総計として自身を把握することは、できないのである。それは例えば、一方では相互行為道徳と、経済的、政治的、技術的、科学的な領域などでの全体社会的な要件との相互乖離を見れば明らかである。この食い違いに直面して、全体社会的な出来事に相互行為を通して関与せよとの要請は、希望を失って現実の背後へと退いていく。それは、件の食い違いが知覚されていることを示す症候群を形成するにすぎないのである。

一方で原始社会、他方で世界社会というこれらの極点の間に位置するのが、地域的に限定された高文化の領域である。われわれの文化的遺産は、それに負っているのである。そこにおいて特徴的なのは、全体社会システムが、個々人にとって可能な相互行為の範囲を明確に踏み越えるだけの規模と複雑性を、達成していることである。都市の中枢ではすでに組織が、とりわけ宗教的、政治的、軍事的、商業的機能のための、あるいは個々の生産課題のための組織が、形成されていた。しかし日常的な生活様式にとって、組織が介入してくるのは稀なことであり、逆に全体社会そのものは政治的組織として、行為能力をもつ団体として、把握されていた。全体社会の道徳的統合は、もはや達成されえなくなっていたが、支配層の内部では独自の相互行為道徳を踏まえつつ、まだ観念することはできたのである。システムタイプの差異は設定されてはいたが、完全に、不可逆的なかたちで貫徹されていたわけではなかったのである。

以上のきわめて概括的なパースペクティブの中で、社会文化的進化を、システム形成の諸水準の分化の増大として特徴づけることができる。これは進化の十全な理論ではないが、進化の、他の諸相と並ぶ一つの相ではある。この水準およびタイプの分化が貫徹されていくにつれて、社会的現実はより複雑になっていく。同時に、相異なるシステムタイプは多種多様な機能を引き受け、相互により強く利益を与えあうようになる。相互行為はもはや同時に組織である、あるいは全体社会である必要はなくなる。このようにして、全体社会的に貫徹される通常性の予期が、相互行為にはもはや課されなくなる。その時、相互行為システムの枠内において、具体的な感情移入能力と反省的な社会的意識が、例えば親密関係という形式で、通常ならざるものにまで増幅されていくのである。組織における行動の特化も、組織システムがかようなまでに分出していく場合には、極端なものへと増幅されうる。分出によって組織システムはもはや、自身の成員の全体社会における他の役割を、例えば宗教的信念、政治的活動、家族状況、近隣関係などを、考慮する必要がなくなるからである。最後に、全体社会総体が最高度にまで複雑性を増幅させうるのは、全体社会がシステムとしてもはや、組織を通して、あるいは相互行為を通してもたらされるような縮減には依存しなくなる場合のみである。例えば全体社会のシステムとしては、団体として組織された集合的な行為能力をも同時に保証する必要がもはやなくなり、きわめて一般的な意味で、あらゆる部分システムの機能と構造の両立可能性をもたらすことに集中できる場合である。

2 こう述べることによってわれわれはすでに、次の問題に直面している。これら水準の完全な分離は、むろん不可能である。あらゆる社会的行為は、全体社会の中で生じるのであり、また結局のところは相互行為の形式の中でのみ可能となるからである。システム諸水準が相互により強く引き離されるにつれて、またシステムタイプがより先鋭に分化するにつれて、そこから帰結する問題がますます緊要なものとして浮上してくる。すなわち諸水準の間の媒介に関わる問題が、である。

その例をいくつか挙げておこう。

組織システムが合理的に設計され、特殊な作業能力という点から形成されるほど、その分だけ、組織的な可能性を相互行為においても実現することは困難になる。相互行為は独自のシステム法則に従うのであって、組織プログラムを引き受けはしない。あるいは引き受けるにしても、限定的にのみである。組織において予見された事柄は相互行為の水準では掘り崩されたり、変形されたり、意図的にはぐらかされたりする。その格好の素描を与えてくれるのは、公式の教会教義学の、告解実践への関係である。それは数世紀にわたって、いわゆる道徳決擬論の枠組の内部で反省されてきたものだった。教会職務における学説組成は、教会組織にとって拘束力あるものと宣明された教義と結びついており、それら教義を解釈し統合するものだった。しかしそれは、告解におけるコミュニケーション圧力のもとで変形されていく。多くの場合、教義に従って教えを垂れつつ、同時にコミュニカティブに告解者に関与することなど、できないのである。確かに、このコンフリクトを解決するための規則は、完全な規則の手引き書すら、存在する。しかしそれは教義の上では厄介で疑わしいものであり続けた。その一部は秘密に留め置かれ、教会政策的には放漫論

（Laxismus）や蓋然論[★1]というタイトルのもとで悪玉化されてきたのである。

ほとんどすべての機能領域へと組織システムを差し挟まねばならないような全体社会においては、この問題は普遍的な重要性を持つに至る。注意しておくべきは、配下の者の服従ないし密かな抵抗のみが問題なのではない、という点である。むしろ支配する者自身が、自身の相互行為システムの容量制限の犠牲になる——そしてしばしば、部下は途方に暮れてしまうのである。一九六九年からの、連邦政府および連邦行政の構造改革に関する広範囲に及ぶ報告では、最上位の統治審級に関して、内閣に関して、問題がそのように扱われている。閣議もまた相互行為システムでしかないのであり、そのつど一つのテーマだけを扱う。それは順次的な作業様式に従い、高度な時間支出を伴い、事象的な複雑性は乏しいままである。したがって情報の流れは停滞しがちになる。だからこそ配下の者は、上司たちの相互行為システムが、組織としての可能性を妨げ、有意義な企画を損なってしまうのをいかにして防止できるのかに、知恵を絞ることになるのである。

事例の第二のグループを、組織システムと全体社会との関係から引き出すことにしよう。さしあたり目につくのは、高度に複雑な全体社会は、全体社会システムの中枢的機能を徹頭徹尾統一的な組織システムに委ねてしまうわけにはいかない、という点である——しかも今日では以前にも増してそうなっているのである。例えば経済システムでは、包括的な世界規模の計画化によって生産組織を統合することに万が一成功したとしても、生産の決定と消費の決定を一つの組織へと取りまとめることなどできない。同様に教育の諸機能も、重点分配の違いはさまざまであれ、学校システムと家庭とに分配されたままであり続ける。他ならぬ複雑な全体社会においては、政治的機能は政府および行政官僚制において引き受けられるのみならず、さらに加えて特殊政治的な諸組織を必要とする。政党や、狭義の《国家的》装置の外での利益団体などである。歴史的に強固に確立されてきた教会組織と宗教システムの統一性ですら、今日ではまさにその同一化を通して適応困難状態に陥っているのは、数多く論じられているところである。

これらすべてが示唆しているのは、全体社会の機能は一括して個々の組織によって司られうるものではない、ということである。それら機能は組織能力あるものとなる前に、さらに分化され特化されねばならない。したがって、例えば経済と政治の関係、あるいは政治と教育の関係のみならず、個々の機能システムの内部における、生家と学校の関係、政治と官僚制行政の関係などもまた、全体社会構造水準での問題であり続けることになる。さらに加えて、個々の機能システムの内部に多数の多種多様な組織が存在することから、相互行為による調整形式なしで済ますわけにはいかなくなる。かくして政治的計画化は、政治家と高級官僚との、まったく具体的な接触を必要とする。ここにおいて、すでに論じておいた隘路の問題が浮上してくるが、それに対する組織による解決策を見いだすことはできないのである。

全体社会の機能を組織へと委譲するというこの問題の裏面として、組織システムの内部では全体社会総体の機能を適切に反省できないということが挙げられる。全体社会の機能の変異可能域と諸機能を満たす様式との両立可能性の条件は、組織目的および組織基準の水準では、適切に表現されえないのである。宗教の機能は、可能な教養ではない。法の機能は規範ではないし、政治の機能は正統性の定式ではない。《経済成長の限界》は、会議のテーマとしてはありうるだろうが、起業家および企業にとっては決定基準とはならないのである。科学においてすら、組織された社会科学研究においてすら、方法の選択が、また仮説の採用と却下が、依拠する基準は、科学の全体社会的機能を反省するためには何ら貢献しない。そしてこの齟齬は、成功の見込みある研究が確立されていくにつれて、減少するのではなく増大していくという点を、考慮に入れねばならないのである。

組織における反省の不足がことに目立つのは、それが最高度の分化した感受性、最高度の分解権能、最高度の組織化された情報処理能力と同時に生じているからである。反省を必要としない、あるいはマルクス主義のようにそれ自体の内に反省を隠し持っているような、世界観に頭から飛び込むことによって、このディレンマから免れるわけにはいかない。しかし、まだ検証されてない可能性が残されている。それはすなわち、全体社会的な反省と組織化された決定とを相互に相対化すること、齟齬を意識しつつ相互に媒介することである。おそらくそのために最適なのは科学だろう。科学の選択原理はそもそも、脆弱な組織的基盤しか有していないからである。

3　システム水準とシステムタイプがますます分化していくことが持つ意義は、一つの特別な問題によって特に明確に示されうる。すなわち、コンフリクトの問題によって、である。相互行為への関与者が選択の提案を引き受けるのを拒絶し、その拒絶を伝達する場合には常に、われわれはコンフリクトという語を用いる。この概念にとっては、引き受けの要求が真理、愛、法的ないし道徳的規範に、あるいは優位性に支えられているか否かは、無関係である。決定的なのは、否定のポテンシャルを、要求された選択を拒絶するために用いることなのである。身分ないし階級の違いが単に存在するだけでは、また全体社会が機能的に分化していることだけでも、それ自体としてはまだコンフリクトではない。しかしそれらは、コンフリクトを孕んだ状態として記述されうる。そして、どのような追加的条件下でそこからコンフリクトの勃発に到るのかが、関心の対象となるのである。

まず最初に、対面下での相互行為の水準で分析を行おう。選択の要求に従うのを拒絶する旨のコミュニケーションを返すのは、ここでは特別な困難に直面する。そうすることが問題含みなのは、このシステムがテーマの上での集中という条件下で作動する、すなわちそのつどただ一つの主要テーマを扱うことができるだけだからである。拒絶を通してコンフリクトがテーマとなる場合には、それに対応してシステム総体が構造を変化させることになる。この新たなテーマへの反応が生じ、争議ではないにしても論争が成立する。それが以後システムにおいて可能な事柄を、多かれ少なかれ制限するのである。相互行為システムはあからさまなコンフリクトをうまくやり過ごすことができない。そうできるほど十分には、複雑でないのである。コンフリクトを回避するか、それともコンフリクトであるかの選択しかないわけだ。

相互行為に近いかたちで構造化されていた古代の全体社会システムは、相応の制限に晒されていたことがわかる。この社会は絶えず、コンフリクトを抑圧するか、それともあからさまで暴力的な争いかという、二者択一の前に立たされていた。圧力を伴う仲裁手続きは、この事態に合わせて設定されていたのである。したがって全体社会の分化は、初歩的な形態でしか発達しなかった。それは一方ではコンフリクトを抑圧するには効果的だったが、他方では実力行使と分離に対しては抵抗力を有していた。環節的分化という形態ではこれが、家政、性別、居住共同体、集落に従って行われていたのである。

それ以降の発展すべては、全体社会水準でのコンフリクト・ポテンシャルの増大を前提とする。そしてそれは二重の観点においてのことである。拒絶をコミュニケートし返すことを通してコンフリクトを生みだす可能性として、またコンフリクトを継続的な契機として耐え忍んでいき、決定的な事例において〔初めて〕決定を下す可能性として、である。複雑性が増すとともに諸利害と諸パースペクティブの分化も増大し、否定のための契機と構造的可能性も増していく。今や社会秩序は、次の点を見越しておかねばならない。法規範は変更される。交換の申し出を拒絶しても、それは侮辱にはならない。真理の主張には疑いが差し挟まれる。宗教的儀式に対して距離を取っても、そうすることで他者の感情を傷つけはしない。あるいは、宗教共同体から脱退するなどという事態にはならないのである。それぞれ異なる特殊利害を一貫して追及する可能性は、決定ポテンシャルの増大に依存している。さらに加えて、全体社会の発展のダイナミズム、すなわち既存のものを変異させる可能性も、それに依拠している。最後に、組織メカニズム総体も、社会関係を中断し新たに始める可能性を前提とする。したがって分化、革新および組織は、コンフリクト行動の通常化に依存しているのである。

この問題の解決策は、相互行為システムと全体社会システムのより強い分化の内に存している。相互行為と全体社会をこのように相互に引き離すことの帰結として、全体社会はその相互行為システムのコンフリクト様式から独立するようになるという点がある。全体社会は、自身の連続性を脅かすことなしに、広範囲にわたってコンフリクト解決の様式としての相互行為の勃発を許容しうる。とりわけ法システムの枠内において、紛争事例の取り扱いへと特化された特別な相互行為システムを、許容できるのである。一般的にいえばこの全体社会は、コンフリクトの膨張を制限することによって、コンフリクトの許容度を高めるのである。市場での競争、イデオロギー上の大論争、組織のミクロ政治における角突き合わせての駆け引きは、一緒に食事に招かれること、出迎えのために並び立つことを排除するわけではない。具体的で共通の共同生活を行わねばならないわけではないがゆえに、コンフリクト事例においても社会関係を中断することも、また継続することも容易になるのである。

他方ではこの事態は、コンフリクトを全体社会システムの水準へと配置転換するためには、利害を多かれ少なかれ人工的に、政治的に集積する必要があるということをも意味する。想定された階級コンフリクトを政治化するための前提として、階級状況が当事者に意識させられねばならない（〔前衛党によって〕注入されねば、とまでは言わないにしても）。社会的大衆運動の理論を、ここに接続することもできよう。その種の運動は、今示しておいた諸条件の下で、選択的な自己増幅の歴史的過程として成立する。この運動は自身の前提を局面のかたちで形成し、したがってそのダイナミズムと発展方向を、自分自身の歴史から獲得するのである。相互行為のコンフリクトが激しくなることもあるが、そうなるのは利害集積の人工性から、また歴史的過程の中で他の諸可能性が除去されることからなのである。〔コンフリクトを許容する〕相互行為の総量に比例して複雑な全体社会における全体社会総体のコンフリクトは、よりまれになると同時により危険にもなる。

組織におけるコンフリクト行為をも考慮に入れれば、この像は完成するだろう。組織システムは成員すべてを、ハイアラーキカルなコンフリクトの取り扱いと決定に服せしめる。それを承認することが成員の義務となるのである。

同時に組織は、内的コンフリクトと外的なそれとを分化させ、成員の組織以外でのコンフリクトとの連関を遮断しもする。職務の中で私的な敵対者に復讐してはならない。政敵の子どもに悪い成績を付けてはならない。また逆に、教師が悪い成績を付けたからといって口座からの支払いを拒んではならない。それに対応するのが、組織に典型的に見られる成員義務である。いわく、内的なコンフリクトを――例えば、人事委員会における同僚間の意見の相違を――外部に対しては隠すべし。この命令がどの範囲まで実現されうるかは、経験的な問題である。しかし、組織というこの新たなシステムタイプを用いることで、相互行為および全体社会という基盤の上だけでは可能でなかっただろうようなコンフリクトが可能となり規制されうるのは、疑問の余地がない。

《3》

この論考の冒頭において、基礎となる分析技法を、かなり錯綜したものとして性格づけておいた。しかしここまで歩んできた道筋は、一つの論考にとってはそうするしかなかったのだが、相当に単純なものであった。われわれはシステム概念に即して、自己選択と境界設定という契機を取り出し、それを踏まえてシステム形成の種々の形態を区別してきた。すなわち相互行為、組織、全体社会である。そこではこの分化は純粋に概念上の区別と見なされるのではなく、社会文化的進化の産物として描出され、したがって歴史的に相対化されてきた。それゆえにわれわれは次のように問い、またいくつかの例によってそれを示すことができたのだった。すなわち、変動する条件下で、また全体社会システムの複雑性が増大していく中で、これらのシステムタイプが相互に分離し、特化され、相互に機能的に負担軽減しあうのはいかにしてなのか、と。この分析からしてすでに本質的に、タイプに特化されて切り詰められた、つまり相互行為論の、あるいは全体社会理論の関連枠だけによって達成されうるものを、超え出てしまうことになる。しかし同時にこの考察様式は、重要な点において、まだあまりにも単純すぎる。それではシステム間の入れ子関係が視野の外に置かれてしまうからである。

行為は、選択的過程として、多くのシステムに同時に所属しうる。したがって、多数のシステム／環境言及に同時に定位しうるのである。つまり社会システムは、空間における物のように、相互に排他的なのでは必ずしもない。だから相互行為システムはどれも、また組織システムはどれも、全体社会システムに属してもいる。また相互行為システムは組織に属しうるが、属する必要もないのである。例えば教授会はそれ自体として一つの相互行為システムであり、独自の経緯の歴史を、また自己規定された可能性地平を、伴っている。教授会は同時に、組織内のシステムでもある。その組織のほうもまた、より大きな組織の部分組織であり、全体社会システムの教育というサブシステムに属しているのである。

この種の形成に際しては、そのつどの包括的システムは、組み込まれたシステムにとって二重の仕方で関連性を有している。前者は後者に、特定の構造的前提を提供する。それを基礎としつつ、〔後者において〕自己選択的な過程が経過しうるのであり、その可能性が制限されもする。そして包括的システムは、部分システムのもっとも近しい環境を整序する。この二重の介入の内に、システム発展のための自由の条件が存しているのである。

教授会という事例に戻ろう。この種の会議という個々の相互行為システムは、例えば出席義務と規約を前提とする。開催は偶然ではないし、会議の前にすでに、誰が学部長なのかが知られているのである。この会議はさらに、全体社会的な成果と自明性とを前提とする。例えば参加者は時計を所持しており、それらはほぼ同じ時刻を示しているということを、である。このように、包括的システムの資源と制限は、相互行為システムにおいて可能なものを制限するのである。この種の制限を踏まえることによってのみ、行動と成果に関する特定の予期がチャンスを持てることになる。これに加えて、可能性の条件を付与する同じ上位システムが、相互行為システムの環境を整序しもする。この環境が、議決がそもそも宛先を持つということを保証してくれる。学生は勉学に、講師は教授資格に関心を持つということ、公募書類を掲載させうるだけの時間があることなどを、である。

組織的に、また全体社会的にあらかじめ整えられている環境というこの事実によって初めて、相互行為システムが、余所で設定された前提を掘り崩し、構造的決定性から逸脱することが可能になる。規則の規定に抗して、状況の中で道徳的圧力が動員される。そこでは、参加者が相互的な尊敬に関心を抱いていることが、あるいは少なくともそうしていないとは言おうとしないということが、前提となるのである。あるいは、規則に抗して相互行為を教育システムから政治システムへと移し、ある出来事をめぐって外国の大使館に抗議の電報を打つと決めるのも可能である。ただし、職務が機能しており、大使館が実際に大使館であるということが前提となるわけだが。ホームグラウンドで拒絶された全体社会構造は、環境の中では肯定されていなければならない（あるいはその逆）。全体的批判は結果をもたらさないままである。抗議には宛先が必要なのだ。

意識的に極端なものから選ばれたこの事例によって、相互行為システムの可動の自由は、包括的諸システムの不完全な調整に依拠しているという点が、読み取れるだろう。完全な相互依存は、とりわけすべてとのそれは、社会システムにおいては、ましてや複雑な全体社会システムでは、不可能である。それに代わって登場してくるのが、構造の付与と優先的環境を介しての、部分システムへの二重介入である。これによって、包括的システムの内部で、異なる自己選択と境界設定原理に従う、つまりは別のシステムタイプを実現する、社会システムを構成することが可能になる。全体社会総体は、組織システムと、また相互行為システムと両立可能なままである。というのは、前者は後二者のために整序された環境を、同時に構造形成の可能性の条件を、保証するからである。

言うまでもなくこのアプローチが狭義の理論能力を、またそれとともに科学的関心を獲得するのは、さらなる精錬がなされる中だけでのことである。すなわち、特定の環境条件下でシステム構造はどのように変異するのか、またシステム構造がそれによって、システム過程に対してどんな選択可能性を開く、または閉じるのか――この点を示しうる場合のことなのである。その場合に初めて、次のようなより繊細な問いを提起できる。組織的に押しつけられた、多段階決定という原理が、全体社会システムの水準において構造的根拠を与えうるのか、相互行為の水準においてまだ道徳的論証を可能にしてくれるのかどうか。またそれはいかにしてなのか。だがその場合、この種の問いはもはや、どの相互行為、どの組織、どの全体社会、ましてやどの社会システムに関しても定式化されうるというわけではない。関連性の点で制限を加える条件が前提とされるからである。それに対応することだが、そのような研究の結果も限定的にしか一般化されえないのである。

それゆえに、《システム理論》について語るということは、諸システム一般について無規定な普遍性を持つ言明を産出すべきだということを意味するものではない。決定的なのは、一般化された理論的基礎から、相対的に単純な手段を用いて、社会的現実の複雑性に対して適切な関係を取り結ぶような高度に複雑な研究アプローチを産出しうるということなのである。この公準は、多様性の中の統一性という旧来の問題の、現代にまで持ち込まれたヴァージョンの一つである。あるいは〔その旧来の問題を〕ライプニッツ流に定式化すれば、可能な限り最も多様なものから成る、最大限可能な秩序ということになる。

システム理論はこの問題を、典型的な仕方では、次のような根本過程によって解決する。すなわちシステム理論は、普遍的に適用可能なシステム概念として、「システムは、自己触媒ないし自己選択の過程を通して、環境に対する差異との関連において自身を構成する」ということを前提とするのである。それによって、特化の方向が示されてもいる。境界設定と構造形成の過程に関する仮定を組み込むことが要請されるのである。そこにタイプ形成が結びつく。社会システムのタイプを三つだけ（相互行為、組織、全体社会）構築することを通して、また相対化を二つだけ、すなわちタイプ分化の進化とそれぞれシステム特殊的な環境パースペクティブを、仮定することを通してすでに、社会的現実の高度に複雑な総体像が成立してくる。この像はもはや、表象のかたちではコントロールされえないのである。

そうすることが不可能だというなら、ではそのような研究アプローチを想定しようとする動機づけはどこにあるのだろうか。

近代科学はそれ自体が一つの社会システム、全体社会の一つの部分システムである。したがってその動機は、その他の全体社会的なものからは離れていくのである。膨大に増幅された分解能力を通して、世界は科学にとって最高度に複雑なものとなった。そこから、研究アプローチの選択に関しても帰結が生じてくる。事象的観点においてはこの選択は、直接的な明白さに、概念体験の明証性に、支えを求めることができなくなる。そして時間的な観点においては、研究結果の真理性をある種先取りすることに支えを求めるわけにはいかなくなる。むしろ選択は、非真理の可能性を開いておかねばならないのである。それゆえに研究アプローチの選択のために、代替基準が必要になる。そのようなものとして役立つのは、一つには現行の研究に関連する接続値であり、他方では概念的および方法論的なコントロール能力の複雑性である。われわれが観念するシステム理論的アプローチは、両方の基準を考慮しようと試みる。すなわち、現行の研究の問題設定を、より高度な複雑性の水準において再構成するのである。そのような基準が意味あるものかどうかは、科学論が考えてくれるだろう。だがこのアプローチが成果をもたらすか否かは、研究そのものの中で証明されうるのである。

第八章　われわれの社会においてなおも、放棄されえない規範は存在するか

《1》

この講演のテーマに注意を向けるためには、法律家の良き習慣に倣って、一つの事例を基準とするのが役立つだろう。あなたが警察幹部だとする。あなたの国には——それはそう遠くない未来のドイツのことかもしれないのだが——多数の左右のテロリストがいて、毎日のように無数の無関係な人々に対する殺戮、爆破、殺害と傷害が生じている。あなたはその種のグループのリーダーを逮捕した。リーダーを拷問すれば、おそらく多数の人間を救うことができるかもしれない。十人、百人、千人に及ぶ事態を変化させうるのだ。あなたはそうするだろうか。

ドイツでは事は簡単であるように思われる。基本法を見ればよい。第一条〔人間の尊厳〕では、いかなる例外も想定されていない。[*1] しかし非専門家はただちに、規範が事実として定式化されているのに驚くことになる。だとすれば拷問者もまた人間の尊厳を犯しえない〔すなわち、拷問などそもそも不可能である〕はずではないか、と。法律家は拷問者の誤りを正すだろう。ここまではよろしい——権利の上では（rechtlich）、でないにしても法律的には（juristisch）。

それほど法規実定的に思考するわけではないコモン・ローにおいては、この点と関わる広範な議論が存在している。問われるのは、あらゆる法的問題に、帰結の衡量を踏まえつつ決定を下しうるのか否か、である。下しうるとすれば帰結の評価を操作することによって、その決定に影響を及ぼしうるということになるのだろうか。それとも、決定のあらゆる帰結を度外視しても尊重されるべき権利が、存在するのだろうか。[*2] 顕著なのは、権利について語られている

のであって、例えば、プーフェンドルフ、カント、またとりわけユダヤ法ならそうするであろうように、義務についてではないという点である。[*3] 権利の強調は、リベラルな遺産なのかもしれない。しかしそうすることからはまた、法技術的には、出訴資格（Klagebefugnis）を用いうるという長所が生じてもくる。さらに、世界的に見ても話題となるのは人間の権利であって、人間の義務ではないのである。しかし〔権利か義務かという〕この設問は決定に際してわれわれを助けてはくれない。われわれは常に、まったく帰結に無関係な権利が存在するのか——それとも否かについて、先行決定を下していなければならないはずだからである。

　この決定をより困難な、最終的には決定不可能なものにするために、先に取り上げた事例を変形してみることもできる。テロリストが原子爆弾を所持している。それを発見し無害化することが問題となっている。あなたは拷問を行うだろうか。

　決定を下すことは、あるいは特定の決定を（《あらゆる事情を勘案して》と、法律家が言うように）推奨することすら、社会学者の権能には属していない。われわれが社会学者として関心を持つのは、問題に対してである。あるいは、一定の理論的配置を踏まえて、「問題の形式に対して」と言ってもよいかもしれない。誤りは常に生じうる。《悲劇的選択》[*4]も問題となる。法律家は、合法と違法とを区別し、それに応じて決定を下す（事後的にそれをどう根拠づけようとも）に際して、何ら疑いを抱くことはない。しかしこの事例では逆になっているかもしれないのだ。合法と違法とを区別するなら、違法のうちにあることになる、と。[★1] 合法／違法のコードの自己言及のパラドックスに対する通常の解決策は、正の値を二重化して折り返し、区別そのものを合法的であると宣明することにある。しかしそれはここでは機能しない。あるいは機能するのは、このパラドックスの分解という同じ作動を、負の値のもとで投入する場合のみなのである。初期ギリシアの悲劇のように、法＝権利を主張することからしてすでに、違法なのだ、と。〔そこでは〕コードそのものが、改めて生じさせられねばならない。改めてパラドックスなしに制度化されねばならないのである。アテナが介入して、アレオパギタの高等法院を指名し、（アメリカ人たちの、比類のない表現を借用すれば）《難解な事案 hard cases》[★2]に対する決定を、自らの手の内に保持しておくのである。

われわれの法からは、宗教的な正統性が剥奪されている。それゆえに今述べた脱出策は、われわれにとっては考慮の外にある。われわれはまたすでに、以前にはこの種の《難解な事案》に決定を下すために用いられていた、《神判》の制度を駆使することもなくなっている。[*5] 確かにわれわれはゲーデルのおかげで、システム固有のパラドックスというこの問題を《ゲーデル化》しなければならず、そのためには外的言及が必要だということを知っている。しかし同時に、ソシュール以降の記号学の発展によって、その種の外的言及は存在しないと教えられてもいる。システムは、自ら導入した区別に依拠し続けるのだ、と。

以上の考察によって、何らかの決定が得られたわけではない。しかし扱われているのが理論上、高い位階に位置する問題であるという洞察は、獲得できた。道徳的判断が、一方か他方かの選択肢を貶めて、[*6] 法の下にある（im Recht）悪魔を、道徳という魔王（Beelzebub）によって追い払う[★3]ということにしかなりえないのなら、いかなる道徳的判断をも（これはすなわち、問題の倫理学的構成すべてを、ということでもある）回避するよう、あらゆる事例に関して推奨されるからである。私はそれに代わって、社会学的分析に依拠することを、つまり法システムに対する社会学の距離を利用することを、提案する。あらかじめ、法律家はそこから何らかの決定の提案など期待できないという点を、明確にしておくべきだろう。しかし、知をある種ゼマンティク的に再組織化することは、[★4]役に立つかもしれない――少なくとも、近代社会に関して件の問題の適切な定式化を達成しようと試みるに際しては。

というのは、問題設定の誤操縦を伴う長い伝統が、われわれの負担になっているということは、大いにありうるからである。われわれはまだ常に、しかしおそらくは無駄に、決定と原理の連関に、救済をもたらす最終定式に、カントの意味での体系に、あるいは普遍的な、アプリオリに妥当する法則に、期待し続けている。[*7] しかしあらゆる決定の最終的根拠はおそらくは原理のうちにではなく、パラドックスのうちに存しているのである。

《2》

社会学が取る距離は、決定を強く迫るかたちで提起されている問い（近代社会において放棄されえない規範は存在するのか――それとも否か）において初めて生じてくる、というわけではない。むしろ距離は、規範的なものの把握それ自体において見られるのであり、その点ではきわめて普遍的なのである。法律家は（同じことが必要ナ変更ヲ加エレバ muratis murandis 倫理学者についても言えるのだが）規範概念において、特別な存在様式を前提としている。それは一九世紀以来、《妥当》としても指し示され、事実的存在から区別されてきたものだった。法律家たちはこの前提によって仕事を進める。法システムにとって重要なのは、事実を規範に帰属させて、ある行動が規範に合致するか、それとも規範に違反しているかを決定することだからである。それゆえに法システムは、規範と事実との区別の内部で、世界を観察する独自の手法のための基礎を、求めるのである。それに対して社会学者は、規範をも事実として扱う自由を持つ――もちろん、特別な種類の事実としてであるが。可能な構成法の一つとして、規範を抗事実的な予期を表す定式として把握することが挙げられる。すなわち、事実上の行動によっては攪乱されず、予期が外れた場合でも保持されるような行動予期を表すものとして、である。[*8] したがってここでの主導区別は「事実／規範」ではなく、「学習／非学習」である。通常の語り口では《当為》が焦点となり、《妥当》について論じられるのだが、ここではそれは学習拒絶への表現として、予期を、裏切られた場合でも貫徹することへの権利＝法（Recht）の表現として、把握される。ただし問題となるのは常に、実際に生じる、確認しうる予期である。つまり全体社会という社会システムの内部において、経験的に認識されうるコミュニケーションに即して触診できる事態なのである。そうなれば、事実に関する次の問いが生じてくることにもなる。ある全体社会の中で《放棄されえない規範》が成功するのか否か、それは何に依存するのか。〔例えば「拷問は絶対に許されない」という〕その種の規範を受け入れることが、どんな負担問題を育むことになるのか（テロリストが原子爆弾を所持している場合）。

規範性という文化的発明品を、いくらか異なる用語法で、リアリティの二重化として記述することもできる。戯れと真剣さとを、あるいは言語の進化の後では、言語記号とそれが指し示すものとを、区別しうるのと同様に、である。同様のことが、現象界の背後に宗教的意味を想定すること、芸術システムが虚構的リアリティと現実的なリアリティとを区別することに関しても言える——それらの事例において、組み合わせと境界横断の可能性がどのように観念されていようとも、である。言語的にコミュニケートすることがリアルに生じていることには疑念の余地がない——コミュニケートすることが、それが《指し示す》もの《である》わけではないとしても、事は変わらない。規範に即した行動が現実に予期されているということにも、疑念の余地がない——予期そのものが、予期された行動から区別されねばならず、その行動と混同されてはならないとしても、あるいはまさにそれゆえに、である。このようなリアリティの二重化を用いることによって初めて、現実的なリアリティという、堅固で事実的な実際という、先鋭化された観念を育むことができる。他でもない、それを区別でき、区別の他方の側のほうから観察できるがゆえに、である。文化史的には、ここでまず、宗教的超越のゼマンティクに即して考えるのは間違ってはいないだろう。そうすれば、法も芸術も同様の分出の過程の中で成立してくるという点も、視野に入ってくる。その後それらも、〔リアリティの二重化のための〕対置の独自の形式を、したがってまたリアルな現実の独自の記述をも、発生させていくのである。[*9] リアリティの堅固さは、虚構性を介して初めて可能になる。唯名論的な事実個体主義（オッカムとその後継者たち）は、それに適合した言語理論の中で〔言語と事実を区別することにより〕、自身の基礎を作り出したのである。帰納推論は自分自身を問題化し、自身のリアリティ欠如を単なる《習慣 habits》（ヒューム）を介して、今日ならば統計的分析（それは具体的事例について何かを述べるわけではない）を介して、正統化する。[*10] 今日の実定法も同様である。

宗教的な世界設定から出発していた全体社会とは異なって、われわれ現代人はもはや、二重化に依拠するこのリアリティ諸記述を一つの超越的原理のうちに取りまとめることなど、できなくなっている。超越論的主体も、この点では（そして他の点でも）役に立たない。われわれの全体社会は、自分自身を《多次元的に》記述する。[*11] これはすなわち、区別の多数性を用いて、ということである。そこでは、ある観察者が対象を指し示すために用いるその区別は、同時に観察者自身を対象から区別するために、つまりは観察者を一つの《マークされない空間》へと移すために、役立ちもする。[*12] この空間から観察者は何かを観察しうるのだが、ただし自身が観察しているということだけは別である。

一定の規範の放棄不可能性というテーマに関する以下の議論のために、ここまでの考察が何を与えてくれるのか。それは、法システムがこの問題をいかにして記述するかを記述するという、そしてそこにおいて社会学的な視点を駆使して非任意性を発見するという、自由である。それによってわれわれは、規範の《制度化可能性》について問うという、社会学にとって通例的な様式からも離れることになる。この様式において結局のところ問題とされるのは、次の問いである。規範的予期が再び規範的に予期されるのか否か。それはいかなる点においてなのか。そしてさらにとりわけ、その規範的予期の規範的予期が、さらなる情報なしに仮定されうるのか否かという点である。[*13] なるほど、そのように進んでいけば、規範化がもつ社会的成功のチャンスを経験的に分析することは、できるかもしれない。しかしここで関心の対象となっている問題へは、たどり着けない。その問題とはこうだった。法システムは、規範の放棄不可能性を根拠づけることができるのか否か。それは、どんなゼマンティク上の手段を用いてのことなのか。

《3》

法理論、あるいは法哲学における、放棄不可能な規範を証明し根拠づけようとする試みに従うならば、今日においてもなお自然法へと視線が向けられることになる。すでに自然法の《永劫回帰》について語られているではないかとの、警告がなされてはいる。[*14] ノルベルト・ボッビオ[★5]はそこから、成熟の欠如を推論してもいる。[*15] しかし自然法の概念は、語られ続けてきた数少ない概念の一つなのだから、また自然法によって常にくり返し、政治的残虐行為に対する防護が期待されているのだから、それを吟味してみるのはもっともなことである。その際、今日の議論においてはほとんど時代遅れと言ってもいい、奇妙な伝統に遭遇することになる。これはアリストテレス流の自然＝本性概念についても言えるし、ローマ市民法のテクストによる伝承が示唆される場合（あまり多くはないのだが）に関しても、同様である。

アリストテレスにとって自然＝本性は技術から、制作された産物から、区別され、その区別を通して規定されていた。したがって自然＝本性には、他のものと並んで、自分自身を観察する人間が、さらないまた都市やその他の社会的団体が含まれていた。その帰結として、自身の、あるいは他の自然＝本性を観察すべき場合には、次の指示に出会うことになる。観察者は、堕落した状態ではなく完全な状態のほうに注目すべきである、と。[*16] それに従うならば明らかに自然＝本性は一つの自然的な、また自然成長的な〔完成途上にある〕状態として仮定されうる。したがって、〔堕落状態／完成態という〕対応する区別を行わねばならない観察者にとっては、自然＝本性は、〔そうあるはずの状態とは一致しないという〕パラドキシカルな存在事態として眼前に現れてくるのである。このパラドックスは、自然が自身の完成態の方向へと、自己規律化するという仮定を通して解決される。自然＝本性は、目的論的に秩序づけられたものとして把握される。そしてアリストテレスは、自然＝本性は大抵の場合、そこへ向かうよう定められている状態を達成するということから、出発しているのである。したがって問題とすべきは、まだ実現されていない残余部分のみなのである。それをもたらしてくれるのはとりわけ、家政の経済的秩序であり国家の政治的秩序である。この自然概念は、今日ではもはや通常的ではない。さらにそこに組み込まれた、通常性と規範性の〔相互〕保護関係もまた、われわれにとってはほとんど説得力を持たないだろう。

ローマ市民法の伝承されたテクストでは、他ならぬこの自然＝本性概念が、どれくらいまで役割を担っていたのか。この点は明確には認識できない。しかしまったく類似した事態を見いだせもする。中世でよく引証されたウルピアヌスの一節★6では自然法は、万民法（ius gentium）から、また市民法から区別されはするが、上位に位置する法とは決して見なされていないのである。自然法が特徴づけられるのはむしろ、あらゆる生物を、つまり人間と動物を、操舵するという点を通してである。[*17] その帰結として、文明の発達は自然法からの逸脱として把握されねばならなくなる。[*18] 結婚は自然的な繁殖衝動を制限する。所有権は万人があらゆる財に接近するのを（原初にあったと想定された財物共同体を）制限する。そして奴隷制、農奴身分、あるいは契約による賃労働などの制度は、自然的な自由として前提とされねばならないはずのものを、制限するのである。それゆえに中世のローマ法学者も教会法学者も、全体社会の中での法状態を、自然法からの逸脱として描き出した。しかし同時に――ここで再びわれわれは隠された、分解されたパラドックスに遭遇するのだが――団体（communitas）、共同体（universitas）、国家（civitas）などの概念が、自然的な団体（Körpern）を指し示すものとして、用いられてもいたのである。[*19]

一七世紀において社会契約の学説（pactum unionis）を用いて作業を行うようになっても、この問題の取り扱い方は根本的には変わらなかった。根底にあるパラドックスが、より鋭く浮かび上がってきただけである。今や出発点は、個人が駆使しうる自由という仮定のうちに置かれる。しかしこれはすなわち、熟慮された根拠から自由を放棄しうるということも、当の自由に属しているとの話になる（この点には、一八世紀に到るまで異論が寄せられはしなかった）。後になるとこのパラドックスはさらに明確なかたちで、自由概念そのものへと組み入れられるに到る。そしてその概念のうちで、まさにこの点に狙いを定めた区別によって、分解されるのである。自由（libertas）と放恣（licentia）の区別を通して、である。[*20]

このヴァージョンにおいて自然法の歴史的ゼマンティクは、封建秩序とその解体に、新たに成立してきた領域国家と絶対主義的な国家理解への移行に、随伴していけたのだった。そして啓蒙化された絶対主義も、リベラルな刻印を帯びた立憲国家への移行でさえも、自然法的思考を用い続けていたのである。[*21] 一九四五年以降に推測され想定されたことすべてとは逆に、自然法のゼマンティクは、他ならぬ政治的適応能力によって吸引力を発揮してきたのである。そこにおいて人権という発想とその譲渡不可能性とが口にされるようになったのは、ようやく一八世紀末に到ってのことであり、しかもそれは、奴隷制を、宗教上の反対派への迫害を、《ロイヤリスト》〔アメリカ独立戦争での英国支持派〕からの大規模な公用徴収を、残しており、しかし莫大な投資利得を知っていた（その点では、近代性の刻印を帯びていた）国家において、すなわち北アメリカの諸州においてのことだったのである。これらすべてが示しているのは、決まり文句的に持ちいられうる言葉の外殻のみが残っており、それは今や憲法のかたちで実定化される必要があるという事態である。[*22] いずれにせよ、自然法の歴史的に推論可能な意味からは、今日の全体社会における放棄されえない規範の妥当についての、われわれの問いに答えうるようなものが、生じてくるわけではないのである。

《4》

何らかの規範がそれ自身において、それ自身の自然＝本性からして、侵犯不可能で放棄不可能な妥当を内包していると仮定することなど、そもそもどうして可能だったのだろうか。旧世界ではそれは、起源の神話によって保証されていた――それもまた、《以前》のない端緒というパラドックスの分解だったのだが。近世初期以降、（古代においてはほとんど用いられなかった）《法源》のメタファーが、この機能を引き受けてきた。[*23] しかし、先行するもののない起源という観念の背後には、一つの決定というパラドックスが潜んでいる。その決定は選択肢を構成するが、その中では決定自身はもはや登場しないのである。[*24] このような仮定が信憑性を持つのは何によってなのだろうか。起源の起源について、あるいは根拠の根拠について遡って問うことによってでないのは、明らかである。かのメタファーは、反省の停止という意味を有している。かの決定の決定者を不可視化するという機能を、持っているわけだ。それが信憑性を持つとすれば、別の理由からなのである。

社会学者としては、この種の、あるいは別の種類のパラドックス展開が、つまり〔当のパラドックスを、〕同一性を確定する効果を持つ区別で代替することが信憑性を獲得するのは、全体社会構造的な適合性によってであると推測できる。そこから、知識社会学的な分析が必要になる。われわれはそのためにはもはや、マルクス‐マンハイム流の文体を用いはしない。階級状況あるいは立ち位置に、つまり最終的には〔意識された、あるいはされない〕行為者特殊的な利害に、依拠するわけにはいかないのである。われわれはそれに代えて、ある全体社会のゼマンティクと、そのつど支配的なシステム分化の形態との関連という仮定を用いることにする。[*25]

次の点を示すのは難しいことではない。自然法のゼマンティクは〔それを、先に描出してきたようなかたちで受け入れる限りは〕、貴族社会の内在的命法と、したがって階層的な分化と関連しており、それを通して説得力を保持していたのである。今や〔古代では異なって〕全体社会は、高度な秩序要求を、自然法からの逸脱を踏まえつつ根拠づけねばならない。この事態は、他ならぬ貴族階層の分出の要件を反映している。家族の系譜は血統を介して、つまりは〔自然＝本性によっては定められていない〕結婚を介して、保証されねばならない。さもなければ自然的な繁殖衝動が、どんな病理状態を引き起こすやもしれない。貴族は所有地を自分のものだと宣言し、守らねばならない。さもなければどんな欠乏状態が生じてくるやもしれないのだから。[*26] 階層化された全体社会システムは、位階および資源分配の不等性を必要とする。そこに社会秩序の不可欠な〔放棄されえない！〕条件を見いだしているのである。労働の働きが作り出されねばならない、つまり〔労働者の〕自由が制限されねばならないということも、その一部である。そのために貨幣の受領と再放出が持つ十分な吸引力に、つまり賃労働に、依拠できるようになるのは、はるかに後になってからのことだった。

この秩序が自然法からの逸脱として宣明されねばならなかったのが、目を引くかもしれない。しかし自然への関係を、本質の宇宙において永遠に与えられているかのように、あるいは神によって創造されたかのように描出しておいて、逸脱にはそれぞれ特殊な根拠づけを与えてやれば、それで十分なのである。パラドックスのこの脱パラドックス化は、現行の秩序の中では代替選択肢が視野に入ってこない場合には、信憑性を持つのである。

アリストテレス流の自然＝本性の概念についても同じことが言える。それを直接に貴族の自己描出の中に引き写すことができる。貴族は出自と徳（aretē, virrus）を必要とする。つまり、それ自体としてすでにそうである〔＝完成している〕ような自然＝本性ではなく、尊重と育成が必要な自然＝本性を、である。一六／一七世紀の貴族圏において今一度繁茂した膨大な文献では、これらの基準の重要性が議論されている。[*27] 教育の教説は、まさに青年期において、情熱と誘惑によって特段の危険が生じるということを強調する。しかしこれが関わるのは生まれ、条件、質（Geburt, condition, qualite）を備えた子どもにだけのことである。いずれにせよ法律家にとっては、農民が多くの美徳を通して貴族的になれるわけではないのは明らかだった。[*28] そうなるためには叙位ないし旧来の貴族による登録が、必要だった。自然＝本性概念は曖昧ではあったが、言ってみれば、議論の中で明証性が、また問題を克服するための基準が、欠落してはいない場合には、確証されていったのである。すなわち全体社会が階層の形態で分化している限りにおいては、ということである。

今日では全体社会は別様に構成されている。そこからは広範囲に及ぶ、社会的ゼマンティクのあらゆる細部にまで及ぶ、帰結が生じているのである。全体社会の分化の主要形態は、階層から機能分化へと転換を遂げている。この事態が関わってくるのは何よりもまず、全体社会における個人の位置である――だからこそ一九世紀に到ってもなお、個人の個体性を強調することが、全体社会の〔階層への〕分割という旧来の秩序を掘り崩していくゼマンティク上のメカニズムであり続けたのである。全体社会における個人の位置は、もはや出自からではなく、キャリアから生じてくる。後者が出自によって、さまざまなかたちで有利になったり不利になったりするのは明らかではある。しかし出自が（また場合によっては、人種あるいは性別が）影響を及ぼすのは、込み入った統合メカニズムに対してであり、そのメカニズムのほうは〔出自によって規定されているのではなく、〕主として時間的な構造を備えている。そこでは達成された立場がさらなる立場を達成するための前提となるのであり、どの一歩も自己選択と他者選択の偶発的な（例えば、景気によって左右される）相乗効果に依存するのである。

これは時間への次のような向き合い方に対応している。そこでは過去と未来はもはや、割り当てられた必然性／偶発性を伴う本質形式を通して、常に既に結びつけられているわけではなく、決定によってカップリングされねばならないのである。これは、もはや変ええないものもまた決定に帰属されること、また決定は、それに依存した、しかしまだ確定されえない決定の系列を勘案しつつ計画されるということを含意している。したがって時間はもはや、永遠／時間（aeternitas/tempus）の差異のなかで経験されはしない。だから時間不変的な規範も存在しえないのである。支配的な時間の相違はむしろ、過去と未来の相違である。そして現在としてまだ算定されるのは、時間形式の二つの側を分離する、しかしその形式の中には位置づけられえない、境界だけである。したがって不確実性とリスクへの、《次の瞬間には別である》ことへの定位も、転換されねばならない。[*29] 肝心なのは、このような不安定性に耐え、それによって結実していくような了解（Verständigung）という社会形式なのである。これは、規範の投企に関しても言えることである。規範の投企によって試みられるのは、未来の予期を「同調する／逸脱する」という図式へと義務づけること、それによって好都合な／不都合な立場を分配することなのである――決定は変更されることもある、という保留つきでの話だが。

個人化と時間化がこのように広がった理由は、機能的なシステム分化のうちにある。この分化によって、具体的な個人が一つの特定の機能システムに、そしてそこにのみ、帰属されるのは許されなくなる。ある人は法的にのみ、別の人は教育的にのみ、その次の人は経済的にのみ、さらに別の人は政治的にのみ《存在する＝禄を食む existieren》というわけにはいかないのである。むしろ全体社会的な包摂が保持されねばならず、すべての個人にはすべての機能システムへの到達が用意されていなければならないのである。まさにそれゆえに自由と平等は、抽象的に規格化されるる。したがって自由の制限と不平等は、諸機能システムの包摂規制〔だけ〕から生じてくるのである。この規範形態が選択される理由は、未来が見通しがたくなっており、行為の未知の帰結を考慮しなければならなくなっていることのうちに、存している。そこでは、諸部分システム相互の関係における全体社会的位階秩序も、存在しえない。したがって全体社会の中での全体社会の代表＝表出もありえない。存在しうるのは相互の影響作用であるが、それは旧い秩序の場合よりもはるかに強力であり、状況ごとに、全体社会的には制御しえないかたちで、変異していくのである。そしてこれは出来事の順次性においてのみならず、同時にも生じる。かくしてシステムにとって全体社会内的環境は、コントロール不可能になるのである。

以上の分析が大まかにでも当たっているなら、そこからは一つあるいは多数に及ぶ基礎的な規範の放棄不可能性という、われわれのテーマにとっての帰結が生じてこざるをえない。そこから《決断主義》、相対主義、あるいは《何でもあり anything goes》の根本的な恣意性を導き出すのは、もちろん性急にすぎる。それらの低い評価は、旧い世界が備えていた定位の確実さを放棄したくない場合に、生じてこざるをえないのだろう。逆に次の事態を予期しなければならない。すなわちこの種の回帰的な、ハイアラーキカルにではなくヘテラルキカルに秩序づけられた、偶発的な諸作動の構造からも、《固有値》が、また《不可侵のレヴェル》が投企されるのであり、それらはそれなりのタイプの秩序でありうる、と。[*30] 問われるのは、どんな形式においてか、ということだけである。

《5》

近代社会が自分自身に対して推薦するのは何か。この点に注目するならば、スローガンは「価値」だということになる。価値概念は長い、また多岐にわたる歴史を有しているが、われわれの設問のためには何ももたらしてくれない。これは武勇（valor）という貴族の概念に関しても、経済に関係づけられた価値と価格の区別に関しても、あてはまる。すでに一八世紀には多分に付随的な、特化されていない価値概念が見受けられる。しかしこの概念がゼマンティクの上で最高位の立場を獲得するのは、ようやく一九世紀に到ってのことなのである。そしてそれが、特殊近代的なゼマンティクの受け入れのための最初の手がかりとなる。

この概念の価値が切り上げられたのは間違いなく哲学によってである――一部は存在と妥当の哲学的区別、一部は新カント主義、一部は現象学によって。これらすべての場合において、アプリオリへの鎮めがたい飢餓によってなのである。しかし哲学ではいつの間にか、この概念は流行から外れてしまった。それに対して政党プログラムを定式化するためには、また連邦裁判所での裁判のためには、この概念は不可欠であるように思われる。そこではこの概念は、定式化に関して言えば、政治が直面する全体社会の状況のリアルな分析に定位することの、法律的解釈学の古典的形式（例えば、権利）へと定位することの、代わりとなっているのである。この概念が画しているのはまさにわれわれが追い求めているもの、すなわち規範的内容の最高度の重要性なのである。それゆえに、この概念は（自分自身を除いては）何に関わるのかを、より正確に知りたくなるだろう。社会学者にとってこれはすなわち、「どんな種類のリアリティに」ということであるはずだ。

コミュニカティブな行動が進行していく中で価値判断を用いる場合に顕著になるのは、それら判断はテーゼのかたちで主張されるのではなく、含意によって随伴していくという点である。価値は、想定というコミュニケーション様式の中で《妥当する》。価値評定に関してはコンセンサスが存在しており、事前了解を利用できるということが出発点とされる。喫煙が健康を害すると言われる場合、すべての関与者が尊重しているのは健康という正の価であって、病気という負の値ではないと想定されている。あるいは、生であって死ではない、平和であって戦争ではない、自由であって不自由ではない、民主制であって独裁ではない、などとである。「なぜそうなのか」という問いが浮上してくることはない。というのは、コミュニケーションの中で明確にテーマ化することは常に、意味要求を受け入れるか拒否するかが考慮されるという事態として、理解されるからである。この事態をただ仄めかすだけでも、価値妥当の意味を捉え損なってしまうだろうし、コミュニケーションの中では理解されないか、せいぜいのところ挑発として理解されるだけだろう。つまり価値は、リアルに進行しているコミュニケーションを観察すればわかるように、無条件に妥当するのである。だとすれば、根拠づけが要求されることもありえない。したがって実践の中では価値は、反省の停止としての性格を持つのである。それが機能しない場合には、より小さなシステムが分化して、その中でなら機能するということになる。テレビが示唆するような〔誰もがアクセス可能な〕通常のコミュニケーションからすれば、このような逸脱はラディカルで、原理主義的で、秘教的なものに見えるだろう。したがって、敬遠のゼマンティクによって扱われるのである。もっとも、発生し妥当するという点に関して言えば、普遍的に受け入れられている価値の領域の場合と同様の〔問い質されることはないという〕様式が見られるのであるが。このように、分化と距離化においても、論争と争いにおいても、価値ゼマンティクが形式として〔あれとこれのどちらを選ぶかというかたちで〕疑念に付されることはないのである。これは一つの《不可侵のレヴェル》を、すなわち規範の固定が自然＝本性と理性の代わりを務める深層状態であることを、示す指標となっているのかもしれない。

しかし、天空の星々のように無数の諸価値が存在する。だからこそ、根本的諸価値を強調しておく必要が生じてくる。ここで特別な位階を画するために用いられるのが、自由、平等、正義、平和、安全、尊厳、福利、連帯などの伝統的概念である。[*31] それによって価値言及の秩序そのものが、もう一段高められるのである。しかし容易に引用可能な価値が問題となっている場合でさえも、妥当様式が〔明示ではなく〕含意によるという点では何も変わらない。その場合でも、あるいはその場合こそ、進行するコミュニケーションの中では、「それらの価値は受け入れられているのか、それとも拒絶されているのか」との問いを立てることなどできないのである。

このような形式において価値を掲げるのは、容易なことである。特定の価値が疑わしくなった場合には、新たな《不可侵のレヴェル》が形成される。しかし事はそれほど容易でもない。価値コンフリクトに決定を下すためには、価値からは何も生じてこないからだ。しばしば言われていることだが、特定の価値は特定の他の価値よりも常に優先されるべきだという、固定的でハイアラーキカルな〔推移的な〕秩序など存在しない。自由はいかなる場合でも安全よりも重要である、平和は常に自由よりも重要である、正義はいかなる場合でも平和よりも重要である云々。優先の問題は、過ぎゆく現在との関連の中でのみ、〔形式＝区別の設定と同時に〕あらかじめ決定されうるのだが〔平和は戦争よりもよい〕、相異なる価値／非価値-諸区別という矛盾に満ちた要求に関してはそうはできないのである。相異なる諸価値は、相互に排除しあうわけではない。それゆえに常に、新たな諸価値の追加をも許容するのである。だからこそ諸価値は全体として、システムの中で定位の観点として用いられうるものであり続ける。価値理論家はその上に、安定性への希望を基礎づける。価値連合は個別事例に限定されたままとなる。しかしまさにそれこそが、価値が実践上の重要性を証明しなければならない事例なのである。価値は、まさに必要とされる場合に、直接的な価値を失う。また逆も言える。決定は、価値が込み入った要求を立てる場合には常に、またその場合にのみ、下されるべきである〔そうでない場合には、決定はすでに下されているだろうから〕[*32]。したがって決定そのものは規制されないままなのである。

比較という目的のためには、連合問題が法の典型的な条件プログラムの水準で、どのように解決されるのかを見てくのも有用かもしれない。これは、止揚規則を通して生じることもある。新法は旧法を破る、あるいはその逆〔憲法が問題となっている場合〕。さもなければ連合を規則と例外図式の中に持ち込むのである。規則は、言われているように、例外が容認される場合に確証される。法はそのようにして増殖し、多様性と事例適切性を、そのようなものとして伝承されうる形式で、生みだしていく。しかしそれらすべてを価値水準へと変換することはできない。連合事例においては、ある価値が他の諸価値を片づけてしまうわけではないし、安定的な（増殖を許容する）規則／例外図式—規制の形式での複雑性の獲得が、生じてくるわけでもない。価値連合に関しては常にアドホックにのみ決定されうる。というのは価値衡量の根拠づけのためには、状況から得られる手がかりを必要とするからである。これは、二つ以上の価値が関わってくる場合には、なおのことあてはまる。価値が多くなるほど、決定の水準ではより多くのカオスが生じてくるのである。

ここでわれわれは再び、常に生じうるパラドックスに直面していることになる。それを様相理論的なヴァージョンで述べることもできる。決定に、疑いえない後ろ盾を与えるためには、価値は必然的である。しかし決定によってこの必然性は偶発性の形式へともたらされる。価値を尊重することの必然性はそれ自体が、決定へと到る場合には、偶発的な評価となる。その評価は諸価値の布置、決定状況、決定の経過への影響によって相異なるかたちで生じうるのである。司法と法解釈学では《価値衡量》という言葉が用いられる。[33] しかしこの定式の統一性は、どのような帰結へと到るかを告げはしないということのうちにのみ存している。つまり（パラドックスの展開にとって典型的なように）述べていない事柄を述べていないということを述べないわけである。言うまでもないことだが、これは非難されるべき欠陥などではなく、暫定的なゼマンティクなのであり、それによって先行決定の形成が可能になる。その決定は以後において、決定根拠の法学的分析という確立された技法を用いて尊重されたり、あるいは区別し上書きする過程の中でさらに発展させられたりしうるのである。

したがって価値と決定が問題となる場合、全体社会は自ら生みだした不確かさという条件下で作動するのである。[34]
全体社会が初めて、何が決定として生じてくるかは確定されていないということを確定する《枠組》[35]を作り出す。社会的相互行為にとっての、了解の修正を常に継続していくことにとっての、それに対応する自己描出文化にとっての〔そこから生じる〕帰結には、改めて適応していかねばならないのである。

そこからいずれは、古典的なスタイルの法学的概念構成に類したものが成立してくるのかどうかと、疑ってかかることもできるだろう。むしろ発展の方向は、コモン・ローに典型的な、先例への拘束へと向かうだろう。その分だけそこでは決定に関する複雑な知見が必要になるだろうし、またそれほど概念的ではない、〔古典的スタイルとは〕別の論証スタイルが、用いられるのである。これは、法的手段の許容の根拠づけに関しては、大陸法ですでに長期にわたって広まってきた実践でもあった。どんな場合でも、法のパラドキシカルな基礎づけから、恣意性が生じうるわけではない。また、法実践への外的影響力が導かれてくるわけでもないのである。むしろ法システムの、〔他のシステムとは〕同期化されにくい独自のダイナミズムを考慮すべきである。だがこれは機能的に分化した全体社会システムの、典型的なメルクマールなのかもしれない。諸機能システムの変動が同時により速やかに、またより緩やかに進行して、同期化は常により困難になっていく、というわけである。

〔何らかの〕挙示されうる規範ないし規範状態が放棄不可能かどうかという問題は、公式に容認されている以上に、こうして分解されてきたのである。すでに実行されている代替解決策が統一性定式としてまだ見越すことができるのは、展開能力をもつパラドックスだけである。この問題の歴史は、回顧する眼差しによって、あたかも常に既にそうであったかのように構成されうる。しかしそれは、われわれの時代のために書かれた歴史なのである。今日の全体社会において肝心なのは、問題は原理への忠誠と恣意性との差異のうちに存しているわけではないとの洞察のほうであろう。原理は、もはや何も述べなくなるまで一般化されねばならないだろう。他方で恣意などというものは、社会的現実の中では、純粋に事実的に見るならば、生じてなどこないのである。したがって問われるのは、次の点だけである。法システムの達成された自律性、自己決定、作動上の閉じを保持することは、未来においても成功するのだろうか。[*36]〔失敗する＝法システムが崩壊するという可能性も残りはするが、〕成功していく限り、次の点に関して疑念の余地はない。このシステムが自身の自律性を構造化しうるということ、自身が用いる諸区別（合法と違法の区別さえも）の統一性というパラドックスを展開しうるということ、偶発性の必然性と折り合っていけるということ。規範の放棄不可能性——それはシステムのオートポイエーシスなのである。

《6》

だとしてもまだ常に、悲劇的選択（tragic choices）の問題、違法性（Rechtswidrigkeit）への権利という問題は残る。カントからハーバーマスに至るまで、システム自律性の構想に近い解決の試みを観察できる。カントにとって《永遠平和》は国家を通してのみ保証されるべきものだった。国家が個人に権利保護を認可するのである。[*37]ハーバーマスはこの残余問題に、当事者が法治国家的手続きへと民主的に関与するという観点を付け加えている。[*38]どちらの提案も、善し悪し（Böcke und Schafe）をあらかじめより分けるような正しい決定を、教義論的に（形而上学的に、宗教的に、議論を受け付けないかたちで）先取りすることを回避するという点で、近代的である。しかしどちらの提案も、世界からの疎遠さと法からの距離によって規定されてもいる。カントもハーバーマスも、違法性への権利という問題に向き合ってはいない。両者にとってこの問題の解決は、理性の洞察に従うことを可能にする装置のうちに存している。そしてその理性のほうは法廷のように、あるいは洞察の源泉のように扱われる。この源泉は強制のないコミュニケーションという条件下で、他ならぬそれが前提とするものを、すなわち強制のない了解を、可能にするのである。しかしそもそも否定というものが存在する以上、〔強制なき状況が強制なきコミュニケーションを可能にするという〕肯定的な自己言及のみならず、否定的な自己言及もまた存在する。そして今日の世界情勢からすれば視線はむしろ、合法と違法に関する不適法な（unrechtmäßig）決定という〔否定的自己言及のかたちを取る〕問題のほうへと向けられることになる——例えば最初に挙げた拷問の事例のように。あるいは国際的な介入の事例、行われた当時は実定法によって守られていた（《超実定的な》と称される法によって、ではないが）《犯罪》に事後的に有罪判決を下すという事例などである。

次の点も加わってくる。世界社会では世界規模でのコミュニケーションが生じており、すべての機能システムは著しい相互依存状態にある。にもかかわらず法治国家と民主制いう機能自律性要請が、貫徹されているものとして通用しうるのは、いくつかの地域に関してだけなのである。[*39]「貫徹されている」というのは次のような意味においてである。すなわち、違背は個別事例として扱われうるのであり、違背を犯したそのシステムにおいて、そのような手続きによって処理されうる、と。世界規模ではこれは、規則というよりも例外なのである。代替となる構想など、どこにも見いだせないにもかかわらず、そうなのである。したがって総体的診断としてはこうならざるをえないだろう。世界社会は機能的なシステム分化へと転換を遂げている。しかし多くの機能領域においては（経済、政治、法を含めて）進化的にはかくも蓋然性の低い分化形式が貫徹実現されえていない——しかし別の形式が貫徹されているわけでもないのである！

この状況は、《悲劇選択》の大量の登場と対応しているように思われる。経済的発展が人口の大半を排除することを介してのみ、民主化は幹部独裁やそれに類したものを介してのみ、権利保証は違法性への権利を介してのみ、生じるというようにである。探究を法システムに限定するならば（そうすることで何よりもまず、あまりにも恒常的な、《倫理》というきわめて入り組んだ問題が除外される）、合法／違法のシステム・コードのパラドックスという、われわれが扱っている問題に関する、きわめて実り多いかたちで法化された事例が見いだされることになる——一つの周知の事例と、またもう一つの、あまり周知ではない、しかしきわめてアクチュアルな事例が、である。

古典的な事例は、毀損（Derogation）のそれである。すなわち、最上位の政治的実力の保持者による、権利の違法な侵害の事例である。[*40]中世においては、違法性へのこの権利は、きわめて包括的な管轄権（iurisdictio）の構成要素であると見なされていた。したがって例えば例外規制の近傍に、特権の認可などの近傍に、位置づけられていたのである。近代初期においてはそこに《国家理性》の問題が見いだされていた。例えばヴェネチアの国家殺人は、そのようにして根拠づけられたのである（公的機関 Gemeinwesen の公的利害関心は、私的権利よりも優先される！）[*41]。もちろん、これは嘆息とともに、緊急の場合だけ生じるのだと言われてはきたのだが。その後この基礎の上で、非常徴収権（dominium eminens）[★7]を踏まえて損害賠償のための公用徴収の権利が発達してきたのと並行して、非常事態のための管轄権（ius eminens）という観念が貫徹されていったのである。一八世紀にはこれは、主権（Souveräns）の通常の権限のレパートリーの一部となり、[*42]最後には憲法の中で規制されるべき対象に含まれることとなった。

もう一つ別の、より知られていない法の発展は、「権利＝法の行使は法に反するものではありえない」という仮定から出発する。《法的権利ヲ行使スルコトハ誰ヲモ傷ツケナイ Qui suo iure utitur neminem laedit.》。しかしだとすれば〔逆に〕、他者を傷つけるかもしれないすべての事柄を禁じなければならなくなるだろう。《法か、それとも違法か》という、システムのコードとしては有意味であり、そうであり続ける堅い選択肢は、プログラムの水準では打ち抜かれてしまう。これを避けるために発案されたのが、非難されえない（適法な、罪のない）権利行使でも、もしかすると生じるかもしれない損害に関しては、責任を問いうるという法的構図だった（危殆化責任 Gefährdungshaftung、厳格責任 strict liability）[*43]。これは、付随的制度として保険化可能性と価格を介してのコスト転嫁の可能性を、したがって再び、市場での競合者を法的に平等に扱うことを、前提とする。

われわれの拷問の事例が類似した構造を有しているという点を見抜くには、ほんの少し想像力を働かせるだけでよい。したがってここでも、類似した法的解決を考えることができるはずである――基本法第一条[★8]を踏まえた法学的疑念をすべて無視すれば、の話だが。例えば、国際的に監視された法廷による拷問の認可。ジュネーヴないしルクセンブルク[★9]における当該シーンのテレビ監視。合法／違法の区別を、犠牲者、ヒーロー、密告者のいずれであるかという選択肢へと移す〔、すなわち、当事者がこの三つのうらのどれかに従って、合法か否かの扱いに差をつける〕こと。どれも、きわめて満足すべき解決策というわけにはいかない。しかし、何もせずに無辜の人々をテロリストのファナティズムの犠牲にすることもまた、満足すべきものではないのである。

《7》

世界規模で見れば目下のところ、人権の問題に関する注目度が増大しているのを観察できる。確かに、自然＝本性ないし理性に関する旧い、または新しいヨーロッパ流の根拠づけ書体がまだ説得力を保持しているとは、言いがたい。《自由》および《平等》というタイプの権利もまた、人権として働くには適していない。それらはそのものとしてパラドキシカルに組み立てられているからだ。すなわちそれらは〔他者の自由を否定する自由、平等な競争から生じる不平等な結果、というように〕自身のうちに反対物を含んでおり、したがって常に法律ないし契約によって修正されねばならない。その点に関する処置を集中化することはできないのである。しかしながら観察されうるのは、マスメディアが世界規模で報じる、スキャンダラスな異常事態を踏まえた、きわめて原初的な種類の規範発生である。それを禁じるテクストが存在しているか否か、誰がそのテクストを定めたのか、誰が批准しており誰がしていないのか。それらはそこでは、ほとんど役割を演じていない。法テクストと行動とを比較して、ある事柄が法に違反するか否かを読み取るよう定められているわけではないのである。はるかに直接的な水準において、スキャンダルそのものが（それ以前にはまったく定式化されていなかった）規範を産出しうる。ここで想定されているのは以下のような事例である。強制的追放および強制的移住。ある人たちが跡形もなく姿を消し、国家が解明を阻むこと。違法な拘留および拷問、またあらゆる種類の政治的殺人など。これらの事例に関しては、激怒しつつ反応し抗事実的な予期を表明する者は、不同意など考慮する必要はない――規範的意味が聖なる諸力によって守られているとされていた場合と、ほとんど同様に、である。規範の発生はデュルケム・モデルに従う。それは公的憤怒（colere publique）に仕えるのである。*44〔抽象的でどんな地域でも通用する〕法的な形式付与は、国際法的規制は、それに結びつくことはできるが、そのものとして法源の役割を担うことはできないのである。

とりわけ第二次大戦終結以来の、また地球規模の脱植民地化以来の、支配的な傾向は、人権の拡張である――世界規模での尊重を要求することも、内容を拡張することも含めて、である。福祉国家への発展に対応して、人権の領域においても、予防の構想が支給の構想によって、取って替わられたわけではないにしても、補完されるようになっている。おそらくはその基礎となっている、人間《一般》の欲求と利害関心を取りまとめて、援助を要求するという話になるのだろう。[*45] これはまさしく先に扱った価値概念に対応するものであり、職業的にあるいは休日にだけこの問題に関わる人すべてに、コミュニケーションのためのよい出発点を創出してくれる。その際、価値コンフリクトはいかにして決定されうるのかとの設問は、さしあたり無視しておいてかまわない。政治的にはこの観念が、貧しい国々の豊かな国々への要求の基礎となる。しかし同時にこの拡張によって、人間の尊厳に関する最低限の要求すら、驚くほど侵害されているということにもなる。したがって理念と用語とのこの拡張の帰結として、人権は〈《理想的なもの》が、という言い方もできよう〉いずれにせよ蔑ろにされているとの、そしてこの設問においては誰にも非があるのだとの、印象が広く生じてくるのである。それゆえに、人権の議論を人間の尊厳の侵害という諸問題へと限定したほうがよいのではと思われてくる。[*46]〔人権概念はむしろ拡張的に用いられているがゆえに〕もはやそうはなされなくなっているとしても、法律家に通例的な慎重さをもって見守り続けていくことはできるかもしれない。

それに対応して、次の契機を区別もしなければならないだろう。すなわち〔世界中で生じている〕《範例的な違法の経験》[*47]がある一方で、〔特別に悲惨な状態への〕驚愕と希望〈がかなえられないという事態〉もまた生じているのである。いずれにせよ、あらゆる利害コンフリクトを緩和しようと試みる以上、世界規模のスタイルでの一種の社会福祉活動が必要になる云々、という話にはならないだろう。〔優先して解決されるべき、きわめて過酷な事例も存在するのだから。〕

これが社会福祉活動ないし開発援助への疑義ではないという点は、自明の事柄である。しかし政治的な機会および経済的可能性が限られているという前提のもとでは、別の種類の問題が関わってくることになる。「これは人権侵害であり、世界中がそのように〔許されないものとして、したがって介入が必要な事態として〕見なしている」と語りうるのは、絶対に受け入れられない事件に際してだけのことである。そこではいかなる衡量ももはや可能ではなく、せいぜいのところ悲劇的選択のための了解が予期されうるのみである。〔介入してもしなくても〕いずれにせよ違法＝権利違反なのだ。〔ある事態に介入すれば、別の事態に介入する機会が失われてしまうから。〕

この状況のもとで、人権（Menschen*rechte*）のゼマンティクを人務（Menschen*pflichten*）のゼマンティクによって置き換えることもできるかもしれない。これはすなわち、国家統治を義務のうちに取り入れるということを意味するはずである――少なくとも、領土に関して秩序をもたらすという点においては。そしてこれは、増大しつつある次の傾向とも一致する。すなわち世界社会のシステムをも、政治に関してますます強く構造化しようとする傾向、国家組織を《民族》の意志の表現としてのみならず、秩序の調達という設問における国際的な宛先としても、というよりもまずそれを第一に、考える傾向である。

しかしその場合、用語の交代によって何が放棄されるのかについても熟考してみなければならないはずである。主観的法＝権利について語ることは、パラドックス展開プログラムの一つであった。問題とされたのは、主観的法＝権利に客観的な妥当性を付与することであった。言わば、個性を全体社会水準で社会的に承認し、それによって個人の非社交性を全体社会の法システムにおける規制の基礎とすることなのである。これは、この発想の非論理性を示唆するあらゆる法理論的論争にもかかわらず、法実践においては徹頭徹尾保持されてきた。しかしまさにこの構図こそが、あらゆる可能な要求を膨れあがらせていくことの基礎でもあるのが明らかになりもした――そしてついには、法と政治とは個人の独自の見解という基準に従って形作られるべし、との要求が生じてくる。これは、政治的枠条件次第で許容されたりされなかったりしうるだろう。しかしそこから諸個人相互の争いが生じてきた場合には、国家は（まだ存在しているとしての話だが）無為に傍観を決め込むことはできなくなるだろう。国家は、どちらの側にも権利を与えるからである。したがってそこから、主観的法＝権利のパラドックス展開プログラムの信憑性喪失が生じてくるかもしれない——無条件に法的技法の構図が放棄されるというわけではないにしても、その構図の有意性に関する問いが生じてくることはありうる。特定のシステム中枢的な規範の放棄不可能性という問題が立てられている場合には、そういうことになるのである。

以上の分析は結果として、規範の放棄不可能性が問題とされる様式と流儀を変化させることにもなる。現実的に見るならば問題なのは、一つの規範組成のための　最終定式でもないし、原理でも、すべてを包括し超え出る最高価値でもない。しかしまた、強制なしになされた討議が一つの理性的な、いかなる洞察にとっても同意可能な結果へと到達するまで決定を延期すればよい、肝心なのはそのための手続き条件を整えてやることだけなのだ云々ということにもならない。認知的に見るならば問題となっているのはパラドックスであり、論理的にではなく創造的にのみ解決＝分解されうるような、認知の自己阻害なのである。また規範的に見るならば問題となるのは、規範を生成する潜勢力をもつスキャンダルである。この問題は、世界社会の現実に直面して、またそれに反応しつつ自身を流布していく知的敗北主義に直面して、高度に今日的な現時性を有するに至っている。この状況がわれわれに突きつけている問いは、結局のところもちろん、「なにをなしうるか」ではない。しかしそのために不可欠な先行的な問いはこうである。いかにして適切に観察し記述することができるのか。

第九章　パラダイム・ロスト——道徳の倫理（学）的反省について[*1]

《1》

通常は哲学によって扱われている理論的素材に、自らの分野のアイデンティティを意識した社会学者として関わる場合、否応なしに〔哲学とは〕異なる事態が眼に入ってくることになります。これらの分野の間の対話が実り多いものとなりうるか否かは、抽象的には明らかにできません。しかし皆様が私にヘーゲル賞を授与していただいたことによって示された栄誉を機会として、この設問を一つの事例によって追尾してみることもできるかもしれません。

今日では、きわめて多様な文脈において、倫理が数多く口にされています。たとえば一九八八年七月六日の『ノイエ・ヴェストファーリッシェ』新聞には、こう書かれています。《倫理的薬剤の生産者が国家の介入に苦慮する一方で、自家製薬剤製造者の売り上げは緩やかに、しかし持続的に増大しつつある》。読者はまずもって、いったい倫理はもはや自家製薬剤ではないのかと、考えるでしょう。その後で、これは誤植かもしれないと思い至るかもしれません。[*2]〔しかし単なる誤りだとしても〕ジグムント・フロイトならこう言ったのではないでしょうか。倫理の波がすでに無意識にまで到達して〔この種の誤りを誘発して〕いることこそ、注目に値する、と。[★1]

これはことさら驚くべきことでもないのかもしれません。まさしく天文学的な規則性を伴いつつ、各世紀の八〇年代にはこのような倫理の波が生じています——少なくとも活版印刷術が普及して以来は。一六世紀の八〇年代には、印象深いユストゥス・リプシウスが、[★2]また後に新ストア主義と呼ばれるものすべてが、登場してきました。神学から独立した道徳理論の始まりを、一五八〇年ごろに位置づけている論者も数多くいます。[*3] これはあるいは誇張かもしれませんん。しかしいずれにせよ、真正な献身の問題に関する長期にわたる議論から優に百年は経ってから、理論的な新たな定式化が登場してくることになりました。美徳／悪徳という古くからの図式は、超コード化されます。すなわち、美徳の側で再度、真の美徳と偽りの美徳への分割がなされるのです。真なる美徳は空虚な理念となり、神学へと委ねられる。この理念は、偽りの美徳のほうから論じられるわけです。[*4] しかし神学は、こうして設定された課題を理論的に解いたわけではなく、警告、嘆き、罵倒へと向かっただけでした。[*5] したがって、それ以上の発展は生じてこなかったのです。その代わりに生じてきたのは、自己愛という構想のラディカル化であり、それに結びついた、神の救済計画と世俗的な（人間的な）秩序との差異の先鋭化でした。[*6] そこから導かれる道徳の構想では、自己愛そのものが社会化され、その結果として道徳的規則はもはや、ロックにおいてはまだそうだったように、神意の特化としては把握されなくなります。[*7] 道徳的規則は、自然な感情の刻印と見なされるのです。[*8] 社会分析は、神を観察しその基準を知悉しうるようにとの神学の要求からは、独立します。またそれによって、この要求と結びついた自己懐疑から独立することになるのです。それに代わって、社会秩序の条件を、そのものとして探り出す試みが登場してきます。

しかし全体社会の発展によって、このようにして根拠づけられた希望は、たちまちのうちに裏切られる。そして、道徳的判断の合理性の根拠に関する、新たな種類の反省が強いられるに至ります。一八世紀の八〇年代にはカントが、超越論主義というドイツ流の特殊な路（der deutschen Sonderweg）へと進んでいく。西方ではベンサムとともに、功利主義的な合理性計算を求める試みが始まります。同時に獄中から、サド侯爵の反転哲学が現れてきます。[*9] この三つのヴァリアントによって初めて、道徳の反省理論としての倫理学が確立されます。しかしそこで新しいと言えるのは何なのでしょうか。

言うまでもなく哲学的史に見て印象深いのは、膨大な知的努力が支出されてきたことであり、これまでにこの問いに関する理論構築が、尋常ならざる入念さを持って行われてきたことです——あたかも、倫理学が自分自身のうちで理論として、道徳に関する懐疑から身を守らねばならなかったかのようです。しかし社会学者にとってむしろ目につくのは、道徳と礼儀（Manieren）との古い統一体が、初めて解体されたという点です。これはハリントンには、モンテスキューには、スコットランドの道徳哲学者たちには——若干の名前を挙げただけですが——まだ見られませんでした。古い倫理学は道徳と礼儀とのこの統一体によって、常に社会階層に、その後最後には一八世紀において所有権の分割という問題に、依存させられていたのです。この解体によって、一八世紀末ごろには、新たに設定された倫理学的反省が出現します。おそらくは、ここで理論的支出が——あるいは、サドをも含めたいのであれば、スキャンダルの支出が——必要になったという点は単純に、次の点によって説明できるでしょう。全体社会システムのラディカルな組み替えに直面して、〔階層化された、〕全体社会という社会システムへの関連が放棄されざるをえなくなったが、代わりはまだ見つからなかったということによって、です。[★3]

次の波は突然到来します。一九世紀の八〇年代が始まるとともに、長期にわたる禁欲の後で、突然にドイツの大学の講義題目一覧を、倫理学の講義が埋めるようになります。新カント主義が、この《実践的な》問いを採用しますが、[*10]そこではニーチェ流の、〔道徳に対する〕激烈な免疫反応が引き起こされることはありませんでした。これはナショナリズム、帝国主義、植民地主義、社会主義およびそれに類した巨大な動向と関わっています。〔それらによって引き起こされた問題の解決が要請され、〕そして再び倫理に希望が寄せられるようになった、というわけです。明らかに、言うに足るほどの理論的革新はほとんど生じてきませんでした——価値概念の称揚、存在と妥当の区別、ジンメルによる超越論的アプリオリの社会心理学的な細目化、あるいはマックス・シェーラーの手になる、形式的（カント的）な価値倫理学と実質的な価値倫理学との対置を理論的成果と見なすこともできる、という点を別にすればですが。

二〇世紀の同じ〔八〇〕年代においても同じ現象が起きましたが、そこでも別の事態を期待することなどできません。

さらに今度は、実行という点ではより弱いかたちで、ほとんどアピールと急ブレーキという形式においてだけ、生じたのでした。定評ある伝統の名称が再び口にされます。ハンス・ヨナスが責任の原理を宣明します。そして、〔「人間の尊厳」や「自然保護」などの、それ自体としては〕貫徹不可能な利害関心を分節化するための、また暫定的な規制を用意するための、政治的委員会が、倫理の名の下でその仕事を続けることになります。

倫理というこの彗星が規則的に世紀の終わりごろに、ほぼ正確に九〇年代に現れてくるのはなぜなのか。この点を説明するのは天文学者に任せるとしましょう。私が問うのは、二〇世紀末の全体社会の状況において、この彗星を利用しうるか否か、またいかにしてそうなのかということです。そして私の答えはこうなります。テクストの伝統を書き続け改革することによってではなく、社会学的な全体社会理論と倫理学的反省の共同作業によってのみである、と。

《2》

そのためにはまずもって、道徳の経験的に使用可能な概念を形成しなければなりません。私は道徳ということで、尊敬ないし軽蔑を示唆しつつ営まれる特別な種類のコミュニケーションを理解しています。そこで問題となるのは、特殊な観点における、たとえば宇宙飛行士としての、音楽家としての、研究者としての、サッカー選手としての、良いあるいは劣った業績ではありません。問題とされるのはコミュニケーションへの関与者として評価される限りでの、人格全体なのです。[*11] 通常の場合、尊敬ないし軽蔑は、特殊な条件下でのみ付与されます。道徳とは、この種の条件の、そのつど使用可能な総体のことなのです。道徳は、継続的に投入されるわけではありません。むしろ道徳は、いささか病理的なものと同時に生じるのです。事態がきな臭くなった場合に初めて、他者ないし自分自身を尊敬するための、あるいは尊敬しないための条件を示唆する、または明示しようとする契機が、生じてきます。この点で道徳の領域は経験的に限定されるのであって、特定の規範ないし規則ないし価値の適用領域などとして定義されるわけではない、ということになります。この議論は、道徳的規則〔例えば法的規則との違いにおける〕の特性（Spezifik）を、規範ないし価値の水準で規定する試みに比べれば、より高度な一義性という長所を有しています。しかしとりわけそれによって、こう問う可能性を獲得できます。何らかの条件づけ〔法、政治文化、人種の違い、個人的な趣味などであってもよい〕が道徳化されれば、次のような帰結が導かれる。すなわち、ある人が家でピアノの上にビスマルクの胸像を置いているのが判明した場合には、もはやその人を尊敬することも、招待することもできなくなります。この時、いったい何が生じてくるのでしょうか。

これを道徳と称してよいのであれば、つまりこの概念のもとで問題とされるのが尊敬市場〔で尊敬を得る／失うための条件だけなのであれば、倫理の、あるいは倫理的なものの概念を、それとは区別されうるかたちで〔理念などとして〕用いるというフリーハンドを持てることになります。今やこう言ってもいいでしょうが、倫理学とは道徳の記述なのです。この記述は一八世紀に至るまで、自然＝本性の規範的‐合理的な特殊領域の記述として設定されてきた。[*12] すでに述べておいたように、一八世紀最後の十年間に至って初めて、道徳の反省理論たれとの要求に応えようと試みる倫理学が、形成さることになりました。社会学的に解釈してみましょう。この事態が全体社会の、階層的分化から機能的分化への転換と関連しているとすれば、道徳記述という問題のこのヴァージョンは、われわれをいまだに拘束し続けているということになるのかもしれません。それ以前に立ち返ることなどできない――アリストテレスの再解釈においてそう試みられているにもかかわらず、です。しかし、問われるべきことはまだ残っています。ここにおいて反省されるべきは何なのか、と。〔問題のヴァージョンは同じだとしても〕この問いに関しては、一八世紀の終わり以来、倫理の最後の波以来、多くのことが変わってしまっているかもしれないのです。

《3》

功利主義的な倫理学においても超越論理論的なそれにおいても、問題とされたのは道徳的判断の合理的な、ないしは〔ドイツという特殊事例においては〕理性的な、根拠づけでした。このヴァージョンによって倫理学は、自分自身を道徳的な企てとして把握することができるようになりました。倫理学による道徳の記述のうちに倫理学自身を含み入れて、単純化して言えば、自分自身を良いものと見なすことができたのです。もちろんそのためには、過去の倫理学的理論からの距離が前提とされます。さらに、少なくとも暗黙裏に、立憲国家が平和を保証しており、利害関心には中立的であることへの信頼も前提となります。その点が明らかであるなら、新しいスタイルの政治的倫理について語ることもほとんど可能でしょう。[*13] いずれにせよそこには、生活形態の決定と目的選択とに対する距離という契機が組み込まれていました。常に問題となっていたのは、道徳的判断の条件であり、その線上で、道徳に関する「理論／実践」関係だったのです。〔個々人がどんなライフスタイルと人生目標を選んでいようが、常に妥当する道徳の理論と実践法を探求すべきだ、と。〕

しかし社会学者として道徳的コミュニケーションの実践に注目するならば、はたしてそこに倫理学が取り組むべき問題が存しているのだろうかとの疑念が生じてきます。この実践に、スタイルの上でコンセンサスに達しうる形式を付与することには、十分すぎるほどの根拠があるのでしょうし、またそれは格別に難しいことでもありません。それは修辞学が普通に行ってきた事柄でした。しかし、〔いつでもどこでも有効なレトリックという〕良く実施できる足場の方向への抽象を行えば、その種の原理から結論を引き出す可能性は途切れてしまいます。階層が損なわれておらず、〔上層特有の趣味やマナーを付与する〕社会化が代理を務めることができたうちは、これは無害でした。もはやそうではなくなる場合にはどうでしょうか。その場合、社会構造的な条件が、いかに洗練されたかたちで設定されているとはいえ、理論的構図によって置き換えられるだろうなどという希望を、どうしたら保持していけるというのでしょうか。

この野心を放棄するならば、道徳的コミュニケーションをその全体社会的な連関の中で把握する、別の可能性への視点が開けてきます。ここでは完全性を、あるいは体系性をすら期することなく、いくつかの観点を挙げるにとどめておきましょう。それらによってたちどころに、全体社会の理論は倫理学を別の諸問題へと、おそらくは別の諸課題へと導いていくということが明らかになるでしょう。

1 まず最初に、どの機能システムも道徳を通して全体社会システムへと組み入れられうるわけではないという点を、認めておかねばなりません。機能システムはその自律性をそれぞれ異なる機能に、また同時に特別な二分コードにも、負っています。例えば科学システムの場合なら「真の」と「非真の」の区別に、民主的政治システムにおいては政府と野党の区別に、というようにです。これらのどの場合でも、当該コードの二つの値が道徳コードの二つの値と収斂するよう設定されている、などということはありえません。政府が構造上良く、野党は構造上劣っている、ましてや悪であるなどと宣明するようなところまで行ってはならないのです。それは民主制にとっては死の宣告に等しいでしょう。同じことが、「真の／非真の」という事例に関しても確認できます。良い成績か劣った成績か、支払いをするかそれとも差し控えるか、他の誰かではなくこの相手を愛すると決めることについても、同様です。機能コードは、より高度な非道特性の水準において備え付けられていなければなりません。それらコードは、当該システムのあらゆる作動に対して、両方の値を達成可能にしなければならないからです。ついでに言えば、このように道徳から切り離されているという意識は、常に疑念によって悩まされつつも、機能システムを分出の当初から支えてきたものでした。国家理性に関する、また成長の条件としての経済的な利得追求に関する文献から、その点を読み取ることができます。あるいは情念化された愛のゼマンティクから、また法＝権利の自由の機能に関する観念から、です。最後の審判ですら、純粋に道徳的な決算としては把握されえませんでした。そのように把握すれば、〔地獄に落とされた悪人たちを慈悲によって救済できなかった以上〕悪魔が戦いにおいてマリアを凌ぐとの結論に行き着くでしょうから。[*14] したがって一八世紀において地獄が完全に道徳的演出の領域として記述されたのは、当然の帰結だったわけです。[*15]

したがって諸機能システムへと分化した全体社会は、道徳的統合を放棄しなければなりません。しかしその社会においても、人間を尊敬と軽蔑の条件づけを通して人格全体として判定するという、コミュニケーション上の実践が保持されもします。つまり道徳的包摂は維持されますが、全体社会システムの道徳的統合をもたらしはしないのです。倫理学はこれについて何を言いうるというのでしょうか。

2　経験的に見るならば、道徳的コミュニケーションは争いの近傍に、したがって暴力の近隣に、位置していることがわかります。このコミュニケーションは、尊敬と軽蔑の表現を通して、参加者の過剰関与へと至るのです。道徳的にコミュニケートし、それによって、自分が他の人々を、また自分自身を、尊敬するないし軽蔑するのはどんな条件の下でなのかを知らしめる人は、〔同じ条件による〕自己尊敬を設定する――そしてそれに賭けることになります。そうなると、諸要求に対処するためにより強い手段を選択しなければならない状況へと、容易に導かれてしまいます。決闘という慣習によって、この問題を私化しようとする試みもなされてきました。それは、法が旧来の上層のこの最後の吐息――ミラボー侯爵[★4]が挙げたように[*16]――に抗して貫徹されるようになるまで、数百年も持続したのです。今日では、道徳に対する法のこの勝利は、希にしか顧慮されない事例になってしまいましたが。

道徳の起源はこのように争いを孕んだものであり、道徳はそれに対応した効果を発揮する。この点を考慮してもなお、道徳は状況にかかわらず道徳的に良いものであると助言してもよいのでしょうか。あるいはそう助言するとき、二つの概念を混同していることにならないでしょうか。尊敬ないし軽蔑を象徴する、良いと劣るの道徳的コードという概念と、このコードの契機の一つ〔＝区別の一項〕としての、正の値である《良い》という概念とをです。後者は、それ自体として単独では、生じえないのです。

3　そこから第三の問題が生じてきますが、それは伝統にとってはよく知られたものでした。しかし今日では、ほとんど適切に考慮されなくなっています。あらゆる二分コードは、道徳のそれを含めて、自分自身へと適用されることでパラドックスに至ります。良いと劣るの区別が、そのものとして良いのかそれともむしろ劣るのかを、決定することはできないのです。周知のように、人間が楽園を失ったのはこの問題のゆえにでしたし、それよりも前に、最良の天使を業罰へと追いやったのもこの問題でした。[*17] したがって、このパラドックスの神学的分析も存在するわけです。修辞学においても、あらゆる美徳は悪徳として、あらゆる悪徳が美徳として記述されうるということが、以前から常に意識されてきました。〔行為の〕帰結を考慮に引き入れ、責任倫理にまでをも扱うようになるや否や、このパラドックスは動機づけにまで侵入していきます。一七世紀および一八世紀の経済人たちが保証してくれているように、非難されるべき行為が良い結果を持ちうるのであれば、また逆に最良の意図が劣る事態に行き着きうるのであれば、政治において見て取れるように、道徳的動機づけそのものが停止してしまいます。その場合、倫理学が勧めるべきは、良い行為なのかそれとも劣る行為なのか。周知のように倫理学はこの問題を、経済理論ないし政治理論へと委ねました。つまり市場ないし憲法に、です。自分自身の立場表明は差し控えたわけです。

4　私が挙げる最後の事例が関わるのは、決定の中で未来が可視的となり合理化される、その形式にです。今日ではこの事態は、リスクの概念によって扱われています。一方ではリスクの合理化に、膨大な研究が捧げられています。しかしながら計算をどんなに積み重ねてみても、最終的な確実性へと至ることなどできません。そのような試みそのものを差し控えるべきだと助言する論考も、存在します。それ自体があまりにリスキーなのだから、と。[*18] 他方でこの計算は、リスクの構想全体がそもそもそうなのですが、自身の決定の帰結のみを考える決定者にとってだけ妥当するものにすぎません。ところがある人のリスクからは、別の人にとっての危険が生じてきます。経験的研究が示すところでは人は、自身の行動に関しては多少なりともリスクに備えることができるのですが、他者の行動から帰結する危険に関してはきわめて敏感に反応するものなのです。道路交通で確かめてみればよろしいでしょう！　初期のエイズ研究においても、対応する範型が示されています。そしてもちろんこれは、原発産業、化学産業、バイオテクノロジー研究の圏域において募りつつある苛立ちすべてについても、当てはまります。

この分野での社会学的研究も、当初からなされてきましたが、それにより次の事態が明らかになりました。すなわち、未来へのパースペクティブにおいて、当該の問題にリスクのパースペクティブから取り組むのか、それとも危険のパースペクティブからかによって、全く異なる基準が適用されるのです。つまり、問題とされるのが自身の決定の帰結なのか、それとも他者による決定の帰結なのかによって異なってくるわけです。これが正しいとすれば、新たな、しかし近代社会にとっては通常的になったこの差異によって、従来のコンセンサスへの期待は破砕されてしまうでしょう。その期待が理性の観点から、あるいは倫理的原理の観点から定式化されたものであれ、同じことです。

一方では〔他者の決定により〕被災すること（Betroffenheit）という観点の下で、道徳が濃縮されていきます。この道徳は、被災を他者の被災を通して示せとの期待圧力によって、社会的に一般化されます。《で、君は〔私が君の決定によって被災しているという〕この状況を、どうしてくれるのか》と、ある個人は他者に問うことになるでしょう。しかしこの視角の中では、リスクの下で決定するための基準を、見いだすことなどできません。被災者は、〔自身の決定によって〕リスクを回避することのリスクに、盲目的にのみ関わり合うのです。かくしてリスクと危険の差異によって、社会的了解という一つの問題が示されていることがわかります。この問題は今日ではすでに、福利の分配という旧来の問題を、政治的重要性における第一位の座から、追い落そうとしています。この世紀〔＝二〇世紀〕末に訪れた倫理の波のまっただ中でわれわれは、この問題の適切なテーマ化を——解決として、あるいは少なくとも規制として説得力を持ちうるような観点までは望みえないにしても——再び見いだすことすらないのでしょうか。

ここには明らかに、時間次元と社会次元との間の緊張関係が存しているのですが、そのための倫理学的規定はまだ見いだされてはいません。自身の未来に関して合理性のチャンスを使い尽くそうとするなら、未来との接し方には自由の余地が残されていなければなりません。ところがそのような態度から社会的な負担が〔それゆえに、現状の責任を他者の決定に帰する必要が〕生じてくるかもしれないのです。さらに述べておけば同じ問題が希少性の領域においても、つまりは経済においても、浮上してきます。ある人が自身の未来に対してより強く配慮し、そのための手段を確保しますると、その分だけ、現在において財を用いようとする、あるいは用いねばならない、他の人々にとっては財がさらに希少になっていきます。伝統的な全体社会では、〔この問題に対処する〕道徳を形成することがまだ可能でした。とりわけ、競合者に対する雄々しい自己主張の道徳がそれに相当します。[*19] しかしこの道徳を貨幣経済による社会秩序へと移行させることは、決してできませんでした。[*20] 希少性とリスクは、まさに相補的な時間パースペクティブとなっています。一方では、希少性にもかかわらず現在において達成可能な限りの未来の確実性を欲する——〔同じ財を欲する〕他者の犠牲の上に。他方の場合、不確実性を引き受けることで得られる合理性チャンスを使い尽くそうと欲する——ここでもやはり、〔被災する〕他者の犠牲の上で。どちらの場合においても合理性計算が展開されてきましたが、それは社会的帰結に対する無関心に基づいたものだったのです。どちらの場合においても、時間次元と社会次元の緊張を埋め合わせうるような倫理学は存在していません。だからこそわれわれの全体社会にとって、分配問題は政治的な問題となったのです。そしてリスク問題も同じ道を辿るだろうという見込みが、大いにあるのです。

したがって、一八世紀の終わりごろに見いだされた形式における倫理学的反省は、もはや機能しえないのだと想定する、多くの根拠があることになります。パラダイム喪失、というわけです。しかしパラダイムは甦るのでしょうか。

一八世紀終わりには、すでに新たな利害関心が生じていたのを見て取れます。しかしそれは言語への関心として定式化されたのです——ヘルダー、その後フンボルトによって〔、未来のどんな事態にも対処しうる普遍的能力としての教養 Bildung の重視、というかたちで〕。今日ではこの潮流は、幅広い、分岐した沃野へと流れ込んでおり、旧来の合理性の議論の契機を引き継ぎさえしています。しかしそこで問題とされているのは言語行為にすぎません。そこから、近代の全体社会を適切に記述する、全体社会の理論がいかにして成立しうるのかは不明です。理論的デザインにおいて言語行為からコミュニケーションへの、言語から社会システムへの転換が必要ではないでしょうか。

いずれにせよ、いわゆる哲学の言語論的転回からは、重要な諸革新が生じてきました。その中でわれわれの文脈に関わってくるものとしては、言語に関する研究が言語によって条件づけられていること、それゆえにその研究が、それ自身の対象の内部において再登場してくることがあります。[*21] 道徳に関しても同じ事態が成り立つのかどうかと、問わねばならなくなります。道徳について研究する者が、無条件に一つの倫理を書き記さねばならず、自分自身それに服することになる、というわけではありません。しかし、道徳を研究する者は、研究を全体社会的なコミュニケーションとして行うということを、回避できはしないのです。少なくともその点においては、この研究者もまた、自身の対象記述の中に再登場してくるわけです。これによって自己言及の循環をさらに引き延ばすことはできますが、回避できるわけではありません。この事態を、次の点を示唆するものとして保持しておくことができるだけです。すなわち、倫理と道徳に関する言明の根拠づけはすべて、自己言及的に設定されねばならないのです。ただし常になお、選択の余地は残っています。ある倫理に固有の自己言及を問題にする——そして、その倫理そのものの道徳的特質をも同時に根拠づける——しかないのか、いや、全体社会の理論のより広い循環を採ればいいのではないか。後者の理論が含意しているのはただ、道徳について研究することができるのは全体社会の内部においてだけであり、そこでは道徳的探求も、他の諸探求のうちの一つとして生じてくるという点にすぎないのですが。

《4》

道徳的判断の根拠づけも道徳を孕んでいるという設問にのみ集中すれば、倫理学は全体社会の現実とのつながりを失ってしまいます。おそらくそれが、倫理学が利害から独立した審級として問われる理由なのでしょう。しかし倫理学が全体社会の現状について知らないとすれば、どうやって判断を下しうるというのでしょうか。

超越論理論的な範例も功利主義的なそれも、いかに「新」が付されていようと、ここではもはや役に立ってはくれません。[*22] とはいえ、一種の過剰反応によって「倫理学の企て全体が覆されてしまった」と宣明したり、ディドロの定式化を用いて、この事態は道徳化することの思い上がりによるものだと見なしたりするのは、[*23] 誤っているでしょう。道徳的に条件づけられたコミュニケーションは、確かに存在します。それは生じてきているのです。したがって倫理学は、それに対して態度を決めるという課題を抱えていることにもなります。

第二の脱出路を進んでいくこともできません。社会学的な全体社会の理論を、かつて何らかの倫理学が占めていた地位に就かせることなど、できないのです。それは社会学自身にとっても受け入れがたいでしょう。倫理学が道徳の反省理論であり、またそうであり続けねばならないとすれば（「道徳と倫理学という」歴史的に確定された表現を別の意味で用いるのは、ほとんど無意味というものでしょう）、倫理学は自分自身を道徳のコードに結びつけておかねばなりません。つまり自身を、良いと劣るという二分図式に服させねばならないのです。倫理学自らが、何かしら劣るものではなく良いものを欲しなければならない。しかし社会学にとって肝心なのは、言明の真理性ないし非真理性なのです。人間の行動すべてと同様に社会学もまた、道徳的に判定されうる――この点に関しては反論の余地はありません。しかし社会学の研究プログラムは、科学を実行しようと欲する限り、道徳コードではなく真理コードのもとに置かれるのです。

そうしてこそ初めて倫理学の社会学が、倫理学的ゼマンティクの歴史的 - 社会的分析が、可能になりもします。そうして初めて、倫理学の全体社会的な適合性の社会学的な批判がなされうる。そして倫理学は、辿りうる範囲よりも長期間にわたって、自身のテクスト伝統によって規定されてきたのだと苦情を申し立てることも可能になります。この種の分析は、独自の責任において、近代社会の構造を解明し、この全体社会類型の再生産の経緯の中で生じてくる問題を提示できるのです。

カントの時代、フランス革命の時代にもまして今日では、この全体社会構成体の諸帰結を観察し、記述することができます。そしてそれこそが、社会学がこの世紀の終わりにおいて自らに課すべき課題なのです。しかしそこからはまだ、直接的にも間接的にも、道徳的評価が生じてくるわけではありません。もとより全体社会を、道徳的評価の対象とすることなど不可能です。近代社会を良いもの見なす人をそれゆえに劣っていると見なしたり、あるいは近代社会を批判的に拒絶する人をそれゆえに尊敬するなどということは、なおのこと不条理というものでしょう。これは根本的には、簡単に回避できる施工上の欠陥にすぎません。というのはあらゆるコミュニケーションの総体である包括的システムとしての全体社会は、良いものでも劣るものでもなく、何かをそのように指し示しうるための条件にすぎないからです。

以上述べてきたことをすべて踏まえれば、そこから生じる留保を念頭に置きつつも、倫理学の全体社会理論が優位性を持ちうるという点を認識できるでしょう。道徳は、尊敬と軽蔑の別の条件を設定することによって、この優位性を無視することもできます。例えば、環境破壊と環境保護に即して自分の世界を〔破壊者／保護者に〕分割してもよろしい。あるいは、従来試みられ推奨されてきたものよりも、疑わしいとされていた代替選択肢のほうがより良いのだとの原理から出発することもできます。道徳的にコミュニケートする可能性は、大量に存在しています。その際に召喚できる価値と根拠にも、事欠きません。しかし、倫理学というものが道徳に品質保証書を、あるいはせめて、懸念には及ばずとの証明書を、発行するというのであれば、倫理学に対して、全体社会システムの構造をも反省せよと要求できるはずではありませんか。

　近代社会はもはや道徳を介しては統合されえない。また道徳を介して人間の位置を定めることも、もはやできない——この仮定が当たっているとすれば、倫理学は道徳の適用領域を限定する状態になければならないはずです。民主制を正しく理解しているのであれば、与党と野党の両者を道徳的観点のもとで選択せよなどと要求されているわけではないことがわかる。にもかかわらずわれわれは日々、両方の政治家たちが、口頭で道徳的な争いを繰り広げているという事態を受け入れねばならないではありませんか。地域独立運動は、道徳的な絵図のもとで形成されねばならないというのでしょうか。リスクを孕む研究ないし生産テクノロジーをあらかじめ法的に制限することを、道徳的な命令として、あるいは倫理学的な命令としてすら、広めていかねばならないのでしょうか。しかし来年になればよりよい情報がもたらされて、より強い、あるいはより弱い規制のほうが優先されるということになるかもしれません。そしてとりわけ、リスクを引き受けることに対して、尊敬を示すあるいは尊敬を取り消すことによってサンクションを課すには、どのようにすればよいというのでしょうか。そもそもリスクを孕まない行動など存在しないのであり、倫理学は、少なくとも現在までのところ、コンセンサスを達成しうる基準を発達させてはこなかったのです。

　この状況に直面して、倫理学にとっておそらくは最も喫緊の課題となるのは、道徳に対して警告を発することでしょう。この必要性は、必ずしも新しいものではありません。一八世紀にはこの目的のために、フモールが発明されていました。言わば、不意に襲ってくる道徳の嵐のための、波消しブロックとして、です。しかしこれは、あまりにも多くの規律化と、あまりにも多くの階層特殊的な社会化とを前提とするものです。警告することそのものもまた、パラドキシカルな活動です。それは、〔警告が聞き入れられれば警告自体が余計なものとなるのだから、〕自身の過剰性を生み出すという目的を伴っているからです。したがってむしろ倫理学は、ひとたび道徳の反省理論と化した以上、自分自身に対するより高度な要求を課すことになるだろうと推測できるのではないでしょうか。

近代社会内の諸事情を考慮しつつ、自分自身を良いものとして宣明しうるような倫理学が、そもそも可能なのかどうか――この点に関しては社会学者としては、最終的な判断を下すことができません。疑わしいとは思えますが。いずれにしても、政治的必要性〔を言い立てる〕だけでは不十分ですし、それを求める者の善意でも足りません。しかしこの種の試みがなされる場合には常に、一定の理論的最低限要求が満たされねばならないはずです。少なくとも次のようには期待しうるでしょう。すなわち倫理学は、単に良い側と連帯して劣る側を忘れ去るのではなく、道徳を一つの区別として、すなわち良いと劣る、あるいは善いと悪いの区別として、主題化する、と。そうするとたちどころに、こう問われねばならなくなります。いったいこの区別を適用するのが良いのは何時であり、何時そうではないのか。そのためにはまずもって、かの区別を区別しえねばならないはずです。そして「何から?」と問われることになるでしょう。ゴットハルト・ギュンターの用語で定式化するならば、その区別に関する受容値と棄却値をめぐって、了解に達しなければならない[*24]、あるいはシステム理論型の構成主義的認識論における用語では、観察者がどの区別を用いて観察しているのかを、したがってまたその観察者が何を見ることができ何を見ることができないのかを、観察できねばならないのです。[*25] このような倫理学が成立したとすれば、それは同時に次の点についての了解をも、もたらしうるでしょう。〔道徳においては〕きわめて特殊な一つの区別が、すなわち良いと劣るの区別が普遍的に、つまりすべての行動に対して適用されうるのである、と。社会学者タルコット・パーソンズの見解によれば限定的/普遍的(pezifisch/universell)というパターン変数のこの組み合わせこそが、近代的価値定位の特性に他ならないのです。[*26]

蛇足ながら差異理論的アプローチにおいては、道徳と自由との関係という旧来の問題は、自ずから解体されます。伝統においては、自由が道徳的判断の前提であると見なされてきました。伝統はただこの種の前提によってだけ、自身を把握してきたのです――〔自由は人間の自然-本性に属するという〕自然的言及から〔自由は神によって与えられたとする〕宗教的-超越的言及を経て〔カント流の〕超越論的言及に至る展開とともに、〔その時々の〕問題構成に反応しつつ、ではありますが。そこで許容されたのは、自由を人間の特性として把握する可能性だけでした。しかしいかにしてなのでしょうか。

それに対して社会学理論なら、自由は言わばコミュニケーションの副産物として生じると、仮定できるでしょう。というのは何かしら確定的なことがコミュニケートされる場合には常に、それに対して諾あるいは否と言いうる（そうできないなら、言わない）からです。この点においては道徳的コミュニケーションも何ら例外ではありません。その命令を拒絶することも、やはり可能なのです。しかしコミュニケーションが道徳的に進行する中で、拒絶と抵抗の取り扱いのための定型が存在する以上、道徳は自由を確かに前提とし自ら再生産していかねばならないのですが、自由を良い側に固定しようと、つまりは止揚しようと、試みてもいるわけです。まさにそれゆえに自由は、特に倫理学の問題として、テーマとされてきたのです。そこでは倫理学は、自身が是認しえない何ものかを〔すなわち、悪をも選びうる自由を〕前提としなければなりませんでした。そしてそれゆえに、このパラドックスを分解するために、きわめて困難な組成に関わらねばならなかったのです。

パラドックスなしには進歩もないと、言うことはできましょう。しかし今述べたような特殊な形式が必要だというわけでは、まったくありません。自由が道徳の前提としてではなくコミュニケーションの副産物として導入されるなら、自由はあらゆる自己言及的システムの構造決定性と両立可能なのです。決定論と非決定論という旧来の論争は、解体されます。それに代わってわれわれは、次の問いの前に立たされることになります。あらゆるコミュニケーションにおいてどのみち登場してくる、受容するかそれとも拒絶するかの自由を、道徳的に再コード化することにはどんな意味があるのか――そうしてみても結局のところ一つの区別に至るだけであり、その値である良い／劣るはコミュニケーションの中で再び、受容するか拒絶するかの自由を生ぜしめる（しかも今度はきわめて問題含みの帰結という負担を伴いつつ）ことにしかならないというのに。

いずれにせよ、諸区別を区別する理論へのこのアプローチすべてには、ヘーゲルの論理学という偉大なる先例が存在しています。この論理学は諸区別を、それに即して等しいものと等しくないものとのに関連させつつ処理しようとする試みとして、決して凌駕されえないものであり続けています。同じ事柄を別方向に推し進めていくことにも、誰一人成功していません。セカンド・オーダーのサイバネティクス、ゴットハルト・ギュンターの多次元性の構想、ジョージ・スペンサー・ブラウンの《形式の法則》での作動的論理学において、きわめて類似した問題に関するまったく異なる道筋が提起されてはいます。そこにおいて問題とされているのはもはや、客体を規定することではなく、諸区別を区別することなのです。しかし社会学者にとっては、それだけでは空気はあまりにも希薄すぎます。近代社会の理論に興味を持つ社会学者が〔それらによって〕望みうるのは、そうできねばならないだということだけです。〔社会学の議論はそれで終るのではなく、そこから始まるのだ、と。〕

第一〇章　リスクと危険についての了解

了解（Verstandigung）の概念によって想定されているのは、相異なる個人の心的システムが、ある時点において互いに一致の状態にあるのを見いだすということなどでは、ありえない。つまり、同じものを知覚している、同じことを考えている、同じことを感じている、同じことを意志しているといったことでは、ありえないのである。それは経験的状態としては考えられない――次の理由だけからしてもすでに考えられないのである。すなわちそのつど現時的な知覚は、また記憶および連想も、個人ごとに異なっている。各人は、自分が考えているとき他我（ein anderes Ich）のことも考えているのである。全員が一斉に《万歳！》と叫んでいるときでも、事情は変わらない（ある者は大声で、他の者は少し小さな声で、そうしているではないか）。個人を経験的に真剣に受け取るならば――少なからぬ哲学者たちのように、単数形で《人間というもの dem Menschen》について語ったり（しかし約五〇億もの実例があることになるのだが）しなければ、つまりは個人を真剣に受け取るならば、「経験的状態が一致している」という意味でのコンセンサスについて語ることなど、まったくできなくなる。了解の概念に何らかの意味を付与しようと欲するなら、個人の現時的に見いだされる状態を度外視しなければならないのである。

しかし、このように〔個人間の〕厳格な切断をあえて採用するとしたら、《了解》は何らかの意味を持ちうるのだろうか。〔意味を持たせるためには〕この概念を社会システムにだけ関係づけるべきではないのか。社会システムはコミュニケーションから成り、コミュニケーションを通して自身を再生産するのである。コミュニケーションはさしあたり意味の提案である。それは理解された場合に、受け入れられるもしくは拒絶されうる。コミュニケーションが受け入れられ、以後のコミュニケーションの基礎として受容される限り、了解について語りうる――その際に個々人の頭の中で何が起こっていようとも、である。

了解は、《擬態 Dissimulation》を巡る古い議論が教えているように、[★1]嘘や白を切ることに基づいても生じうる。了解は単純に、反論への機会を取り逃すことによっても生じうる。攻撃を受ける余地をほとんど与えないように最初からコミュニケーションを整えおくことで、了解を追求することもできる。パートナーは後になってから、自分に関係するのはどの点だったのかに気づくが、そのときにはもう遅すぎる、というわけである。また当然のことながら、了解への《誠意》が、自分自身の立場を修正するというコストの上に生じうる〔つまり、了解のために自分の意見を歪曲したり隠蔽したりすることもありうる〕し、またそれがしばしば生じているという点を否定する必要はない。すべきでないのは、この概念を関与者の行動の道徳的評価に依存させることだけである。というのはそうすれば了解をきわめて不安定な基盤の上に据えてしまうことになるだろうから。自分が道徳的に正しい側にいると、あらかじめ見なしているのなら、さらになお了解を求める理由などほとんど存在していないことになる。その場合に問題となるのは、良い事柄が勝利するのを手助けすることだけである――常により強い手段を用いてであれ。道徳は、激情への勇気を起こさせるのである。

そもそもいかにして了解を確認しうるのか。この問いによってもまた、心理的状態は排除されることになる。ある心的システムが、自分自身のうちで、あるいは他の心的システムのうちで今何が生じているのかを実際に知ることなど、決してできない。意識はそうするにはあまりにも速く事を進めていく。確認しようとする意図がすでに、確認されるべきものを変化させることになるだろう。了解しあえたかどうかは、ただコミュニケーションを通して、コミュニケーションについてのコミュニケーションを通してだけ、確認できる。そこでは概ね、コンセンサスのシグナルを頼りにできるが、例外事例においては問い返しが生じてきて、あからさまな撤回がなされることもある。コミュニケーション過程は、時間経済の上で当然のことながら、限られた範囲の自己コントロールでやっていくしかない。この可能性だけからしてすでに、広範囲にわたって説明されぬまま反論を受けずに通用しているものを、了解として成り立たせるためには十分なのである。会議の経験が、また結婚生活の経験も、この教訓を裏書きしてくれる。最高度に単純な状況における口頭コミュニケーションに関してすら、同じことが成り立つのである。大きな問題となるのはこうである。文字による、印刷された、ラジオとテレビによって流布されたコミュニケーションに関しても、つまり送り手の側の技術的備えのゆえに反論の機会がまったく与えられていなかった状況についても、やはり事は同様なのだろうか。

私のテーゼはこうである。印刷術ないし放送によって流布されたコミュニケーションに関しても、独特の修正を伴いつつであるが、事情は同じなのである、と。一方では、世論として描出された事柄は、同じメディアにおいて反論が生じてこない限り、通用しうるし、しなければならない。他方では世論においては、心理的リアリティは補足しがたいので、《黙セル者ハ同意シテイルト見ナサレル qui tacet consentire videtur》という意味で、コンセンサスの見せかけを取ることもできないのである。世論は諸個人の意見とはまったく無関係である。もちろん、語られた事柄の一面性から、また読者ないし視聴者が相互に孤立していることから、突然の集積が、また突然に一定のかたちで合流することが、可能になるような形式への、独特の好みというものが生じてくるのだが。この事態はしばしば、集合行動に関する研究の中で――〔「多元的無知」などの、心的状態が原因であるかのような〕明らかに、あまり適切ではない概念によって――記述されてきた。そうなると想定された了解が、時折噴出するリアルな了解という形式と矛盾する、という話になる。〔諸個人の〕孤立化状態は、一時的にではあれ、組織化するテーマを用いて、また通常の場合、個人が抱いている意見として押しつけられるものに対する抵抗という形式において、打破される、というわけである。

キャリア図式としての参加

このような状況下で、参加あるいは対話などの概念が活況を呈しているのは、容易に理解できるだろう。共に時を過ごすことが求められる。傍らにいることが声望を与え、声望が傍らにいることを可能にする。参加はキャリア図式となる。これはすでに優に二十年前から、大学の学生でいることをめぐって、観察できる事柄である。地位に依存した人格的な接触は中断され、地位に効果を及ぼす、地位を形成する組織化された接触が求められる。今や了解は記録され、可能な場合には、プレスリリースとして公表されねばならない。それは出来事としてコミュニケーションの形式のうちに書き込まれて、さらなる作業に供されるが、ただし新規さの圧力のもとでは了解はたちまち古びたものと化しうるのである。そのような形式とは、組織とマスメディア、演目と日々のニュースである。組織とは、以後の決定のための基準を与える、決定の帰結のことである。世論とは、以後のコミュニケーションのための基準を与える、コミュニケーションの帰結である。〔その種の形式を取る了解によって〕人格的な結びつきが成立することなど、ほとんど期待できない。最も容易に振る舞える者となるためには、了解を純粋にコミュニケーション上の句読点として、中間総括として、方針説明書として、完全に外化しえねばならない。

さて、問われるべきは、リスクと危険に関して了解しうるか否かである。まずもって、誰もこの点での了解を無条件に（必当然的に apodiktisch）排除しようとなどしないだろう。しかしさらに、〔了解の〕チャンスがいかにして成立するのかと問われよう。重要なのは、リスクと危険とを概念上明確に区別しておくことである。リスクという語が用いられるのは、将来生じる何らかの損害が、自身の決定に帰される場合である。飛行機に乗らなければ墜落などしようがないではないか。それに対して危険において問題となるのは、外から来る損害である。先の例を続けるなら、飛行機の破片が降ってくることにより死亡する場合がそうである。どちらの事例でも未来における損害の不確かさが扱われており、したがって確実さの反対事例ではある。しかし両者は、不幸が一つの決定に帰属されるか否かという問いによって、相互に区別されるのである。

広範囲に及ぶ帰属研究が教えているように、帰属は心理的、社会的、文化的諸条件に依存している。近代社会が技術的、貨幣経済的、組織的に発展することによって、以前ならば危険として取り扱われていたであろう多くの事柄が、リスクと見なされるようになった。ウィルスとバクテリアが外から来るのは変わらない。しかし予防接種を受けなかったり保険をかけていなかったりすれば、それはリスクとなるのである。この事態に対応して、リスクの意識は、危険の意識を侵食しつつ増大してきている。危険として知られていた事柄——地震、噴火、ハイドロプレーニング、結婚——は、どんな決定によってそれらに晒されるのを回避できるかが知られるようになる程度に応じて、リスクと化していく。われわれの未来が常により強く決定に依存するものになることによって——言い換えるならば、われわれの帰属習慣がそれに応じて変化することによって——未来という暗闇の領野は、危険領域からリスク領域へと移っていくのである。

しかしこれではまだ、事態の半分が明らかになったにすぎない。というのは決定とともに危険もまた再び増大していくからである——しかも他者の決定から発する危険という形式において、である。以前なら危険地帯には共同で対処がなされ、それに対応して勇気、忍耐力、不動心などの徳目が高く評価されえた。今日では、リスクと危険とこの差異によって、社会秩序が分断されているのである。誰かにとってリスクであるものが、他の者にとっては危険である。喫煙者は自分が癌になるというリスクを冒しているのだろうが、他の人々にとって喫煙者は危険である。危険な追い越しをするドライバー、原子力発電の建設者と運営者、バイオテクノロジー研究者……例には事欠かないだろう。次のように問うことすらできよう。われわれのリベラルな立憲国家において、またその自由イデオロギーにおいて前提とされているような事態など、そもそも存在するのだろうか。いわく、他者を害することがない限りは自身の利害関心を追求してよい、あるいは別の言い方をすれば、他者を危険に晒すことなくリスクある行動を取りうるのである云々。

自然の危険が後退する中で、社会的に引き起こされた危険は増大していく。それゆえにリスクと危険の代わりに、決定者と被影響者[★2]という言い方をしてもよい。この差異はますます社会生活を支配し始めている。すでに喫煙者と非喫煙者の区別から、明確なかたちを取った恐怖症が生じているではないか。〔あるいはこの差異のゆえに〕パートナーの誠実さが問題となる――エイズに関して。リスクを孕む、あるいは危険なテクノロジーを用いる工場立地に対する抵抗は、きわめて広範囲にわたる基礎を持つ出来事の突端に他ならない。他者のリスキーな行動によって生じる危険への注目を、矮小化するべきでは決してない。ましてや、「たいていの場合問題となっているリスクは十分に検討され、計算され尽くしたものなのだから」といった議論によってそうしてはならないのである。反対に、ここで示唆された決定者のリスク・パースペクティブと被影響者の危険パースペクティブの差異は、コンフリクトへの新たな契機となっている。それは社会的および政治的な起爆力という点で、旧来の。福祉国家における分配コンフリクトを優に上回りそうな気配を見せている。またそこには福祉国家的な分配変更政策による解決はほとんど見込めないし、安定した戦線形成も見込めないのである。

リスクと被影響圏

さらに加わってくる問いがある。そもそも誰が被影響者なのか。被影響者はいかにして自身を社会的に認知せしめるのか、あるいはせめて、話題になるようにしむけるのか。以前ならば、リスキーな行為をする者が被影響者であるという点から、あるいは問題なのは多かれ少なかれ集団特殊的な現象――貴族の宮仕え、船乗り、キノコ採りなど――であるという点から、出発できた。産業時代においてもなお、特有の仕方で危険に晒されており、その点に自身のプライドを賭けているような労働者が存在していた。鉱山労働者や鋳造工を考えてみればよい。言うまでもなく、炭鉱なり工場なりが閉鎖されたからといって、それらの看板を別種の労働によって置き換えるのは難しかった。リスクと被影響圏の複合体が目立っていたのである。

危険がエコロジカルに媒介されて生じるようになるにつれて、この事情は変わってくる。そこから派生する二つの新種の状況を、改めて区別しておかねばならない。今日ではそもそも、決定者、利益享受者、被影響者が相互に大きく乖離しているため、それらが一つのカテゴリーへと、ましてや一つのグループや一つの社会システムへとまとめられることなどありえない。危険な産業設備が設置されれば住民は被影響者ということになるが、しかし当該企業が雇用を創出するという点では、利益を受けもする。さらに住民は生産物を利用するが、もはや被影響者ではないということもある。決定者となるのは、被影響者に数えられうることに財政的に利益を見いだす場合だけである。そして決定者は、広く行き渡っている先入見に抗して確認しておかねばならないが、無条件に決定の受益者であるわけでは決してない。このような事情のもとではもはや、集団特殊的なエートスが、あるいは集団特殊的なノウハウが発達してくるものと、見込むことなどできない。リスキーな行動を取る決定者自身の被影響性が十分に統制されるということも、見込めないのである。

それどころか被影響圏は、社会的に無定型な状況となっている——状況をなすにしても、もはや誰が、どのようにして影響を被るのかを規定することなど、できないのである。今朝のうちに、あるいは千年のうちに生じうるカタストロフによってかもしれない。極氷の融解によってかもしれない——しかしそれはフロリダだけ、あるいはアムステルダムだけのことなのだろうか。それとも間接的にチューリッヒも影響を被るのだろうか。貨幣経済の崩壊によってかもしれない。それによって影響を被るのは最終的には、自身が所有する貨幣を受け取ってもらえることに生活を依存させている者すべて、ということになるのだろうか。次の点を見て取るのは困難ではないだろう。この状況を、役割特殊的な規律とそれに対応する知識によって、職業地位による秩序によって、処理することなどもはやできない。いやそもそも、何らかの社会システムを、他のシステムとは異なるものとして特徴づけつつ形成することによって処理するのも、もはや不可能なのである。

したがって問題は、非対称的な構造を取ることになる。社会的規制は、容易に同定されうる決定者、とりわけ組織には向けられるが、被影響者には向けられない。後者は《民主制》を手本として《代表》されうるだけである。そしてそれもまた、自分自身を力づける《疑似民主的 parademokratisch》代表＝表出によってだけのことなのである。

今や問われるべきはこうである。決定者と被影響者のこの差異を超えて、了解へと到達することができるのだろうか。あるいはより根本的に言えば、以下のような、一般に通用している想定はまだ正当なのだろうか。いわく、効果を発揮するのはより多くのコミュニケーション、より多くの反省、より多くの知、より多くの学習、より多くの関与――それらすべてによる何かしら良いもの、少なくとも何ら劣ってはいないものである云々。

了解の可能性についての問いにさしあたり懐疑をもって答えるのには、十分な理由がある。経験的研究からは今のところ確かな判断は導けないが、その多くは、決定者はリスクを、被影響者が危険を体験するのとはまったく別様に体験するということを示唆している。言わば未来は、知覚されるのがリスクのパースペクティブにおいてかそれとも危険のパースペクティブにおいてか次第で、異なる現在を示唆するのだと、である。言うまでもなくリスクへの備えは、自由意志からそのリスクに関わっているという点に、さらには事の経緯をコントロールできると考えているという点に、依存している。その点ではリスクへの恐れが意味しているのは、予見されていない中間事象に備える自身の能力を低く評価しているということだろう。リスクへの備えは、まさにその点に関する有能さを誇示するのに役立ちうる。むろんこの種の一般化は問題含みではある。そこでは特定の状況の特性が度外視されているからだ。道路走行における〔リスクを回避しようとする〕行動がただちに、危険な素材に関する実験を行うことへの、あるいは工業設備における安全確保技術を信頼することへの、逆推論を許すというわけではない。しかしこの疑念によって、他者によって危険に晒されていると感じている者が、自身が置かれている状況を、〔その種の信頼を抱いている者とは〕まったく別様に捉えているという事実が、揺らぐわけではない。そしてこの点に関して経験的研究が明らかにしているところでは、専門家、産業組織、あるいはまた政治システム（とりわけ地方自治体レベルでの）のもつ損害回避能力に対する信頼は、ここ二十年で急速に減少しているのである。これはあたかも、決定者と被影響者の差異が今日では以前よりも強く注目されるようになったかのようである。

第二の観点は、量的計算に対する相異なる態度に関するものである。量的計算においては、生じうる損害の大きさとその出現の蓋然性とが差引勘定される。この種の計算が、どれほど合理的なものであろうと、無条件に受け入れられるわけではないということが知られている。特に、損害額がカタストロフィの形式を取る場合には、受け入れられないのである。近隣に新たな原子力発電所が建てられることから発する危険は、年にあと三キロ余計に車を運転するという決定のリスクよりも、大きくはない――これは当たっているのかもしれない。しかしこの議論に動かされる人がいるだろうか。カタストロフィが見込まれるなら、そこで計算は止まってしまう。カタストロフィを容認する者などいない――それがきわめて蓋然性の低い事柄であろうと、である。しかし、そこを越えれば量的算定がもはや説得力を持たなくなるような、カタストロフィの敷居はどこに存しているのだろうか。明らかに、さらなる変数に依存することなしには、この問いには答えられない。件の敷居は貧者にとっては、富者とは異なるところに存している。また敷居は、歴史的にも変動していく。そもそもこの敷居は、おそらく循環的にしか定義できないだろう。カタストロフィとは、量的な算定によっては受け入れられないであろうようなものなのである、と。そうなると、その種のカタストロフィは極度に蓋然性が低いということを示唆する決定者に残されるのは、次のような答えだけである。私はそんなことに関心はない。そんなことが生じないよう望んでいるだけだ、と。

これは何ら非合理的な答えではない。そもそも合理的／非合理的という図式は、コミュニケーションによる了解が機能していないということを説明し、コミュニケーションの中断を正統化するために役立つにすぎない。本当に興味ある問いは、「何がカタストロフィに数えられるのか」である。そしてこれはおそらく、決定者と被影響者ではまったく別様に答えられる問いなのである。そこではあらゆる了解を排除してしまうような、カタストロフィに対する極端な敏感さが生じているかもしれない。しかしさしあたり、カタストロフィを望んでいない者が、その敏感さをコミュニケーションへと持ち込めるような態度を取っているという点は、認めるべきだろう。だがその態度もまた、了解を排除する働きをする。すなわち、カタストロフィの蓋然性が非常にわずかではあるが、まったく排除されるわけではないような決定に関する了解を、排除してしまうのである。

最後に、第一に挙げた論点が示しているのは、個々人の意見は、リスクの図式によって尋ねられるのかそれとも危険の図式によってか次第で、ある程度矛盾してくるという点である。エイズの脅威に直面しても多くの人々は、自身の性行動を変えようとはしない。しかし同時に、国家による規制を要求しもするのである。それらの人々は危険なしのリスクを、リスク〔ある行動〕そのものは利得を伴っているがゆえに、望んでいるのだが、他者によって危険に晒されることは望まないのである。テクノロジーに関するリスクについても、同じことが成り立つ。国家による規制への要望は、専門家が有意味だと見なすであろうものをはるかに超えている。おそらくは、自分が決定者の立場にいるならば受け入れうるであろうものをも、超えているのである。

リスク抜きの決定はない

以上の考察によって、政治的な介入が必ず関わらねばならない領野の困難さが示されている。介入はそれ自体としては、〔うまくいったとしても〕感謝などしてもらえないし、〔さもなければ〕誤りを犯すことしかできない。しかし介入は、行為することによっても、また放置することによっても、予期も意図もしなかったような帰結を引き起こすのである。そしてまた介入は、その場合ごとに多数派の側に付くために、〔あらかじめ〕知られている利害関心の、ないしはイデオロギーの、対立に依拠することもできない。多数派――それは常に被影響者である。しかし多数派に耳を傾けるということが意味するのは、妨害する介入を行い、それによって再びリスクに関わり被影響者を生み出すことになるという点であろう――高層住宅住民も被影響者となりうる。電力需要が過大になった場合にはエレベーター内に閉じ込められる恐れがあるのだから。

この事態に対処しうるにしても、それもまた政治の特殊なリスクとなる。リスク抜きの決定などない。この点は変えようがない。しかし政治には、リスク変換という特別な機能が与えられている。政治は介入ないし不介入によってリスクに、特殊政治的なリスクという形式を付与し、そうしておいて政治的リスクに典型的に見られるリスク吸収を、踏まえることができるのである。例えば世論の忘れやすさに、あらゆる出来事が短期的であることに、帰結を決定へと因果帰属することの困難さに、依拠するわけである。あるいは与党／野党の図式を持ち出してもよい。そこでは企てられることすべてが、どのみち批判を受けることになる。それゆえに、批判を片付けやり過ごすために十分なだけのタフさが、形成されているのである。

政治の手前の領域において了解の可能性が存在しており、それが十分に効果を発揮する、だからリスクのテーマを政治化することは第二の線において初めて、つまりは副次的にのみ、考慮される――事態はそのようになっているのだろうか。量的に算定し比較することが、そのためには役に立たないのは周知のところであり、今更述べるまでもない。それはきわめて容易に操作されうるのである。それを用いる者にとっては、常に有益である――リスクを孕む企てに対して賛成の立場で発言しようとしているか、あるいは反対の立場かに関わらず。この事情を知っている、ないし知りうる者なら、別の可能性へと向かわねばならない。

今日最も声高に求められているのは、倫理である。他の多くの場合と同様にここでも倫理が、受け入れられうる規則を付与して急場を救ってくれるはずだ、というわけである。しかしそのような倫理など、まったく存在しない。アリストテレス流の倫理学は役に立たない。この倫理学の洞察は自然＝本性と一致すると、したがってこの倫理学に対立する見解はすべて錯誤に基づいていると、されている。この点だけからしてすでに、役に立たないのがわかる。さらにそれが、貴族倫理として形成されていたこと、あるいは少なくとも政治＝礼儀（civilitas）の倫理として、居住者の狭い圏域のためのものであったことを考えてみてもよい。一八世紀の後半以降においては、道徳的判断の根拠づけにのみ関わる倫理定式が普通になっていったが、それもやはりうまく働かない。カント倫理学によっても、実質的価値倫理学によっても、また合理的効用計算に基づく功利主義倫理学によっても、〔それぞれ〕特殊な経験が積み重ねられてきたが、〔どれもが〕周知の困難に陥ることになった。今日において新たな倫理学を求めようとするなら、この困難を単にやり過ごすことなどできないのである。それらの難点とは、カント流道徳法則の演繹的不毛さであり、価値倫理学が、諸価値間のコンフリクトに拘束力ある事前決定を下す能力を持たないことであり、功利主義における、個人の選好を集積して社会的選好へと至るのを根拠づけることの困難である。近代の倫理学の伝統のこれら遺産の重みをもはや考慮しないとしても、われわれが取り組んできた問題に関する規制の提案は、何ら見いだされはしない。その問題とは、リスク計算と危険に晒されることとの関係における、対立とコンフリクト傾向であった。

この事情のもとでは、倫理に呼びかけることの背後にあるのは〔普遍的に妥当する根拠ではなく〕道徳的妥当への要求だけだということになる。各人が自身の判断に関してこの妥当を要求するが、それはすなわちその意見を共有しない者を道徳的に軽蔑する、そして軽蔑しつつサンクションを加える用意がある、ということなのである。そうすると倫理はきわめて容易に、反省されないまま道徳化することへと移っていく。現時点における議論の中に、その十分な例がある。エコロジカルなリスクに関する、労働現場での健康リスクに関する、またそれらの背景として、経済的リスクを回避するための資本形成の必要性に関する、多数の論争が始められているが、それらは互いの立場を悪しざまに言うことに終わっている。〔当事者から離れた〕観察者なら、コミュニケーションが念入りに回避されていること、誰もが、まったく存在していない反対者に議論を仕掛けているということを、容易に見て取れる。しかし了解を求めるのであれば、まさにそれこそ生じてはならない事態なのである。自身の判断に道徳的特質を付与しようとする者は、そうすることで同時に、対立する見解を抱く者との了解を排除してしまうではないか。この帰結を視野に収めるならば、倫理的規則に関してはもはやいかなる了解も可能とはならないということ、そしてまたこの規則はそれ自体として貫徹されるものではないことがわかる。したがってそのような規則を召喚すれば、結局のところ、問題となっているコミュニケーション過程に負担をかけることになるのである。

したがって了解を求めるならば、道徳的判断を差し控えることこそが適切なのである。あるいはパラドキシカルな言い回しをするなら、そのような了解追究の倫理は、倫理を度外視することを必要とするのである。おそらくはこの原理をもう一段、《討論制限規則 gag rules》へと一般化することができる。[★3] それはすなわち、了解が達成できないことが確実なテーマを〔例えば近代初期においては宗教というテーマを、南北戦争以前の合衆国では奴隷制を、今世紀の多くの国家制度においては相異なるナショナリティを〕コミュニケーションから排除する、回避規則である。この種の《討論制限規則》が維持されるか否かについては、明らかに疑念の余地がある。アメリカでの奴隷制をめぐる争いは、また今日のレバノンにおける宗教に関する妥協システムの崩壊は、教訓に富んだ反証を提供してくれている——〔それらの事例のみを重視すれば、〕内戦が決定をもたらしうるのか否かという問いこそが重要であるとの話になってしまうとしても、である。

決定者と被影響者の間の了解というわれわれの事例へと翻案するならば、《討論制限規則》は、カタストロフィについては語られないという点に存しているのかもしれない。この規則は決定者に有利に、被影響者には不利に働く。

したがってそれを実行することは、党派中立的に生じるわけではない。つまりそれは、政治の前哨戦の前哨戦としてのみ実践されうるのである。にもかかわらずそこに意味を見いだすこともできよう。すなわち〔カタストロフィを排除した〕この種の無害この上ないテーマによって、了解への準備がテストされるし、大幅な進展は可能でないか、あるいは強制力によって庇護された政治的決定を通してしか可能ではないところで、小さな進歩が目指されるのである。

もう一つ別の禁止事項として、《安全 Sicherheit》という語に追放処分を課すこともできよう。安全を約束しうると信じる者には、人を欺こうとする意図があるのではとの嫌疑がかけられる。少なくとも、了解を促進するコミュニケーション規則に違反していることになる。それゆえに、安全ではないこと（Unsicherheit）を受け入れて、それを踏まえて話を進めねばならない。そこでは対話戦略の一部として、他の側で安全だと推定されている初発想定（例えば〔枯渇しつつある化石燃料に対する〕代替選択肢が見いだされうるはずだとか、コストをカバーできるとか）を、非安全＝リスクへと解体するということが挙げられるかもしれない。

倫理によってコンセンサスを操舵することで、リスクと危険の問題状況の中で手がかりが得られる――そのような倫理が存在しないとしても、それでもなおコミュニケーションによる了解を求めることももちろんできよう。多くの希望がこの方向へと向けられている。《手続き化》や理性へと定位した《コミュニケーション的行為》などの標語を考えてみればよい。

さしあたり、テーマ構成を《「何が」の問い》から《「いかにして」の問い》へと転換することには、十分な根拠がある。〔後者に即して考えるならば〕とりあえずコンセンサスは、事を進める技法に関してのみ用いられるのである。〔他人と〕出会い、日々の秩序に従い、情報を交換する。これらが有意味であるという点に異議を唱える者など、まずいないだろう。そしてまたおそらくは〔コンセンサスによって〕、言わば副次効果として、疑念を除去することが、あるいは呼び起こすことも、できるのである。

〔コンセンサスへの〕この予期は、次のような希望を負わされる場合に初めて疑わしいものとなる。決定者と被影響者の齟齬をこのようにして架橋し、一致して受け入れられうる問題解決を見いだすことができる云々。そのようにして進んでいったとしても、やはり政治的な疑念を払拭できはしない。終着点において誰かが正しいとしたら、そこで何が起こるのだろうか。最終的に一方の側の観念が理性的であるとされるのなら、反対側は非理性的であるということにならざるをえないのではないか。そうである必要は、もちろんない。議論というものは、ハーバーマスが考えているように進んでいくわけではない。最後には理性が勝つと認められねばならない、というわけではない。〔理性が勝つとしても〕「誰の理性が勝つのか」という問いが残るではないか。

　消費者保護および労働の保護という特殊領域における経験的研究が示唆するところでは、すでに知られている情報状態を踏まえての教育の試み、勧告、討論では、ほとんど成果を上げることができない。それらの受け手はすでに知られている自分の態度を想起し、そこに執着することにしかならない。より多くの成果を約束してくれるのは情報の、つまりは驚くべき事柄の、伝達のほうである。それが伝達されることにより受け手は攪乱され、文脈の〔演繹的に、直接導かれるわけではない〕転換が引き起こされうる。その文脈の中で受け手自身が世界を、またそのリスクを、観察するのである。このような結論が、高度に政治化された文脈へと、どれくらいまで翻案されうるのか。この点については明言しがたい。しかし、情報をもたらすのみで説得しはしない、刺激しはするが指令はしないコミュニケーション・スタイルを試してみることに反対する要因は、もちろん何もないのである。

　したがって了解に定位するコミュニケーションは最初から、他の側〔＝相手〕にその立脚点を放棄させようとする野望から、手を引かねばならないだろう。そもそもこのコミュニケーションが目指すべきは安全を生み出すことではなく、〔相手方の立場が〕非安全〔であるとの了解〕を生み出すことであろう。しかしそうすることで、解決策がもたらされて、それがこちらの側でも常に貫徹されるという話にはならない（そんなことができないのは、あらゆる経験が教えている)。しかし、〔相手を批判し終えたら〕安全ではないまま、元のシステムに〔すなわち、自身の立場に〕立ち返って、そこで当の非安全を除去する手段と道筋とを求めるきっかけを手にすることにはなる。

コントロール可能な非安全

この種の議論は、刺激を生み出す手段として理解されうるだろう。近年のシステム理論において浮上してきたこの〔刺激〕概念は、関与するシステムの情報処理の閉鎖性を強調する——産業企業であろうが、保険であろうが、抗議運動であろうが、政党であろうが、研究機関であろうが。この概念では、システム固有の動態が、《多次元性》を備えるに至った全体社会の中での世界構成の多様性が、強調される。そうすると問われるのは、関与するシステムが刺激を自ら生み出せるほど十分に複雑なのか否か、という点である。あらゆるデータは〔閉じられた〕諸システム内でそれぞれ別様な情報としての性格を獲得するがゆえに、それらの間に《情報交換》は生じえない。しかし折衝(Gespräche)によってそれらシステムは連結されうるだろう。このような構造的カップリングは、刺激を水路づけることになるが、システム状態を決定しはしないのである。

今示唆した理論展開から、また特にそれが社会科学において顕著になったことから、期待されうるのは、安全の増大ではなく非安全の増大である。ただしその非安全は、精確な概念構成とコントロールされうる問題構成を踏まえてのものなのである。リスクと危険の区別は、また心理的統合とコミュニケーションによる了解(《コンセンサス》という名称による)の区別は、それを表す事例に他ならない。われわれはずっと以前から、あらゆる可能な応用関連の研究や政治的助言から、次の点を知るに至っている。すなわち研究と応用的文脈との、真剣な、政治的にあらかじめ固定されているわけではない対峙は、問題設定と決定付加の多重化という、この効果を有しているのである。《テクノクラシー》について語ることはできない。むしろここでは、科学、政治、経済の機能分化の効果が現れているように思われる。科学の分解能力によって自由度が、同時にリスクが増大する。そこで、特殊政治的な、ないしは特殊経済的な基準に従って、決定を下さねばならないのである。

共通性は基準のうちにではなく、すべてが一つの包括的な全体社会システムの中で生じるという点にのみ存している（コミュニケーション可能性を保証するのはこのシステムなのである）。またおそらくは、どんな場合でも問題となるのは未来に定位することだという点に、である。これはすなわち、蓋然的なもののみをメディアとしつつその中で、当面のところ保持しておける形式を見いだすということなのである。

第一一章　リスクの道徳と道徳のリスク

《1》リスクと危険

《リスク》という語は、何百年も前から知られており通用しているが、概念としては不明確なままである。与えられている規定はきわめて多様で、しばしば不十分である。副作用が生じる蓋然性、偶然に依存した出来事を表す尺度、主観的な不安（Unsicherheit）の客観的な基礎などを考えてみればよい。[*1] だが、中世から近代へと移行する中で新たな言葉が求められ、〔「リスク」という〕未知の、おそらくはアラブ起源のものが採用されたのはなぜなのだろうか。自明のことながら、危険を表す語は用いられていた。新しいのは――もっとも、船乗りとキノコ採りにとってはまったく新しくなどなかったのだが――危険を対象と、そして自身の決定の帰結と、見なすべしとの要求だけだったのである。

したがって、危険とリスクは区別されるという点から解明を始めるというのが、見やすい道理だろう。危険として指し示されうるのは、自己の生活権へのネガティブな効果の侵入が、極端に蓋然性が低くはないという事態である。例えば雷が落ちて家が燃え上がるという危険を考えてみればよい。それに対してリスクという語を使えるのは、損害が自身の決定に帰せられねばならない場合である。したがってリスクは、危険とは異なって、決定の一側面、自身の決定の、算定されるべき帰結なのである。違った決定をすれば、リスクを回避できるかもしれない――おそらくは別のリスクというコストのうえでのことであるが。

近代社会での生活は、以前の社会に比べてより危険であるというのは、きわめて蓋然性の高い事柄に属しているわけではない。しかしリスクのほうは、日常的行為に伴う普通の現象になってしまっている。あるいはこれが、ヨッヘン・ヘーリシュ[★1]が考えているように、[*2]日常性が概念として哲学へと侵入してきている、さらには文献となりうるものになっている、理由なのかもしれない。[*3]自身がリスクへと巻き込まれていることに対して距離を取ろうとするのであれば、日常そのものをどうにかして宙づりにする、文学的に複製する、虚構化する必要があるように思われる。

ここでこの考察をさらに芸術と文学の方向で続けていくことはできない。われわれの関心はさしあたり、リスク体験がこのように蔓延していることの、全体社会水準での条件にある。危険とリスクとを区別すれば直ちに、テクノロジーの発展が、それ自体としては比較的危険のないものであったとしても、リスクの増大に行き着くことが明らかになる。この発展は、以前には与えられていなかった決定可能性を作り出すという点だけからしても、危険をリスクへと変換する。雨傘が存在する以上、もはやリスクなしで生きていくことはできない。雨で濡れるという危険は、雨傘を持っていかない場合に関わることになるリスクと化すのである。しかし傘を持っていけば、それをどこかに忘れてくるというリスクに関わることになる。あるいは、ワインに化学的に手を加えて保存可能で美味しいものとする可能性が存在している場合には、ワインがだめになるという危険は、リスクとなる。旧来の習慣からであれ化学物質への反感からであれ、ワインを化学的に《改造する ausbauen》（という言い方を、ドイツではするのだが）のを控えるなら、そのリスクに関わることになるのである。[*4]

したがってさしあたり、決定可能性が増加することから、また特に危険回避可能性が増大することから、リスクの増大が生じてくる。医学を一瞥すれば、そこで肝心なのは必ずしも、否定的に評価されるべき要因ではないということを明らかにできる。他方では官僚制組織を一瞥すれば、しばしばリスクの意識が（実体経済的に思考する農民の場合と同様に）欠落していることがわかる。そこでは決定可能性が（すなわち、自身の行なっていることが、他でもありうる

ならないのである。

決定に基づいているということが〕、まったく眼に入っていないか、あるいはルーティンによって規定された日常によって閉め出されているからである。[*5] リスクを孕む決定を倫理的に取り扱おうとするのなら、通常のリスクが増加しているが無視されているというこの蔓延した現象を、度外視してはならない。むしろおそらくは真っ先に考慮しなければならないのである。

広く公共的に注目されており、社会的および文化的な諸条件に従うリスクが〔テーマとして〕選抜される。これは、何ら社会学者を驚かせはしないだろう。[*6] 科学研究とテクノロジーの発達が持つリスクに関する公的な議論が、今日において急速に膨れあがっているのを見れば、[*7] 何よりもまず、特殊な現象が視野に入ってくる。すなわち、有用な決定からの帰結が、きわめて蓋然性が低いが、しかしひとたび生じればカタストロフィックなものとなるという事態が、である。リスクの古典的な事例に関しては、決定計算によってそれを把握し、規律づけ、合理化することすらできるものと期待されてきた。一方この新たな先鋭化によって、《倫理》ではないにしても《責任》が呼び求められている。だが一瞥するだけで、ここでは願望が思考の父となっているのを見て取れる。計算がだめなら倫理が、合理性がだめなら責任が役に立つなどということが、はたしてあるのだろうか。

一連の理由からして、リスクの問題は、直接的な道徳的評価を受け付けないところがある。例えば危険の規模のゆえに、あるいは利得と損失が混合しているがゆえに、である。おそらく最も単純な理由としては、犯罪的行為もまたリスキーであり、人はまさにその種の行為を〔犯罪に〕独自のリスクを付与することで、抑制しようと努めるものだということがある。ここでは、〔罰則の強化などによって、犯罪行為が孕む〕リスクを拡大することが、肯定的に評価される――少なくとも、犯罪を阻止することに関心を有している者にとってはそうなのである。

この問題を解決するためだけになら、追加的な道徳的規則を用いることもできるだろう。例えば、許されるリスクと禁じられたリスクの区別によって――もっともその帰結として、〔道徳的には〕許されるリスクの内部において再び、

〔法的に〕許されるものと禁じられるものとを区別しなければならないということになるのだが。これは概念技法の上ではもちろん可能ではあるが、リスクを引き受ける行為を道徳的な犯罪として扱うという問題を示唆してしまう。〔逆に〕道徳的には扱いが難しいが、まだ犯罪とはなっていないようなかたちで、リスクを引き受けるという領域に立ち入らねばならないこともある。例えば原子力を産業として利用すべく整備する場合のように。そうする者は犯罪者なのだろうか。チェルノブイリ以前はともかく、チェルノブイリ以後においてはそうである、ということになるのか。今日ではそうでないにしても、明日にはそうなるのだろうか。世論が道徳的に明確な判定/有罪判決(Beurteilung/Verurteilung)を求める程度に応じて、一種の《多水準理論》を貫徹するのは容易ではなくなる。リスクあるものを、犯罪的なものと道徳的にのみ拒絶されるものとに、確固たるかたちで区別することは、難しくなるのである。立法機構が用いられ〔て、今まで道徳的にのみ禁じられていた行為が、法によって規制され〕る場合には、なおのことそうである。

しかし、リスク知覚とリスク受容に関する経験的研究が示しているように、さらに問題が存在している。例えば、きわめて蓋然性が低い、しかしきわめて重要で、多くの帰結を引き起こす出来事によって、蓋然性の認知に関してもリスクを受け入れる用意に関しても、主観的に大きな変化が生じることが知られている。政治的に、また道徳的に言えばこれは、コンセンサスのチャンスがないということである。世論はこの点において、レトリックと操作に晒されるのである。[*8] 確かに操作可能性には限界があるが、しかしそれもまた非合理的な限界なのである。リスクの評価は、合理的に算定されるであろう以上に、そのつど用いられうる情報に依存していることが知られている。[*9] だからスペクタキュラーな個別事例は、統計上の証明力と比較可能性がわずかであるにもかかわらず、意見形成に不釣り合いに強い影響力を及ぼす。だからこそ、メディアにおいてあるテーマが単に連日論じられまた扱われるだけでも、リスクの印象を強化できるのである。[*10] これらすべてからして短期的には明確な、政治的に利用可能なコンセンサス状況が導かれうるかもしれない。しかし倫理に対しては、次のように忠告しておくほうがよい。冷静な態度を保ち、世論の動向に、あるいはすでに社会学者によって《ノーマル・アクシデント》と呼ばれているような出来事に[11]、完全に身を委ねたりはしないように、と。

さらに、経験的研究によって（しかしまた、日常知においても）知覚と受容に際しては一種の《ダブル・スタンダード》が働くことが知られている。自身の決定が関わる事柄については、しばしば極度にリスクを取る用意ができている。自動車を、バイクをすら運転する、山に登る、結婚する[12]、というように。それに対して〔自分以外の〕他の側から強いられる危険の場合には、敏感さが高くなるのである[13]。死因としては栄養不足よりも食品化学のほうが少ないし、喫煙よりも産業廃棄物のほうが少ないにもかかわらず、この事態が生じている。この《ダブル・スタンダード》を道徳のテーマへと翻訳すれば、互酬性の格率を適用することには意味がない、という話になる。自分自身に関してはリスクとして受け入れられていることを、他者に対して、危険として〔私と同じように受け入れよと――例えば私が癌のリスクを取りつつ喫煙しているのだから、あなたも受動喫煙による癌の危険を受け入れるべきだなどと〕要求できるとすれば、抗議の嵐を巻き起こしてしまうだろう。〔そのような要求においても、私と他者を等しく扱っているという点で〕《隣人を自分自身のように愛せよ》がまだ通用しているのかもしれない。しかし隣人のほうは、言語道断だと受け取りうるのである。

最後に、次の点を考えてみるべきだろう。そもそも多くのリスクは、それに関わり、経験を積み重ねることによって初めて、見積もられうるようになるのだろうか、と。リスクの輪郭は、技術的な実現によって初めて示される。そして同時にその実現が、大事故を防止するか、あるいはますます蓋然性の低いものにするのである。新たな知見に基づく、禁止と許可による後からの操舵は、一部の人々には正当な解決に思われるだろうが、他の人々は、そのような仕方では住民全体が、実験材料となるモルモットのように扱われてしまうと異議を申し立てるだろう[14]。経験的に今示唆したような事情が成り立っているとすれば、いったい誰が正しいということになるのだろうか。

もちろん倫理学者ならこの種の議論に対しては、完全にケーニヒスベルク流にこう反論しうるかもしれない。それは経験的な知見であって、規範の妥当という事柄においては考えなくともよいのだ、と。しかし次のようにも問わねばならない。われわれは依然として、一つの倫理、コンセンサスと互酬性の上に据えられた倫理を提唱し、それをリスクの問題に適用することを推奨する覚悟が、本当にできているのだろうか。現実にはそのための基盤など、何ら存在していないことを知っているにもかかわらず、である。何らかの種類のリスクは回避不可能であるという点に焦点を定めるような、きわめて込み入った思考を用いれば、こう仮定することもできるはずである。問題が存しているのはリスクに関する責任のうちにではなく、リスクに関する決定に際しては、回避可能な誤りが生じる蓋然性が高いという点のうちになのである、と。

その際、次の点も考慮されるべきである。テクノロジーによって代替選択肢が拡張される結果、リスキーな決定を回避することも同様にリスキーであるような決定状況が広がっていくのである。抗生物質の使用が、リスキーすぎるからと禁止されるとしよう（薬剤耐性を持つ病原体の進化を生じさせかねないから、と）。その場合、多数の人命がたちまちのうちに失われていくことに対して、誰が責任を取るのだろうか。リスキーすぎる資本投下を回避しようとすれば、失業の増大というリスクを引き受けねばならないのである。

したがって実際上の問題は多くの場合、一つのリスクを測ること、一つの点に関して受け入れを規制することのうちに存しているのではない。問題はむしろ、複数の相異なるリスクが、影響を被る具合が異なり、蓋然性が異なり、引き替えに得られる利得が異なるがゆえに、相互に比較することができないという点に存しているのである。この点はしばしば見逃されてしまっている。だから例えば、原子力が持つ異論の余地のないリスクに直面して、反対派は道徳的に議論を展開する。この反対派は代替選択肢のリスクを真剣に受け取りはせず、むしろ相手側を、代替選択肢に伴う技術的、経済的、また場合によっては社会的および政治的なリスクを恐れていると、避難するのである。

経験的研究においてきちんと証明されうるというわけではないが、容易に推察できることがある。すなわちこの状況下では、重要だと見なされている設問に関する意見形成の不確実性を克服するために、道徳が用いられるのである。生じうる事故からの複雑な帰結に直面すれば、複数のテーマが入り混じっていくということが、証明されうる。[*15] さらに、意見形成の基礎が不確かであることに直面すると、自身への過大評価と過剰確信が生じてくることも、証明できる。[*16] この状況下において、自身が説得力あると見なしている情報から、他者が異なる結論を引き出すとすれば、事態は攪乱的になる。その場合役に立ちうるのは、他者の側に秘密の利害関心あるいは悪意があると、想定することなのである。

《2》道徳とリスク

それゆえに道徳は、リスクの問題に関して難点を孕んでいる。しかもそれは一点においてのみならず、多数の相異なる観点においてのことなのである。また道徳は、《原理》を伴っていようがいまいが、自ら競技場へと引き出されてしまう。さらに加えて、コミュニケーションに道徳的な色づけを施すこと事自体が、リスキーなのである。というのはそこからはたちまちのうちに立場の固定化、不寛容、コンフリクトが生じてくるからである。自己尊敬および他者への尊敬は、一定の条件を満たすことに依存する。コミュニケーションがこの点を示唆する、あるいは明示する場合に、そのコミュニケーションは道徳的なものとして登場してくる。[*17] この意味で道徳的にコミュニケートする者は、他者が、〔自他によって〕共にコミュニケートされている条件に従わないのであれば、その人を尊敬などできないと示唆しているのである。そして同時に、自身の自己尊敬を賭金にしていることにもなる。自分自身を分有された道徳に縛り付けるから、見解を後から修正するのは難しくなるのである。

この拘束効果を、また挑発的な効果を、回避する可能性も、もちろん存在する——例えば、道徳的にコミュニケートするのではなく、道徳についてコミュニケートするだけに留めることによってである。それゆえにあらゆる倫理学は最初から、道徳に対して距離を取っている――倫理学はそう認めたがらないだろうが。ユルゲン・ハーバーマスが推奨する道徳発見討議も、大幅に非道徳的なかたちで行われうる。誰もが何時でも誰とでも、この種の討議に巻き込まれることを要求しているわけではないし、正しい根拠を求める自身の探求がすでに完了済みであると呈示しなければならないというわけでもないからだ。

しかし日常的なコミュニケーションにとっては、とりわけ当事者としてコミュニケートする場合には、暫定的な（場合によっては、暫定的なまま続いていく）この道徳禁欲を維持するのは困難なのである。他ならぬ危険とリスクに直面すれば、また評価の不確かさを乗り越えねばならないという事態に直面すれば、多くの者が旗幟を鮮明にして、自分が道徳的に何を期待しているのかを明言するよう動機づけられていると感じるだろう。それがリスクを孕んだ、コンフリクトと争いに、おそらくは政治的コンセンサスの取り消し通告に、暴力的な対決にまで、至る行動である場合ですら、多くの人にとっては危険の大きさに直面しての小さな邪悪であるように思われるのである。

それゆえに、近代的なテクノロジーの領域におけるリスクの先鋭化と共に、公的なコミュニケーションにおける道徳の水位が上昇してくるのは、驚くべきことではない。[*18] あるいはより絞り込んで言えば、道徳はリスクと適切に付き合えないからこそ、自身がリスキーなかたちで振る舞うのである。政治的コミュニケーションにおける名誉毀損係数は、私自身の印象に基づいて言ってよいなら、増大しているように見える。リベラルで民主的な諸制度は、この事態になすすべもなく晒されているのである。

この事態は、一八世紀末から一九世紀において近代的憲法の基本線が構想されるに際して視野の内にあったのは、まったく異なる問題だったという事情にも、よっているのかもしれない。当時において主として問題だったのは、政治権力に到達することだった。権力によって利害関心を貫徹できるからである。したがって一方では利害関心の基礎を公布することが、他方では公的利害関心の方向へとフィルタリングすることが、問題だったのである。[19] もちろん今日においてもやはり、他人が自身の利害関心を、私がなしうる以上に貫徹できるとしたら、それは腹立たしいことだろう。しかし政治的に見ても、他者が合理的な衡量の上でリスク決定を下し、そこから生じる何らかの効果にこちらが無防備に晒される場合には、問題はまったく異なる特質と起爆力とを備えることになる。他ならぬこの点に関して、リスクへの態度におけるダブル・スタンダードについての研究が関連してくる。あらゆる事情を衡量する決定者としては同じ結論に至るかもしれないが、その場合でも被影響者としては別様に反応することになる。影響を被る際に問題となるのは、リスクではなく危険だからである。決定者が、自分は状況のほうを向いて〔すなわち、あくまで事柄に則して決定して〕いると考えている場合でも、被災者はその決定を、〔決定者の〕人格の特徴ないし組織の特徴に、決定者自身の偏見ないし利害関心に、帰属させるかもしれない。[20]

ここにおいて、信頼を構築できるとすれば、役に立ってくれるかもしれない――リスクを判断し、それについて決定を下す審級への信頼を、である。信頼そのものは、リスクと付き合う一つの形式ではある。[21] しかしそれがうまくいく蓋然性は、きわめて低い。リスクと危険の異なる見積もりを生じさせるのと同じ諸条件が、信頼をも掘り崩すのである。実際のところすでに、次の点を示す広範な研究が存在している。原子力によるエネルギー獲得に関する集中的な公開討論、専門家からの公開聴取、政治家への公開質問、マスコミによる住民ヒアリングの準備などは、専門家の両極化を、そして客観的な判断形成への信頼の失墜を、生じさせるのである。[22]

したがってまだ残っているのは道徳だけである――いくらかぬかるんだ地面として。そこにおいて立脚点と武器とが、探し求められているのである。

《3》道徳と倫理

道徳をこのように用いる場合、道徳の何を保っておくべきかを考慮する必要が生じてくる。道徳は、人間どうしの尊敬と軽蔑に関わるものである。道徳によって、いかなる不確実性のもとでも心強く感じ、行為することが可能になる。加えて道徳は、争いを含んだ、また多くの点でいかがわしい仕事でもある。それゆえに道徳は、政治的使用にことのほか適しているのである。道徳化する者は、人を傷つけようとする——少なくとも、経験的な利害関心を持ってモラリストの実際の行動を眺めるなら、そう見えるのである。この意味での道徳から、倫理（学）を区別しなければならない。一八世紀以来、倫理ということで理解されうるようになったのは、道徳的設問を反省する理論なのである。[*23]

しかし倫理はこれまで、道徳の理論としてのこの機能を、きわめて一面的に認知してきた。倫理が、道徳に対する警告を発することが自身の課題に属しうるという点を、精確に把握することなど決してなかったのである。倫理はむしろ自身を、一種の道徳の清掃業務として理解してきた。カント以来、倫理は《純粋》理論であり、道徳的行動の良い根拠を求め、それを通用させるだけであると見なされてきたのである。倫理学は原理道徳としてアカデミックな伝統と化し、その自己批判は自身の原理に関する議論に制限されてきた。

宗教戦争を経験した後のヨーロッパの伝統の中には、あるいはまさにそこにおいてこそ、まったく異なる方向へと向かう傾向もまた存在する。例えば一七世紀のサロン哲学の中に、一八世紀と一九世紀の小説の中に、また言うまでもなくサド侯爵において、そしてとりわけ、政治経済学とリベラリズムの憲法理論の中に、である。道徳という仕組みはそれ自体としてパラドキシカルであり、最も良い意図が困った結果を伴うことを見込まねばならない一方で、自家中毒的な行為が慈善に満ちた秩序を作り出すこともありうる——この点はまったく周知のところだった。真剣に考えればこのパラドックスからは、あらゆる道徳的衝動が阻止されるという事態が生じてくるはずである。しかし抜け道が見いだされ、それで十分だとされてきた。自己追求的行為の慈善的な帰結は、経済的秩序に、そしてその見えざる手に、帰せられる。良い意図からの劣った帰結は、政治体制の問題である。リベラルな構想に従えば、経済と政治は、反対方向を取りつつ、道徳の脱パラドックス化をもたらす。妨害的なパラドックスの分解という問題と戦略は、二つの相異なる機能システムへと〔ドイツにおいてこれは、「国家と社会」を意味した〕分配された。その後でなおも必要なのは、パラドックスが再出現しないように、それらシステムを分離したままにしておくことだけだったのである。

振り返ってみるとあたかも、アカデミックな倫理学は、この解決構想が機能することに暗黙裏に依拠していたかのように思われてくる。倫理学は道徳の脱パラドックス化を経済ないし政治に委ね、自身は道徳的原則の根拠づけに取り組むことができた。いずれにせよ倫理学は、道徳を常に良い事柄であると見なし続けた。したがってせいぜいのところ、十分に反省が加えられていない議論に対して、何かしらの異議を申し立てればよかったのである。今日に至るまで倫理は〔倫理学それ自体ではないにしても、倫理の探求においては〕、あたかも社会生活の中に、パラドックスとは無縁な判断の基礎が存在するかのように〔議論を〕定式化してきた。懐疑に対しては、自身の定式を形式化することによって――定言命法タイプを考えてみればよい――、またそうしておいて再度実質的倫理を想定することによって、あるいは自身の格率を曖昧化することによって――善＝財を〔本来は、前者の意味では比較不可能なはずなのに、あたかも財であるかのように、比較〕衡量する、という型で――、反応する。あたかも、まだどこかで良心の可能性を留保できるかのように、である。倫理の最新の助言は、テクノロジーのリスク、エコロジカルな問題、経済の自己コントロールに関する議論への最新の寄与は、《われわれは、できることをすべてしてよいというわけではない》との示唆である。しかしこの点を見抜くには実際のところ、智恵の木の実を食べる必要などない。アダムとエヴァもすでにそれを知っていたのである。近年になってこの格率が急速に広まっていったのは、倫理が日々の必要を前にして挫折したことを示す、まさしく社会学的な目安なのである。それ以上に言うべきことを知らないのであれば、〔助言する代わりに〕どんな失敗が生じようと放置しておいても同じことだろう。

かの要求が、より控えめなものとなっているのは確かである。もはや倫理的な法則について、演繹について、真剣に論じられることはない。先に挙げた格率は、《方向づけ》には役立つはずだとされる。[*24] しかしこれもまた、曖昧さをもって複雑性に反応する技の一つにすぎない。この倫理は確かに、道徳の悩みの種となるわけではない。その善意は害を及ぼさない。しかし、リスクの問題構成の構造に対する著しい齟齬は、目に入らざるをえない。それゆえに、規律化しようとする、あるいは価値づけようとする前に、改めて記述可能性を極め尽くしておくべきだろう。そして今日ではこちらの可能性は、行為を根拠づける可能性よりも、はるかによく発展しているのである。

おそらくわれわれは以前にも増して、人類のこれまでの生活条件と比べて、まったく新たな状態に至っているという点を目にせざるをえなくなっている。一八〇〇年ごろに生じたヨーロッパ旧来のゼマンティクの転換では、不十分である。政治的なもの、経済的なものの領域で言えば、ブルジョア的-社会主義的な双生児理論に関しても、事は同様である。それら〔の一方〕の信奉者たちは世界を領有せんとする争いを続けてきたが、まさにそのことがいかにリスキーであるかを、誰もが知っているのである。多くの他の領域でも同様の異物がはびこっているのだが（代替物が見当たらないとしても、事態は変わらない）、こちらのほうはあまり明確には意識されていない。これは、本章で論じてきた倫理の現状についても言えるだろう。原理的倫理の方向へのカント的な迷い道はおそらく、次の事態と関連していた。すなわち当時の状況下では、倫理の身分的基礎は揚棄されねばならなかったが、新たな倫理はどんな全体社会のために書かるべきかを、まだ観察することができなかったのである。心情倫理から責任倫理へと移行することによっては、この迷い道から脱出できるわけではない。どんな行動が道徳的に条件づけられるべきなのか、またそれはいかにしてか——このような問いを設定し回答せずとも、われわれを覆っているこの種の定式を取り替えることはできる。

この状況においてはおそらく、統一性から出発して道徳を反省するのを止めるほうが有意味だろう。むしろ差異から、根拠ないし原理からではなく問題から、出発するわけである。それも、「行動を道徳的に判定すべきか否か」という問いを引き起こすような問題から、である。われわれは根本的にはすでに、以前のいかなる時代にも増して、干渉と偶然に、攪乱と計算不可能性に晒されている全体社会の中で、この反省問題を見知っている。それはリスクの問題なのである。

編者あとがき

デトレフ・ホルスター

《1》他の社会学者との論戦

哲学者が道徳の問いに取り組むのは、実質的な観点においてである。それに対して社会学者は、ある社会(Gesellschaft)の中で道徳はどんな機能を担っているのかと問う。ニクラス・ルーマンは、この問いに答える前に、やはり同じテーマに関して発言してきた他の社会学者と論戦を繰り広げている。本書の最初に収められた論文では、エミール・デュルケムと、である。ルーマンの見るところではデュルケムは、社会を評価するモラリストと化すという危険を冒している(九頁参照)。[*1] これは社会学者の課題ではありえない、社会学者は社会を分析すべきなのだから、と。デュルケムにとって道徳は、社会を結合する手段である(一〇頁参照)。しかし、とルーマンは言う。《近代社会はもはや道徳を介しては統合されえない》(二七七頁、一六六頁を参照)。デュルケムがこの点に固執するならば、それによって、社会学的に重要な一連の事実を見逃すことになる。例えば、同調行動と逸脱行動の分岐を、である(一〇頁、二二〇頁を参照)。社会学者からすれば、こう問われざるをえない。道徳が社会の結合手段だというのなら、逸脱者はどこにいるというのか。逸脱者はもはや社会の成員としては考慮されえないというのだろうか、と。社会学者としてはそう考えるわけにはいかない。逸脱者も社会を維持し続けるからである——たとえ問題としてではあれ(高橋徹/他訳『社会構造とゼマンティク3』法政大学出版局(以下『ゼマンティク3』)、三三一頁参照)。

この種の全体社会を、デュルケムのように、評価しようとするのであれば、道徳的にはどう判定すべきだということになるのだろうか。良いとか劣るとか、いくらかは良くとかいくらかは劣るとかだろうか。《自分自身を成功したものと見なし、それゆえに全体社会のほうは失敗していると見なす》(1993a, 246) のは、社会学としては非科学的な振る舞いというものだろう。全体社会を道徳的に評価するなら、そこからは説得力ある社会学的分析は生じてこないのである。

さらにデュルケムは、サブシステムの中では道徳に代わって象徴的に一般化されたコミュニケーション・メディアが規制を引き受けているという事態を見逃してもいる。加えて、制度と組織においては、相互行為の場合とは異なる規制メカニズムが通用しているという事態も見逃されているのである。

デュルケムと同じ誤りに陥らないようルーマンは、現在までに生じた《全体社会の分化形態の変化》(1993a, 248) を考慮し、現在の全体社会の中での道徳の機能を追尾しようと試みる。全体社会という文脈の中で《倫理的規制に対して自らを》(1993a, 249) 閉ざすこの分化は、ルーマンの全体社会理論の一部であり、したがってルーマン流のシステム理論に親しんでいる者にとっては新しい事柄ではない。にもかかわらずそのことがわざわざ述べられている理由を、本書編集注記で根拠づけておいた。

《**2**》今日の全体社会

ルーマンはデュルケムを批判することから、社会学へのまったく異なるアプローチという帰結を導き出したのだと、考えることもできるかもしれない。しかしこれは時間的順序としては当たっていないと言えよう。というのはルーマンにとって、デュルケムとの対峙よりも前〔の初期段階〕においてすでに、次の点は明らかだったからである。〔やがて全貌を現す〕ルーマンの全体社会の理論において問題になるのは、〔「べき」論ではなく事態が〕何であるかを説明することである——それが人の気に入ろうが気に入るまいが。彼の理論は規範的なものではなく、《現実に対する冷静で偏らない評定》（1973, 277）であり、《全体社会を、あるがままに記述する》（1993b, 56）のである。したがってルーマンの見解では、社会学は《全体社会を記述する能力を高めるべき》（Neckel/Wolf 1988, 58）であり、それだけなのである。というのは理念的なものの欺瞞はこれまで常に、かつてニーチェが述べていたように、現実に関する呪詛だったからである（Nietzsche 1969, 1066を参照）。それゆえに一九九三年のルーマンの退任講演は《〈何が生じているのか〉と〈何が背後にあるのか〉》（1993a）というプログラムだった。ルーマンはこの点で機能的に分化した全体社会をその先行者から、すなわち階層的に区切られた社会構成体から、区別する。デュルケムは当時としてはまだ、階層的に秩序づけられた全体社会から出発していた。全体社会は身体モデルに沿って構造化されており、政治が頭脳として〔各部を〕結びつける、というわけだ（1986, 167を参照）。それに対してルーマンの分析では、今日の全体社会は相互に同等なかたちで秩序づけられつつ成り立っている諸システムの、複合体である。経済システム、健康システム、政治システム、教養システム、その他多数、というように。そこではどれかが筆頭となるというわけでは、まったくない。政治にしても事は同様である。ほとんどすべての社会現象は、家族であれ学校であれ大学制度であれ、システムとして記述されうる。システム理論は《諸システムがあるということから》（1984.S.10）出発する。しばしば誤って主張されているように、この段階で《＝諸システムがある es gibt Systeme》と〔断言〕されているわけではない。そうではなくて、ルーマンのシステム理論は、他の社会学理論とは異なって、諸システムがあるという点から出発するということなのである。その結果、ルーマンは全体社会の道徳を、他の社会学者とは異なるかたちで眺めることになる。

一方で道徳そのものを、特定の機能システムの名を挙げてその中に、あるいは全体社会の他のサブシステムのうちに、含ませることはできない。道徳だけを取り出すこともできない。《道徳は社会全体に広がるコミュニケーション様式である。道徳は部分システムとして分出することができない。道徳は――道徳的コミュニケーションがそのシステムの内部では可能だが、その外部では不可能であるというようなかたちで――固有の機能システムに集結することができないのである》（『ゼマンティック3』三九七頁、本書一〇頁も参照）。ルーマンはここで、全体社会のサブシステムの中ではコミュニケーションは、それぞれ固有のコード化に従って生じるということを明示する。道徳コードである良い／劣るの場合には常に、事情が異なってくる。機能システムは道徳からは切り離されている。ここに、ルーマンが構想する、〔機能分化に加わる〕さらなる分化が生じてくるのである。この事態が何を意味するかを、以下で明らかにしておかねばならない。

《3》象徴的に一般化されたコミュニケーション・メディア

ルーマンはそれらシステムの内部において、道徳に対する機能的等価物が働いていると見なす。この機能的等価物はシステムごとに別様であるが、彼はそれらを「象徴的に一般化されたコミュニケーション・メディア」と呼ぶ。《コミュニケーション・メディア》というこの概念の起源は、もう一人の偉大な社会学者の理論のうちに、すなわちタルコット・パーソンズに、求められるべきである。パーソンズにとってそれは、ある意味内容が、相異なる二人の行為者の相互行為を調整するのに適しているということを意味している。二人ともが自身を、同一のシンボルに関係づける。ギリシア語の Symbolon を字義通り訳せば、《共に作り出されたもの Zusammengeworfenes》ないし《共に組み立てられたもの Zusammengefügtes》となる。Symbolon とはもともとは貨幣の破片であり、それがぴったり合うことによって客人を認識できると、あるいはその人を客人として認めねばならないのだと、されていた。客人の資格は、両側によって受け入れられた値〔すなわち、同定可能な一定の状態〕であり、貨幣の破片がそれを象徴するのである。人々はその値に自身を関係づけ、それによって行為を調整する。《それはなじみのものの中でのなじみのものとなじみでないものとの連関の記号として役立つ》（1990, 189）。パーソンズが《一般化された》という言い方をしているのは、この種の象徴的な構図化が、まったく異なる状況に適合しなければならないという事態に関してである。それゆえにこの種のシンボルは一回限りで用いられうるのみならず、一般化されてもいるのである。

象徴的に一般化されたコミュニケーション・メディアは、当該のサブシステムの中で、コミュニケーションの保持を、その流動化と継続可能性を、もたらす。サブシステム内でのコミュニケーションの途絶を防ぐのである。象徴的に一般化されたコミュニケーション・メディアは、いかにして機能するのか。条件づけと動機づけとの連関が存在するのである。すなわち一定の条件が日常的な水準で与えられているならば、そのコミュニケーションを受け入れる動機が存在していることになる。コミュニケーションの継続はこのようにして保証される。一つ例を挙げよう。貨幣が受け取られるのは、それを再度支出することができる場合のみである。だから雇い主に対して、自分が今必要としている農産物で報酬を支払うよう、頑強に要求する必要などない。また、今据え付けたばかりの机の実質的な対価を得るために三八本の練り歯磨きを持って帰る必要もないのである。貨幣が摩擦なしに流通するための条件は、われわれの全体社会の中では所与である。誰もがそれを知っており、貨幣を〔入手したのとは〕別の場所で再度支出しうるのである。だからこそそもそも、貨幣を自身の仕事の対価として受け取るよう動機づけられるのである。経済システムの中では、貨幣というメディアを介してコミュニケーションを維持していくことへの条件と動機づけとが与えられているわけだ。

経済システムにおける貨幣と並ぶ、象徴的に一般化されたコミュニケーション・メディアのもう一つの例は、科学における真理である。方法の上で正しく研究がなされたならば、その結果は承認される。科学的コミュニケーションは、その結果が日常的な了解からすれば信憑性を持たないとしても、滞りなく進んでいく。例えば、世界は球体であると述べられる場合を考えてみればよい。これは日常的実践の中では知覚したり確認したりすることができないのである。《真理は（あらゆる象徴的に一般化されたコミュニケーション・メディアと同様に）世界を構成するメディアなのであって、特定の目的にのみ適した手段にすぎないというわけではない。真理について語られるのは、情報の選択が関与者の誰にも帰属されない場合のみである。……したがってある言明の真理内容を、関与者のうちの誰か一人の意志ないし利害関心へと還元することはできない。できるとすればその言明は他の関与者たちに対しては拘束力をもたないということになるだろうから》（1997, 339f.）。〔馬場靖雄／他訳『社会の社会1』法政大学出版局、三八一―二頁〕。情報が任意的であり、せいぜいのところある個人の人格的な、例えばテレパスによる体験に帰せられる場合には、その情報は科学の中では中断を、あるいは中止を、いずれにせよ乱れを、もたらすことになる。《結局のところ、私がそう欲するがゆえに、あるいはそう提案したいがゆえに真であるなどとは言えないのである》（1990, 221）。承認された研究方法を通してもたらされたのであり、その点で真であるような情報のみが、科学システムの中での継続的コミュニケーションの基礎となるのである。

以上、象徴的に一般化されたコミュニケーション・メディアのわずかな例を挙げたにすぎないが、これで十分だろう。それらメディアが道徳的な観点を中和しうることを示すという意味は、持っていたはずである。サブシステムの中でのコミュニケーションの維持のためには、道徳的な動機づけは必要とされない。芸術においても、美しいと指示されるものは一六世紀の後半には、次第に道徳的評価から解き放たれていく（1995a, 117を参照）。この時点までは美しさと道徳的特質とは相互に密接に結びつけられ、統一体を形成していたのである。真理と道徳も同様に、相互に密接に結びつけられていた。アウグスティヌスが真なる言明だと認めるのは、それを提起した人が道徳的に立派な人間である場合だった（De Triniate IX, 6.1などを参照）。それに対して今日では、道徳的に良い（gut）人間でなくとも、立派な（gut）物理学者でありうるのである（もちろん良くても何ら差し支えないわけだが）。メディア構造の貫徹が意味するのは、次の事態である。すなわち調整の一般的メディアとしての道徳は、全体社会のサブシステムの中ではもはや単独で効果を発揮できない。道徳と並んで、他の多くのメディアが存在するのである。

《4》サブシステムと道徳

以上の記述から、一つの問いが浮かび上がってくる。はたして諸サブシステムと道徳との間には、何ら結びつきが存在しないのだろうか。ルーマンはこの問いに、本書収録の第五および第六論文で答えている。政治家は、有権者は投票に関して道徳的観点から決定を下すものと信じているが、当人は道徳的観点に従って行為するわけではない（一七〇–一七一頁を参照）。政治的行為は〔政治システムに〕依存しているがゆえに、道徳的観点に従って決定することをそもそも許さないのである（一七一頁を参照）。その点で、《道徳コードと政治的コードの構造的な非同一性》（一七一頁）が観察される。にもかかわらず、サブシステムは道徳コードに関連づけられてもいる。われわれはアンフェアな政治家を望まない。民主制がそもそもその名に値し続けるためには、その中での名誉ある競争が保証されねばならないからである。不当な利得を得る者は、贈賄その他の事件が長期にわたって付きまとうということを計算に入れねばならない。スポーツではわれわれはドーピングを望まない。勝利と敗北とは、スポーツ的に順当でなければならないからだ（一七二頁を参照）。ランス・アームストロング[★1]はツール・ド・フランスを七連覇した偉大なスポーツ選手だったのか、それとも詐欺師だったのか。われわれは、〔アームストロングを話題にする時に〕そもそもまだスポーツを問題にしているのか否かを知ることができるよう、その点を〔すなわち、ドーピングがあったのか否かを〕知りたいと思うのである。科学においてこれに相当するのは、真面目で信頼できることへの予期である。だから韓国の幹細胞研究者である黄禹錫[★2]による研究結果の捏造は、世界的な憤激を巻き起こしたのだった。彼は近い将来において、損傷を受けた身体機能が回復されうるかもしれない、パーキンソン病、糖尿病、脳卒中、アルツハイマー病の患者が治癒を期待してよいという希望を揺るがしてしまったのである。黄禹錫は、最近になって初めて知られるようになったことだが、部分的には科学者として復活しえたのである。というのは彼は、処女降誕の可能性を証明したからである（Charisius 2007）。カトリック教会は彼に感謝するようになるかもしれない。

真面目な話に戻ろう《スポーツ、科学、政治の比較によって、他ならぬ機能システムがきわめて特殊なかたちで道徳に依存していることが認識できる》（一七三頁）。ルーマンはここで、全体社会のサブシステムと道徳の関連を、また同時に両者の対立を、示しているのである。

ルーマンによれば、道徳がそれらシステムを刺激する可能性は存在する。システムが刺激によって決定されるか否かは、また別の問題である。例えばシェル石油のガソリンスタンドに対する、道徳的に動機づけられたボイコットは、経済システムにおいて効果を発揮した。その結果、ブレント・スパーでの石油プラットフォームは、当初計画されたように海洋投棄されなかったのである[★3]（1995b を参照）。

部分システムは、日常道徳なしでも、象徴的に一般化されたコミュニケーション・メディアによって、きわめて円滑に機能していく。日常道徳はそこにおいて、動乱を引き起こし認知的刺激をもたらすのみならず、全体社会の部分システムを作動の上で決定し（determinieren）もする。ただし、刺激から必ず決定が生じてくるというわけではない。例えば政治システムは、医療保険制度改革に対する抗議によって、女性政治家たちの、〔採決を阻止するために、討論を〕終わらせまいとする意見表明によって示されているように、刺激される。にもかかわらず医療改革は実行されたのである。この事例では政治システムは、刺激にもかかわらず決定されはしなかったのである。

《5》相互行為、組織、全体社会

機能的な観点においてそもそも道徳は何をなすのか。この問いに向かう前に、やはりデュルケムにおいてはまだ登場しえなかった、さらなる分化を取り上げておかねばならない。これまで名指しし記述してきたサブシステムのほうも、機能的に分化した全体社会の中で、さまざまな組織へと分割されることによって区切られている。ルーマンは本書第七章で、全体社会、組織、相互行為を区別している（二一五頁以下参照）。《全体社会は人間から成るのではなく、人間の間のコミュニケーションから成る》(1981, 20)。コミュニケーションがあるところ、全体社会がある。全体社会は何ら端緒を持たない。全体社会は常に成立している――相互行為とは対照的に。ルーマンはかつてこう述べていた――どの時点においても人類の三分の一は眠っており、したがって相互行為できはしないはずである。しかし全体社会は常に成立しているのだ、と。それに対して相互行為は《全体社会の実行のエピソード》であり、《常に放棄可能だし、新たに始めることもできる。またそうされねばならない(1984, 553 und 588)。そうであるからこそ、拘束力を持つ相互行為規則が重要になる。それによって、新たに始められる相互行為が、眼前にある規則システムと直接に関係しうるように、である。

組織と制度は、別の規則システムに従って作動する。組織が成立するのは、現在の高度に複雑な全体社会の中でのことである、そこでは諸決定はもはや〔かつての領邦国家のように〕、独断的な諸侯による恣意的な考慮に基づくものではない。決定の帰結が関わる人間の数は増大しており、帰結はそれらの人々にとって等しいものでなければならない。等しい扱いを求めて提訴することもできるのである。この法律的側面を度外視するにしても、道徳的に見ても、不平等な扱いは常に非礼で侮辱であり、回避されねばならないのである。

機能的に見れば十分徹底して組織化されたシステムは、より高度の複雑性を保持することになる。そのシステムは、複雑性を高めることを通して複雑性を縮減することができるのである。課題とその達成は組織へと割り当てられ、それによって社会システムはより見通しのきくものとなる。加えて組織は、コミュニケーションのテンポを高めもする。《コミュニケーション過程は……その前提を同時に確証することから免除される。前提はすでに確固としているのである》(1969, 396)。組織の中では、すでに決定されているがゆえに決定が下される。一九世紀が経過する中で、組織を特別な種類の社会的構成体として、他の秩序から区別する用語法がますます固まっていく。以来組織を全体社会から除外して考えることはもはやできなくなり、組織は強い影響力を及ぼしていく。[*2] 組織は、一定の構造を有している。

ルーマンにとって構造とは、信頼できる予期および予期の予期のネットワークに他ならない。それら予期もまた、組織および制度の中では相互行為の中とは異なっているのである。例えば婚約は一つの制度である（三〇頁を参照）。婚約は一定の儀式に従って行われ、それによって婚約が履行されるものと予期されるのである。すなわち花嫁の父の立ち会いのもとで娘の手を取り、指輪を交換する。結婚を誓い、その誓いを実行する、というように。後日の結婚が予期されるのであって、花婿が、戸籍係の面前で口にされた《死が二人を分かつまで》を改めて別様に解釈するなどとは予期されないのである。婚礼前夜（Polterabend）[★4]に予期されるのは、割られるのは陶磁器の食器だけでグラスないし鏡ではないこと、結婚する二人が一緒に破片を片づけることである。制度の場合と同様に、組織の中でも予期が生じる。後者の場合予期が満たされるべき様式は、手順の中で確定されている。それゆえに組織の成員にとって、手順に習熟することがきわめて重要になるのである。

規約が守られること、上司の指示に従うこと、決定プログラムを踏まえて決定を下すこと、同僚が決定の自由を有していないことが、予期される。というのは《誰もが常に別様にも行為しうるし、希望と予期とに応えるかもしれないし応えないかもしれない。しかしそれは組織の一員としてではない》（1997, 829〔『社会の社会2』、一一二三頁〕）。ルーマンの論文「相互行為、組織、全体社会」ではこの点について、《組織システムは成員すべてを、ハイアラーキカルなコンフリクトの取り扱いと決定に服せしめる。それを承認することが成員の義務となるのである》（二三一頁）と述べられている。それに対して、道徳的圧力を動員することも可能ではあろう。しかしそれが成果を上げるのは、特定の条件の下でのみなのである。とはいえ、道徳的抗議は、サブシステムに向けられる場合よりも組織に向けられる場合のほうが、より成果を上げうるだろう。例えばサブシステムとしての経済に抗議を差し向けて、このシステムには全体として満足できないなどと書き記すことなどできない。この種の抗議書簡は、宛先不明で返却されるだろう。しかし抗議を、ある組織の具体的な決定に対して向けることはできる。どの手順に対して抗議が向けられているのかを正確に指し示せるし、抗議の宛先は誰になるはずなのかが知られているからである。

《6》ダブル・コンティンジェンシーと道徳の必然性

機能的観点からすれば、道徳は何をなすのか。この点を記述し論じるためには、ダブル・コンティンジェンシーから出発するのがよいように思われる。それは何なのか。今日では人間の行為はもはや、普遍的な拘束力を持つ、普遍的に受け入れられているキリスト教の啓示に従って整えられているわけではない。各個人は、無限に多くの行為選択肢を有している。それらは必然的でも不可能でもないのである（1984, 152を参照）。常にそうであったというわけではない。ギリシアの都市国家では、個人のアイデンティティは共同体への所属に依存していた。ギリシア時代と同様にローマ時代でも、また中世に至ってもなお、自由な個人という観念はまったく知られていなかった。道徳的規則の習得は、他者から切り離され独立してはなされなかった。あらゆる身分を包括する、正しさの体験が存在していたのである。素朴な農民も農奴も、諸侯および君主と同様に、日常における道徳的決定に関しては、聖書の内に行為の指示を見いだしていた。同様に職業もあらかじめ定められていた。父親が靴職人なら、当人もやがてそうなるのが自明の理だった。生まれからして、誰と結婚することになるかは明らかだった。かくして人生の多くの事柄は単純化されるのである。例えばダンテ・アリギエーリの父は一二七七年に、一一歳の息子を五歳のジェンマ・ドナーティと婚約させた。彼女は「神曲」の詩人と、二六年にわたって結婚生活を営むことになる。それに対して今日ではどの人間も、特定の状況の中で行為する可能性を、無限に多く所有している。それら行為可能性は、必然的でも不可能でもないのである。無限に多くの可能性から、一つが選ばれる。他の可能性でもよかったのかもしれないのだが。

二人ないしさらに多くの人間が対峙しており、各人が他の者に関して無限に多くの行為可能性を有している場合、この偶発性は二重化される。それゆえにダブル・コンティンジェンシーは何を《他の側がするか》に関しての不確実性であり、《そしてそこから自身の行為の無規定性が生じてくる》(Stichweh 1999, 215)。何ら規則がないとしたら、続く行為に際して込み入った事態が生じてくることになるだろう。《各人が偶発的に行為するなら》、とルーマンは言う、《つまり各人が別様にも行為しうるのであり、各人が自分自身および他者に関してそのことを知っており考慮に入れるとすれば、自身の行為が他者の行為の内に……接続点を見いだすこと自体が、さしあたり蓋然性の低い事柄になってしまう〔1984, 165〕。そのような場合に行為の調整が、まったく不可能ではないにしてもきわめて蓋然性が低いだろうということを踏まえて、ルーマンはその種の行為調整の失敗を表す次のような事例を好んで口にしていた。ルーマンは郵便局で列に並んでいた。彼の前の番の、きつい東欧訛りの女性に、窓口職員が何度もくり返し、用紙への記入に関して説明していた。ルーマンは事の成り行きをすでに理解していたので、女性に言った。《こちらへおいでなさい、手伝ってあげましょう》。二人は小さな机の所に行き、ルーマンは書類に記入するために腰掛けた。書類を〔女性の手から〕取ろうとすると、彼女は〔書類が自分の意志に反するかたちで作成されようとしていると考えたらしく、〕自分で書類を引き裂いて、郵便局から走って出て行ってしまったのである。これは、ダブル・コンティンジェンシーの典型的な状況である。多くの可能な行為選択肢のうちから、二人ともが、相手が予期していなかったようなものを選んでしまったのである。ダブル・コンティンジェンシーという事例は、かくも多数存在している。このやっかいな状況において、どんな解決策がもたらされるのだろうか。ルーマンはこの問いに、私から見ればシステム理論における道徳に関する中心的な論文である「社会学的パースペクティブから見た規範」で答えている。「編集注記」で触れておいたように、ルーマン自身ですらこの論文を忘れかけていたのである。本書ではそれが第二章として収録されている。〔そこで与えられている答えは以下の通りである。〕依拠できる規則が存在しなければならない。すなわち、他者も同様にそれに従う予期が、存在するのである。その他者のほうでは、こちらがそれに従うだろうとの予期が抱かれる。この予期および予期の予期は、当為規範の内に含まれるのであり、その規範の総体を、われわれは道徳と呼ぶのである。この当為は全体社会にとって機能的に代替できないと、ルーマンは言う。そこで「どんな当為が想定されているのか」という問いが投げかけられることになる。道徳的な当為か、法的な当為か、慣習的な当為か。おそらく三つの当為形態すべてである（S.46f. und S.54f. を参照）。当為規範の機能は、相互行為にとっての構造を形成することにある。当為規範が慣習的なものであれ、道徳的あるいは法的なものであれ、事態は変わらない。ルーマンの場合「構造」ということで考えられているのは、すでに述べておいたように、予期および予期の予期のネットワークである（二八頁）。《合致がより高度でより信頼できるかたちで蓋然性の高いものとなりうるためには、その都度現時的な体験の予期地平が付加されて、行動が予期を介して調整されるようになる必要がある。行動予期の安定化を通して、相互に一致しうる行為の数が、またしたがってそもそも可能な行為の数が、きわめて大きなものへと膨れあがっていく》（二四頁）。また、予期できる事柄を知っているならば、自身の予期が場合によっては当たらないかもしれないということをめぐる不確かさに、相当程度耐えていくこともできるのである（二五頁）。このように不確かさに耐えうるということからは言うまでもなく、われわれの個人化された全体社会の中で、相互行為のさらなる安定化が生じてくるのである。

規範形成の根底にあるのは、予期および予期の予期である（二八頁）。道徳的規範の法的規範への関係は、難しい問題である。しかし次のように考えてもよいだろう。すなわちクルト・バイエルツ（Kurt Bayertz）[★5]とともに、法規範とは、われわれの重要な道徳的規範を保護するものであると想定するのである（Bayertz 2004, 260 を参照）。一例として、「われわれは人命を守らねばならない」は、重要な道徳的規範の一つであるが、それは例えば刑法典二一一条および二一二条で保護されているのである。このようにして当為は脱人格化され、匿名化される。《それゆえに当為の客観性は、個々の主体の中で予期が統合されるための必需品であ》（二八頁）る。《というのは、それに同調するよう義務づけられていない規範に従えと要求することなど、無意味だからである》（二〇頁）。それについて語ることならまだできるにしても、である。それゆえにルーマンは、ハーバーマス流の、道徳のコンセンサスないし討議理論に反対し、この点においてその非論理性を示唆する——相異なる予期が存在するのだから、と。ルーマンはヨハン・ガルトゥンクを引きつつ、認知的〔予期〕と規範的〔予期〕という言い方をしている（三二頁）。規範的予期の場合、学習に抗うことを明示しなければならない。秘書を募集するが、応募してきた者が必要とされる事柄をクリアできないので採用しない。すなわちテクスト処理プログラムを扱うこと、企業内での経緯に関しては他人に対して沈黙を守れることなどである。応募者はブルネットの髪だがこちらとしてはブロンドを予期していたという場合なら、認知的予期が扱われていることになる。このような場合には、学習の用意があることを示さねばならない。髪の色を変えることなど、予期できないのである（三二頁）。そうすると道徳的規則は、規範的な予期および予期の予期に基づくということになる。道徳的規則がなければ、社会的行為は生じえないだろう。それら規則を通してダブル・コンティンジェンシーの遊域が制限される。そして対峙している相手から何を期待すべきかを知るし、相手がどう反応するかを知らねばならないのである。誰もが無限に多くの行為可能性を有しており、それはダブル・コンティンジェンシーを通してさらに極端なまでに膨れあがっていく。その可能性が、道徳的規則によって制限される——言うまでもなく、慣習によっても、また法によってもであるが。道徳的義務が行為可能性を制限することを通して、人間相互の予期および予期の予期が満たされ、社会的平和が維持され続ける。そこに道徳の機能が存している。道徳の助力によってわれわれは、何が予期されるかを予期できるのである。

　要約しよう。道徳は相互行為を維持する上で、低く評価してはならない、というよりも中心的な意義を有している。人間は義務に即して行為するものだ——この点に依拠できないとすれば、あらゆる相互行為は途切れてしまわざるをえないだろう。他者が今何をしようとしているのかが常に不確かになってしまうだろうから。[*3]《人間の共同生活にとっては、客観的義務が存在するか否かは、決してどうでもいい事柄ではない》(Kutscherea 1994, 254)。

《7》価値

ルーマンはくり返し、哲学者による道徳的な最終的根拠づけの試みを、疑わしいものとして批判している。例えば本書の第二章および第八章において、である（二二頁、二六二頁を参照）。われわれはすでに、全体社会における相互行為がうまくいくために、道徳を通して安定化がコミュニケーションの中に組み込まれているということを見ておいた。道徳的規則は価値から派生する。しかし両者は区分されるべきである。高い価値を持つのは例えば人間の生命であり、健康ないし心身が毀損されていないことである。この事態に対応してわれわれは、それらの価値を保護すべき道徳的規範を有している。かくして「殺してはならぬ」という道徳的禁止が、あるいは「命を守らねばならぬ」という道徳的命令が、存在しているのである。かくして人間を虐待することあるいは拷問することは禁じられる。加えて、道徳的規範を通して実現されるないし守られる価値は、改めて考案されたり（『ゼマンティック3』三三四頁参照）、あるいはカントを継承する超越論的実践家たちがするように、《すべてを……超え出る最高価値》（二六一頁）から導き出すのではない。価値は社会システムの中では、妥当しているがゆえに妥当するのである。《価値は、》とルーマンは、比類ない簡潔さで述べる、《想定というコミュニケーション様式の中で《妥当する》。価値評定に関してはコンセンサスが存在しており、事前了解を利用できるということが出発点とされる》（二五一頁）。このように価値が根拠づけられずに妥当していることは、例えばアムネスティ・インターナショナルが人間への虐待あるいは拷問を止めるよう要求する場合に、ことに顕著になる。この要求には万人が賛同するだろう。拷問に反対することがはたして正しいのか否かなどと、誰も問いかけはしない。そのような問いかけは、ルーマンが述べているように、挑発だと感じられて、コミュニケーションはたちまち乱されてしまうだろう。想像してみてほしい。ある朝、一人の教員が教員控室に入ってきて、《やあ諸君、集まって私のいうことに耳を傾けたまえ。そう、私は拷問に反対だ》などと叫んだとしたら、何が起こるだろうか。同僚諸氏はおそらく、その人は何かわからないが病気を患っているのだと推測するだろう。あるいは《喫煙が健康を害すると語られる場合、すべての関与者が尊重しているのは健康という正の価であって、病気という負の値ではないと想定されている。》（二五一頁）。したがって、「健康を維持するか否か」ではなく「いかにして健康を維持するか」について話さねばならないのである。

なるほど、適温の赤ワインが夕食に出されることが、あるいは登山が、価値あるものかどうかについては、論争があろう。しかし何が価値あるものであるのか。ある人にとっては登山がそうだし、別の人にとってはそうでないだろう。そこから、誰もが異なる価値システムを有しているという誤った見解が導かれてくるかもしれない。われわれが何を為すかは、自身の主観的な選好に依存しており、その選好をわれわれは価値カタログのかたちで保持している。しかし価値とはこの活動そのものであり、そのうちから各自が異なるものを選ぶ、というわけではない。価値の特性はむしろ、それぞれの活動の《幸福への寄与 Zum-Wohl-Beitragen》（Schaber 2000, 350を参照）なのである。[★6] ある人にとって、何かがその人の健康に寄与する場合、それは価値あるものなのである。このようにして、コミュニケーションにおいて同時に生じており、どの人にとっても自明である事柄を、合理的に根拠づけることができる。かくして平和に賛成するのは自明のこととなる。なぜか、と問われるなら答えは「それが人間の幸福に寄与するから」ということになる。あるいは、拷問と虐待に反対するのは自明のことである、なぜならばそれらは人間を傷つけるのであり、人間の幸福に寄与しはしないから。《幸福への寄与》は、客観的に価値あるものである。価値判断はコミュニケーションの中で並行して生じる（mitlaufen）のであって、独自にテーマ化されることはない。《それが受け入れられているということが仮定される。〈君は平和に反対するのか〉と明確に問われる場合、〔そのような問いの〕背後にある思想は何なのかとの疑いが呼び起こされることになる。価値を肯定することを、あるいは反価値を拒否することを、賞賛する人は、トリヴィアルな話をしているのである》（2000, 359）。

《8》システム理論のサブ理論としての倫理学

最後に、ある意味〔この「編者あとがき」の〕要約ともなるのだが、システム理論のサブ理論としての倫理学というテーゼに触れておこう。ルーマンの見解に従えばそもそも倫理学は《全体社会の［システム］理論の基礎の上でのみ》(『ゼマンティク3』三九八頁、訳文修正)存在しうるのであり、システム理論そのものと同様に、以前の、環節的あるいは階層的な社会構成体の中では存在しえなかったのである。倫理学が理論として意味を持つのはただ、機能的に分化した全体社会の中においてだけである。ルーマンはこの点を、原著第一〇章(本翻訳書では省略『ゼマンティック3』第五章)で論じている。

ルーマンの見解によれば倫理学とは《道徳の記述》ないし《道徳の反省理論》であり、一八世紀最初の十年に至って初めて成立したのである(二六七頁、『ゼマンティク3』三三九頁を参照)。ルーマン流のシステム理論へと埋め込まれた倫理学は結果として、以下のような議論を提起する。

1　道徳は、どれかのサブシステムの中に包含されることはない、あるいはその中で孤立することはありえない。《道徳は社会全体に広がるコミュニケーション様式である。道徳は部分システムとして分出することができない。道徳は――道徳的コミュニケーションがそのシステムの内部では可能だが、その外部では不可能であるというような形で――固有の機能システムに集結することができないのである》(『ゼマンティク3』三九七頁、S.117も参照)。

2　ルーマンはさらに、機能システムの中でのコミュニケーションは、それぞれ固有のコードに従って生じるという点を明らかにしている。そしてそれらコードはそれぞれ、道徳コードとは異なっているのである。機能システムは道徳からは切り離されている。道徳的コミュニケーションは、サブシステム内でのコミュニケーションとは異なるコードに従う。科学システムにおける真／非真、あるいは教育システムにおける伝達可能／伝達不可能（vermittelbar/nichtvermittelbar）とは対立する、良い／劣るのコード化に従うのである。

3 さらに社会学者は、良いと劣るの道徳コード化は道徳自身にも適用されうるのか否か、と問う。それによってわれわれは、全体社会にとって道徳は良いものなのかとの問いに直面せざるをえなくなるだろう（二七〇頁、二七七頁）。デュルケムが提起したようなこの種の問いは、ルーマン流のシステム理論のテーマではない。この理論では、私がすでに最初に強調しておいたように、何が生じているか、その背後には何が潜んでいるかを説明することだけが問題とされる。答えが気に入ろうが気に入るまいが、同じことなのである。ルーマン流システム理論のテーマは、道徳の機能を記述することにある。道徳は予期および予期の予期の網目を確定するのであり、それによって個人化した全体社会の中で行為調整が可能になるのである。

4 以上の三点は、これまでの論述の簡潔な要約であった。また別の側面を付加しておこう。機能的に分化した全体社会の中では道徳は、リスクと危険に関係するのである（二七二頁）。近代社会はリスク社会である。本書第一〇章と第十一章が扱っているのはこの点である。《以前ならば、リスキーな行為をする者が被影響者であるという点から、あるいは問題なのは多かれ少なかれ集団特殊的な現象――貴族の宮仕え、船乗り、キノコ採りなど――であるという点から出発できた》（二八六頁）。危険を発生させた者がリスクを取っていたわけだ。今日では事情が異なっている。危険は外から到来する。リスクはそうではなくて、自身が取るのである。飛行機に乗る者は墜落のリスクを取る。《飛行機に乗らない者は墜落する可能性がない》（二八四頁）。それに対して危険とは例えば、周回する飛行機の破片によって傷ついたり死んだりするような場合である（二八四頁）。リスクは他のリスクを生み出し危険は自身が被る。《喫煙者は自分が癌になるというリスクを冒しているのだろうが、他の人々にとっては喫煙者は危険である》（二八五頁）。ルーマン流のシステム理論へと組み込まれた倫理学は、リスクと危険のこの分化によって、まったく新しい道徳的問題が生じてくるということを示している。この洞察は、倫理学にとっての新たな領域をもたらしてきた。例えば環境倫理学を、である。

では道徳とは本来何なのか。この問いはシステム理論にとっては馴染みのない、実質的なものへと向けられているが、しかしルーマンは第九章および原書第一〇章〔『ゼマンティク3』〕で、それに答えている。あらゆる道徳的規則の中核は、相互的な尊敬である（『ゼマンティック3』三二四-三二五頁、本書二六六頁）。われわれの社会では道徳は、対称的な関係に適合したものとなっている（『ゼマンティク3』三三〇頁）。誰もが有している道徳的権利は、他者に対する道徳的義務に対応する。尊敬ないし軽蔑が関わるのは常に、全体としての人格にであって、専門的能力（大腸内視鏡を手際よく、苦痛を与えずに操る能力、といった）にではない。内視鏡を扱う技が欠けているなら、その医者はその点で批判されるだろう。それに対してある人が他の人を欺いたり、他人を中傷するために事実ではない話を広めたりするならば、つまりは道徳的規則に違反した場合には、われわれはその人に立腹するだろう。その人を医者として批判するのではなく、人格として評定するわけである。尊敬と軽蔑は《人格全体に、また人格の社会への所属にかかわる……。……〔それは〕人格が社会に包摂されていることを表している。あるいは、間接的な言い方をすれば、そのことを示唆しているのである》（『ゼマンティク3』三二九頁、一部修正）。

ルーマンは、道徳に関する反省においてしばしばテーマとされる人々のことも見逃していない。居丈高に警告する人々、モラリストたちである。ルーマンは原書第一〇章〔『ゼマンティク3』第五章〕において、モラリストたちから生じる危険を示唆している。すなわち、熱狂とどぎつさである（『ゼマンティック3』三三二頁）。それゆえに道徳は、争いを引き起こし、争いを先鋭化する傾向を持つ（三三四頁）《そうして、〔争いが〕燎原の火のごとく広がることもありうる——中世盛期以降のヨーロッパが経験してきた、宗教的に引き起こされた暴動と抑圧、異端審問の恐怖、道徳的な拘束力を持つ真理をめぐる闘争、憤激から生じた反乱といった問題は、いずれも道徳という見出し語のもとで明らかにされるべき事柄なのである》（『ゼマンティク3』、三三四頁）。道徳の反省理論としての倫理は、このような危険をもたらすのである。

文献

Bayertz, Kurt: Warum überhaupt moralisch sein?, München 2004

Charisius, Hanno: Der Erfolg des Fälschers. Klonforscher Hwang gelang erste Jungfrauenzeugung im Labor, in: Süddeutsche Zeitung Nr. 177 vom 3. August 2007, S. 18.

Kurschera, Franz von: Moralischer Realismus, in: Logos. Zeitschrift für systematische Philosophie, 1. Jg.（1994）, S. 241-258.

Luhmann, Niklas: Gesellschaftliche Organisation, in: Thomas Ellwein/ Hans Hermann Groothoff/ Hans Rauschenberg/ Heinrich Roth（Hg.）, Erziehungswissenschaftliches Handbuch, Bd. I, Berlin 1969, S. 387-407.

Luhmann, Niklas: Zweckbegriff und Systemrationalität. Über die Funktion von Zwecken in sozialen Systemen, Tübingen 1968, Neudruck Frankfurt 1973.

Luhmann, Niklas: Politische Theorie im Wohlfahrtsstaat, München und Wien 1981.

Luhmann, Niklas: Soziale Systeme. Grundriß einer allgemeinen Theorie, Frankfurt 1984.

Luhmann, Niklas: Ökologische Kommunikation. Kann die moderne Gesellschaft sich auf ökologische Gefährdungen einstellen?, Opladen 1986.

Luhmann, Niklas: »Was ist der Fall?« und »Was steckt dahinter?«. Die zwei Soziologien und die Gesellschafrsrheorie, in: Zeitschrift für Soziologie, 22. Jg.（1993）, S. 245-260（1993a）.

Luhmann, Niklas: Quod omnes tangit ... Anmerkungen zur Rechtstheorie von Jürgen Habermas, in: Rechtshistorisches Journal, 12. Jg. (1993), S.36–56 (1993 b).

Luhmann, Niklas: Die Kunst der Gesellschaft, Frankfurt 1995a.

Luhmann, Niklas: Konzeptkunst: Brent Spar oder Können Unternehmen von der Öffentlichkeit lernen?, in: Frankfurter Allgemeine Zeitung vom 19 Juli 1995b, 27.

Luhmann, Niklas: Die Gesellschaft der Gesellschaft, Frankfurt 1997.

Luhmann, Niklas: Die Politik der Gesellschaft, hg. v. Andre Kieserling, Suhrkamp Verlag, Frankfurt 2000.

Neckel, Sighard/ Wolf, Jürgen: The Fascination of Amoraliey: Luhmann's Theory of Moraliey and its Resonances among German Intellectuals, in: Theory, Culture & Socieey. Explorations in Critical Social Science, Vol. II, N r. 2, May 1994, S. 69-99 (gekürzte deutsche Fassung unter dem Titel »Die Faszination der Amoralität. Zur Systemtheorie der Moral, mit Seitenblick auf ihre Resonanzen«, in: PROKIA, 18. Jg., Nr. 70/ 1988, S. 57-77).

Nietzsche, Friedrich: Ecce Homo, in: ders., Werke in drei Bänden, hg. v. Karl Schlechta, 6. Aufl., München 1969, Band II.

Schaber, Peter: Universale und objektive Werte, in: Martin Endreß/ Neii Roughley (Hg.), Anthropologie und Moral. Philosophische und soziologische Perspektiven, Würzburg 2000, S. 341-357.

Spencer, Herbert: Die Principien der Sociologie. Autorisierte deutsche Ausgabe, nach der dritten, vermehrten und verbesserten englischen Auflage übersetzt von B. Vetter, 3 Bände, Band 2, Stuttgart 1887.

Stichweh, Rudolf: Niklas Luhmann, in: Dirk Kaessler (Hg.), Klassiker der Soziologie, Band 2, S. 206-229.

編集注記

本書のアイデアはずっと以前に生じたものである。一九九四年に私はルーマンに、あなたの道徳に関する論文で、学術誌などで公刊されたが入手しにくくなっているものを、「社会学的啓蒙」の一巻として再収録すべきではないかと勧めてみた。ルーマンが私に述べたところでは、彼は道徳に関する論考からなる〔「啓蒙」シリーズ以外の〕独自の一冊を刊行するつもりだとのことだった。ルーマンはそこに、《道徳の社会学》や《道徳の反省理論としての倫理学》などの大部の論考を収録したいと考えていた。それに対して私が想定していたのはとりわけ論文「社会学的パースペクティブから見た規範」と、冊子「われわれの社会においてなおも、放棄されえない規範は存在するか」だった。どちらもきわめて目立たない形で公刊されたため、たいていの場合不当にも見逃されてきたのである。論文《社会学的パースペクティブから見た規範》は、ルーマン自身が視野から脱落させてしまっていた。しかしこれは、この点ではルーマンも私に同意してくれたのだが、システム理論の文脈において道徳を理解するためには、並外れて重要なものなのである。

私はそれ以降、ルーマンの道徳に関する論考を収集してきたが、それらを本書において時系列的に整理するのではなく、体系的な順番に並べておいた。この体系性が、本書の一連の論文の読解のための導きの糸となってくれるはずだが、それは私の編者あとがきを読めば見て取れるだろう。そこで私は、基礎的なシステム理論上の洞察への示唆を示しておいた。私はかつてルーマンに、あなたの本それぞれの最初で、システム理論の基礎をなぜ述べておかないのかと尋ねたことがあった。彼の答えでは、それぞれの本を単品として読むことができるのであって、そのために私〔＝ルーマン〕のシステム理論を遺漏なく知っている必要はないとのことだった。したがって、宗教にのみ、あるいは芸術にのみ、法にのみ関心を抱いている人は、どうしてもルーマンの全体社会の包括的理論に取り組まねばならない、というわけではないのである。《とはいえ私は常にくり返しによって、その本を単品として読めるようにするべく試みてきた》とルーマンは私に言った、《すべてをすでに知っている人なら、その分より速く読み進められると考えたからだ》。本書についても同様に考えていただきたい。

本書収録分以外にもきわめて短い論考ないし声明文があと四編あるが、それらは、冗長性が少なくなるように、収録しなかった（どのみち冗長性を排除することなどできないのだが）。それら四編で述べられている事柄は、本書の至る所で見いだされうる。その点では本書は、当初の構想において私が念頭に置いていた体系性には適合しないかもしれない。[*1] とりわけディルク・ベッカーとペーター・フックスには、散逸し忘れられたテクストを示唆してくれたことにつき、感謝したい。

二〇〇八年春　ハノーファー

初出一覧

1. Arbeirsreilung und Moral: Durkheims Theorie, in: Émile Durkheim, Über soziale Arbeirsteilung, Frankfurt 1992, S. 19-38.

2. Normen in soziologischer Perspektive, in: Soziale Welt, 20. Jg. (1969), S. 28-48.

3. Soziologie der Moral, in: Niklas Luhrnann/ Stephan H. Pfürtner (Hg.), Theorietechnik und Moral, Frankfurt 1978, S. 8-116.

4. Die Ehrlichkeit der Politiker und die höhere Amoralität der Politik, in: Perer Kemper (Hg.), Opfer der Macht: Müssen Politiker ehrlich sein?, Frankfurt 1993, S. 27-41.

5. Polirik, Demokratie, Moral, in: Konferenz der deutschen Akademien der Wissenschaften (Hg.), Normen, Ethik und Gesellschaft, Verlag Philipp von Zabern, Mainz 1997, S. 17-39.

6. Wirtschaftsethik - als Ethik?, in: Josef Wieland (Hg.), Wirtschaftsethik und Theorie der Gesellschaft, Frankfurt 1993, S. 134-147.

7. Interaktion, Organisation, Gesellschaft, in: Niklas Luhmann, Soziologische Aufklärung, Band 2, Opladen 1975, S. 9-20.

8. Gibt es in unserer Gesellschaft noch unverzichtbare Normen?, C. F. Müller Juristischer Verlag, Heidelberg 1993, S. 1-23.

9. Paradigm Lost. Über die ethische Reflexion der Moral, Frankfurt 1990, S. 9-48.

10. Ethik als Reflexionstheorie der Moral, in: Niklas Luhmann, Gesellschaftsstruktur und Semantik, Band 3, Frankfurt 1989, S. 358-447. 〔本訳書では省略〕

11. Verständigung über Risiken und Gefahren - Hilft Moral bei der Konsensfindung?, in: Das Problem der Verständigung: ökologische Kommunikation und Risikodiskurs, Rüschlikon, 1991, S. 93-110; auch in Politische Meinung 36 (1991), Heft 258, S. 86-95.

12. Die Moral des Risikos und das Risiko der Moral, in: Gotthard Bechmann (Hg.), Risiko und Gesellschaft: Grundlagen und Ergebnisse interdisziplinärer Risikoforschung, Westdeurscher Verlag, Opladen 1993, S. 327-338.

原注

第一章　原注

＊1 本章は、Émile Durkheim, Über soziale Arbeitsteilung. Studie über die Organisation höherer Gesellschaften, Frankfurt 1992 への序文として書かれた。

＊2 些事にわたるが、一八九〇年にすでに刊行されていたジンメルの社会分化論をデュルケムが引用したのは、ようやく第二版に追加された注においてである（しかも原本の刊行年は示されていない）。[★1] Durkheim, Über soziale Arbeitsteilung, a.a.O., S.91, Anm12〔井伊玄太郎訳『社会分業論 上』講談社、九二頁〕

＊3 George Simpson, Émile Durkheim on the Division of Labor in Society, New York 1933 を見よ。当時すでにロバート・マートンは Robert K. Merton, »Durkheim's Division of Labor in Society«, American Journal of Sociology 40（1934）, S.319-328 において、《遅すぎた英訳》であると述べている（S.319）。

＊4 それを行うのが、Steven M. Lukes, Émile Durkheim: His Life and Work, London 1973 を初めとする伝記的‐作品史的研究である。蛇足ながら Robert Nisbet, The Sociology of Émile Durkheim, New York 1974, S.30 では、『社会分業論』は《ある意味で、不首尾に終わった著作》であると述べられている。〔「機械的連帯から有機的連帯へ」という〕かのテーゼが証明されたわけではなかったし、またデュルケム自身、後になって機械的連帯と有機的連帯ということの区別に立ち戻ることすらなかったではないか云々。しかしそれならば、学術的文献における古典的論者のうちのどれだけが、同じ基準をクリアしうるのかと問うてみるべきだろう。

＊5 以下を参照。The Structure of Social Action, New York 1937, 2. Aufl., Glencoe/Ill. 1949, S.301ff〔稲上毅／他訳『社会的行為の構造　第三分冊』木鐸社〕; ders., Durkheim's Contribution to the Theory of Integration of Social Systems, in: Kurt H. Wolff（Hg.）, Émile Durkheim 1858-1917, Columbus（Ohio）1960, S.118-153; ders., Unity and Diversity in the Modern Intellectual Disciplines: The Role of the Social Sciences, Daedalus 94（1965）, S.39-65（最後に挙げた二つの論文は ders., Sociological Theory and Modern Society, New York 1967 にも収録されている）; ders., Durkheim Émile, in: International Encyclopedia of the Social Sciences, Bd.4, New York 1968, S.311-320; ders.,

The Life and Work of Éimile Durkheim, in: Émile Durkheim, Sociology and Philosophy, New York 1974, S. XLIII-LXX.

＊6 Aram Vartanian, Diderot and Descartes: A Study of Scientific Naturalism in the Enlightenment, Princeton/ N. J. 1953, S.9では、異なる理論史的文脈に関してではあるが、《歴史は連続性の領域であって、整合性の領域ではない》と述べられている。

＊7 この点については、Shmuel N. Eisenstadt/ M. Curelaru, The Form of Sociology: Paradigms and Crises, New York 1976, insb. S.55ff. を参照。アイゼンシュタットによれば、〔われわれが現在踏まえている〕社会学理論の特定の伝統が成立したのは、問題設定の転換を通してのことだった。問題となるのはもはや「社会秩序はいかにして成立したのか、いかにして説明されうるか」ではなく、「社会秩序はいかにして可能となるか」であり、重要な理論的発展は後者の問いに結びついているのである。社会契約説に対するデュルケムの論難も、それに対応するものである。Durkeim, Über soziale Arbeitsteilung, a. a. O., S.257ff.〔訳三二六頁以下〕を参照。

＊8 The Structure of Social Action, a.a.O., S.89ff.〔前掲訳書、四八頁以下〕がその一例である。John O'Neill, The Hobbesian Problem in Marx and Parsons, in: Jan J. Loubser u. a. (Hg.), Explorations in General Theory in Social Science: Essays in Honor of Talcott Parsons, New York 1976, Bd.1, S.295-308〔ジョン・オニール「マルクスとパーソンズにおけるホッブズ問題」、須田朗／他訳『言語・身体・社会』新曜社〕をも参照のこと。

＊9 Theorie der ethischen Gefühle, Leipzig 1926, Bd.2, S.528f.〔高哲男訳『道徳感情論』講談社、五八五–五八六頁〕

＊10 パーソンズ理論の文脈に即して言えば、「パーソナリティと有機体というサブシステムの分化を十分に考慮しないあらゆる社会理論は〔掘り崩される〕」ということになるはずである。

＊11 しかしデュルケムはそのような事例を、特に中国において見いだすことができたはずなのだが。そこでは犯罪者がギルドの形式で社団として組織されており、交易能力を持つものとして承認されていたのである。

＊12 この概念は難解であり、さまざまな解釈を許容するし、大いに批判されてもきた。しかし次の点を確認することによって、この概念はおそらく今日においてもなお説得力を持つはずである。すなわち各自が自分自身のうちで〔さまざまな〕知と価値とを、自分とともに消え去るのかそれともその意味内容が他者の意識を通して保証されてもいる

（これはもちろん主観的な仮定でしかない。しかしまったくの錯誤に基づいているのならやがて消えていくはずである）のかに従って区別しうるのである、と。この解釈を取るならば集合意識の概念は、準拠集団の理論へと解消される。そして全体社会水準での集合意識（〔可能な〕コミュニケーション・パートナーすべてからなる準拠集団）は一つの極限事例としてのみ考えうるという話になるのである。

＊13 集合意識（conscience collective）概念の多義性について、また規範的な／主観的な／客観的な（文化的主題としての）意義内容の区別については、Paul Bohannan, Conscience collective and Culture, in: Kurt H. Wolff, a. a. O., S.77-96を参照。同書では、この多義性を、〔相互に〕内的に関係づけて一つの複合体を考えることで解消する〔つまり、複数の部分から成る全体として扱う〕ことはできないという点が強調されている。この多義性は、〔分割不可能な〕統一体として想定されているのだから、と（S.79f.）。

＊14 特にDurkheim, Über soziale Arbeitsteilung, a.a.O., Erste Buch, 5. Kap.1〔前掲訳書（上）二四四頁以下〕を参照。

＊15 ついでに述べておくならば、ここから方法論的考察が派生してくる。その考察のゆえにデュルケムは、機能分析（後年においては特に宗教の）を、まずは原始的な社会において実行するほうがよいと見なしたのである。そこでは機能性を単純で機械的な反応を手がかりとして、意識の介入とは無関係に読み取りうるのだから、と。もちろんその場合、全体社会的な機能のほうをも進化に依存した変数として把握する必要はないという点が前提となる。〔全体社会にとって満たされるべき機能という〕この現象の内的構造は、それが意識されるか否かにかかわらず同一であり続けると考えていいのだ、と（S.137〔前掲訳書（上）二二七－二二八頁〕）。

＊16 後年の理論展開にとってこの問題が持つ意義については、Gideon Sjoberg/ Leonard D. Cain, Negative Values, Countersystem Models, and the Analysis of Social Systems, in: Herman Turk/ Richard L. Simpson（Hg.）, Institutions and Social Exchange: The Sociology of Talcott Parsons and George C. Homans, Indianapolis 1971, S.212-229を参照。同書における、パーソンズによる無理解なリプライをも参照のこと。デュルケムならどう答えただろうかということをも考えさせられる。

＊17 René König, Der Soziologe als Moralist, in: Dirk Kasler (Hg.), Klassiker des soziologischen Denkens, Bd.1, München 1976, S.312ff. もデュルケームに対する評定を、「モラリストとしての社会学者」というこのサブタイトルによって要約している。

*18 そこでは当初から〔各人が自身を愛し律するという意味での〕自己言及と、他者を他なる我として経験する能力とが前提とされていた。根本的な論述としては das VIII. und IX. Buch der Nikomachischen Ethik, insbesondere 1166 a 31f.〔高田三郎訳『ニコマコス倫理学（下）』岩波書店、一二一頁〕を参照。

*19 蛇足ながらデュルケムは、ルソーによる所有権と分業の分析（例えば Discours sur l'origine et les fondements de l'inégalité parmi les hommes, Œuvres, éd. de la Pléiade, Bd.III, Paris 1964, S.164ff.〔本田喜代治／平岡昇訳〕『人間不平等起源論』岩波書店、一四六頁以下）をも無視している。この点に関しては Henri Grange, Rousseau et la division du travail, Revue des sciences humaines 86（1957）, S.143-155 も参照。

*20 例えば General Statement von: Talcott Parsons/ Edward A. Shils（Hg.）, Toward A General Theory of Action, Cambridge, MasS.1951, S.16 では、次のように述べられている。《相互作用には固有な二重の依存性（double confingency）がある。一方、自我の欲求の充足は、彼が手に入れることのできる分かれ道のなかから、彼が選んだものに依存している。だが、順次に、他者の反作用は、自我の選定を条件にし、これに応じた他者の相補的な選定の結果うまれるものである。このような二重の依存症があるために、文化型の存在の条件であるコミュニケーションは、特定の状況（それは自我にとっても他者にとっても決していつも同一ではない）の個別性を基礎にした一般化と、自我と他者の双方によって守られている「習慣」によってはじめて保証されうる意味の安定性（stability of meaning）との、いずれを欠いても存在しえない》（パーソンズ／シルズ編著、永井道雄／他訳『行為の総合理論をめざして』日本評論社、二五頁）。

*21 この点については Niklas Luhmann, Generalized Media and the Problem of Contingency, in: Jan J. Loubser u. a.（Hg.）, Explorations in General Theory in Social Science: Essays in Honor of Talcott Parsons, New York 1976, Bd.2, S.507-532 を参照。

*22 Shmuel N. Eisenstadt/ M. Curelaru, a. a. O., S.80ff. を参照。

*23 今日における例としては Donald T. Campbell, Variation and Selective Retention in Socio-Cultural Evolution, in: General Systems 14（1969）, S.69-85 がある。

*24 今日の例として、Ester Boserup, The Conditions of Agricultural Growth: The Economics of Agrarian Change under Population Pressure, London 1965 を、さらには

Brian Spooner (Hg.), Population Growth: Anthropological Implications, Cambridge, Mass 1972を挙げておこう。

＊25 Theodore D. Kemper, Émile Durkheim and the Division of Labour in Society, The Sociological Quarterly 16 (1975), S.190-206ではこの問題について論じられている。そこでは分業の概念を一般化すれば、当の現象そのものを根底的なものとしてではなく歴史的に派生したものとして扱おうとする意図と矛盾することになるとの指摘がなされているが、これはとりわけ正当な議論である。

＊26 以下などを参照。B. G. Ledyard Stebbins, The Basis of Progressive Evolution, Chapel Hill, NC 1969, S.120ff.; ders., Adaptive Shifts and Evolutionary Novelty: A Compositionist Approach, in: Francisco Josd Ayala/ Theodosius Dobzhansky (Hg.), Studies in the Philosophy of Biology: Reduction and Related Problems, London 1974, S.285-306.

＊27 ジュリアン・フロイント (Julien Freund) の表現による。

＊28 Inge Hofmann, Bürgerliches Denken. Zur Soziologie E. Durkheims, Frankfurt 1973は、マルクス主義者通例の《ブルジョア的》とのラベリングを行いつつ、理解しなかったと論じている。

＊29 Gaston Bachelard, Le mateialisme rationnel, Paris 1953を参照するだけでよい。

第二章　原注

＊1 何よりもまずPaul Bockelmann, Verkehrssoziologie und Verkehrsrecht. 5. Deutscher Verkehrsgerichtstag 1967, Hamburg 1967, S.20-51を見よ。これは、この種の分離によって動機づけられる論争と〔一方の立場の〕拒絶とが不毛なものであることを示す証拠としても好適である

＊2 Friedrich Müller, Normstruktur und Normativität. Zum Verhältnis von Recht und Wirklichkeit in der juristischen Hermeneutik, entwickelt an Fragen der Verfassungsinterpretation, Berlin 1966を参照。

＊3 これまでの議論および概念の扱われ方を概観したものとしては、Rüdiger Lautmann, Wert und Norm. Begriffsanalysen für die Soziologie, Köln / Opladen 1969がある。

＊4 Erich Fechner, Die Bedeutung der Gesellschaftswissenschaft für die Grundlegung des Rechts, in: Carl Brinkmann (Hg.), Soziologie und Leben. Die soziologische Dimension der Einzelwissenschaften, Tübingen 1952, S.102-125を見よ。自然法と社会学の収斂という問題設定もやはり非歴史的であり、表面的なものに留まる。一例としてPhilip Selznick, Sociology and Natural Law, Natural Law Forum 6 (1961), S.94-108; und ders., Natural Law and Sociology, Cleveland 1963を見よ。

＊5　一例としてHans Welzel, An den Grenzen des Rechts. Die Frage der Rechtsgeltung, Köln/ Opladen 1966を参照。法社会学でも事は同様である。Nicholas S. Timasheff, An Introduction to the Sociology of Law. Cambridge/ Mass. 1939, S.68を見よ。

＊6　De la division du travail social, 2. Aufl., Paris 1902, S.7.〔井伊玄太郎訳『社会分業論（上）』講談社、八六頁〕

＊7　Hans Welzel, Wahrheit und Grenze des Naturrechts, Bonn 1963も、そのように問題を設定している。自然の代わりに良心を、というわけだ。しかしこの解決策はあまり満足すべきものではない。近代的な良心概念のうちでは、他ならぬ個人性と、規範的企図の不一致とが制度化されているからだ。また良心概念は、社会的適応をもたらすメカニズムすべてを包摂しているわけでもない。

＊8　Rupert Schreiber, Die Geltung von Rechtsnormen, Berlin/ Heidelberg/ New York 1966, S.137ff.

＊9　それらがどれくらいの頻度で生じるかはともかく、〔調整のための主要なメカニズムとは〕正反対のこの構造と過程を一瞥しておくのもまた有益だろう。偶然的なもの、予期されなかったもの、《出会い》という宿命じみたものを共感を込めつつ強調することは、愛の近代的制度（愛情amour-passion）を特徴づけるものである。そうすることでこの制度は当為の対象すべてから、また法的ないし道徳的に予期されうるものすべてから、鋭く分かたれるのである。かくして自身を見いだすことと了解することとは、完全に人格へと帰属されうるものとして立ち現れてくることになる。この点に関してはVilhelm Aubert, The Hidden Society, Totowa/ N.J. 1965, S.201ff.を参照。

＊10　Wendell R. Garner, Uncertainty and Structure as Psychological Concepts, New York/ London 1962を参照。

＊11　というのは法の歴史を一瞥してみれば、次の点は明だからである。すなわち法として何を予期してよいかを伝達することこそが〔法にとっての〕第一の関心事だったのであり、それに対して法を貫徹することはまったく私的なイニシャチブに、また変転する権力状態に委ねておくことができたのである。

＊12　この点に関しては、特に偶発性と動機づけをめぐっては、James Olds, The Growth and Structure of Motives. Psychological Studies in the Theory of Action, Glencoe/ Ill. 1956, insb. S.185ff.で刺激的な考察がなされている。Robert L. Marcus, The Nature of Instinct and the Physical Bases of Libido, General Systems 7（1962）, S.133-156も参照のこと。

＊13　事態がこれほどまでに錯綜していることを特に考慮し

た、F. E. Emery, The Next Thirty Years. Concepts, Methods and Anticipations, Human Relations 20 (1967), S.199-237 (221f.) による環境類型論を参照。

＊14 Donald M. MacKay, The Informational Analysis of Questions and Commands, in: Colin Cherry (Hg.), Information Theory. Fourth London Symposium. London 1961, S.469-476 (471) ではこの観点のもとでコミュニケーションが、それ自体からして選択的であ〔りその点で一面的であ〕る知覚機能を《拡張》するものとして、扱われている。

＊15 再帰性というこの概念を詳述したものとしてはNiklas Luhmann, Reflexive Mechanismen, Soziale Welt 17 (1966), S.1-23 がある。

＊16 この制御様式については、またそれがパースペクティブの交換と脱主観化された世界視角の可能性と関連するという点については、周知のように、ミードによって《役割取得》という必ずしも十分とは言えない概念のもとで記述されてきた。特にGeorge H. Mead: Mind, Self and Society from the Standpoint of a Social Behaviorist, Chicago 1934〔『デューイ＝ミード著作集6　精神・自我・社会』河村望訳、人間の科学社〕を参照。それに対してパーソンズの《期待の相補性》概念は、相異なる人物間に生じる、相互に関係づけられた予期の単なる順応という、客観的なもののうちに留まっている。もっともそこでは、自由および不確実性の問題が《ダブル・コンティンジェンシー》という問題定式のうちで、また象徴的に一般化することの理論のうちで、考察されてはいる〔という点で価値がある〕のだが。特にTalcott Parsons/ Edward A. Shils (Hg.), Toward a General Theory of Action, Cambridge/ Mass. 1951, S.14ff.〔永井道夫／他訳『行為の総合理論をめざして』日本評論社〕und Talcott Parsons/ Edward A. Shils, Working Papers in the Theory of Action. Glencoe/ Ill. 1953, insb. S.35ff. を参照。この点については、Johan Galtung, »Expectations and Interaction Processes«. Inquiry 2 (1959), S.213-234 による正当な批判も参照のこと。さらに以下も有益である。Ragnar Rommetveit, Social Norms and Roles. Explorations in the Psychology of Enduring Social Pressures, Oslo/ Minneapolis 1955, S.41ff.; John P. Spiegel, The Resolution of Role Conflict Within the Family, Psychiatry 20 (1957), S.1-16; P. H. Maucorps/ René Bassoul: Jeux de miroirs et sociologie de la connaissance d'autrui, Cahiers internationaux de Sociologie 32 (1962), S.43-60; R. D. Laing/ H. Phillipson/ A. R. Lee, Interpersonal Perception. A Theory and a Method of Research, London/ New York 1966; Thomas J. Scheff, Toward a Sociological Theory of

Consensus. American Sociological Review 32 (1967), S.32-46.

*17 コンフリクトの場合に関しては Thomas C. Schelling, The Strategy of Conflict, Cambridge/ Mass. 1960, insb. S.54ff. を、特に夫婦間のコンフリクトについては Spiegel, a. a. O. und Laing u.a., a.a.O. を参照。

*18 この点については Fritz Heider, The Psychology of Interpersonal Relations, New York/ London 1958, S.218ff. などを参照。そこでは当為の客観性は、〔当為はこれこれの働きをもつから必要不可欠だ、というように〕機能的に根拠づけられうる必要条件としてではなく、他ならぬ体験の特質として描出されている。

*19 掘り崩し修正するこの過程の外的現象形態は、至る所で観察されてきた。以下などを見よ。Anselm Strauss u. a., The Hospital and Its Negotiated Order, in: Eliot Freidson (Hg.), The Hospital in Modern Society. New York 1963, S.147-169; Gerd Spittler, Norm und Sanktion. Untersuchungen zum Sanktionsmechanismus, Olten/ Freiburg/ Brsg. 1967, insb. S.106ff.

*20 われわれはすぐ後で規範的予期と認知的予期の区別を扱うことになるが、それとの関連であらかじめ注意を促しておきたい。すなわち同じ現象が、認知的領域においても観察されうるのである。ここでも《事物》による予期の非人称的で客観的な安定化が生じている。この予期に関する疑いが生じた場合には、〔自身の周囲にいる〕関与者の予期を予期できるという点を顧慮することで、修正がなされるのである。これは本当にトイレのドアなのか、灰皿なのか、女性なのか、それとも驚嘆すべき芸術作品なのか。隣の人に問いかけるような眼差しを送ることによって、判断を定めればよい。

*21 Leon Festinger, A Theory of Cognitive Dissonance, Evanston/ Ill., White Plains/ N.Y., 1957〔末永俊郎監訳『認知的不協和の理論：社会心理学序説』誠信書房〕が言う意味での。

*22 ここではこれ以上詳しく論じるわけにはいかないが、予期が裏切られるという負担の範囲は、予期するシステムおよびその環境に、すなわち一方では予期像のリアリズムに、また他方では代替選択肢の数に、依存する。おそらくこの関係は、進化上の変数である。すなわちより多くの代替選択肢を有する社会ほど、より抽象的でより可塑的な予期範型を必要とするのである。

*23 例えば Laing u. a., a.a.O., S.15ff. では、この戦略は精神分析の概念である《投射》と一致するものとされている。O. J. Harvey/ David E. Hunt/ Harold M. Schroder, Conceptual Systems and Personality Organization, New York/ London 1961 ならばこの戦略のうちに、相対的にわずかの複雑性しかもたない体験処理という心的システムを認めるところだろう（S.34ff. などを見よ）。

＊24 この見解において、近年のさまざまなシステム理論的な考察は一致を見るに至っている。それらの考察は、個人と社会とを離散した統一性を持つ本性として対立させる旧来の見解を克服しているのである。言うまでもなく離散しているのは有機体だけであって、人間の心的システムもそうだというわけではない。この点に関してはWalter Buckley, Sociology and Modern Systems Theory, Englewood Cliffs/ N.J., 1967, z. B. S.44, 100f.〔新睦人／中野秀一郎訳『一般社会システム論』誠信書房、五五頁、一二四–一二五頁など〕を見よ。

＊25 予期されうる異議に対抗するために、あらかじめこの点に注意を促しておきたい。その異議とは、「本稿で提起された規範概念は心理学的に根拠づけられるものであり、したがって〔「社会学」をタイトルに含んだ本稿の議論としては〕不適切だ」というものである。

＊26 Johan Galtung, Expectations and Interaction Processes, Inquiry 2 (1959), S.213-234.

＊27 Florian Znaniecki, The Social Role of the Man of Knowledge, New York 1940 を参照。

＊28《諸事物は、そこから生成してくる当のものへと、必然性に従って消滅していきもする。なぜなら、それらは時の秩序に従って、相互にその不法を悔い償うことになるからである》訳文はルーマンが引用するドイツ語訳による〕。これに関してはWerner Jäger, Paideia. Die Formung des griechischen Menschen, Bd.I, 3.Aufl., Berlin 1954, S.154 による解釈を参照。そこではポリスとコスモスとのこの連関が強調されている。

＊29 ここではこれ以上詳述するわけにはいかないが、この二つを区別することの基礎となっているのは次の事態である。すなわち、世界の複雑性が過剰であるという事態への関係の中で、縮減の働きが環境とシステムのどちらに帰せられるかに従って、体験と行為が分化させられねばならないのである。

＊30 しばしば、多くの場合は理論的にではなく方法上の理由からして、そう提案されている。以下などを参照。Theodor Geiger, Vorstudien zu einer Soziologie des Rechts, 2. Aufl., Neuwied/ Berlin 1964, insb. S.68ff.; Ralf Dahrendorf, Homo Sociologicus, 4.Aufl., Köln/ Opladen 1964, S.28ff.〔橋本和幸訳『ホモ・ソシオロジクス』ミネルヴァ書房、四八頁以下〕; Heinrich Popitz, Soziale Normen, Europäisches

Archiv für Soziologie 2 (1961), S.185-198 (193ff.); Gerd Spitder, Norm und Sanktion. Untersuchungen zum Sanktionsmechanismus, Olten/ Freiburg/ Brsg. 1967, S.19 ff.

＊31 Marvin B. Scott/ Stanford M. Lyman, Accounts, American Sociological Review 33 (1968), S.46-62を参照。

＊32 この見解によって同時に、規範的行動予期へと偏向する概念が相対化されることにもならざるをえない。この点に関しては〔社会学者の〕見解は一致しているように思われる。Robert K. Merton, Social Problems and Sociological Theory, in: Robert K. Merton/ Robert A. Nisbet (Hg.), Contemporary Social Problems and Social Disorganization, New York/ Burlingame 1961, S.697-737 (731ff.) などを参照。

＊33 この点についてはA. L. Epstein, Juridical Techniques and Judicial Process. A Study in African Customary Law, Manchester 1954が好適である。Spittler, a. a. O., S.117ff.も参照のこと。より大規模な集団において逸脱への関心が広く浸透するや否や、逸脱を弁明するための特殊な役割が形成されうるようになる。Howard S. Becker, Outsiders. Studies in the Sociology of Deviance, New York/ London 1963, passim, z. B. S.38f.〔村上直之訳『完訳　アウトサイダーズ』現代人文社、三四−三五頁など〕を参照。

＊34 比較的単純な社会に関してはSiegfried F. Nadel, Social Control and Self-Regulation, Social Forces 31 (1953), S.265-273を見よ。

＊35 以下を参照。William G. Sumner, Folkways. A Study of the Sociological Importance of Usages, Manners, Customs, Mores, and Morals, Boston 1906〔青柳清孝／他訳『フォークウェイズ』青木書店〕; Ferdinand Tönnies, Die Sitte, Frankfurt 1909; Max Weber, Rechtssoziologie, Neuwied 1960, S.63ff.〔小野木常編訳『法社会学』日本評論社、四一頁以下〕; René König, Das Recht im Zusammenhang der sozialen Normensysteme, in: Ernst E. Hirsch/ Manfred Rehbinder (Hg.), Studien und Materialien zur Rechtssoziologie, Sonderheft 11 der Kölner Zeitschrift für Soziologie und Sozialpsychologie, Koln/ Opladen 1967, S.36-53.

＊36 Max Gluckman, The Judicial Process among the Barotse of Northern Rhodesia, Manchester 1955, insb. S.261ff.もこの問題に直面している。Siegfried F. Nadel, Reason and Unreason in African Law, Africa 26 (1956), S.160-173 (161f.) も参照。

＊37 以下を参照。Erving Goffman, Behavior in Public Places. Notes on the Social Organization of Gatherings, New

York/ London 1963〔丸木恵祐／本名信行訳『集まりの構造：新しい日常行動論を求めて』誠信書房〕; Harold Garfinkel, A Conception of, and Experiments with, >Trust< as a Condition of Stable Concerted Actions, in: O. J. Harvey (Hg.), Motivation and Social Interaction. Cognitive Determinants. New York 1963, S.187-238; ders., Studies of the Routine Grounds of Everyday Activities, Social Problems 11 (1964), S.225-250; Thomas J. Scheff, Being Mentally Ill. A Sociological Theory, Chicago 1966.

*38〔本文で述べられた(1)と(2)が〕このように連関していることの重要な指標は、比較的単純な社会においては、またアジアやヨーロッパの古典的高文化においてすら、法の問題と真理の問題とは分離されえなかったという点である。あるいは分離されうるにしてもそれはただ、法は真理の宇宙の特殊な領域であると、したがって何らかの〔独立した、認識の対象となる〕存在者であると、見なされていたという意味においてのことにすぎなかったのである。近代における科学の発展を通して真理基準が特化されることによって初めて、かの分離が確定的なものとなった。そして同時に、法の完全な実定化が可能になったのである。

*39 今日においてこの点を明らかにしてくれる典型的な事例は、精神病ないし変人の役割であるが、例えば年齢役割という形式を取ることもある。子どもないし老人を考えてみればよい。格好の例がSpittler, a. a. O., S.115f. にある。

*40 タルコット・パーソンズの社会学理論ではこの問題は要請上（per postulatio）解決済みのものとして前提されている。それによって、規範と制度の概念の意味内容はほとんど等しい、ということになる。しかしそうすると、一つの問題が視野から抜け落ちてしまう。それはすなわち、行動予期の時間的安定化と社会的安定化という〔二つの〕基礎的メカニズムは、最初から収斂することになっているわけではないとの事態から生じてくる問題である。パーソンズにおいては構造変動と社会的コンフリクトは当初から理論の中で考慮されていたのではなく、事後的に挿入されねばならなかったのであり、したがってその《由来》については理解できなかった。私にはこのことの決定的な基礎は、〔規範と制度との〕かの融合〔の想定〕のうちに存していたように思われる。

*41 特に法社会学の諸文献は、この点に対して警鐘を鳴らしている。一例としてM.G. Smith, The Sociological Framework of Law, in: Hilda Kuper/ Leo Kuper (Hg.), African Law. Adaptation and Development, Berkeley/ Los Angeles 1965, S.24-48 (38ff.) を見よ。E. Adamson Hoebel, The Law of Primitive Man. A Study in Comparative Legal Dynamics, Cambridge/ Mass. 1954では、司法役割の分化のさまざまな発展段階についての、適切な概観が与えられている。.

＊42 Paul Bohannan, The Differing Realms of the Law, American Anthropologist 67, No.6 (1965), Part2, S.33-42ではこの事態が巧妙に《再制度化》ないし《二重の制度化》と名付けられている。

＊43 Heinrich Siegel, Die Gefahr vor Gericht und im Rechtsgang, Sitzungsberichte der Philosophisch-Historischen Classe der Kaiserlichen Akademie der Wissenschaften 51 (1865), S.120-172に、印象的な素材が載っている。

＊44 一例として、Max Gluckman, Custom and Conflict in Africa, Oxford 1955, S.85を見よ。

＊45 Vilhelm Aubert, Legal Justice and Mental Health, Psychiatry 21 (1958), S.101-113; neu gedruckt in ders., The Hidden Society, Totowa/ N.J. 1965を参照。

＊46 この旧い解釈が比較的単純な社会の構造のうちにどれほど強固に根付いていたか、そこでは反論を受け付けないものであったかという点については、Siegfried F. Nadel, Social Control and Self-Regulation, Social Forces 31 (1953), S.265-273で示されている。

＊47 このように終了させることを実現可能にするのは、実際には困難であった。そこから、以前の社会においては個人の罪＝責任を構想し制度化することに対するどんな障害が存していたかを見て取れるだろう。〔個人の罪＝責任の構想という〕ここにおいてもまた、初発状況からすれば蓋然性の低いものであった進化的成果の事例が、見られるのである。

＊48 この点の詳細に関してはNiklas Luhmann, Legitimation durch Verfahren, Frankfurt 1983〔今井弘道訳『手続を通しての正統化』風行社〕を参照。

＊49 Vilhelm Aubert, The Hidden Society, Totowa/ N.J. 1965, S.98f.

＊50 コンフリクト解決メカニズムの同型性についてはJohan Galtung, Institutionalized Conflict Resolution, Journal of Peace Research 196 5, S.348-397. insb. S.356を参照。

＊51 激動する環境における適応戦略としてのトリヴィアル化については、F. E. Emery, The Next Thirty Years. Concepts, Methods and Anticipations, Human Relations 20 (1967), S.199-237 (225ff.) をも見よ。

第三章　原注

＊1 Friedrich Kaulbach, Ethik und Metaethik: Darstellung und Kritik metaethischcr Argumente, Darmstadt 1974は

この論法によって、道徳に関する、しかし道徳から自由な理論を求めようとする、言語分析による試みを批判している。

＊2 今述べた立場の対照化は、ハンス・ヨナスとの刺激的な会話によっている。

＊3 Niklas Luhmann, Funktion der Religion, Frankfurt 1977, insb. S.54ff. をも参照のこと。

＊4 その点ではデカルト的転回は理論変更以上のものであり、現実性基準の交替以上のものでもあった（例えば Rainer Specht, Innovation und Folgelast: Beispiele aus der neueren Philosophie- und Wissenschaftsgeschichte, Stuttgart 1972, S.98ff. でもそう論じられている）。この転回によってそもそも初めて、科学特有の対象構成を根拠づける必要性が導入されたのである。

＊5 この種の批判が熱意を持って行われる際には、他ならぬ科学論的に見れば、ある種のナイーヴさが見られなくもない。一例としてWalter Bühl, Theorie und Paratheorie, Festschrift René König, Opladen 1973, S.48-67 を見よ。さらに明白なのは Helmut F. Spinner, Theorie, Handbuch philosophischer Grundbegriffe, Bd.5, München 1974, S.1486-1514 である。蛇足ながらドイツ社会学における《実証主義論争》は、そうと気づかれることのないままこの問題をめぐってなされたものだった。

＊6 大雑把すぎる解釈は回避しておかねばならない。結果の予測そのものもまた、過程の正しさの条件である。また、理論へと定位すること自体からして、一つの方法上の原理なのである。にもかかわらず、理論を方法上の諸規則の部分集合として把握することなどできない。例えば、方法として正しく設定された研究から複数のまったく異なる理論が生じることもありうるのであり、しかもその事態が予測されていたという場合もある。方法の上で欠陥のある研究が理論の発展を促進することも、やはり生じうる。したがってまた、誤った理論と正しい理論とが密着しているという状態が想定されうる場合には、誤った理論を用いて研究することが有意味となるかもしれないのである。

＊7 Warren Weaver, Science and Complexity, American Scientist 36 (1948), S.536-544 を、あるいはひときわ印象的な W. Ross Ashby, Mathematical Models and Computer Analysis of the Function of the Central Nervous System, Annual Review of Physiology 28 (1966), S.89-106 を見るだけで十分だろう。

＊8 この点については Niklas Luhmann, Komplexität, in: ders., Soziologische Aufklärung, Bd.II, Opladen 1975, S.204-220 を参照。

*9 この考察に、〔個別的因果関係ではなく複雑な事態全体を扱う〕統計学と〔ソノ他ノ条件ガ等シケレバ ceteris paribus という前提のもとで複雑な事態をモデル化する〕シミュレーションに関する帰結を結びつけることもできるのは明らかである。さらに加えて、変数間の相関関係という概念を、見いだされうる構造はどれも複雑性の縮減として、つまり多数の関係づけ可能性からの選択として、与えられたものであるという点へと差し戻すこともできる。以下で扱われる、分化形式と道徳とは相関関係にあり、その関係は進化の中で変化していくという問題は（本章《5》節2）、この点に結びついてくる。複雑性の縮減という問題から始める機能主義的な比較技法もまた、この点から出発する。この問題が、すべてをすべてと比較可能とするための観点となるわけである。シミュレートすること、相関させること、比較することというこれらの相異なる方法はさしあたり〔相互に無関係なかたちで〕並行して発展させられてきた。しかしだからといって、連関について問うことが排除されはしないはずである。

*10 Tractatus logico-philosophicus 4.0621, Neudruck, Frankfurt 1969, S.39.〔野矢茂樹訳『論理哲学論考』岩波書店、四八頁〕またこの点に関してはHeinz von Foerster, Thoughts and Notes on Cognition, in: Paul L. Garvin (Hg.), Cognition: A Multiple View, New York/ Washington 1970, S.25-48（43）をも参照のこと。

*11 Niklas Luhmann, Funktion der Religion, a.a.O., S.82ff., 126ff., 182ff.; ders., Knappheit, Geld und die bürgerliche Gesellschaft, Jahrbuch für Sozialwissenschaft 23（1972）, S.186-210.

*12 論述を単純化するために、次の点は度外視しておくとしよう。すなわちヘーゲルとともに、制限性という条件のもとでの複数の概念間の関係について〔Aの否定＝止揚が、より高次のBの規定を可能にする、というように〕論じることもできるのである。

*13 この点についてはKlaus Hartmann, Zur neuesten Dialektik-Kritik, Archiv für Geschichte der Philosophie 55（1973）, S.220-242を参照。

*14 多くの論者はもっと具体的にこう言うだろう。主体の自己制限、全体社会の自己制限である、と。

*15 近年の文献をいくつか挙げておこう。John C. McKinney, Typification, Typologies, and Sociological Theory, Social Forces 48（1969）, S.1-12; ders., Sociological Theory and the Process of Typification, in: John C. McKinney/ Edward A. Tiryakian (Hg.), Theoretical Sociology: Perspectives and Developments, New York 1970, S.235-269;

Kenneth D. Bailey, Monothetic and Polythetic Typologies and Their Relation to Conceptualization, Measurement and Scaling, Amerian Sociological Review 38 (1973), S.18-33.

＊16 Harold J. Bershady, Ideology and Social Knowledge, Oxford 1973は、明確な社会的認識論を要求しつつ、この議論を批判している。

＊17 この点に関してはNiklas Luhmann, Funktionale Methode und Systemtheorie, in: ders., Soziologische Aufklärung, Bd.1, 4.Aufl., Opladen 1974, S.31-53を見よ。

＊18 この点に関する批判が向けられるのは特に、問題定式の抽象性に対してである。しかし制限性の問題を視野に収め、それをより普遍的なものとして設定するならば、十分な解決策を〔われわれの議論よりも〕より低い普遍性の水準に位置づけることはできなくなる。そのような水準を獲得するためには、制限性がすでに用いられているということが前提とされるはずだからである。

＊19 道徳理論と類型形成の組成との繋がりの例としては、以下などを参照。Jan J. Loubser, The Contribution of Schools to Moral Development: A Working Paper in the Theory of Action, Interchange 1 (1970), S.99-117, auch in: C. M. Beck/ B. S. Crittenden/ E. V. Sullivan (Hg.), Moral Education: Interdisciplinary Approaches, Toronto 1971, S.147-179; Klaus A. Ziegert, Nach der Emanzipation des Rechts von der Moral: gesellschaftliche Wirkungschancen der Moral, in: N. Luhmann/ S.H. Pfurtner (Hg.), Theorietechnik und Moral, Frankfurt 1978, S.146-175.

＊20 この前提のもとで、一方では、科学についての主要な了解が、素朴に想定された凝集性から、公認された複数主義へと変化しているのを確認できる。ここ十年のアメリカ社会学に見られるように、である。他方では、一つの《パラダイム》のもとで分野を統合することへの執拗な願望も、存在し続けている。そのパラダイムがさらなる集積的進歩を可能にしてくれるだろう、というわけだ。

＊21 Hegel, Phänomenologie des Geistes, V B c »Die Tugend und der Weltlauf«, zit. nach der Ausgabe von Johannes Hoffmeister, Leipzig 1937, S.276.〔樫山欽四郎訳『精神現象学　上』平凡社、四三二頁〕

＊22 A.a.O., S.280.〔同右四三九頁〕

＊23 時間性と社会性の連関に関する分析として最もよいのはThe Philosophy of The Present, Chicago, London 1932〔河村望訳『現在の哲学・過去の本性』人間の科学新社　〕だろう。またMind, Self and Society From die Standpoint of a Social Behaviorist, Chicago 1934〔河村望訳『精神・

自我・社会』人間の科学新社〕も参照。

＊24 この点については、Reinhart Koselleck, Fortschritt, in: Geschichtliche Grundbegriffe: Historisches Lexikon zur politisch-sozialen Sprachc in Deutschland, Bd.2, Stuttgart 1975. S.351-423（insb. 390ff.）を参照。

＊25 あるいは Kenneth Burke, Permanence and Change, New York 1935 の定式化によれば、食い違いを通してのパースペクティブによる利得、ということになる。

＊26 十分に細目にまで及ぶ、論評に値する著述はまだなされていない。したがって本文この箇所の考察は、推測に基づくものである。特に以下を参照。Jügen Habermas, Vorbereitende Bemerkungen zu einer Theorie der kommunikativen Kompetenz, in: Jürgen Habermas/ Niklas Luhmann, Theorie der Gesellschaft oder Sozialtechnologie - Was leistet die Systemforschung? Frankfurt 1971, S.101-141〔「コミュニケーション能力のための予備的考察」、ハーバーマス／ルーマン（佐藤嘉一／他訳）『批判理論と社会システム理論』木鐸社〕; ders., Wahrheitstheorien, in: Festschrift Walter Schulz, Pfullingen 1973, S.211-265; ders., Was heißt Universalpragmatik?, in: Karl-Otto Apel (Hg.), Sprachpragmatik und Philosophie, Frankfurt 1976, S.174-272.

＊27 蛇足ながら、ハーバーマスは学術的な論争（これは彼から見れば〔それ自体からして〕討議でありうるはずである）の内部においてすら、討議の構想を受け入れない理論を掲げているというだけで、その関与者を「モノローグを行っている」と非難しているが、これは除去可能な欠陥というものだろう。モノローグの概念は、神学者が《聖霊に対する罪》を予想しなければならない理論的場所に相当するのだと考えれば、首尾一貫するはずである[★2]。

＊28 したがって Theodore M. Newcomb, An Approach to the Study of Communicative Acts, Psychological Review 60（1953）, S.393-404 によるA-B-Xモデル流の、ある種の共定位モデルで考えねばならない。AとBがXについてコミュニケートしている。そのコミュニケーションが意味を持つのは両者がXと相異なる関係を取り結んでおり、その差異がコミュニケーションの中で反省されるからなのである。

＊29 周知のように Gaston Bachelard, La Philosophie du non: Essai d'une Philosophie du nouvel esprit scientifique, Paris 1940 は科学の発展一般をそう見なしている。

＊30 Nigel Howard, The Theory of Metagames, General Systems ll（1966）, S.187-200; ders., Paradoxes of Rationality: Theory of Metagames and Political Behavior, Cambridge/ MasS.1971, S.60ff.

＊31 この点については以下を参照。Niklas Luhmann, Einführende Bemerkungen zu einer Theorie symbolisch generalisierter Kommunikationsmedien, in: ders., Soziologische Aufklärung, Bd.2, Opladen 1975, S.170-192; ders., Der politische Code: »konservativ« und »progressiv« in systemtheoretischer Sicht, Zeitschrift für Politik 21 (1974), S.253-271; ders., Macht, Stuttgart 1975, S.42ff.〔長岡克行訳『権力』勁草書房、四七頁以下〕; ders., Ist Kunst codierbar?, in: Siegfried J. Schmidt (Hg.), »schön«: Zur Diskussion eines umstrittenen Begriffs, Mttn chen 1976, S.60-95.

＊32 Niklas Luhmann, Zweckbegriff und Systemrationalität: Über die Funktion von Zwecken in sozialen Systemen, Neudruck Frankfurt 1973, insb. S.201ff.〔馬場靖雄／上村隆広訳『目的概念とシステム合理性』勁草書房、十三頁以下〕をも参照。

＊33 先にわれわれは、同時代の道徳起業家に対するヘーゲルの嘲笑を、この可能性についての証明として引用しておいた。

＊34《多様度 variety》という標語に関する W. Ross Ashby, An Introduction to Cybernetics, London 1956 を、O. J. Harvey/ David E. Hunt/ Harold M. Schroder, Conceptual Systems and Personality Organization, New York, London 1961; Richard Levins, The Limits of Complexity, in: Howard H. Pattee (Hg.), Hierarchy Theory: The Challenge of Complex Systems, New York 1973, S.109-127 などを参照のこと。

＊35 近代的でリアリスティックな法システムの理論も[★3]、ケルゼンによる根本規範の仮定を批判する中で、同様の結論に達している。Torstein Eckhoff/ Nils K. Sundby, The Notion of Basic Norm(s) in Jurisprudence, Scandinavian Studies in Law 1975, S.123-151 (insb. 137ff.) を見よ。

＊36 純粋な有（Sein）と純粋な無（Nichts）に関連するヘーゲルの定式化（Wissenschaft der Logik, ed. Georg Lasson, Bd. I, Leipzig 1948, S.78 武市健人訳『大論理学　上巻の一』岩波書店、六〇頁）を引くならば。

＊37 ただしだからといって、議論が常にこの水準において営まれているということにはならない。〔より低い水準での議論の例を挙げるならば、〕多くのヒューマニストにとっては《システム工学》は、アメリカ企業において用いられているというだけの理由だけですでに、疑わしく思われるのである。また別の人々は、多くを要求するシステム理論の論理的な、また方法論的な難点だけで、この理論が一つ

の《イデオロギー》にすぎないということを証明するに十分だと考える（一例として、Robert H. Lilienfeld, The Rise of Systems Theory - An Ideological Analysis, Ph. D. Thesis, New School for Social Research, New York 1975; ders., Systems Theory as an Ideology, Social Research 42 [1975], S.637-660 ではそう論じられている）。反対にシステム理論家にとっては、ヒューマニスティックな道徳運動が自身および自身からの帰結をコントロールできていないことを、また同様にその政治的素朴さを、暴露するのはそう難しいことではない。論争の書であるJürgen Habermas/Niklas Luhmann, Theorie der Gesellschaft oder Sozialtechnotogie - Was leistet die Systemforschung?, Frankfurt 1971〔前掲訳書〕ではどちらの陣営もこの種の関係づけから自由ではなかった。私はこの論争への〔本来の〕関心は、今述べたような水準では満たされえなかったと考えている。それゆえに〔本稿では、〕より根本的な問題設定へと立ち返ることにしたわけだ。

＊38 論証のこの形式は構造的にはブルジョア社会そのものに、歴史的には十九世紀半ばに属している。つまり《進歩》という定式のもとで、自分自身が運動状態にあると見なしている全体社会に、統一的な時間パースペクティブを適用することによって条件づけられているのである。この点は、対抗全体化の武器庫として使える論証となってくれるはずである。この点に関しては、歴史家から見たKoselleck, Fortschritt, a. a. O., S.412ff. を参照。

＊39 カントもまた一七九七年当時においてもまだ、政治社会（societas civilis）の市民の属性の一つとして《自律性》というメルクマールを取り上げていた。このメルクマールは人間としての人間へと一般化できるものではなく、一部の人間を他の人間から区別するものだとされていたのである。

＊40 Grundrisse der Kritik der politischen Ökonomie, Moskau 1939. Neudruck Frankfurt, Wien o.J., S.176. もちろんこれはシステム理論的分析に関してではなく、形態ないし関係への関心からのものである。

＊41 Randall Collins, A Comparative Approach to Political Sociology, in: Reinhard Bendix (Hg.), State and Society, Boston 1968, S.42-67 では、デュルケムに対する論戦という文脈においてこう述べられている。しかしだとすると、全体社会の水準で不可能なはずのもの〔＝統合された集積体という創発水準〕が、〔現象を諸個人の行為へと還元することがより容易なはずの〕集団の水準では可能だと主張するという、奇妙で首尾一貫しない議論になる。

＊42 簡潔な論述としてはTalcott Parsons, Societies: Evolutionary and Comparative Perspectives, Englewood ClifFs/ N. J. 1966, S.5ff.〔矢沢修次郎訳『社会類型―進化と比較』至誠堂、七頁以下〕がある。

＊43 われわれはパーソンズのこの概念を、彼のシステムの内部においてわれわれの問題に対応する機能箇所に焦点を当てるために、意識的に採用している。ただしまさにその理由のゆえに、概念の意味を変更しなければならないのだが。この点については、Niklas Luhmann, Interpenetration: Zum Verhaltnis personaler und sozialer Systeme, Zeitschrift für Soziologie 6 (1977), S.62-76を参照。

＊44 例えば Walter Goldschmidt, Comparative Functionalism, Berkeley, Los Angeles 1966, S.59ではそう論じられている。

＊45 この収斂の後期の局面および解体については、David Little, Religion, Order, and Law: A Study in Pre-Revolutionary England, New York 1969を参照。

＊46 この種の思考様式への概観として最適なのは、Manfred Riedel, Gesellschaft, bürgerliche, in: Otto Brunner/ Werner Conze/ Reinhart Koselleck (Hg.), Geschichtliche Grundbegriffe: Historisches Lexikon zur politisch-sozialen Sprache in Deutschland, Bd.2, Stuttgart 1975, S.719-800 (719-756) である。

＊47 ホッブズ、ロック、ルソー、コンディヤックその他によって持ち出された、市民革命のこの人間学については、Hans Ebeling (Hg.), Subjektivität und Selbsterhaltung: Beiträge zur Diagnose der Moderne, Frankfurt 1976を参照。

＊48 Jürgen Habermas, Legitimationsprobleme im Spätkapitalismus, Frankfurt 1973〔細谷貞雄訳『晩期資本主義における正統化の諸問題』岩波書店〕を参照。

＊49 この点については Reinhart Koselleck/ Wolf-Dieter Stempel (Hg.), Geschichte - Ereignis und Erzahlung, München 1973における詩学と解釈学グループ[★4]の議論を参照。そこでは誰も歴史の主体を擁護しようとはしなかったのである。

＊50 蛇足ながらラインハルト・コゼレックが明らかにしているように、進歩の理念は常に非同時的なもの、遅れたままのもの、付いてこれないものそのものの同時性の中で対照的契機として投射されたものであった。この点については本章《**1**》-**6**ですでに述べておいた。

＊51 社会的なものを人間の自然＝本性からして可能であると定義する他ならぬ人間学は、近代的意識を歴史化することを特に要求するにもかかわらず、である。人間学はそうすることで、社会的なものは文明化と教育次第であると見

なすわけだ。ルソーに従えば唯一の自然的不変項とは自己愛（amour de soi-même.）であり、それは人間に外から介入することによってのみ堕落しうるのである。Éimile ou de l'écicuation (ed. François et Pierre Richard), Paris 1964, S.247.〔今野一雄訳『エミール（中）』岩波書店、九頁〕この点について、また前史については以下も参照のこと。Iring Fetscher, Rousseaus Politische Philosophie: Zur Geschichte des demokratischen Freiheitsbegriffs, 2.Aufl, Neuwied 1968, S.50ff.; Tilo Schabert, Natur und Revolution: Untersuchungen zum politischen Denken im Frankreich des 18. Jahrhunderts, München 1969, S.47ff. また一八世紀の倫理学理論と関連させせつつ包括的に概観するためには Lester G. Crocker, An Age of Crisis: Man and World in Eighteenth Century French Thought, Baltimore 1959 を見よ。

＊52 ユルゲン・ハーバーマスは「歴史と進化」というテーマに関する寄稿の中で、この利点をことさら示唆している。Geschichte und Gesellschaft 2 (1976), S.310-357.

＊53 Edmund Husserl, Die Krisis der europäischen Wissenschaften und die traszendentale Phänomenologie, Husserliana Bd.VI, Den Haag 1954〔細谷恒夫訳『ヨーロッパ諸学の危機と超越論的現象学』、中央公論社〕; Jürgen Habermas, Legitimationsprobleme im Späatkapitalismus, a. a. O.〔前掲訳書〕を参照。

＊54 この点については、すでに《1》-3および《1》-8で論じておいた。

＊55 例えばパーソンズが用いた適応能力上の上昇、包摂、価値の普遍化という概念群は、まさにこの問題に狙いを定めたものであった。Talcott Parsons, The System of Modern Societies, Englewood Cliffs/ N.J. 1971, S.26ff.〔井門富二夫訳『近代社会の体系』至誠堂、四一頁以下〕を参照。

＊56 一例として、Volker Rittner, Kulturkontakte und soziales Lernen im Mittelalter: Kreuzzüge im Lichte einer mittelalterlichen Biographie Köln, Wien 1973 による研究にとって、内/外の差異とそれをシステム内的に処理する形式とが持つ意義を考えてみればよい。

＊57 以下などを参照。Jürgen Ritsert, Handlungstheorien und Freiheitsantinomie, Berlin 1966; Willi Oelmüller, Was ist heute Aufklärung?, Düsseldorf 1972; Franz Maciejewski, Sinn, Reflexion und System: Über die vergessene Dialektik bei Niklas Luhmann, Zeitschrift für Soziologie 1 (1972), S.139-155; Bernard Willms, System und Subjekt oder die politische Antinomie der Gesellschaftstheorie, in: Franz Maciejewski (Hg.), Theorie der Gesellschaft oder

Sozialtechnologie?, Supplement 1, Frankfurt 1973, S.43-77; Ludwig Landgrebe, Der Streit um die philosophischen Grundlagen der Gesellschaftstheorie, Opladen 1975. これらの著者たちの論証はすべてオリジナルなものではなく、伝統に関連づけられている。すなわち、主体（ないし自由ないし反省）とは何であるかが、すでに分かっているかのように見なされているのである。したがって、そもそも視野に入っているのが統一的な事態なのかどうか、どの程度までそうなのかは、ほとんど確かめようがないのである。

＊58 時にはきわめて普遍的なこの問題に、《認識》ないし《認知》というタイトルが与えられることもある。そうするとその概念はすべての種類のシステム／環境関係と重なってくることになる。一例として、Humberto Maturana, Neurophysiology of Cognition, in: Paul L. Garvin (Hg.), Cognition: A Multiple View, New York, Washington 1970, S.3-23を見よ。

＊59 われわれはすでに先に『エミール』第四巻を挙げておいた。しかしルソーがわれわれの証人として役立つのは、明らかに限定的な範囲においてだけのことである。ルソーはその思考の歩みを築いていくにあたって、理性と同情という追加装置をまだ必要としていたからである。それらこそ、人間を動物との違いを通して定義する――まったく人間主義的な伝統の意味で――ものなのである。Discours sur l'origine et les fondermens de l'inégalité parmi les hommes, Œuvres Completes, Bd.III, Paris 1964, S.219の註XV〔本田喜代治／平岡昇訳『人間不平等起原論』岩波書店、一八一頁〕を見よ。

＊60 そうすることでどのような構造的決定が下されてしまい、分析を免れることになるのか。この点については《5》節で詳しく論じる。

＊61 この点について心理学の観点から論じているHarold H. Kelley, Moral Evaluation, American Psychologist 26 (1971), S.293-300を見よ。

＊62 これに関してはFriedrich Jonas, Zur Aufgabenstellung der modernen Soziologie, Archiv für Rechts- und Sozialphilosophie 52 (1966), S.349-375 (insb. 363 ff.) を参照。

＊63 Manfred Riedel, Zum Verhältnis von Ontologie und politischer Theorie bei Hobbes, in: Reinhart Koselleck/Roman Schnur (Hg.), Hobbes-Forschungen, Berlin 1969, S.103-118を見よ。

＊64 《1》-11で述べたように、上からも、であるが。

＊65 根本的に言えばこの構想は古代以来、認識問題へと切り縮められたかたちにおいてではあったが、周知のものとなっていた。その原因の複雑性のゆえに完全なかたちでは

知られていない事柄が、偶然的な、あるいは偶発的なものとして現れてくるのである、と。これはとりわけ、未来の偶発事に関して想定されてきた。[★5] Thomas Hobbes, De corpore X (Opera Latina, ed. Molesworth, Bd.I, Neudruck Aalen 1961, S.115f.) においてもやはりそうである。Dorothea Frede, Aristoteles und die »Seeschlacht«: Das Problem der Contingentia Futura in De Interpretatione 9, Gottingen 1970, insbeS.S.114, 121ff. も参照のこと。認識へのこの先鋭化は、大きな利点を有していた。〔問題を〕弱きものとしての人間に帰することができ、したがって宇宙論的ないし神学的な諸構想と両立可能にできたのである。理論政策上のこの関心が脱落した現在では、より一般的な見解のほうが優先されよう。すなわち、「どんなシステム過程もシステムそのものの複雑性には、また高度に複雑な環境の諸システムには《追いつけない》」ということから出発するわけである。だからシステムは、自身にとっては規定不可能な環境の複雑性を《不確実性》としてテーマ化でき、その不確実性と合理的に付き合っていくよう試みるうるのである。この洞察は、合理的な決定行動に関する近年の理論において、実り豊かなかたちで追求されてきた。一例として、Herbert A. Simon, Theories of Bounded Rationality, in: C. B. McGuire/ Roy Radner (Hg.), Decision and Organisation: A Volume in Honor of Jacob Marschak, Amsterdam, London 1972, S.161-176 を見よ。この点に関しては、Hans Werner Gottinger, Complexity and Information Technology in Dynamic Systems, Kybernetes 4 (1975), S.129-141 における、デザイン複雑性／コントロール複雑性 (design complexity/ control complexity) の区別も参照。

*66 本章《**2**》-**1**で述べた意味での。

*67 以下を参照。Talcott Parsons/ Edward A. Shils (Hg.), Toward a General Theory of Action, Cambridge/Mass 1951, S.16〔前掲訳書、二五頁〕; Talcott Parsons, Interaction: I. Social Interaction, International Encyclopedia of the Social Sciences, Bd.7, New York 1968, S.429 - 441 (436); James Olds, The Growth and Structure of Motives: Psychological Studies in the Theory of Action, Glencoe/ Ill.1956.

*68 この意識の社会的再帰性については、以下などを参照。Herbert Blumer, Psychological Import of the Human Group, in: Muzafer Sherif/ M.O. Wilson (Hg.), Group Relations at the Crossroads, New York 1953, S.185-202; Theodore M. Newcomb, The Cognition of Persons as Cognizers, in: Renato Tagiuri/ Luigi Petrullo (Hg.), Person

Perception and Interpersonal Behavior, Stanford/ Cal. 1958, S.179-190; Johan Gaining, Expectations and Interaction Processes, Inquiry 2 (1959), S.213-234; Paul-H. Maucorps/ René Bassoul, Empathie et connaissance d'autrui, Paris 1960; dies., Jeux de miroirs et sociologie de la connaissance d'autrui, Cahiers internationaux de Sociologie 32 (1962), S.43-60; Barney Glaser/ Anselm Strauss, Awareness Contexts and Social Interaction, American Sociological Review 19 (1964), S.669-679; Jean Maisonneuve, Psycho-sociologie des affinités, Paris 1966, insbes. S.322ff.; Ronald D. Laing/ Herbert Phillipson/ A. Russell Lee, Interpersonal Perception: A Theory and a Method of Research, London 1966; Thomas J. Scheff, Toward a Sociological Theory of Consensus, American Sociological Review 32 (1967), S.32-46; Vladimir A. Lefebvre, A Formal Method of Investigating Reflective Processes, General Systems 17 (1972), S.181-188.

*69 Talcott Parsons, The Structure of Social Action, New York 1937〔前掲訳書〕では、歴史的には社会理論としての功利主義に対する論戦に由来する、この洞察が要約されている。のみならずそれが社会学理論の基礎であると、さらには社会学という学科そのものの独自性であると、見なされてもいる。デュルケムが、自分の関心事は道徳的なものの事実性であると述べたときに、またマックス・ヴェーバーがゲオルク・イェリネックを引きつつ、正統性ではなく正統性の観念に狙いを定めたときに、示されていたのはこの立場だった。

*70 George H. Mead, Mind, Self and Society from the Standpoint of a Social Behaviorist, Chicago/ Ill. 1934, insbes. s.254, 354ff.〔前掲訳書、一八七頁、二八〇頁以下〕; ders., The Philosophy of the Act, Chicago 1938, passim. を見よ。Ralph Turner, Role-Taking: Process versus Conformity, in: Arnold M. Rose (Hg.), Human Behavior and Social Process: An Interactionist Approach, Boston 1962, S.20-40 も参照のこと。社会学ではその後現在に至るまでに、役割概念の異なる理解が浸透していったのだが。

*71 アングロサクソン系の文献によく見られる道徳概念とは異なって。そこでは利害関心を相互にうまく満足させることに焦点が据えられており、したがって利他的な道徳が、あるいは不平等な分配を道徳化することに至ってはもちろんのこと、もはや理解できなくなってしまっている。Alvin W. Gouldner, The Coming Crisis of Western Sociology, London 1971, insbes. s.266ff.〔岡田直之／他訳『社会学の再生を求めて』新曜社、二六〇頁以下〕はその典型例で

ある。そこでは功利主義の社会学的批判が詳細に展開されてもいるのだが。

＊72 この点については、J. Davis, Forms and Norms: The Economy of Social Relations, Man 8（1973）, S.159-176 を見よ。

＊73 Talcott Parsons, The Social System, Glencoe/ Ill. 1951, S.108, 130ff., 391f., 426f.〔佐藤勉訳『社会体系論』青木書店、一一七頁、一三七頁以下、三八六頁以下、四二一頁以下〕における、無限定的（diffuse）と限定的（specific）という観点の下での尊敬（esteem）と是認（approval）の区別を参照。

＊74 Jakob Abbadie, L'Art de se connaître soi-même, Ou La Recherche des Sources de la Morale, Rotterdam 1692.

＊75 A.a.O., S.128ff.

＊76 A.a.O., S.416f.

＊77 A.a.O., S.422ff.

＊78 A. a. O., S.419ff. Lester G. Crocker, An Age of Crisis: Man and World in Eighteenth Century French Thought, Baltimore 1959, S.282ff. をも見よ。一八世紀において尊敬動機が《ブルジョア的に》、競合と増幅という枠組の中で取り扱われることがいかに多かったかが示されている。言うまでもなくそれによってこの概念は信用を失うことになった。

＊79《幸福を獲得する前に幸福を感じるに至るという不測の事態もある》（a.a.O., S.330）。

＊80 A.a.O., S.270f.

＊81 Roger Mercier, La rehabilitation de la nature humaine（1700-1750）, Villemomble（Seine）1960, S.103ff. は、当時を《宗教的人間主義》によって特徴づけている。

＊82 A.a.O., S.135f.

＊83 A.a.O., S.79ff.

＊84 A.a.O., S.109ff.

＊85 一例として、Heinrich Stephani, System der offentlichen Erziehung, Berlin 1805, S.295 を見よ。

＊86 Some Considerations on the Comparative Sociology, in: Joseph Fischer（Hg.）, The Social Sciences and the Comparative Study of Educational Systems, Scranton/Pa. 1970, S.201-220 などを参照。

＊87 A.a.O., S.417.

＊88 Troy Duster, The Legislation of Morality: Law, Drugs, and Moral Judgement, New York, London 1970, insbes. S.196ff. では、この種の《道徳性のダブル・スタンダード》の証拠が挙げられている。

＊89 人格ノ受容（acceptio personae）という古典的な問題

題目は、道徳と法の十分な分化が欠けていたがゆえに、この種の補完関係を見越すことができなかった。詳しくは、これに対応する quaestio 63 in: Thomas von Aquino, Summa Theologiae II, II〔稲垣良典訳『神学大全II-2 57-79』創文社、一四一頁以下〕を見よ。

*90 この規範概念について詳しくは、Niklas Luhmann, Rechtssoziologie, Reinbek 1972, Bd. I, S.40ff.〔村上淳一／六本佳平訳『法社会学』岩波書店四七頁以下〕を見よ。

*91 義務以上ノ仕事（opera supererogationis）の概念は、イエスの死の解釈に関連する神学的伝統に由来する。義務を超える行いと規範的に規制された道徳の関係についてのより近年における取り扱いについては、以下を参照。Roderick M. Chisholm, Supererogation and Offence: A Conceptual Scheme for Ethics, Ratio 5 (1963), S.1-14; Michael Stocker, Supererogation and Duties, in: Studies in Moral Philosophy, American Philosophical Quarterly Monograph Series, Monograph Nr.1, Oxford 1968, S.53-63; Joel Feinberg, Doing and Deserving: Essays in the Theory of Responsibility, Princeton/ N. J. 1970. さらに Henry D. Aiken, Evaluation and Obligation: Two Functions of Judgement in the Language of Conduct, The Journal of Philosophy 4 (1950), S.5-22 も参照のこと。

*92 この点に関しては、Charlotte G. Schwartz, Perspectives on Deviance: Wives' Definitions of their Husbands' Mental Illness, Psychiatry 20 (1957), S.275-291 における、心理的発病の兆候を通常化しようとする事例を参照。Fred Davis, Disavowal: The Management of Strained Interaction by the Visibly Handicapped, Social Problems 9 (1961), S.120-132 も参照のこと。

*93 厳密に言えばこの分析はすでに、社会システムの一般理論を経由していることになる。高文化における全体社会秩序の中で初めて、規律化と道徳化の不一致が述べるに足るだけのものとなったように思われる。そしてそれに対応して、通常的な行動の評価が両義的なものともなる。すなわち一方では良いもの、秩序に即したものであり、他方では通常の、当たり前に生じる〔陳腐な〕ものであるとされるのである。

*94 この概念は、Julien Freund, Le droit comme motifet solution de con flits, in: Die Funktionen des Rechts: Vortrage des Weltkongresses fur Rechts- und Sozialphilosophie, Madrid 1973, Beiheft 8 des Archivs für Rechts- und Sozialphilosophie, Wiesbaden 1974, S.47-84 による。

*95 Nigel Howard, Paradoxes of Rationality: Theory of Metagames and Political Behavior, Cambridge/Mass 1971,

S.199ff. ではこの点との関連で、当初意図されていた合理性に照らせば《選好〔された〕悪化 preference deterioration》が生ると述べられている。

*96 明白な例として、Duster, a. a. O. を見よ。

*97 早い段階でこの問いを、相互行為水準での平穏の義務という観点の下で扱っているのは、Pierre Nicole, Essais de Morale (4me traité), Paris 1671, zitiert nach Bd. I, 6. Aufl, Paris 1682, S.211ff. である。

*98 Jack D. Douglas, Deviance and Order in a Pluralistic Society, in: John C. McKinney/ Edward A. Tiryakian (Hg.), Theoretical Sociology: Perspectives and Developments, New York 1970, S.367-401 (380).

*99 同調の過大評価の典型例として以下を見よ。Richard L. Schanck, A Study of a Community and Its Groups and Institutions Conceived of as Behaviors of Individuals, Princeton/ N. J., Albany/ N. Y. 1931; Ragnar Rommetveit, Social Norms and Roles: Explorations in the Psychology of Enduring Social Pressures, Oslo, Minneapolis 1955, insbes. S.116ff. C. H. Simmons/ Melvin J. Lerner, Altruism as a Search for Justice, Journal of Personality and Social Psychology 9 (1968), S.216-225. さらに、Niklas Luhmann, Zurechnung von Beforderungen im öffentlichen Dienst, Zeitschrift für Soziologie 2 (1974), S.326-351 (345ff.) も参照。そこでは昇進〔をもたらした要因〕の帰属に、自身の場合と他者の場合とでは差異が見られることを論じておいた。さらに、この差異もまた、具体的に体験された自分自身の事例に関しては、その扱い方において、〔自分以外の〕一般の場合ほどには道徳性を想定しないものだということを、示唆しておいた。

*100 ヒエラルキカルに道徳化されたコミュニケーションについては、文献を素材として論じている Hugh Dalziel Duncan, Communication and Social Order, New York 1962 を見よ。この文脈での最も重要な設問の一つは依然としてこうである。われわれのアリストテレス的―キリスト教的伝統を、次のような経験的言明にまで一般化してよいのだろうか。すなわち、ヒエラルキカルなコミュニケーションは、ヒエラルキーを超越する平等性をメタ水準でコミュニケートすることを、したがってパートナーの一種の超越論的同等化を、前提とする、と。あるいはそのような前提は、ヒエラルキカルなコミュニケーションの完成態と自己根拠づけから来る、単なる要請にすぎないのだろうか。

*101 この種の道徳的なものが、世界像を、また支配層の正当性の神話を、全体社会総体において正統化するに至るのはどの程度までのことなのか。これはまったく別の問題で

ある。おそらくそのような事態が成り立つ事例は、きわめて狭い範囲にすぎないだろう。例として以下を参照。Barbara E. Ward, Varieties of the Conscious Model: The Fishermen of South China, in: The Relevance of Models for Social Anthropology, London 1965, S.113-137; Stanley Diamond, The Rule of Law Versus the Order of Custom, in: Robert P. Wolff (Hg.), The Rule of Law, New York 1971, S.115-144.

*102 以下では単純化のために、この対を常に両方とも挙げるのではなく、「良いと劣る」という言い方だけを用いることとしよう。

*103 快と不快の質的差異を、脳生理学的な局所化（それを純粋に論理的な道筋で、〔一つの原理上の異なる値へと〕中和することなどできない！）へと還元しようとすることについては、Neal E. Miller, Central Stimulation and Other New Approaches to Motivation and Reward, American Psychologist 13 (1958), S.100-108を参照。T. C. Schneirla, An Evolutionary and Developmental Theory of Biphasic Processes Un derlying Approach and Withdrawal, Nebraska Symposium on Motivation 1959, S.1-42をも見よ。これらの研究は、二元性そのものも、二つの値ないし状態を結びつけうる論理的操作とは独立した、一定の機能を担いうるということを明らかにしてくれる。

*104 これは、比較的単純な全体社会についてすら成り立つ事柄である。Peter Rigby, Dual Symbolic Classification among the Gogo of Central Tanzania, Africa 36/1 (1966), S.1-17 (3) を参照。

*105 これについてはNiklas Luhmann, Einführende Bemerkungen zu einer Theorie symbolisch generalisierter Kommunikationsmedien, in ders., Soziologische Aufklärung, Bd. II, Opladen 1975, S.170-192を参照のこと。

*106 この問題に関して研究するには、二重決定がもつ多くの帰結に焦点を当てたソフィストの技法を扱うのが最善だろう。この点について、また歴史的文脈についてはG. E. R. Lloyd, Polarity and Analogy: Two Types of Argumentation in Early Greek Thought, Cambridge 1966, insbes. S.111ff.を参照。

*107 複雑な一群の諸観点を二分図式化することの限界については、Adalbert Podlech, Recht und Moral, Rechtstheorie 3 (1972), S.129-148 (140) をも参照のこと。さらなる示唆も含まれている。

*108 Loubser, a. a. O. (Anm. 19), S.99, 103もそう論じている。さらにこの著者は正当にも、次の点を強調してもいる。道徳概念が興味を引くのは、道徳と不道徳に対する類概念

《包括的用語 generic term》としてではなく、道徳と不道徳の関係を表す概念としてであり、両者は、両者間のこの関係を通して独自の特質を保持するのである。

＊109 この言明の経験的基礎については、Ralph M. Stogdill, Individual Behavior and Group Achievement, New York 1959, S.59ff. を参照。

＊110 この事態をすでに定式化していたニーゲル・ハワード（Nigel Howard）の《実存主義的公理 existentialist axiom》については、本章注（30）ですでに示唆しておいた。

＊111 以下を参照。William Chase Green, Moira: Fate, Good, and Evil in Greek Thought, Cambridge/ Mass. 1994; M. David, Les dieux et le destin en Babylonie, Paris 1949; Meyer Fortes, Odipus und Hiob in westafrikanischen Religionen, dt. Übers., Frankfurt 1966.

＊112 より詳細な概念史的分析を加えてみれば、次の点を明らかにできるだろう。この改修は、近代の自然科学による、あらゆる自然的目的論への批判と関連している。この目的論は〔動物一般に見られるように〕固執と自己保持の観点へと後退していく。その上で、人間領域においては目的論とは〔理念の現実化を〕増幅していくことに他ならないと解釈されるに至ったのである。この点については、Ebeling, a. a. O.（1976）所収の諸論考を参照。

＊113 この点については以下を参照。Robert K. Merton, Social Theory and Social Structure, 2. Aufl., Glencoe/Ill. 1957, S.34, 52〔森東吾／他訳『社会理論と社会構造』みすず書房、三〇頁、四七頁〕; Ernest Nagel, Logic Without Metaphysics. Glencoe/Ill. 1956, S.276; Carl G. Hempel, The Logic of Functional Analysis, in: Llewellyn Gross (Hg.), Symposium on Sociological Theory, Evanston/Ill., White Plains/N. Y. 1959, S.271-307（284 ff.）; Niklas Luhmann, Funktion und Kausalität, in ders., Soziologische Aufklärung, 4. Aufl., Opladen 1974, S.9-30.

＊114 David L. Hart, Der tiefenpsychologische Begriff der Kompensation, Diss. Zürich 1956; Odo Marquard, »Kompensation«: Überlegungen zu einer Verlaufsfigur geschichtlicher Prozesse, MS. Bad Homburg 1976 を参照。

＊115〔三つのみを取り上げるという〕この手続きに対して疑念を呈しうるのは明らかである。それはあらゆる可能性を見渡すことに、また演繹に、あるいはクロス表化（本書一四六－一四七★6頁を見よ）にすら依拠しているわけではないからだ。しかしこの種のプラグマティックな進み方によっても認識が獲得されうるということを示せるのであれば、退けられるべきは進み方ではなく疑念のほうであろう。

＊116 Nigel Howard, a. a. O. もそう論じている。

*117 より精確な分析のためには、〔先行決定が踏まえうるものと見なされるための条件としての、決定者の〕誠実さと資質を表す追加的シンボルが、同時に与えられねばならないのか否か、それはどの程度までのことなのかを、解明する必要があろう。決定は《職権に基づいて》、《管轄部局》によって下されねばならない、旗幟鮮明であらねばならない、価格は《リーズナブル》であるべき、ないしは《割引き》されているべきだ、云々。

*118 John Milton, Paradise Lost, X, 966-1006, zitiert nach: The Complete Poetical Works of John Milton, hg. von Douglas Bush, Boston 1965〔平井正穂訳『失楽園』(下)、岩波書店、二〇八-二一〇頁〕を参照。

*119 そこから帰結する問題に関しては、Wilben E. Moore, Man, Time, and Society, New York, London 1963を参照。

*120 Thomas C. Schelling, On the Ecology of Micromotives, The Public Interest 25 (1971), S.61-98を参照すればよい。

*121 この点についてより詳しくは、Niklas Luhmann, Rechtssoziologie, 2 Bde., Reinbek 1972〔村上淳一/六本佳平訳『法社会学』岩波書店〕を。

*122 法と、尊敬に定位した道徳とのこの対照化については、Jean Piaget, Les relations entre la morale et le droit, in: ders., Etudes sociologiques, Genf 1965, S.172-202を参照。

*123 だからGeorges Ripert, Les forces créatrices du droit, Paris 1955, S.173のように、こう定式化しうるのである。法と道徳の区別を踏まえて達成される合意は、自由にとって好ましいものである、と。

*124 とりあえずStewart Macaulay, Law and rhe Balance of Power: The Automobile Manufacturers and Their Dealers, New York 1966を見よ。Ders., Non-contractual Relations in Business: A Preliminary Srudy, American Sociological Review 28 (1963), S.55-67をも参照。

*125 この点についてはNigel Walker/ Michael Argyle, Does the Law Affect the Moral Judgments? British Journal of Criminology 1964. S.570-58I を参照。Leonard Berkowilz/ Nigei Walter, Laws and Moral Judgments. Sociometry 30 (1967). S.410 - 422 をも見よ。この実験的研究の結果には、注目すべきものがある。すなわち、ピアグループのメンバーによる判断は、道徳的判断に対して法よりも強い影響を及ぼすのである。さらに、Michael J. Hindelang, Moral Evaluation of Illegal Behaviors. Social Problems 21 (1974), S.370-384もある。

*126 Ottmar Ballweg, Interdisziplinäre Forschung als Sophiatrie, Jahrbuch für Rechtssoziologie und Rechtstheorie. Bd. 2 (197Z), S.578-582 (581) では、これと関連する病気

イメージが記述されている。不定愁訴（Appellantentum）★7は、罹患者にとってきわめて苦痛の大きい経緯を辿りうるので、病気自体はまったく伝染性のものではない〔したがって、物理的な隔離措置を受けるわけではない〕にもかかわらず、罹患者は〔本人も医者も原因を特定できないがゆえに、詐病ではないかと疑われて、社会的に〕孤立せざるをえないのである。

＊127 概念史的にはこの問題連関は、Nik. Ethik IX, 4 にまで遡るものである。特に「友は第二の自己」in 1166a/32〔高田三郎訳『ニコマコス倫理学（下）』岩波書店、三一頁〕を、また関連して Augustinus, Confessiones IV, II〔服部英次郎訳『告白（上）』岩波書店、九三–九四頁〕; Thomas von Aquino, Summa Theologiae I, II, q. 28a〔山田晶訳『神学大全I 27–43』創文社、二〇頁以下〕をも見よ。さらに、Laurens J. Mills, One Soul in Bodies Twain: Friendship in Tudor Lirerature and Stuart Drama, BloomingconlInd. 1937 も参照。とはいえ問題解決のこの形式は、他者に関する今日的な観念とは一致していない。また、そこにおいてすでに愛と道徳とが代替選択肢をなすと観念されているわけではない。解決形式は再帰的関係づけではなく、類似性（例えば 1166b 1-2〔『ニコマコス論理学（下）』訳書一二二頁〕）ないし同一性である。したがって主導観念は斉一性（unio）あるいは固有性（inhaesio）として定式化されるのである。

＊128 だからこそ Ralph H. Turner, Family Interaction, New York 1970, S.237ff. は、《愛に対する障害物》として、《責任を割り当てることへの没頭》をも挙げているのである。

＊129 Jean Paul, Es gibt weder eine eigennützige Liebe noch eine Selbstliebe, sondern nur eigennützige Handlungen, Sämtliche Werke, hg. von der Preußischen Akademie der Wissenschaften, I. Abteilung, Bd. 5, Weimar 1930, S.208-213 (209). Liebe um Liebe., in: Levana §12 I, Sämtliche Werke, Abl. I, Bd. 12, Weimar 1937, S.341 をも見よ。

＊130 以下などを参照。Nelson N. Foote, Love, Psychiatry 16 (1953), S.245-251; Herbert A. Otro, Love Today: A New Exploration, New York 1973.《相互に自我を―高める、間人格的関係を伴う感覚》(Robert O. Blood, Jr./ Donald M. Wolfe, Husbands and Wives: The Dynamics of Married Life, Glencoel III., 1960, S.221)、あるいは、《愛……とはそうと知りつつ、意志的に、責任を持つかたちで、行動の一定の領域における他者の力、独立性、統合を高める方向でなしうることすべてを行うようコミットすること》(Guy E. Swanson, The Routinization of Love: Structure and Process in Primary Relations, in: Samuel Z. Klausner (Hg.),

The Quest for Self-Control: Classical Philosophies and Scientific Research, New York, London 1965, S.160-209（199））などの定義における、増幅作用の強調をも見よ。この種の定義には道徳化しアピールする響きが含まれていること、「人間の中には（増幅されるに値する）良いものが存している」との信念が含まれていることにも注意するべきだろう。

＊131 感情（Affekt）に関して Talcolt Parsons, Some Problems of General Theory in Sociology, in: John C. McKinney/ Edward A. Tiryakian（Hg.）, Theoretical Sociology: Perspectives and Developments, New York 1970, S.28-68（50 f.）, und ders., Religion in Postindustrial Society: The Problem of Secularization, Social Research 41（1974）, S.193-225（217）でもそう論じられている。

＊132 汗牛充棟の文献から、Kenelm Foster, Courtly Love and Christianity, London 1963; Willard Walier/ Reuben Hill, The Family: A Dynamic Interpretation, 2. Aufl., New York 1951, S.93-215; Vilhelm Aubert, A Note on Love, in: ders., The Hidden Society, Totowa/ N.J. 1965, S.201-235 などを挙げておこう。

＊133 Shmuel N. Eisenstadt, Ritualized Personal Relations, Man 96（1956）, S.90-95; Kenelm O. L. Burridge, Friendship in Tangu, Oceania 27（1957）, S.177-189 を参照。さらに、Eisenstadt, Friendship and the Structure of Trust and Solidarity in Society, in: Elliorr Leyton（Hg.）, The Compact-Selected Dimensions of Friendship, Newfoundland 1974 をも参照されたい。.

＊134 Asen Balikei, Quarrels in a Balkan Village, American Anthropologist 67（1965）, S.1456-1469 を参照。

＊135 Gortharr Günther, Life as Poly-Conrexrurality, in: Festschrift Walter Schuh, Pfullingen 1973, S.187-210 を参照。

＊136 Nikomachische Ethik VIII, 2 und 3.〔『ニコマコス倫理学（下）』訳書六八頁以下〕

＊137 Nik. Ethik 1155b/123 f.〔同右、六八–六九頁〕

＊138 Paul Ricœur, Sympathie et respect: Phénoménologie et éthique de la seconde personne, Revue de Métaphysique et de Morale 59（1954）, S.380-397 ではこの点が示唆されている。

＊139 Joachim Ritter, Metaphysik und Politik: Studien zu Aristoreles und Hegel, Frankfurt 1969, insbes. S.106ff., 133ff. を参照。

＊140 Ludwig Edelstein, The Idea of Progress in Classical Anriquity, Baltimore 1967 を参照。

＊141 Clyde Kluckhohn, The Moral Order in the Expanding

Society, in: Carl H. Kraeling/ Robert M. Adams（Hg.）, City Invincible, Chicago 1960, S.391-404が、手短な概観を提供してくれる。さほど理論化されていない論述としては、Monica Wilson, Religion and the Transformation of Society: A Study in Social Change in Mrica, Cambridge 1971をも見よ。それに対して以下では、分化と一般化の相互的条件づけ関係についての、一般社会学的な発言の典型が見られる。Talcort Parsons, Durkheim's Conrribution ro the Theory of Inregration of Social Systems, in: Kurt H. Wolff（Hg.）, Émile Durkheim 1858-1917, Columbus/ Ohio 1960, S.118-153; ders., Sorne Considerations on the Theory of Social Change; Rural Sociology 26（1961）, S.219-239; Shmuel N. Eisenstadr, Social Change, Differenriation and Evolution, American Sociological Review 29（1964）, S.375-386.

＊142 この点に関してはCharles Ackerman/ Talcort Parsons, The Concept of .Social System. as a Theoretical Device, in: Gordon J. DiRenzo（Hg.）, Concepts, Theory, and Explanation in the Behavioral Sciences, New York 1966, S.19-40（S.36 ff.）を参照。そこでは、「再特化の可能性を欠いた単なる一般化からはアノミーが生じてくる」という、注目すべき示唆がなされている。

＊143 いささかの修正が必要だが、それについてはNiklas Luhmann, Differentiation of Society, Canadian Journal of Sociology 2（1977）, 5.29-53を参照。

＊144 この点に関しては、Niklas Luhmann, Interaktion, Organisation, Gesellschafi, In ders., Soziologische Aufklärung, Bd. II, Opladen 1975, 5.9-20〔本書第七章〕をも参照のこと。

＊145 この観点のもとで、性別役割分化と結婚における道徳問題を、さらにはまたより広い接触圏が増大していく（蛇足ながら、それはきわめて単純な全体社会においてすでに生じていた—— Meyer Fortes, Social and Psychological Aspects of Education in Taleland, London, Supplement to ›Affrica‹ XI, No.4, 1938を参照）中での道徳的社会化の問題を分析してみるのは、実りある作業かもしれない。つまり複雑性が増大したからといって、万人に関係する複雑性が同程度に増大していくというわけでは、決してない。むしろより複雑な全体社会は、きわめて複雑な生活状況と、あまり複雑でないそれとを、並行して見越して、相互に結びつけねばならなかったのである。

＊146 この点については、Eric A. Havelock, Preface ro Plato, Cambridge/MasS.1963を参照。

＊147 Edward C. Banfield, The Moral Basis of a Backward Society, Chicago 1958の、大いに批判されてきた論述を見よ。以下も参照のこと。Sydel Silverman, Agricultural

Organization, Social Structure and Values in Italy: Amoral Familism Reconsidered, American Anthropologist 70 (1968), S.1-20; William Muraskin, The Moral Basis of a Backward Sociologist: Edward Banfield, The Italians, and the Italian-Americans, The American Journal of Sociology 79 (1974), S.1484-1496. さらに、Frederick G. Bailey, The Peasant View of the Bad Life, Advancement of Science 23 (1966), S.399-409 も挙げておこう。また加えて互酬性の領域における近くと遠くの格差に関しては、Marshall D. Sahlins, On the Sociology of Primitive Exchange, in: The Relevance of Models for Social Anthropology, London 1965, S.139-236 を参照。

*148 そこでは道徳の境界は、システム境界を通してあらかじめ規定されるのである。もっとも、高度にテクスト化された道徳を伴う全体社会なら、逆を試みることもできる。システム境界を、道徳の境界によってあらかじめ規定しておき、逸脱者を単に非所属者として扱う、というようにである。またこの社会にとってはそうするのが自然なのである。Kai T. Erikson, Wayward Puritans: A Study in the Sociology of Deviance, New York 1966. を参照。

*149 Julian H. Steward, Theory of Culture Change, Washington 1955, S.44 f. はそう論じている。

*150 より単純な全体社会システムにおいてもすでにこの問題は知られていた。しかしそのために試みられたのは魔術に媒介された解決策であり、道徳の一般化に基づくものではなかった。この点に関してはMax Gluckman, Moral Crises: Magical und Secular Solutions, in: ders. (Hg.), The Allocation of Responsibility, Manchester 1972, S.1-10 を参照。

*151 本書一三〇頁を参照。

*152 全体としてみると、アルカイックな全体社会システムのなかで、道徳と宗教を脱分化の方向で取りまとめるというこの段階に到達したのは、比較的少数にすぎない（おそらくは、高文化の発展に浴したものだけだった）。Georg P. Murdock, Ethnographie Atlas. Pittsburgh 1967 にまとめられた全体社会のうちで（総数六八四）、このメルクマールを示しているのは二五％にすぎない。Ralph Underhill, Economic and Political Antecedents of Monotheism: A Cross-Cultural Srudy, The American Journal of Sociology 80 (1975), S.841-861 und Guy E. Swanson, Monotheism, Materialism, and Collective Purpose, ebd., S.862-869 も参照。.Christoph von FürerHaimendorf, The After-Life in Indian Tribal Belief, Journal of the Royal Anthropological Institute 83 (1953), S.37-49 では、特徴的な細目が報告さ

れている。それによればインドの民俗宗教においては、死後の生は根本的には死の状況次第なのであって、生前の道徳的な功績によって衡量されるわけではないように思われる。元々の展開を辿ったものとしては、M. David, Les dieux er Ie destin en Babylonie, Paris 1949もある。Monica Wilson, Religion and the Transformation of Society: A Study in Social Change in Africa, Cambridge 1971, S.76 ff. は、（アルカイックな道徳観念を理由として）これには批判的である。

*153 この点については、Niklas Luhmann, Identitätsgebrauch in selbstsubstitutiven Ordnungen, besonders Gesellschaften, Poetik und Hermeneutik Bd. VIII で簡単に論じておいた。

*154 この二つの順拠点が相互に還元されうるものではないという点は、Arthur O. Lovejoy, Terminal and Adjectival Values, Journal of Philosophy 47 (1950), S.593-608 においても強調されている。

*155 しかしまたわれわれは、「実際にそう〔それらの概念が独自性を指し示している〕のであり、そう仮定することでもっと遠くまで行けるのだ」という議論に抗うのが重要だと考えているわけでもない。

*156 この問題圏に関する豊富な心理学的研究から、以下を挙げておこう。Edward E. Jones/ Kenneth E. Davis, From Acts to Dispositions: The Attribution Process in Person Perception, in: Leonard Berkowitz (Hg.), Advances in Experimental Social Psychology, Bd.2, New York, London 1965, S.219-266; Mary D. Maselli/ John Altrocchi, Attribution of Intent, Psychological Bulletin 71 (1969), S.445-454（研究の概観）; Ajzen Icek, Attributions of Dispositions to an Acror: Effects of Perceived Freedom and Behavioral Utilities, Journal of Personality and Social Psychology 18 (1971), S.144-156; またとりわけこの能力の獲得については、Shlomo Breznitz/ Sol Kugelrnass, Intentionality in Moral Judgment: Developmental Stages, Child Development 38 (1967), S.469-479 を。

*157 ルソーが『エミール』第Ⅳ巻で、前道徳的な自己愛（amour de soi-même）を、教育可能性として認めたことをも見よ (t.mile ou de l'education, Paris 1964, S.247 ff.〔今野一雄訳『エミール（中）』岩波書店、七頁以下〕)

*158 次の点に再度注意を促しておこう。より単純な道徳症候群における事例グループ1、2、3、4は、事例グループ①、②、③、④と等しくはない。後者では、より複雑な症候群の枠内で、道徳的判断が明確に肯定的に価値づけられるのである。

*159《道徳起業家 moral entrepreneurs》については、Howard S.Becker. Outsiders: Studies in the Sociology of Deviance. New York 1963, S.147 ff.〔村上直之訳『完訳 アウトサイダーズ――ラベリング理論再考』現代人文社、一四七頁以下〕を参照。格好の事例研究としては Joseph R. Gusfield, Symbolic Crusade: Status Politics and the American Temperance Movement, Urbana/Ill. 1963 がある。また ders., Moral Passage: The Symbolic Process in Public Designations of Deviance, Social Problems 15 (1967), S.175-188 をも見よ。

*160 だからこそ、ベンジャミン・ネルソン[★8]が考えているように、中世の道徳決疑論においては、原理と事例との関係が意識の事柄として把握され、それを踏まえて普遍的に設定されていたということが、決定的な意義を有していたのである。Benjamin Nelson, Scholastic Rationales of »Conscience«, Early Modern Crises of Credibiliry, and the Scientific-technocultural Revolutions of the 17th and 20th Centuries, Journal of the Scientific Study of Religion 7 (1968), S.157-177 を参照。

*161 この事態そのものは、経験的に証明可能なように思われる。以下を参照。Gresham M. Sykes/ David Matza, Techniques of Neurralization: A Theory of Delinquency, American Sociological Review zz (1957), S.664-670 (dt. Übers. in: Fritz Sackl René König (Hg.), Kriminalsoziologie, Frankfurt 1968. S.360-371) : Carolyn H. Simmons/ Melvin J. Lerner, Altruism as a Search for Justice. Journal of Personality and Social Psychology 9 (1968), S.216-225: さらに、本章原注（97）で挙げておいた、同調の過大評価に関する文献をも参照。それが何によって説明されるべきかは、別の問題である。その際、少なくとも次の点をも考慮に入れる必要があるだろう。否定は、肯定的画定ないし価値づけよりも、大きな情報処理問題を引き起こすのである。より単純な道徳症候群である事例グループ1，2，3，4は、事例グループ①，②，③，④と同一ではないということに、再度注意を促しておこう。後者の場合、より複雑な症候群の枠内で、道徳的判断が明示的なかたちで肯定的に価値づけられるのである。

*162 この二つの秩序形態の連関に関しては、Gideon Sjoberg, The Preindusrrial Ciry: Past and Present, Glencoe/ Ill. 1960 による、「より高い階層は常に都市に定位して生活してきた」というテーゼを参照。Paul Wheatley, »What the Greatness of a City is said to be«, The Pacific Viewpoint 4 (t963), S.163-188 は、多くの細目に関して批判的である。この根本的発想の、影響力を発揮したヴァージョン

としては、Edward Shils, Centre and Periphery, in: The Logic of Personal Knowledge: Essays Presented to Michael Polanyi, London 1961, S.117-131 によって導入された、中心と周辺の区別もある。一貫して階層の問題に関連させつつ論じている、Shmuel N. Eisenstadt, Social Differentiation and Stratification, Glenview/ Ill., London 1971 をも参照。

＊163 Robert Redfield, Peasant Sociery and Culture: An Anthropological Approach to Civilization, Chicago 1956, insbes. S.67ff. を、また加えて仏教的民衆宗教については Gananath Obeyesekere, The Great Tradition and the Little in the Perspective of Singhalese Buddhism, Journal of Asian Studies 22 (1963), S.139-153; S. J. Tambiah, Buddhism and Spirit Cuits in North-East Thailand, Cambridge 1970, insbes. S.367 ff. をも参照。

＊164 この点については、政治システムを例としたShmuel N. Eisenstadt (Hg.), Political Sociology: A Reader, New York 1971, S.317ff. を、またNorbert Elias, Was ist Soziologie? München 1970〔徳安彰訳『社会学とは何か―関係構造・ネットワーク形成・権力』法政大学出版局〕における重要な論考を参照。

＊165 νόμος（ノモス）の概念史から、この問題を明確に見て取れる。これに関してはJohn Walter Beardslee, Jr., The Use of ΦΥΣΙΣ in Fifth-Century Greek Literature, Diss. Chicago 1918; Martin Ostwald, Nomos and the Beginning of the Athenian Democracy, Oxford 1969 を見よ。

＊166 この要求の最も興味深いヴァージョンの一つは、Loubser, a. a. O.（Anm. 19）による試みである。そこではパーソンズに依拠しつつ道徳を、パターン変数の通常ならざる、伝統的刻印と近代的刻印とを混合する組み合わせとして特徴づけようと試みられている。すなわち「感情中立性／帰属」および「普遍主義／拡散性」である。この定位選択のそれぞれ一つの相〔「帰属」および「拡散性」〕において、道徳は近代的全体社会の業績症候群とは矛盾することがわかる。〔しかしそれらを、近代的刻印と組み合わせることで、道徳をあまり極端に反近代的ではないものとして呈示しようと試みられているのである。〕

＊167 この点については特に、Kelley, a. a. O.（Anm. 61）を参照。

＊168 この点については、上記註(90)の文献指示を参照。蛇足ながら、規範的な構成要素と超過要求的なそれとを混合することにより、道徳の二価性を緩和する可能性が与えられる。実践的には、個々の尊敬条件に関してではないにしても、三値的な道徳へと至ることができる。尊敬の有意性が、

次の観点の下で検証されるわけである。(1)特別な功績、(2)法外な、しかし規範に忠実な通常行動、★9 (3)尊敬に値する違背。

*169 J. S.Vannoy, Generality of Cognitive Complexity-Simplicity as a Personality Construct, Journal of Personality and Social Psychology 2 (1965), S.385-96を参照するだけでよいだろう。

*170 道徳的能力発達に関する心理学理論でも、そう論じられている。Jean Piaget, Le jugement moral chez l'enfant. Paris 1927に続く、Lawrence Kohlberg, Stages of Moral Development as a Basis for Moral Education, in: C. M. Beek/ B. S.Critrenden/ E. V. Sullivan (Hg.), Moral Education: Interdisciplinary Approaches, Toronto 1971, S.23-92; David P. Ausubel, Psychology's Undervaluation of the Rational Components in Moral Behaviour, ebd., S.200-227を見よ。

*171 これに関してはD. Demetracopoulou Lee, A Sysrem of Primitive Values. Philosophy of Science 7 (1940), S.355-378を参照。

*172 Elmar Bund, Untersuchungen zur Methode Julians, Köln, Graz 1965などを見よ。

*173 以下を参照。Shalom H. Schwartz, Awareness of Consequences and the Influence of Moral Norms on Interpersonal Behavior, Sociometry 31 (1968), S.355-369; ders., Moral Decision Making and Behavior, in: Jacqueline Macaulay/ Leonard Berkowitz (Hg.), Altruism and Helping Behavior, New York 1970, S.127-141.

*174 このような状況のもとでは法律家は、自身が困難な状態にあるのに気づく。自身の決定から帰結する効果を十分にコントロールすることを、あえてなしえないのである。他方ではまさにそのことを、自身の決定の唯一主張しうる道徳的基礎として体験しなければならない。この問題については（いささか一面的に選ばれた、非-権能というパースペクティブのもとでだが）Niklas Luhmann, Rechtssystem und Rechtsdogmatik, Stuttgart 1974を、またそれに批判的なGunther Teubner. Folgenkontrolle und responsive Dogmatik, Rechtstheorie 6 (1975) S.179-204を参照。Adalbert Podlech, Recht und Moral. Rechtstheorie 3 (197Z), S.129-148 (144) は、帰結への定位を評価の唯一可能な根拠づけとして確認しているにもかかわらず、同様の結論に達している。そのテーゼはこうである。法と道徳の関係の中では、根拠づけの負担は逆転する。道徳的判断に際しては、評価を（帰結によって）根拠づけねばならない。妥当している法的条文の下では、道徳上肯定的な評価が〔そこに含

まれているものと〕推測されるべきである云々。しかしなにゆえなのか。この抜け道は、未決の解釈の問いに際してはそれ以上役立たないという点を度外視するにしても、である。

＊175 これに関してはRobert Spaemann, Nebenwirkungen als moralisches Problem, Philosophisches Jahrbuch 8z (1975), S.323-335をも参照のこと。

第五章　原注

＊1 ここでの《補遺》は、デリダの用語法による。

＊2 In: Douglas R. Hofstadter, Gödel, Escher, Bach: An Eternal Golden Braid, Hassocks / Sussex UK 1979.〔野崎昭弘／他訳『ゲーデル、エッシャー、バッハ――あるいは不思議の環』白揚社〕

＊3 Heinz von Foerster, Ethies and Second-order Cybernetics, Cybernetics & Human Knowing I/I (1992), S.9-19 (14) でも、結果としてそう述べられている。《原理上決定不可能なこれらの問題についてだけ、われわれは決定を下しうる》、と。

＊4 James G. March, Beschränkte Rationalität, Ungewißheit und die Technik der Auswahl, in: ders., Entscheidung und Organisation: Kritische und konstruktive Beiträge, Entwicklungen und Perspektiven, dt. Übers., Wiesbaden 1990, S.297-328 (321) より。次の文献ではより詳細に、かつ政治との関連のもとで、議論がなされている。Nils Brunsson, The Organization of Hypocrisy: Talk, Decisions and Actions in Organizations, Chichester 1989; ders., Ideas and Actions: Justification and Hypocrisy as Alrernatives to Control, Accounting Organizations and Society 18 (1993), S.489-506.

＊5 少なくともLudwig Tieck, William Lovell, zit. nach Ludwig Tieck, Frühe Erzählungen und Romane, München O.J., S.240では、道徳化についてそう述べられている。《しかしこれもまた、人間の弱点の一部であり、俗世の実直な住民すべてによって、人間性という一般会計への支出として差し出されねばならないのである》。

＊6 Karl E. Weick, Re-Punctuating the Problem, in: Paul S. Goodman/ Johannes M. Pennings et al., New Petspectives on Organizational Effectiveness, San Francisco 1977, S.193-225 (207ff.) では、そう論じられている。

＊7 Robert Black, Ancients and Modems in the Renaissance: Rhetoric and History in Accolit's Dialogue on the Preeminence of Men of His Own Time, Journal of the History of Ideas 43 (1982), S.3-32を参照。

＊8 市場の発展、劇場の発展、ピューリタン的な信仰呈示の並行性については、Jean-Christophe Agnew, Worlds Apart: The Market and the Theater in Anglo-American Thought, 1550-1750, Cambridge 1986〔中里寿明訳『市場と劇場―資本主義・文化・表象の危機 1550 - 1750 年』平凡社〕を参照。ヴェーバーの有名な資本主義テーゼとの並行性は明らかだが、加えて今や、市場および市場のための労働が宗教的な不確実さからの脱出口を与えたのはなぜなのかを、より明確に目にすることもできる。それはすなわち、そこでは〔特定の相手ではなく、不特定多数によって成り立つメカニズムに相対するがゆえに〕もはや、偽善などまったく問題とならなかったからである。

＊9 Kenneth Burke, A Grammar of Motives (1945), Neudruck, Cleveland/ Ohio 1962, S.35ff.〔森常治訳『動機の文法』晶文社、六〇頁以下〕のドラマトゥルギー理論における。

＊10 Die brasilianische Zeirschrift Veja vom 7. 9. 1994, S.33 では、リクペロ・スキャンダル[★10]（大臣の私的な会話が誤ってテレビにより報じられた）を契機として、こう述べられている。《世界中で、ある事柄は公の席で、ある事柄は私的に言われていると信じられているのは明白である。首相にとって悩ましいのは、世界中が、自身の経験からして、個人的な会話のほうが公的声明よりも誠実であるのを知っていることである。》

＊11 偉大な哲学理論とは離れているが、Karl Heinrich Heydenreich, System der Ästhetik, Leipzig 1790, Nachdruck Hildesheim 1978, S.181 などを参照。

＊12 これは明らかに、古くから試みられてきたことである。偽善、偽装、不誠実が発見された世紀からの例として、Pierre Nicole, Essais de Morale, Erstauflage Paris 1671-1674, Bd. 1, 6.Aufl., Paris 1682, S.6 では：《一突きして空気を抜かねばならない》と言われている。しかしそこでニコルが推奨するのは、キリスト教的洗練（バルタサル・グラシアンの人文主義的洗練と同様に）という意味で、沈黙すること、自身を認識し自身の魂を救うのに集中することなのである。

＊13 Francisco J. Varela G., A Calculus for Self-Reference, International Journal of General Systems 2 (1975), S.5-24 にある《自己指示 self-indication》の意味で。

＊14 ゴットハルト・ギュンターはたびたび、多値論理学の必要性について、またたびたび、特化された肯定／否定からなる区別の受け入れあるいは拒絶の、超言的な、（つまり選言的ないし連言的だけでなく）論理的作動の必要について論じている。特に、Cybernetic Ontology and Transjunctional Operations, in: Gotthard Günther, Beiträge zur Grundlegung einer operationsfähigen Dialektik, Bd.1, Harnburg 1976, S.249-328を見よ。

＊15 以下に関してはNiklas Luhmann, Die Ehrlichkeit der Politiket und die höhere Amoralität der Politik, in: Perer Kemper（Hg.）, Opfer der Macht: Müssen Politiker ehrlich sein?, Frankfurt '993, S.27-41〔本書第四章〕をも見よ。

＊16 この点については、Talcott Parsons, »McCarthyism« and American Social Tension: A Sociologist's View, Yale Review 1955, S.226-245を見よ。パーソンズのこの議論は（彼の名前を引き合いに出すことなく）広く分有されている。例えばGertrud Nunner-Winkler, Moral in der Politik - Eine Frage des Systems oder der Persönlichkeit, in: Festschrift für Renate Maynez, Baden-Baden 1994, S.123-149によっても。ただしこちらは別の問題に関するものであり、また政治における道徳をより重視しつつなされているのだが。だがそうなるとまだ問題が残ることになる。別の見解を取りそれを固持する人に関して、何をすればいいのか。道徳は、それらの人をあえて無視しうるのだろうか。

＊17 さしあたり、道徳を帯びたコミュニケーションの機能に関するこの、また以下に続く議論は、政治システムにだけ関係するものにすぎない。他の機能しシステムに関しては、相応の分析がなされるべきだろう。例えば法システムでは道徳を示唆することは、規範の解釈に際しての根拠づけの補助となるのかもしれない。また宗教システムでは、道徳的確実性（moralische Gewißheiten）★11は、それがコミュニケーションとして生じさせられうる限り、神の意図を解明するために貢献するかもしれない。

＊18 イタリアの経緯で注目すべきなのは、当該人物たちが拘留され、その後でスキャンダルの暴露に協力せよと脅迫されたという点である。目下のところ、この実践そのものがスキャンダラスだと見なされてはいないようである。

＊19 この非適応的な（と想定されている）学習についてはJames G. March/ Johan P. Olsen, The Uncertainty of the Past: Organizational Learning under Ambiguity, European Journal of Political Research 3（1975）, S.147-171; dt. Übers. in: a. a. O.（1990）, S.373-398を参照。これに対応する問題として、開発政策においては、それまで企てられた改革がどこで失敗したのかを十分に速やかに忘れることを、まずもって学習しなければならないという点がある。Nils Brunsson/ Johan P. Olsen, The Reforming Organization, London 1993を参照。

＊20 Odo Marquard, Kompensation: Überlegungen zu einer Verlaufsfigur geschichtlicher Prozesse, zit. nach dem

Wiederabdruck in: ders., Aesthetica und Anaesthetica: Philosophische Überlegungen, Paderborn 1989, Anm.11 (S.150f.).

＊21 現在では多く議論されるようになったこの方向での試みに、George Spencer Brown, Laws of Farm (1969), Neudruck New York 1979〔大澤真幸／宮台真司訳『形式の法則』朝日出版社〕がある。Dirk Baecker (Hg.), Kalkül der Form, Frankfurt 1993も参照のこと。

＊22 蛇足ながらトマス・ホッブズはすでにこのことを、《人格Person》の概念の中で確認している。《そこで「パーソン」とは、舞台上でも日常会話においても、「アクター」(俳優・行為者)と同じである》(Leviathan ch. XVI〔永井道雄／上田邦義訳『リヴァイアサンI』中央公論新社、二二二頁〕)。

＊23 Jean-Jacques Rousseau, Confessions, zir. nach Œuvres complères (Éd. de la Pléiade), Bd. 1, Paris 1959, S.5.〔桑原武夫訳『告白　上』岩波書店、十頁〕

＊24〔熱狂の〕概念史に関してはSusie J. Tucker, Enthusiasm: A Study in Semantic Change, Cambridge 1972を見よ。蛇足ながら一八世紀では、二重の評価が明白だった。宗教的文脈では否定的に、詩作の文脈には肯定的に、というようにである。この事態が、熱狂の概念が評価の上で両義的に伝承されていくのに、貢献したのかもしれない。熱狂によって、〔ある行為をひたすら実行したいという〕無駄な動機が利用可能になると信じられている限りでは、熱狂は歓迎される。しかし同時に熱狂は、こう言ってもよいだろうが、非文明的に進展していき、避けようのない争いを引き起こすのではと危惧されもするのである。

＊25 こちらの概念史についてはNorman Knox, The Word lrony and its Context, 1500-1755, Durham/N. C. 1961がある。ロマン派におけるこの概念の受容に関して示唆されているのは、言わずもがなであるが。

＊26 多くの事例の内の一つとして、Claire Neirinck (Hg.), De la bioéthique au bio-droir, Paris 1994を身よ。

第六章　原注

＊1　Jahrbuch für Rechtssoziologie und Rechtstheorie. Bd. 2 (1977). S.581を見よ。そこではアピール症(Appellantentum)と表記されているが。当時バルヴェークが観察しえたのは小さな発作だけだった。しかし今日ではこの病は広く行き渡っている。《倫理》という表記のもとで健康状態と見なされるほどに、である。

＊2 Alasdaire Macintyre, Der Verlust der Tugend, dt. Übers Frankfurr 1987〔篠崎栄訳『美徳なき時代』みすず

書房、一九九三年〕を見るだけでよい。あるいは、よりエリート的であるが、Leo Strauss, The Rebirth of Classical Political Rationalism, Chicago 1989〔石崎嘉彦訳『古典的政治的合理主義の再生――レオ・シュトラウス思想入門』ナカニシヤ出版、一九九六年〕を見よ。

*3《実践》という特別な概念を別途設けることによって、この衝撃を和らげようと試みられたのは、了解できるだろう。しかし私は、今日の「経済倫理」によって想定されうるのが、行為という単なる事実を自己完結させる実践であるなどと〔すなわち、経済的行為は倫理を含み込むことで初めて完全なものとなり、方向性を与えられると、〕想定しているわけではない。

*4 Kenneth J. Arrow, Social Choice and Individual Values, New York 1951〔長名寛明訳『社会的選択と個人的評価』勁草書房〕を見よ。

*5 この点についてはNiklas Luhmann, Soziologie des Risikos, Berlin 1991〔小松丈晃訳『リスクの社会学』新泉社〕を参照。

*6 一例としてWolfgang Kluxen, Moralische Aspekte der Energie- und Umweltfrage, Handbuch der christlichen Ethik, Bd. 3, Freiburg 1982, S.379-424を見よ。

*7 これは、ゴットハルト・ギュンターに見られるような、論理学的問題設定の〔とりわけ、対人的主観性Du-Subjektivitätのそれの〕超言的作動の水準への拡張に対応している。Gotthard Günther, Cybernetic Ontology and Transjunctional Operations, in: ders., Beiträge zur Grundlegung einer operationsfähigen Dialektik, Bd. I, Hamburg 1976, S.249-328などを見よ。そうなるとまだ問題として残るのは、あるファースト・オーダーの観察者の正／負の区別が受けいられるのか拒絶されるのかという問いだけなのである。

*8 通常の意味での倫理学にとっては、これは何ら問われることはない。倫理学にとっては、良いと劣るが区別されうるということは自明の理なのである。

*9 この点については、Niklas Luhmann, Paradigm losr: Über die erhische Reflexion der Moral, Frankfurt 1990 (in diesem Band S.Z53-269)〔本書第九章〕を見よ。

*10 Heinz von Foerster, Principles of Self-Organization in a Socio-Managetial Context, in: Hans Ulrich/ Gilbert J. B. Probst (Hg.), Self-Organization and Management of Social Systems: Insights, Promises, Doubts, and Questions, Berlin 1984, S.2-24などを、あるいは企業への助言者から見ているRudolf Wimmer, Die Steuerung komplexer Organisationen: Ein Reformulierungsversuch der Führungsproblematik aus systemischer Sicht, in: Karl Sandner (Hg.), Politische Prozesse in Unternehmen, Berlin 1989, S.131-156を見よ。より以前の提案を踏まえつつ (Tom Burns, Micropolitics: Mechanisms of Institutional Change, in: Administrative Science Quarterly 6 (t961), S.257-281だけを挙げておこう。これは激動する市場状況を伴うイギリスの電気産業に関する研究によるものである)、今日ではむしろ、組織研究における《ミクロ政治的》アプローチという言い方がなされることが多くなっている。リスクの問題に特別な関心を示しているGünther Ortmann et al., Computer und Macht in Organisationen: Mikropolitische Analysen, Opladen 1990を見ればよい。

＊11 James G. March/ Zur Shapira, Managerial Perspectives on Risk and Risk Taking, Management Science 33 (1987), S.1404-1418における研究概観を見よ。ただし目下のところこの研究が引き合いに出しているのは管理者個人のリスクへの態度であって、組織内在的な予期構造にまで十分に関連づけられているわけではない。

＊12 Douglas R. Hofstadter, Gödel, Escher, Bach: An Eternal Golden Braid, Hassocks/Susse~ UK, 1979, S.688; dt. Übers.: II. Auflage, Stuttgart 1988 〔野崎昭弘/他訳『ゲーデル、エッシャー、バッハあるいは不思議の環』白楊社、六七五頁以下、訳文修正〕.

＊13 Ronald Dworkin, Taking Rights Seriously, Cambridge/ Mass 1978; dt. Übers.: Frankfurt t984 〔木下毅/他訳『権利論』木鐸社〕; ders., A Matter of Principle, Cambridge/ Mass. 1985; Law's Empire, Cambridge/ Mass. 1986. 〔小林公訳『法の帝国』木鐸社〕を参照。Patrick S. Atiyah/ Robert S.Summers, Form and Substance in Anglo-American Law: A Comparative Srudy of Legal Reasoning, Legal Theory, and LegalInstitutions, Oxford 1987は、これはイギリス的というよりもむしろアメリカ的な法思想であって、したがってコモン・ローにきわめて典型的に見られるものと解釈してはならないことを示している。

＊14 A.a.O.

＊15 Uwe Doll, Seelen-Balsam für Manager, Innovario 7 (1991), S.26-28を見れば、多くの懐疑的な声が生じているのがわかる。

＊16 Hesperus, zit. nach Werke (hg. von Norberr Miller), Bd. I, München 1960, S.471-1236 (803) 〔恒吉法海訳『ヘスペルス あるいは四十五の犬の郵便日』九州大学出版会〕

＊17 何よりもまず、Oskar Morgenstern, Vollkommene Voraussicht und wirtschaftliches Gleichgewicht, Zeitschrift für Nationalökonomie 6 (1935), S.337-357を考

えるべきだろう。

＊18 この点については Dirk Baecker, Information und Risiko in der Marktwirtschaft, Frankfurt 1988, insb. S.199ff. を見よ。

＊19 データ処理システムの配備という事例に関しては、Ortmann et al., a.a.O.（1990）を見よ。

＊20 後者に関する一例として、Nils Brunsson, The Irrational Organization: Irrationality as a Basis for Rationality and Change, Chichester 1985; ders., The Organization of Hypocrisy: Talk, Decision and Actions in Organizations, Chichester 1989 を挙げておこう。

＊21 Karl Polanyi, The Great Transformarion（1944）, zit. nach der deutschen Übersetzung（unter demselben Title）, Frankfurt 1978〔野口建彦／栖原学訳『大転換』東洋経済新報社〕を見よ。Mare Granovetter, Economie Action and Social Structure: The Problem of Embeddedness, American Journal of Sociology 91（1985）, S·481-510 も参照。

＊22 De venarione sapienriae, zit. nach Philosophisch-Theologische Schrifren, Wien 1964, Bd. I, S.1-189（56）.

＊23 De Deo abscondito, a. a. O., S.299-309（304 ff.）.

第八章　原注

＊1 この点については、Winfried Hassemer, Unverfügbares im Strafprozeß, Festschrift Werner Maihofer, Frankfurt 1988, S.183-204 をも見よ。

＊2 この点に関しては重要な Ronald Dworkin, Taking Rights Seriously, Cambridge/ Mass. 1978, dr. Übers. Frankfurt 1984〔木下毅『権利論』木鐸社〕を見よ。

＊3 多くの点に関して George Horowitz, The Spirit of Jewish Law（r953）, Nachdruck New York 1973, z. B. S.7 f. を見よ。

＊4 経済学ではそう定式化される。Guido Calabresi/ Philip Bobbitt, Tragic Choices, New York 1978 を見よ。

＊5 Jean Bortéro, L'ordalie en Mesopotamie ancienne, Annali della Scuola Normale Superiore di Pisa, Classe di Lettere e Filosofia sec. III, Bd. Xl, S.1005-1067 を見よ。また Salem A1afenish, Der Stellenwerr der Feuerprobe im Gewohnheitsrecht der Beduinen des Negev, in: Fred Scholz/ Jörg lanzen（Hg.）, Nomadismus: Ein Entwicklungsproblem, Berlin 1982, S.143-158 も参照のこと。

＊6 ユダヤ法には、この点に関して考慮に値する保留が見られる――ただしそれもまた、宗教的正統化を踏まえてのことなのだが。Robert M. Cover: The Supreme Court,

1982 Term. Foreword: Nomos and Narrative, Harvard Law Review 97 (1983), S.4-68 を参照。

＊7 伝統との関連という点では、Girolamo Cardano, De Uno, Liber, zit. nach: Hieronymlls Cardanus, Opera Omnia, Bd.1, Lyon 1663, Nachdruck Sruttgart-Bad Cannstatt 1966, S.277-283, S.277:「単独デハ善イモノモ、ソレ以上ニオイテハ悪トナル Unum bonum est, plura vero malum」などを参照。アリストテレス派に向けられた、上からの保証も参照。「ソレユエニ、一者ニ向カウノデハナク、一者ニ発スルノデアル non ergo tendunt in unum sed ab uno procedunt」(S.279)。

＊8 より詳しくは Niklas Luhmann, Rechtssoziologie, 2. Aufl., Opladen 1983, S.40ff.〔村上淳一／六本佳平訳『法社会学』岩波書店、四七頁以下〕; ders., Das Recht det Gesellschaft, Frankfurt 1993〔馬場靖雄／他訳『社会の法』1・2、法政大学出版局〕を参照。

＊9 ヨーロッパ旧来の詩学については、Heinz Schlaffer, Poesie und Wissen: Die Entstehung des ästhetischen Bewußtseins und der philologischen Erkenntnis, Frankfurt 1990 などを参照。

＊10 この点については George Spencer Brown, Probabiliry and Scientific Inference, London 1957 を。

＊11 これはゴットハルト・ギュンターの用語法である。一例として Life as Poly-Contexturality, in: Gotthard Günther, Beiträge zur Grundlegung einer operationsfähigen Dialektik, Bd.2, Hamburg 1979, S.283-306 を見よ。

＊12 Georg Spencer Brown, Laws of Form, Neudruck New York 1979.〔大澤真幸／宮台真司訳『形式の法則』朝日出版社〕

＊13 この点については、いまだ読む価値のある Floyd Henry Allport, Institutional Behavior: Essays Toward a Re-interpreting of Contemporary Social Organization, Chapel Hill/ N.C. 1933 を見よ。

＊14 よく引き合いに出される著作は Heinrich Rommen, Die ewige Wiederkehr des Naturrechts, 2. Aufl., München 1947 である。

＊15 Norberto Bobbio, Giusnaruralismo e positivismo giuridico, 2. Aufl., Milano 1972, S.159ff.(190) を見よ。

＊16 Pol. 1254a/36-37〔牛田徳子訳『政治学』京都大学学術出版会、30頁〕(sliopein を、つまり「観察」を用いて定式化されている!). Thomas von Aquino, Summa Theologiae IIa, IIae q. 57a.2 ad primum をも参照。《自然本性的ナモノハ不可変デアリ、スベテニオイテ同一デアル。シカルニ人間ニカカワル事柄ニオイテハソノヨウナモノハ見出サ

レナイ》〔稲垣良典訳『神学大全Ⅱ―2　57–79』創文社、六頁、原訳文ひらがな〕

＊17　D 1.1.1.3[11][★12]を見よ。《自然法トハ、自然ガアラユル生物ニ教エタ事柄デアル Ius naturale est, quod narura omnia animalia docuit.》ついでながら目につくのは、自然が自分自身に教えるという点である。したがって自然法は教えられ学ばれる必要など、研究される必要など、ないのである。研究が関係するのはテクストにであって、自然にではないのだから。

＊18　この点については、Rudolf Weigand, Die Naturrechtslehre der Legisten und Dekretisten von Irnerius bis Accursius und von Gratian bis Johannes Teutonicus, München 1967 で多くの証拠が挙げられている。

＊19　また別の、同様によく引用されるガイウス[★13]のテクスト（D4.5.8.）も〔制度と自然法のずれという〕この状態を裏書きしている。いわく、権利状態の変更（ここでは頭格減少 capitis deminurio〔＝団体における権利能力の喪失〕）は自然法＝権利を抹消するものではない。《自然権ハ市民法ノ体系ニヨッテ影響サレズ quia civilis ratio naruralia iura corrumpere non potest》。〔制度上の〕諸判決を相互に調整できるとしても、中世においてテクストから引き出されてそれらに付加された格言と根拠づけ定式とは、そうはいかなかったのである。

＊20　蛇足ながらこの区別は、脱パラドックス化を通して自由概念を使用可能にするがゆえに、保守的な目的にも革命的な目的にも役立つ。肝心なのはただ、自由概念から恣意を閉め出すことだけだったのである。一例として Christian Wolff, Jus naturae methodo scientifica pertractatum Pars I, §§ 150f., zit. nach der Ausgabe Frankfurt-Leipzig 1740, Nachdruck Hildesheim 1972, S.90f. を、また Richard Price, Observations on the Nature of Civil Liberty, The Principles of Government and the Justice and Policy of the War with America, 2. Aufl., London 1776, S.12ff. を見よ。

＊21　さらに後に関して、つまり十九世紀への移行に関しては、Diethelm Klippel, Politische Freiheit und Freiheitsrechte im deutschen Naturrechr des 18. Jahrhunderts, Paderborn 1976 を参照。

＊22　あるいは Klippel a. a. O. が示しているように、憲法が政治的に達成不可能である場合にだけ継続されうるのである。

＊23　根本的な概念史的研究はいまだ欠落しているが、その代わりに以下を挙げておこう。René Sève, Brèeves reflexions sur le Droit et ses métaphores. Archives de philosophie du droit 27 (1982), S.259-262. Juan B. Vallet de Goytisolo, Esrudios sobre fuentes del dereche y método jurídico. Madrid 1982でも、多くの素材が提示されている。

＊24　これについては、G. L. S. Shackle, Imagination, Formalism, and Choice, in: Mario J. Rizzo, Time, Uncertainty, and Disequilibrium: Exploration of Austrian Themes, Lexington/ Mass. 1978, S.19-31を見よ。

＊25　これについての導入としては、Niklas Luhmann, Gesellschaftliche Struktur und semantische Tradition, in: ders., Gesellschaftsstruktur und Semantik, Bd. 1, Frankfurt 1980, S.9-71〔徳安彰訳「社会構造とゼマンティクの伝統」、『社会構造とゼマンティク1』法政大学出版局、一一六四頁〕を見よ。

＊26　これは無条件に、また通常の場合において、法律的な意味での個人所有権を介して確保されねばならない、というわけではない。ましてや、支配と防衛の権限を帰属させるために刑法と民法の明確な区別を前提としている、というわけではない。そこでは貨幣経済によって初めて、とりわけ信用の保護のために、個人の使用権が、したがって封建秩序の解体が、強いられたのである。この点について、また一二〇〇年ごろのイギリス最初のインフレーションの帰結については、以下を参照。Roben C. Palmer, The Origins of Property in England, Law and Hisrory Review 3 (1985), S.1-50; ders., The Economic and Cultural Impact of the Origins of Property, 1180-1220, Law and Hisrory Review 3 (1985), S.375-396 .

＊27　広範囲にわたる二次文献のうちから、以下などを参照のこと。Claudio Donati, L'idea di nobiltā. in Italia: Secoli XIV-XVIII, Rom/ Bari 1988; Arletre Jouanna, L'idée de race en France au XVIe siècle et au debut du XVIIe, 2. Aufl., 2 Bde., Montpellier 1981; Ellery Schalk, From Valor to Pedigree: Ideas of Nobility in France in the Sixteenth and Seventeenth Centuries, Princeton 1986.

＊28　《農民ガ傑出シタ人物デアリ、豊カデ健康ダトシテモ、ソレダケデハマダ高貴デアルトハ言ワレナイ Rusticus, licet probus, dives & valens, tamen non dicitur nobilis》と、Bartolus, De Dignitatibus, fol. 45V and ad 52, zit. nach der Ausgabe Omnia, quae extant, Opera. Venetiis 1602, Bd. VIII. にある。実際の事態は、それほど明確なわけでは決してなかった。実践上とりわけ重要だったのは、租税免除であった。

＊29　この点についてはNiklas Luhmann, Soziologie des Risikos, Berlin 1991〔小松丈晃訳『リスクの社会学』新泉社〕を。

*30 論理学–数学的概念に関連する《固有値》については Heinz von Foerster, Objects: Tokens for (Eigen-) Behaviots, in: ders., Observing Systems, Seaside/ Cal. 1981, S.273-285 および同書の他の論文を、自己言及のパラドックスの展開の形式としての《不可侵のレヴェル》については Douglas R. Hofstadter, Gödel, Escher, Bach: An Eternal Golden Braid, Hassocks, UK 1979, insb. S.686 ff.〔前掲訳書、六七五頁以下〕を参照。

*31 伝統的概念——とはいっても、次の点が考慮されねばならない。これらすべての概念は、階層的に分化した全体社会から機能的に分化した全体社会への移行の中で、その意味を、一部にはその言語形式をも、変えてきたのである。尊厳に関して言えば、すでにプーフェンドルフは、〔「職」や「位階」を含意する〕dignitas から〔より抽象的な〕dignatio への転換を遂行していた。安全（securitas）は一七世紀には、適切な自己確実性という宗教的含意を拭い落としていた。自由は、一八世紀には単数化される。連帯が存在するようになったのは、ようやく一九世紀に至ってのことである。そこでは〔デュルケムに見られるように、〕機能的な分化（さしあたりは、産業化）の帰結への関連もが、同時に告知されていたからである。

*32《これらの原理上決定できない設問についてのみ、われわれは決定しうる》と、Heinz von Foersrer, Ethics and Second-order Cybernetics, Cybernetics & Human Knowing I (1992), S.9-19 (14) とともに付け加えることもできる。

*33 多くの点に関して Hans-Martin Pawlowski, Methodenlehre für Juristen: Theorie der Norm und des Gesetzes, 2. Aufl., Heidelberg 1991, S.378 ff. und passim を参照。

*34 いくらか異なるかたちで裁断された連関においてではあるが Karl-Heinz Ladeur, Postmoderne Rechtstheorie: Selbstreferenz- Selbstorganisation - Prozeduralisierung, Berlin 1992 はそう論じている。

*35 Erving Goffman, Frame Analysis: An Essay on the Organizati on of Experience, Cambridge/ Mass.1974 の言う《フレーム》という意味での。

*36 この疑念構成については Niklas Luhmann, Operational Closure and Structural Coupling: The Differentiation of the Legal System, Cardozo Law Review 13 (1992), S.1419-1441 を、また関連する議論に関してより詳しくは Niklas Luhmann, Das Recht der Gesellschaft, a. a. O.〔前掲訳書〕を。

*37 カントの Traktat Zum ewigen Frieden〔宇都宮芳明訳『永遠平和のために』岩波書店〕を、またこのテクストで示された観点を扱った者として Fernando R. Tesón, The

Kantian Theory of International Law, Columbia Law Review 92 (1991), S.53-102を見よ。

＊38 Jürgen Habetmas, Faktizität und Geltung: Beiträge zur Diskurstheorie des Rechts und des demokratischen Rechtsstaats, Frankfurt 1992.〔河上倫逸／耳野健二訳『事実性と妥当性—法と民主的法治国家の討議理論にかんする研究』上・下、未來社〕

＊39 この点に関してはMarcelo Neves, Verfassung und Positivität des Rechts in der peripheren Moderne: Eine theoretische Betrachtung und eine Interpretation des Falls Brasilien, Berlin 1992を参照。

＊40 いくらか旧い文献としてはAlessandro Bonucci, La derogabilità del diritto naturale nella seolastica, Perugia 1906を見よ。以下をも参照のこと。Rodolfo de Matlei, Il problema della deroga e la »Ragion di Stato«, in: Enrico Casrelli (Hg.), Cristianesimo e Ragion di Stato, Rom 1953, S.49-60; ders., Dal Premachiavellismo al Antimachiavellismo europeo del Cinquecento, Florenz 1969.

＊41 一例としてGiovanni Maria Memmo, Dialogo ... , Vinegia 1563, S.12:《私的市民が、国の自由に対して誤って認可と権威とを付与することにより苦しむほうが、国の自由が合法的に抑圧される事態に直面するよりもましである。国の自由を保持するためには、国にいかなる作業も認めるべきである。多くの効用が見込まれる場合には、不正な作業を含めて、である》。

＊42 Carl Weitzel, Von der Macht weltlicher Regenten wider die görtliche (sic) Rechte Gesetze zu geben, Frankfurt, Leipzig 1749などを参照。

＊43 Josef Esser, Grundlagen und Entwicklung der Gefahrdungshaftung: Beiträge zur Reform des Haftpflichtrechts und zu seiner Wiedereinordnlung in die Gedanken des allgemeinen Privatrechts, München 1941は、ドイツの指導的モノグラフである。合法／違法というコードに関する問題構成については、Rlldolf Merkel, Die Kollision rechtmäßiger Interessen und die Schadensersatzpflicht bei rechtmäßigem Handeln, Straßburg 1895も参照。コモン・ローの論証様式では、危険な対象という概念から出発しつつ、比較可能な帰結へと議論が進められてきた。これについてのみごとな論述としては、Edward H. Levi, An Inrroduction to Legal Reasoning, Universiry of Chicago Law Review 15 (1948), S.501-573がある。合衆国における近年の議論はとりわけ、莫大な損害額をめぐって、また保険可能性の限界をめぐって、提起されている。それが経済的な帰結を介して再び無辜の人々を苦しめることになるからで

ある。George L. Priest, The New Legal Srructure of Risk Control, Daedalus 119/4（1990）を見ればよい。

＊44 この点については、Émile Durkheim, De la division du travail social, Neudruck der 2. Aufl., Paris 1973. insb. Kap. II, S35 ff.〔井伊玄太郎訳『社会分業論（上）』講談社 一六七頁以下〕を見よ。

＊45 Winfried Brugger, Menschenrechte im modernen Staat, Archiv des öffentlichen Rechts 114（1989）, S.537-588; ders., Stufen der Begründung von Menschenrechten, Der Staat 31（1992）, S.19-38 を見るだけでよい――ただし《インフレーション》(a. a. O., 1992, S.31）とイデオロギー化（a. a. O., 1992, S.30）の危険が示唆されてもいる。それらはこの構想に際してはほとんど避けがたいのだ、と。Eibe H. Riedel, Theorie der Menschenrechtsstandards, Berlin 1986, S.205ff., 346ff. も、人間学的な根拠づけの法律的適性に関して懐疑的な態度を表明している。

＊46 Heiner Bielefeldt, Die Menschenrechte als Chance in der pluralistischen Weltgesellschaft, Zeitschrift für Rechtspolitik 21（1988）, S.423-431 もそうしている。

＊47 Brugget, a. a. O.（1989）, S.562, und a. a. O.（1992）, S.21ff. は、《範例的な違法の経験》と《基礎的な苦難の経験》の区別を用いて、また分化した基準のカタログを用いて、そう論じている。私は、Heiner Bielefeldt a. a. O.（1988）, S.430 による定式化《具体的で歴史的な違法の経験》を後者の意味で理解している。しかしスキャンダラスなものを、現状への根拠づけられた不満から区別するためには、それを先鋭化しなければならないだろう。

第九章　原注

＊1 本章は、一九八九年のヘーゲル賞受賞の折のスピーチである。

＊2 問い合わせに対して当該新聞は、誤植に違いないと明言した。しかしもともと何が言いたかったのかは、伝えられなかった。さらなる情報によれば製薬産業では実際に「倫理的薬剤」という言い方を用いているのだが、それは原義から隔たったかたちにおいてであって、哲学的に情報を与えられた意味を伴ってではない。エルフリーデ・ラインケ女史（Frau Elfriede Reinke）の報告によれば、これは英語からの翻訳であり《処方箋が必要な薬剤》を意味しているのである。別の情報源から私が聞いたところでは、開発に際して一定の研究作業が含まれる場合に、薬剤は「倫理的」なのだということである。古い薬剤師の用語を語源として挙げることもできよう。いずれにせよ、至る所で見られる〔「倫理」の〕用語は、哲学の外に由来するのである。

＊3 Joseph Dedieu, Les origines de la morale indépendente, Revue pratique d'apologétique 8 (1909), S.401-423, 579-598 がそうである。

＊4 神学的ヴァージョンの一例として、De la Volpilière, Le Caractère de la véritable et de la fausse piété, Paris 1685 を見よ。神学がこうして問題を立てはしたが、それはもはや、彼らによっては解決されえなくなっていた。この点は、純粋に量的に見ても明らかである。真の信心については四ページ、偽りの信心については、俗世を睨みつつ、四六六ページが費やされているのである。同様の分割を伴う世俗的な倫理については、有名な文献であるJacques Esprit, La fausseté des vertus humaines, 2 Bde., Paris 1677/78 を見よ。

＊5 今日から見るならば、〔この停滞を生じさせた〕さらなる根拠を挙げることもできる。すなわち、二分コードに関する十分に抽象的な理論が欠落していたのである。

＊6 おそらくパスカル、ラ・ロシュフコー、ピエール・ニコル、ジャック・エスプリ[★14]、バルタサル・グラシアンの名を挙げるだけで十分だろう。時間枠としては一六七〇—一六九〇年ということになる、

＊7 特にこの点に関して、また、スコットランド派の道徳哲学へと移行していくことになる、ロックに対する論難については、John Dunn, From Applied Theology to Social Analysis: The Break Between John Locke and the Scottish Enlightenment, in: Istvan Hont/ Michael Ignatieff (Hg.), Wealth and Virtue: The Shaping of Political Economy in the Scottish Enlightenment, Cambridge 1983, S.119-135 を見よ。

＊8 当初はホッブズに対抗するための文書であった、Richard Cumberland, De legibus naturae disquisitio philosophica, London 1672 がそうである。最初の英訳は一七二七年。この遅延は、〔この種の議論が注目を浴びるためには〕シャフツベリーを待つ必要があったということを示唆している。

＊9 カントと〔サドと〕の比較は、すでにマックス・ホルクハイマーとテオドール・アドルノによって提起されている。ただしそれは、《ブルジョア的》動向の理論という疑わしい基礎の上でのものであったが。Exkurs II: Juliette oder Aufklärung und Moral, in:Max Horkheimer/ Theodor Adorno, Dialektik der Aufklärung, zit. nach Theodor W. Adorno, Gesammelte Schriften, Bd. 3, Frankfurt 1981〔徳永恂訳『啓蒙の弁証法—哲学的断想』岩波書店〕を見よ。

＊10 この点については、Klaus Christian Köhnke, Entstehung und Aufstieg des Neukantianismus: Die deutsche Univetsitätsphilosophie zwischen Idealismus und Positivismus, Frankfurt 1986, insb. S.426ff. を。目下ビーレフェルト大学社会学部で進行中のジンメル・プロジェクトによって、この点に関するさらなる研究がなされている。社会学的な批判については特に、Georg Simmel, Einleitung in die Moralwissenschaft: Kritik der ethischen Grundbegriffe, 2 Bde., Berlin 1892/93 を見よ。

＊11 これに対応する、Talcott Parsons, The Social System, Glencoe/Ill. 1951, S.109, 130ff. und passim〔佐藤勉訳『社会体系論』青木書店〕における、尊敬（esteem）と是認（approval）との区別を見よ。

＊12 ここでは個別細目はすべて無視せざるをえない。例えば聖書の《エートス》について語ることに意味があるのかとの問い。また〔身体に埋め込まれた傾性としての〕ハビトゥスの記述から、倫理のうちで自身の行動との一致を、したがって罪を犯す能力を、前提とする記述への転換。そして最後に、倫理を、他ならぬ自身の行動に対する支配の規則へと縮減すること――家社会に対する支配（家政）および政治社会に対する支配（政治）との違い（Unterschied）において。学派として講じられる道徳哲学（philosophia moralis）は、そのようにして分割される、というわけである。

＊13 これについては、Charles E. Larmole, Patterns of Moral Complexity, Cambridge 1987 を参照。

＊14 中世盛期および晩期に典型的に見られたこの光景については、Gérard Gros, Le diable et son adversaire dans l'Advocacie Nostre Darne (poème du XIVe siècle), in: Le diable au moyen âge (Doctrines, problèmes moraux, représentations), Aixen-Provence 1979, S.237-258 を見よ。

＊15 Jean-Frédéric Bernard, Eloge d'Enfer: Ouvrage critique, historique et moral, 2 Bde., La Haye 1759 のように。

＊16《紳士の争い、その最後の吐息は決闘だった》と、L'ami des Hommes, ou Traité de la population（1756), zit. nach der Ausgabe Paris 1883, S.19 にある。

＊17 蛇足ながらスーフィー神秘主義ではこれは直接に、神のパラドキシカルな命令に帰せられる――それはダブル・バインドの一事例である、というわけだ！ Perer J. Awn, Satan's Tragedy and Redemption: Iblis in Sufi Psychology, Leiden 1983 を見よ。

＊18 今日では Aaron Wildavsky, Searching for Safety, New Brunswick 1988 がそう述べている。

＊19 George M. Foster, Peasant Society and the Image of the Limited Good, American Anthropologist 67 (1965), S.293-315 を参照。

＊20 これに対応する農民反乱などへの契機については、以

下を参照。E. P. Thompson, The Moral Economy of the English Crowd in the 18th Century, Past and Present 50 (1971), S.76-136; James S. Scott, The Moral Economy of the Peasant: Rebellion and Subsistence in Southeast Asia, New Haven 1976. ただしどちらの作業においても、倫理学的反省（例えばアダム・スミスのそれ）に完全には適合しないような仕方で対象が図式化されているのだが。

＊21 Lars Löfgren, Toward System: From Computation co the Phenomenon of Language, in: Marc E. Carvallo (Hg.), Nature, Cognition and System, I: Current Systems-Scientific Research on Natural and Cognitive Systems, Dordrecht 1988, S.129-155（129）ではこの事態が《オートロジカルな苦境 autological predicament》と呼ばれている。

＊22 ここでタルコット・パーソンズの初期の著作が、今日では再び盛んに論じられるようになった著作である The Srrucrure of Social Acrion, New York 1937〔稲上毅／他訳『社会的行為の構造』（四分冊）、木鐸社〕が、想起されるだろう。そこで焦点が当てられているのは、個人的-功利主義的な、あるいは超越論-理論的な立場を社会学へと移し入れている、社会学の古典的理論家たちである。そして、二つの試みは同一の社会学的理論へと流れ込んでいくということを示そうと試みているのである。この論点は、五十年の時を経て今日でもまだ真剣に論じられ続けている。この点については、次の示唆的な論考を参照。Hans Joas, Die Antinomien des Neofunktionalismus - eine Auseinandersetzung mit Jeffrey Alexandr, Zeitschrift für Soziologie 17 (1988), S.272-285.

＊23 Satire I: Sur les caractères et les mots de caractère, de professions etc., zit. nach Œuvres, Paris (Éd. de la Pléiade) 1951, S.1217-1229 (1228).

＊24 とりわけ次の論考を参照。Das metaphysische Problem einer Formalisierung der transzendental-dialektischen Logik: Unter besonderer Berücksichtigung der Logik Hegels, und: Cybernetic Ontology and Transjunctional Operations, in: Gotthard Günther, Beiträge zur Grundlegung einer operationsfähigen Dialektik, Bd. I, Hamburg 1976, S.189-247 und 249-328.

＊25 Heim von Foerster, Observing Systems, Seaside/ Cal. 1981 を参照。重要な論考は、ドイツ語で、ders., Sicht und Einsicht: Versuche zu einer operativen Erkenntnistheorie, Braunschweig 1985 によっても参照できる。

＊26〔パターン変数に関する〕パーソンズの論述はしばしば変化しているが、以下を参照。Talcott Parsons/ Robert F. Bales/ Edward A. Shils, Working Papers in the Theory of

Action, Glencoe/Ill. 1953, insb. S.63ff., und ders., Pattern Variables Revisited, American Sociological Review 25 (1960), S.467-483, neu gedruckt in: ders., Sociological Theory and Modern Society, New York 1967, S.192-219. 道徳の社会学理論に関する試みは希にしか見られないが、そのうちの一つはこの議論を踏まえている。すなわち Jan J. Loubser, The Contribution of Schools to Moral Development: A Working Paper in the Theory of Action, Interchange I (1970), S.99-177, neu gedruckt in: C. M. Beck/ E. V. Sullivan (Hg.), Moral Education: Interdisciplinaty Approaches, Toronto 1971, S.147-179 がそれである。そこではとりあえずパターン変数の近代的／伝統的な混合による結合を介して、道徳へのアプローチが試みられている。すなわち、感情中立性／特質 (affective neutrality/ quality)、普遍主義／拡散性 (universalism/ diffuseness) である。私は本講演で、道徳のどちらかというと伝統的な構造を、倫理学への特殊近代的な要求から区別することによって、それ〔＝この種の組み合わせ〕を回避しようと試みた。

第一一章　原注

＊1 James F. Short Jr., The Social Fabric at Risk: Toward the Social Transformation of Risk Analysis, American Sociological Review 49 (1984), S.711-725 などを参照。Robert W. Kates/ Jeanne X. Kaspelson, Comparative Risk Analysis of Technological Hazards (a Review), Proceedings of the National Academy of Sciences 80 (1983), S.7027-7038 (7029)〔の定義〕は、通例的であると同時に不十分でもある。《災害 (hazard) とは……、人々への、また人々が価値を認めている事柄への脅威であり、リスクとは災害の尺度である》。

＊2 Jochen Hörisch, Die alltägliche Wiederkehr des Einhorns in der »Unendlichen Geschichte«, in: Akten des VII. Internationalen Germanisten-Kongresses Göttingen 1985, Tübingen 1986, Bd.10, S.234-240. ヘーリッシュは《危険は安全よりも確かである》というリルケの覚え書きを引用している。やはりリルケと同様に、危険とリスクとを区別していないのであるが。

＊3 非安全である＝確かではないのは、今世紀における合理性の危機がこの事態を引き起こした契機であるとの説明のほうである。最終的には Agnes Heller, Everyday Life, London 1984, und dies., The Power of Shame: A Rational Perspective, London 1985, S.71ff. を見よ。おそらくは危険なもの (Riskanz) の蔓延のほうが、当の合理性危機の根拠なのである。

*4 私がこの例を取ってきたのは、南イタリアのあるワイン製造者との会話からである。彼はワインを台無しにするかもしれない要因を正確に挙げることができたが、リスクの観念には（あるいは、〔自分の行動次第で〕しばしば台無しになってしまうという観念にも）まったく馴染んでいなかったし、それを用いることもできなかった。彼はどのみち、ワイン醸造における添加物使用を原則的に拒否していたからである。この例からはまた、次のような疑念も生じてくる。実体経済的な行動を、《リスク忌避 risk aversion》あるいは《安全第一 safety first》として性格づけることがはたしてできるのだろうか、と（以下を参照。James C. Scott, The Moral Economy of the Peasant: Rebellion and Subsistence in Southeast Asia, New Haven 1976; James A. Roumasset, Rice and Risk: Decision Making Among Low Income Farmers, Amsterdam 1976）。もしかしたら、リスク経験が生じる次元が、完全に欠落しているのかもしれない。そこでは、観察者のみがリスクを目にすることができるのである。

*5 この点については、Marshall W. Meyer/ Kenneeh A. Solomon, Risk Management in Local Communities, Policy Sciences 16（1984）, S.245-265 を参照。蛇足ながらここでは、決定を下さねばならず、またそれを遂行する動機をつなぎ止めておかねばならないという必然性は、代替選択肢を包括的に比較せよという命令と明らかに衝突する。これに関しては Nils Brunsson, The Irrational Organization: Irrationality as a Basis for Organizational Action and Change, Chichester 1985 を見よ。チェルノブイリのカタストロフィ前のウクライナからの、意気阻喪させる報告もある（dt. Übersetzung in: Frankfurter Allgemeine Zeitung vom 12. Mai 1986, S.10）。

*6 この点については特に、Mary Douglas/ Aaron Wildavsky, Risk and Culrure: An Essay on ehe Selection of Technical and Environmental Dangers, Berkeley 1982 を見よ。

*7 Kates und Kasperson, a. a. O.（Anm. 1）による概観が、この点について印象的な数値を挙げている。

*8 ハリスブルクの事故[★15]に対する、地域ごとにきわめて異なる反応を見れば、この点は一目瞭然である。チェルノブイリに関しては目下のところ、それに対応するような違いは見当たらない（欧州共同体内部における、防止基準の確定に際しての大きな見解の相違に関する報道を、指標として受け取ろうとしないなら、の話だが）。この問題について一般的には、Ortwin Renn, Wahrnehmung und Akzeptanz technischer Risiken, 6 Bde., Jülich 1981 を。

＊9 いわゆる《可用性 availability》原理に関しては、Daniel Kahneman/ Amos Tversky, On the Psychology of Prediction, Psychological Review 80（1973）, S.237-251; Amos Tversky/ Daniel Kahneman, Availability: A Heuristic for Judging Frequency and Probability, Cognitive Psychology 4（1973）, S.207-232 を参照。Richard Nisbett/ Lee Ross, Human Inference: Strategies and Shortcomings of Social Judgement, Englewood Cliffs/ N.J. 1980, S.18ff., 122ff. und passim も参照のこと。

＊10 ただしこの点についてはいまだ研究がなされていない。Vincent T. Costello, The Perception of Technological Risk: A Literature Review, Technological Forecasting and Social Change 23（1983）, S.285-297（288）による概観を参照。

＊11 Charles Perrow, Normal Accidents: Living with High-Risk Technologies, New York 1984 を見よ。

＊12 特にこの事例に関しては、Richard G. Mitchell, Jr., Mountain Experience: The Psychology and Sociology of Adventure, Chicago 1983 を。

＊13 以下を参照。Chauncey Starr, Social Benefit Versus Technological Risk: What is Our Society Willing to Pay for Safety? Science 165（1969）, S.1232-1238; William D. Rowe, An Anatomy of Risk, New York 1977, S.119ff., 300ff.; Paul Slovic et al., Facts and Fears: Understanding Perceived Risks, in: Richard C. Schwing/ Walter J. Albers（Hg.）, Societal Risk Assessment: How Safe is Safe Enough? New York 1980, S.181-214.

＊14 Marshall Shapo, A Nation of Guinea Pigs: The Unknown Risks of Chemical Technology, New York 1979 を参照。

＊15 一例としてDorothy Nelkin, Some Social and Political Dimensions of Nuclear Power: Examples from Three Miles Island, American Political Science Review 75（1981）, S.132-142 を見よ。

＊16 Slovic et al. in Schwing/ Albers, a. a. O.（Anm. 13）を参照。

＊17 道徳のこの概念については以下を参照。Niklas Luhmann, Soziologie der Moral, in: Niklas Luhmann/ Stephan H. Pfürtner（Hg.）, Theorietechnik und Moral, Frankfurt 1978, S.8-116〔本書第三章〕; ders., I fondamenti sociali della morale, in: Niklas Luhmann et al., Etica e Politica: Reflessioni sulla crisi del rapporto fra sociecll e morale, Mailand 1984, S.9-20.

＊18 この点については、Niklas Luhmann, Ökologische

Kommunikation: Kann die moderne Gesellschaft sich auf ökologische Gefährdungen einstellen?, Opladen 1986, S.237 ff.〔庄司信訳『エコロジーのコミュニケーション』新泉社、二三四頁以下〕も参照。

＊19 歴史的諸条件にも注目したモノグラフである Stephen Holmes, Benjamin Constant and the Making of Modern Liberalism, New Haven 1984 などを参照。

＊20 この帰属の差異については、Edward E. Jones/ Richard E. Nisbert, The Actor and the Observer: Divergent Perceptions of ehe Causes of Behavior, in: Edward E. Jones et al., Atrbution: Perceiving ehe Causes of Behavior, Morristown/ N.J. 1972, S.79-94 に依拠した研究がなされている。Nisbert/ Ross, a. a. O.（Anm. 13）, S.122 ff., 223 ff. も参照。さらに述べておけば、まったく異なる抽象状態においてではあるが、《セカンド・オーダーの観察》に関する理論も存在している。この理論は、リアリティのコントロールは観察の観察の水準において初めて実行されうると仮定するのである。Heinz von Foerster, Observing Systems, Seasidel Cal. 1981 を、また市場に定位した経済行動のリスク問題への適用として、Dirk Baecker, Information und Risiko in der Marktwirtschaft, Diss. Bielefeld 1986 を見よ。

＊21 以下を参照。Niklas Luhmann, Trusl and Power, Chichester 1979; Bernard Barber, The Logic and Limits of Trust, New Brunswick/ N.J. 1983.

＊22 以下などを参照。Helga Nowotny, Kernenergie: Gefahr oder Notwendigkeit: Anatomie eines Konflikts, Frankfurt 1979; Dorothy Neikin/ Michael Pollack, Problems and Procedures in the Regulation of Technological Risk, in: Schwing/ Albers, a. a. O.（Anm. 13）, S.233-248; Peter Weingart, Verwissenschaftlichung der Gesellschaft - Politisierung der Wissenschaft, Zeitschrift für Soziologie 12（1983）, S.225-241. 十年前にアメリカで確認できたように、技術よりもむしろ科学のほうが信頼を勝ち得るのかどうかは、今日では（少なくともドイツに関しては）疑ってかからねばならない（Todd R. LaPorte/ Daniel Metlay, Technology Observed: Attitudes of a Wary Public, Science 188（1975）, S.122-127 を参照）。

＊23 われわれはここで意識的に、旧来の伝統とは距離を取っている。この伝統では倫理ということでエートスの教説が、エートスということで人間の善き状態（Verfassutheit）が理解されていたのである。

＊24 これもまた流行の概念である！ Hermann Lübbe, »Orienrierung«: Zur Karriere eines Themas, in: Der

Mensch als Orientierungswaise? Ein interdisziplinärer Erkundungsgang, Freiburg 1982, S.7-29を見よ。

＊25 Michel de Certeau, L'invenrion du quotidien, Paris 1980, Bd. I, S.337f. では、《アクシデントの時代temps accidente》という表現が用いられていた。

編者 あとがき 注

＊1 著者名が示されていない文献指示は、ニクラス・ルーマンの著作を指す。ページ数のみが上げられている場合は、本書のそれを意味している。〔邦訳頁は、原則として本書分のみ漢数字で表記する。〕

＊2 ルーマンが依拠するスペンサーによれば、全体社会はより大きくなるにつれて、その内的な組成においても大きくなっていく、つまりより複雑になっていくのである。スペンサーはこう述べている。《さらに社会集団および有機体一般の特性として、規模が増大するとともに内的仕組みも増大するということが挙げられる》（Spencer 1887, 6, §215）。内的仕組みの増大ということでここで考えられているのは、全体社会がより多くの組織を備えるということである。

＊3 オリジナルを無断修正した。

編集ノート 注

＊1 四つのテクストは以下の通り。Politik und Moral: Zum Beirrag von Otfried Höffe. Politische Vierteljahresschrift 32（1991）, S.497-500; Technik und Ethik aus soziologischer Sicht, in: 2. Akademie-Forum: Technik und Ethik, Vorträge G 284 der Rheinisch-Westfälischen Akademie der Wissenschaften. Westdeutscher Verlag. Opladen 1987, S.31-34; The Code of the Moral. Cardozo Law Review 14（1993）. S.995-1009; The Sociology of the Moral and Ethics. International Sociology 11（1996）. S.27-36.

訳注

第一章　訳注

★1 本段落に関する補足。

「固有値 Eigenwert」は、ハインツ・フォン・フェルスターのサイバネティクス理論に由来する概念で、作動が回帰的に連続する中で生じてくる安定的な状態と定義される。ネット上で、ある偏った見解が「常識」と見なされてくり返し引用・援用され、今度は多数援用されているという事実が、その見解が常識である証拠として引き合いに出される、といった事態を考えてみればよい。ここでは連帯から身を引き孤独の内に閉じこもるという態度もまた、以後のコミュニケーションの前提として効果を発揮しうるという事態が想定されているわけだが、原語の「独自の価値を持つ」という意味合いも含まれていると思われる。あるいはルソーの『孤独な散歩者の夢想』などが念頭に置かれているのかもしれない。

またアウグスティヌス由来の神学的発想においては、悪は独自の原理としてではなく、善の欠如として性格づけられていた。前者の発想はマニ教的な善悪二元論に通じ、一神教の原理に反することになるからである。ルーマンはサド侯爵を、この点に異を唱えようとした人物としてくり返し引き合いに出している。

そして孤独や悪を独自の価値として扱うというこの態度からは、道徳的な問いを発することが、すなわち「善い／悪い」(以下本書では主として「良い／劣る」を用いる──「訳者あとがき」参照) のコードを適用することそのものが善いのか悪いのかという問題が派生してくる。これは本書第三章などで詳細に論じられるテーマとなる。

★2 道徳性は道徳と非道徳の両方によって構成される、すなわち良い／劣るを区別する（このコードを適用する）こと自体が良いことであるという、「もつれたヒエラルキー」が道徳に内在しているという事態を指している。ルーマンが本書でくり返し論じているように、伝統的な倫理学ではこの点が常に隠蔽されてきたのである。

★3 「自己言及の（諸）問題」とは、集合意識の場合なら、集合意識についての社会学者の言明は集合意識に基づいているか否か、道徳の場合なら、道徳を問題にすること自体が道徳的なのかという設問を指すと思われる。後者は、「現に連帯＝道徳という事実が存在している」というかたちで「解決」されるのである。

★4 スイス、ヴォー州のクラランスは、ルソーの小説『新エロイーズ』の舞台となった。

★5 アリストテレスの、有用のための友愛／快のための友愛／有徳のための友愛という三類型論を指す。ルーマン（馬場靖雄／他訳）『社会構造とゼマンティク2』法政大学出版局、二五四頁を参照。

★6「要素の数が増大するとともに、要素が取り結びうる関係の数は飛躍的増大する。それゆえに、特定の関係を実現するためには選択が必要になる」という命題を指す。

第二章　訳注

★1「描出」の原語はDarstellung。E・ゴフマンのドラマトゥルギカル・アプローチの基礎的論点、すなわち人はある行為を行うことによって周囲の人間（観客）に自身の人物像を呈示する（描出する）ことになり（例えば、早足で歩く人は「多忙なエリート」として）、以後それを利用できると同時に拘束されもする、という議論を念頭に置いているものと思われる。ゴフマン『行為と演技―日常生活における自己呈示』（石黒毅訳、新曜社）の独訳タイトルはWir alle spielen Theater. Die Selbstdarstellung im Alltag. である。

★2 伝統的なドイツの夕食は、パン、チーズ、ハムを中心とする火を使わない簡素なものである。

★3 Johan Galtung（1930 -）はノルウェーの政治学者。「消極的平和／積極的平和」の区別を提起したことなどで名高い。邦訳に『平和への新思考』（高柳先男／塩屋保、勁草書房）など。

★4 特定の組織や相互作用圏においてだけでなく社会全般にわたって生じる、という意味。

第三章　訳注

★1 善い（良い）／悪い（劣る）の原語は、gut/schlecht。訳語設定に関しては、本書「訳者あとがき」を参照。

★2 ここでの「本書」は、初出論文集を指す。同書は複数の論者の寄稿によって構成されており、したがって当然のことながら、主張内容にはばらつきが見られる。翻訳書に収録されたルーマンの論文の間で主張が異なっているという意味ではない。

★3 超理論（Supertheorien）という概念の内実と、それをこの箇所で論じておく必要性については、本書「訳者あとがき」を参照

★4 かつてルーマンは日本でのセミナーの席上、「ハーバーマスは討議による了解こそが真理の基準となるということを強調しているが、シンポジウムの席などでの彼のその種の難解な発言そのものがほとんど理解されていない」とい

う趣旨の発言をしていた。この事態を念頭に置いての記述と思われる。

★5 経験的知見によって普遍的理論を批判し掘り崩そうとした、「一九世紀の偉大なソフィストたち」（マルクス、ニーチェ、フロイト―― Luhmann Soziologische Aufklaerung. S.68）の試みを念頭に置いているものと思われる。

★6 分類が、自然＝本性によって与えられているものとしてではなく、研究者によって設定された分析的なものとして捉えられるようになったことを指す。

★7 古代ギリシア哲学において、世界の究極的構成要素はこの二つの分類の組み合わせによって配置される、火・土・風・水であるとされてきたが、その後より微細で多様な構成要素が、やがては分子・原子等が、想定されるようになっていったという過程を指すものと思われる。

★8 Brackwasser=brackish water（英）は、「半鹹水」（弱塩水）の意味。もともとは外海と繋がっていたが、今は内陸部に取り残されて外部との関係を失い、わずかな塩分にかつての「開かれた」関係の名残を留めている汽水湖の有様を、自閉状態に陥っているマルクス主義の比喩として用いている。

★9 ここでの「統一性 Einheit」は歴史の中で生じる出来事の総体を、「同一性 Identität」はそれらを一つの観点の下で取りまとめ、「自己」として同定することを意味している。

★10 Jakob Abbadie（1654? - 1727），はプロテスタントの聖職者・作家。フランス西部のネ（Nay）に生まれ、パリやベルリンでの活動を経て一六八八年に英国に渡る。ウィリアム三世に重用され、アイルランドのキラルー（Killaloe）で司教を勤めた。

★11 原文では Plusterdeutsch であるが、Flusterdeutsch の誤植と判断した。

★12 有名な「スタンフォード監獄実験」に見られるような、囚人／看守の役割取得が当事者たちの態度・行動に及ぼす影響のことを考えてみればよい。なおルーマンは、第二次世界大戦末から終戦直後まで、連合軍の捕虜収容所で過ごした経験を持つ。

★13 愛において自我（愛する者）は、他者（愛される者）が体験する事柄（他者にとっての環境）を、自身の行為によって先取りし確証する。確証を行う自我も他者の環境の一部であり、自我自身による確証の対象となる。したがって自我は、自我自身が愛していること（行為による他者の体験の確証）をも、自身の行為によって確証することになる。これはすなわち、自身が愛しているという事態を愛するということに他ならない。

★14 Andreas Capellanus（生没年不詳）は、一二世紀の著

述家。『愛ニツイテ De amore』の著者として知られている。

★15 ザドルガ（Zadruga）は、バルカン半島のスラヴ人らによって主に営まれた父系制の大家族制度。越村勲（編訳）『バルカンの大家族ザドルガ』彩流社、一九九四年を参照。蛇足ながら、デュルケムも『分業論』でザドルガに言及している（前掲訳書（上）九一頁）

★16 この頁での「形式」は、何らかの二分図式を意味する。本文少し後でクロス表のかたちにまとめられる、一連の「＋／—」を指すと思われる。

★17 グラシアン流の、道徳をめぐる処世術をも道徳（賢者の智恵）として呈示しようとする議論を指す。

★18 原文では die an Mc alkommunikation Beteiligten であるが、die an Moralkommunikation Beteiligten の誤植と判断した。

第四章　訳注

★1 原語は Ehrlichkeit。この語には「公明正大」「栄誉、名誉 Ehre」という意味合いも含まれており、また神話・伝承・創作などでは、主人公の英雄的で晴朗な特性を指す語としてしばしば ehrlich が用いられる。

★2 原語は Hausbessesungen。貧困者が都市部の廃屋等に勝手に居住する、いわゆるスクウォッター（squatter）の行動を指す。これは社会福祉の不備や差別、格差に起因する運動であるとして、擁護ないし推進しようとする議論も生じている。

★3 Richard von Weizsäcker（1920 - ）は、ドイツの政治家。連邦大統領を勤め（1984 - 1994）、党派を超えた国民の幅広い尊敬を受けた。特に一九八五年五月八日の連邦議会における演説中の一節、「過去に眼を閉ざす者は、未来に対してもやはり盲目となる」は、真摯な反省の言葉として世界的に称賛された。

★4 シャドウボックス（Schattenboxen）は、画の切り抜きを貼った上からコーティングを施していく、クラフト技法を指す。ここでは表面を別のものによって飾り立てているという事態を暗示している。

★5 Die Dame ist nicht fürs Feuer は、劇作家 Christopher Fry（1907-2005）が1948年に発表した詩劇 The Lady's Not For Burning の独訳タイトル。原語タイトルは、一九八〇年一〇月一〇日に開催された英国保守党の年次大会で、当時のマーガレット・サッチャー首相が演説に用いて有名になった。

★6 かつて北アメリカのピューリタンの間に見られた、隣人同士が互いに戒律違反を行っていないか監視しあう義務を指す。

第五章　訳注

★1 ニーチェが分析した、初期キリスト教徒の「奴隷道徳」に見られる態度を指す。今自分たちを苦しめているローマ帝国の支配者たちは、最後の審判によって地獄に落とされ、永遠の苦しみを味わうことになるだろう、いい気味だ、と。

★2 ルーマンがしばしば援用する、原罪によって楽園から追放された人類が、労働を通してより大きな幸福を手に入れることができたという解釈を指すものと思われる。「良い」のは、「善い／悪い」の区別ではなく、その結果のほうである、と。

★3 die Versuchung Jesu in der Wüste は、イエスが荒野で悪魔から受けた誘惑を意味する。

★4 Odo Marquard（1928-）はドイツの哲学者。近代社会の合理化と審美的精神との相互補完関係を指摘する「埋め合わせ理論」を提唱した。

★5 ルーマン「近代社会の固有値としての偶発性」（馬場靖雄訳『近代の観察』法政大学出版局、第一章）の議論を踏まえているものと思われる。そこでは、近代社会においてはあらゆるものが、「不可能でも必然的でもない」という意味での偶発的なものとして現れてくる。しかし「あらゆるものが偶発的である」という点事態は、すべてのコミュニケーションの安定した前提であり、「固有値」となっている。この固有値としての偶発性は、必然的ではない（必然性は、偶発性の内部＝定義において、登場してくるから）。むしろそれは、様相を超えたかたちで登場してくるのであり、創造神学はまさにその点を先取りしていた（世界は、神によって創造された以上、偶発的である＝別様にも創造されえた。しかしそうであること自体は偶発的ではない云々）、というのがこの一節の趣旨であろう。

第六章　訳注

★1 Ottmar Ballweg（1928-）、ドイツの法学者・哲学者。一九六八年より一九九三年の定年退職時まで、マインツのヨハネス・グーテンベルク大学に在籍。

★2「スタイル」の本来の意味は芸術における「様式」であり、ジョルジョ・ヴァザーリ（Giorgio Vasari, 1511-1574）がミケランジェロらの個性的な（一般的な範型には収まらない）作風を指すために用いた「マニエラ（手法）maniera」と類縁的な語である。「スタイル」はもともと、一般化できない個別性という意味合いが含まれているのである。

第七章　訳注

★1「放漫論」は、道徳的規則をいかなる場合でも厳密に守ることを説く厳格論（rigorism）の対義語で、規則に反する行いでも、それがなされる蓋然性がきわめて低い場合には許容されてよいとする発想を指す。「蓋然論」は、専門家の意見が食い違っている場合、他にもっともらしい（probable）と思われる意見があっても、自分に好都合な意見のほうに従ってよいとする考え方。

第八章　訳注

★1 テロリストへの拷問が合法か否かと問うこと自体が、テロの犠牲者の生存権を侵害する＝違法であることになるから

★2「難解な事案 hard cases」は、アメリカの法哲学者ロナルド・ドウォーキン（Ronald Dworkin, 1931-2013）の用語。ドウォーキンは、法の純一性（integrity）という仮定の下で、決定困難な事案に関しても、唯一正しい判決を下すことが可能なはずだとの議論を展開した。小林公訳『法の帝国』未來社、一九九五年。

★3 被疑者として一定の権利を有しているテロリストに、人命優先という判断によって拷問を加えるといった事態を指しているものと思われる。

★4 何らかの観念や思想を、内容そのものの正しさ・妥当性によってではなく、社会構造（全体社会の分化形態）およびそれによって可能になる複雑性との相関関係の中で、説得力を獲得するものとして分析することを指す。この作業が行われているのが、『社会構造とゼマンティク』シリーズである。

★5 Norberto Bobbio（1909-2004）は、イタリアの思想家・政治家。専門分野は法哲学と政治思想史。左派の政治家として活動しつつトリノ大学などで教鞭をとった。一九八四年より終身上院議員。邦訳書に『光はトリノより：イタリア現代精神史』（中村勝己訳、青土社）など。

★6 Gnaeus Domitius Ulpianus（ca.170-228）はローマ帝国の法律家・政治家。ローマ法大全の一部である「学説彙纂」の多くの箇所は、同人の著作に依っている。

★7 dominium eminens は、国家は本来領土全域の所有者であり、したがって非常時には平時に行使されている個々の国民の土地所有権・使用権を無視してあらゆる土地を自由に統制しうるとの発想を指す。

★8 当該条文は以下の通り。「第1条　人間の尊厳、基本権による国家権力の拘束　（1）人間の尊厳は不可侵である。これを尊重し、および保護することは、すべての国家権力の義務である。（2）ドイツ国民は、それゆえに、侵すことのできない、かつ譲り渡すことのできない人権を、世界のあらゆる人間社会、平和および正義の基礎として認める。

(3) 以下の基本権は、直接に妥当する法として、立法、執行権および司法を拘束する」。

★9 ジュネーヴには国際連合欧州本部があり、本章初出年の1993年には国際連合人権高等弁務官事務所が設置された。ルクセンブルクは、欧州連合の最高裁に相当する欧州司法裁判所の所在地である。

第九章　訳注

★1 フロイト『日常生活の精神病理学』(フロイト全集7、高田珠樹訳、岩波書店)における、言い違いや錯誤行為と無意識の関係についての議論を示唆している。

★2 Justus Lipsius (1547-1606) はフラマン人の人文学者。古代ストア主義の研究を通して、新ストア主義の確立に貢献した。

★3 James Harrington (1611-1677) は、イギリスの政治哲学者。共和主義思想の提唱者として有名。

★4 Marquis de Mirabeau (Victor de Riquetti, 1715 - 1789) はフランスの重農主義者。フランス革命時に活躍した政治家ミラボー伯爵 (Comte de Mirabeau, Honoré-Gabriel de Riquetti, 1749 - 1791) の父。一般に「ミラボー」と言えば息子=伯爵を指し、父=侯爵のほうはしばしば「老ミラボー the elder Mirabeau」と呼ばれる。

第一〇章　訳注

★1 本書第四章 (一六三頁) ではこのテーマに関してフランシス・ベーコンが指示されていたが、ここではルーマンがたびたび援用する、一七世紀スペインの作家バルタサル・グラシアン (Baltasar Gracián y Morales, 1601-1658) の議論なども念頭に置いているものと思われる。グラシアンは小説や金言集などにおいて道徳に関する見解を開陳しているが、そこでは道徳が、絶対的な善の基準に基づいてではなく現実的なコミュニケーション技術として扱われており、ルーマンはその点に独創性と先駆性を認めている。関連する一節を引用しておく。

無知の仮面をかぶること。

最高の賢人でさえ、時折この手を使う。無知を装うことが、最高の知恵のあらわれとなる場合だってあるのだ。……それぞれの相手には、その相手にふさわしい言葉で話しかけてやらねばならない。愚かさを装う者は愚者とはいえないが、愚かさを生身に背負う者こそが愚者なのである。つまり単に愚者にすぎない者は、まことの愚者となるが、いわばにせの愚か者は、愚者とはならないのだ。巧微な駆け引きとは、その水準にまで達することが求められるのである。人に好かれるための唯一の方法は、

もっとも愚鈍な動物の皮をかぶることである。(ルタサール・グラシアン、東谷穎人訳『処世の智恵』、白水社、八五‐八六頁)

なお同書訳者注記によれば、ラ・ロシュフコーの『箴言集』第一一七項は、グラシアンのこの議論を踏襲したものである。グラシアンの擬態論が広く議論を巻き起こしたことがうかがえる。

★2 この Betroffenen は、本書第九章では、イメージを明確にするため「被災者」と訳したが、本章ではより幅広い議論がなされているので、小松丈晃にならって(ルーマン『リスクの社会学』、新泉社)「被影響者」とした。

★3 議会手続きにおいて、特定の問題について自由に論じることを制限したり禁じたりするルールのこと。最も有名なのは、本文すぐ後でも触れられているように、一八三六年~四四年にアメリカ下院において通用していた、奴隷制廃止を提案することを禁じる申し合わせである。これは南部出身の奴隷制擁護論者であるジョン・カルフーン(John Caldwell Calhoun, 1782 - 1850)などの運動によるものであり、その根拠となったのは、合衆国議会は各州固有の問題に介入すべきではないという分離主義の発想だった。なお、「ギャグ(gag)」とは「さるぐつわ(猿轡)」のことである。

第一一章 訳注

★1 Jochen Hörisch(1951-)は、ドイツの文学およびメディア論研究者。一九八八年よりマンハイム大学に奉職。

編者あとがき

★1 Lance Armstrong(1971-)はアメリカの自転車ロードレース選手。癌に冒されながら競技生活を続け、一九九九年から二〇〇五年までツール・ド・フランスを七連覇したが、二〇〇一年ごろからドーピング疑惑が各方面から寄せられるようになった。当初本人は疑惑を否定、本書が出版された二〇〇八年時点ではまだ係争中だったが、二〇一二年にはUSADA(全米アンチドーピング機関)がドーピングを認定、タイトルは剥奪され永久追放処分を受けた。二〇一三年には本人も薬物使用を認めている。

★2 黄禹錫(ファン・ウソク、1952-)は韓国の生物学者。クローン研究で業績を上げ、ヒト胚性幹細胞(ES細胞)研究の第一人者と見なされて、韓国初のノーベル賞受賞候補者とも言われた。しかし二〇〇五年末に論文捏造等の不正が発覚、世界的なスキャンダルとなった。

★3 Brent Spar は、一九七六年から一九九一年まで北海油田で使用された採掘のための巨大な浮標。ロイヤル・ダッチ・シェル社は一九九四年イギリス政府に深海投棄計画を提出、翌年承認された。しかし環境保護団体グリーンピースが環境破壊を引き起こすとしてこの計画に反対し、欧州全土にシェル製品のボイコットを呼びかけた。その結果シェルは深海投棄計画中止を表明した。

★4 Polterabend はドイツ語圏に見られる風習で、結婚式前夜にカップルの友人たちが陶器を持ち寄り、家の前で道路にたたきつけて割る。その音が大きいほど、夫婦は幸せになれるとされる。

★5 Kurt Bayertz（1948-）はデュッセルドルフ生まれの哲学者。一九八八年にビーレフェルト大学で教授資格取得。専攻分野は生命倫理学、政治哲学等。一九九三年よりミュンスター大学に奉職。

★6 Zum Wohl は字義通りにいえば「健康を祈って」。乾杯の際の決まり文句である。

原注

★1（ ）内は英訳（Niklas Luhmann, The Differentiation of Society, Columbia U.P., p. 365）に従った。

★2「聖霊に対する罪」の出典は、マルコ福音書 3.28-29。「まことに私は言う。人の子らにはすべてがゆるされる、罪も彼らの吐いたすべての冒涜も。だが聖霊に対して冒涜を吐く者は一人のこらず、永久にゆるされず、永遠に消えぬ罪を犯すのだ」（フェデリコ・バルバロ訳『聖書』講談社、新約部五六頁）。ハーバーマスの構想を受け入れず、「討議」を真偽判定の場としては認めない論者も、自身の構想を独白しているわけではなく「科学の聖霊」たる客観的真理基準（と想定されたもの）に向かって（聖霊に対して＝対話するかたちで）発話しているのだと考えれば、討議理論の枠内に収容できるとの趣旨であろう。あるいは逆に言えば、ハーバーマスの討議は生身の人間ではなく、理想として投射された「科学の聖霊」を相手にしたものにすぎないとの皮肉が込められているのかもしれない。

★3 スウェーデンのヘーガーシュトレーム（Axel Hägerström, 1868 - 1939）やオリーベクローナ（Karl Olivecrona, 1897 - 1980）らによって展開された、いわゆる「北欧リアリズム法学」を指す。

★4 一九六三年から一九九四年まで一七回に渡って開催された研究集会を指す。参加者はブルーメンベルク、ガーダマー、マルクヴァートら。構造主義や言語学の知見と伝統的なドイツ歴史学との架橋をめざした。

★5 アリストテレス『命題論』第9章における、「明日海戦が起こるか否か」をめぐる考察を指す。

★6 原文で指示されているのはS.15＝本訳書八―九頁であるが、これは論文初出自の頁数のようなので、本訳書原著に従うよう修正した。以下同様の処理を行う。

★7 Appellantentum は明らかに病名として用いられているが、ルーマンのテクスト以外では用例を確認できなかった。（語の意味内容は第六章原注(1)でも説明されている）appellant は「上訴、上告」の意味。ここでは当該語を、Soziologosche Aufklärung 3, S.170 の記述などを参考にして「不定愁訴」と訳したが、この病状はドイツ語では unbestimmte Beschwerden と表記されるのが普通のようである。なお先にも述べたようにこの語は、第六章原注(1)にも登場する。そちらでは文脈に従って「アピール症」と訳しておいた。

★8 Benjamin Nelson（1911-1977）はアメリカの社会学者。シカゴ大学、ミネソタ大学等を経て、一九六六年よりニュースクール大学（New School for Social Research）に奉職。主な研究分野は、文明発展の歴史的研究や宗教社会学など。

★9 領主の横暴により自身が被った損害への正当な賠償を求め、ついには国全体を揺るがす反乱にまでいたった、ミヒャエル・コールハースの事例（ルーマンがしばしば援用する）が念頭に置かれているのかもしれない。クライスト（吉田次郎訳）『ミヒャエル・コールハースの運命―或る古記録より』岩波書店、を参照。

★10 このリクペロ・スキャンダルについては、ルーマン（林香里訳）『マスメディアのリアリティ』木鐸社、第六章で簡潔に論じられている。

★11 伊藤邦武によれば「十七世紀のデカルトやライプニッツの時代には、モラルと対比される形容詞はメタフィジカルで、たとえば certitude morale といえば、形而上学的真理には届かないが、一定の確実性をもっていること、つまり『有限な人間精神にとっては十分に妥当であると認めることができ、したがって行動のさいに有用な基準となる』というような意味であり、ほとんど probable（蓋然的）と同じ意味であった」（伊藤邦武『ケインズの哲学』勁草書房、二一一頁［注（15）］）。その“certitude morale”に対して、三省堂『クラウン仏和辞典』［第三版］では「心証上の〔直観的〕確信」という訳語が与えられている（“morale”の項を参照のこと）。ただし、カッシーラーの『啓蒙主義の哲学』には「…物理学の根本的真理にはいかなる直観的な確実性（eine intuitive Gewißheit）もありえないことをホイヘンスは強調した。物理学における要請される目標は、単に『道徳的な確実性』（eine »moralische Gewißheit«）に過ぎない」（Cassirer, Die Philosophie der Aufklärung, 1932, S.61〔中野好之訳『啓蒙主義の哲学（上）』

筑摩書房、一一〇頁）との訳文がある。（以上、ニクラス・ルーマン（馬場靖雄／他訳『社会の社会1』、法政大学出版局、二〇〇九年、訳註、八六三 - 八六四頁より転載）。ここでも、コミュニケーションの中で心証に基づく確実性が生じてくるのは、神がそう意図したからだ云々のいう文脈かと思われるが、テーマはあくまで「道徳」であるので、「道徳的確実性」と訳しておいた。

★12「D」は、ローマ法大全の一部である「学説彙纂 Digesta」を指す。ガイウス（後出）やウルピアヌスらの、初期ローマ帝国時代の著名な法学者の学説を集成したテクストである。

★13 Gaius,（ca.130 - ca.180）は、古代ローマの法学者。ローマ法大全の一部である「法学提要 Institutiones」は、ガイウスの同名著作に基づいているとされる。

★14 Jacques Esprit（1611 - 1677）はフランスのモラリスト・作家。著作に La Fausseté des vertus humaines（1678）など。

★15 一九七三年三月に発生した、スリーマイル島原発事故を指す。スリーマイル島は、米国ペンシルベニア州の州都ハリスブルク市を通って流れるサスケハナ川の中州に位置する。

訳者あとがき

本書『社会の道徳』は、Niklas Luhmann（hrsg. von Detlf Horster）, Die Moral der Gesellschaft, Suhrkamp, 2008の翻訳である。ただし既訳の存在する第一〇章は省略した（高橋徹／他訳『社会構造とゼマンティク3』法政大学出版局、第五章「道徳の反省理論としての倫理学」）。

『社会の……』（... der Gesellschaft）は、晩年のルーマンが取り組んでいた、機能分化した各システム（経済、法、芸術など）を記述・分析する一連のモノグラフ・シリーズに共通して付された書名フォーマットである。このシリーズは、ルーマンの死後も遺稿を整理編集するかたちで刊行され続けており、そのいくつかはすでに訳出されてもいる（小松丈晃訳『社会の政治』法政大学出版局など）。本書のタイトルもそれを踏襲しているわけだが、ただしこちらはルーマンによる書き下ろし草稿に基づくものではなく、編者のデトルフ・ホルスター（一九四二年生、一九八一年から二〇〇七年までハノーファー大学社会哲学教授）が、道徳をテーマとするルーマンの既出論考を集めて配列した一冊となっている。編集の経緯と方針は「編集注記」で述べられているので、そちらをご覧いただくとして、ここでは⑴訳出に際して留意した点、⑵訳者から見た編者の姿勢の問題点、⑶特に注意が必要な論点について、簡単に述べておくことにする。

(1)訳語選択について

訳出にあたってまず思い悩んだのが、道徳を論ずる際に広く用いられる、したがって本書でも頻出するgut／schlechtをどう訳すかであった。通常ならば「善い／悪い」で「よい」のだろうし、本書でもそれで問題がないようにも思われる。しかし次の二点を考慮して、本書ではこのペアには「良い／劣る」を当てることにした。

第一に、数としては少ないが登場してくるgut／böse（九五頁など、また索引の「悪／悪い Böses／böse」の項目を参照）との訳し分け。宗教的な意味合いを含んだ、あるいはより戦闘的な（böseなものを撲滅せよ云々）こちらに「善い／悪い」を当てるのが自然ではないか。

第二に、本書では道徳は、人格の尊敬／軽蔑をめぐるコミュニケーションとして扱われている。善人を尊敬する、というのはよいとしても、悪人を軽蔑すると述べるのは、訳者には違和感がある。悪は憎む、戦う対象ではないか。軽蔑されるのは、人格的に「劣る」人であろう。

またルーマンによれば道徳は、機能的に分化した独自のシステムを形成することはないが、各機能システムにおいて引き合いに出されもする。ルーマンが本書以外でもよく挙げる例だが、スポーツにおけるドーピング、政治における汚職などは、それぞれの機能システムの内部において、道徳の名のもとに非難される。これらに手を染めた人をschlechtであると呼ぶ場合、やはり「悪い」というよりも、スポーツ選手としての、政治家としての資格が欠けているという意味で「劣っている」との意味合いが強いように思われる。逆にgutなアスリートないし政治家という賞賛の辞の中には、「尊敬できる」と同時に、当該分野において優れたパフォーマンスを達成しているという要素も含まれており、その点では、「善い」よりもニュートラルな「良い」のほうが適切であろう。

とはいえ訳していて、ここは素直に「善い／悪い」とするほうが「よい」のではないかと感じられるところも見受けられた。読者には、必要と思われる場合には「良い／劣る」を「善い／悪い」に変換して読み進めていくようお願いする。

(2) 編者の解釈と本書（ルーマンの道徳論）の意義について

編者のデトルフ・ホルスターは本書のセールスポイントの一つを、ルーマン自身もほとんど忘却していた第二論文（第二章）「社会学的パースペクティブから見た規範」を「発掘」し再刊行したことにあると見なしているようだ。編者あとがきでもこの論文の意義が強調され、この論文を踏まえて道徳と規範が、社会学理論の中心的概念として位置づけられている。しかし訳者から見るとこの理解には、少なからぬ問題が含まれている。

第一に第二章の内容は、七〇年代初期のルーマン理論の主要論点の一つであり、『法社会学』で詳細に論じられた、規範的予期と認知的予期の区別（本邦ではルーマンの「予期理論」などと呼ばれることもあったが、ルーマン自身はこの呼称は使用していないようだ）の要約にすぎず、しかも両者の再帰的多重化（科学においては認知的予期が支配しているということを科学者は規範的に予期している、と社会学の授業でマートンをめぐって学習し予期する、など）という複雑な事態にはさほど詳細には触れられていない。確かに見通しのよい論考ではあるが、ルーマン理論の形成過程において、編者が考えるほど画期的な意義を持つものとは言えない。

第二に今述べた解釈のゆえに編者は、第三章以降で論じられている、道徳の再帰化の成立史と、再帰化の実践的意義（というよりも、実践において再帰化から生じてくる困難）とをあまり重視しない姿勢を取っている。むしろ編者は、ダブル・コンティンジェンシーという問題の解決策として、つまり社会秩序の不可欠の条件として、道徳を位置づけようとしている。だがダブル・コンティンジェンシーはあらゆる偶然を手がかりとして、言わば自動的に解決されてしまうのであって、特に道徳（だけ）がその解決＝秩序形成のために特権的な地位を占めているわけではない。むしろ編者の立場は、秩序維持のためには現行の規範や制度が不可欠だと主張することになり、かつての「ルーマンは現状維持を最優先する保守主義者、ないしはテクノクラートのイデオローグである」との定型的な批判を再燃させてしまう恐れがある。

ルーマンが本書三章以下で強調しているのは、この種の規範の導入による秩序問題の「解決」が、歴史的／社会的に信憑性ある理念素材（ゼマンティク）に依拠しての脱パラドックス化＝パラドックスの一時的隠蔽にすぎないという点である。それが特に明らかになるのが、良い／劣るのコードを前提にして道徳を設定すること自体が、はたして良い行いなのか否か……という再帰的な問いにおいてである。そして、機能分化し固定的な順拠点（中心ないし頂点、あるいは「根拠」）を持たなくなった近代社会では、もはやこの問いに対する疑念の余地のない答などありえないのである。

本書の意義はむしろ、先の「道徳を問うことは道徳的か」という問いへのあらゆる答が一面的であり疑念を孕んでいるということを、第四章以下で経済的公正、政治家の姿勢、テロ、環境問題といったある程度具体的な（ルーマンにしては、だが）問題に即して論じている点に求められよう。その意味で本書は、ルーマンなりの「政治小論集kleine politische Schriften」としての性格を併せ持っているのである。ルーマンの議論は抽象的な空論だというイメージを抱いておられる読者は、そちらを先に読んでいくほうがいいかもしれない。

ただし各問題に対する「結論」は、例によって例のごとくのルーマン流である。多数の犠牲者が予想されるテロを未然に防ぐために容疑者を拷問してよいかという、きわめてアクチュアルな問い（本稿の骨格は、「イスラム国」による日本人拘束・殺害事件が報じられていた二〇一五年一月末に作成された）に対しても、答は次のようになる。イエス／ノーのどちらで答えても、件の問い、あるいはそれと関連する「合法／違法」（この場合はむしろ、法Recht＝権利と読み替えて「人権の遵守／侵害」か）の問いを、何らかの「不可侵のレベル」（ホフスタッター）の想定によって脱パラドックス化したものに他ならず、それぞれが異なる帰結と派生問題を伴う。したがって一般的な、何らかの原理（理性であれ、討議であれ）によって根拠づけられた答は存在しない。だからとりあえずは、議論において用いられている素材と、当該の結論から生じる派生問題を観察し記述しなければならない。そしてまた、パラドックスの浮上とその隠蔽という事態は社会的にも歴史的にも、決してユニークなものではないという点をも想起すべきである。全体社会の各機能システムにおいて、コードの折り返しから生じる同様のパラドックスは常に生じているし、継続的に隠蔽され続ける。そして同じ問題が、古代から中世の神学的文脈においても、常に登場してきていた——例えば、地獄は、すなわち善人は天国へ、悪人は地獄へという善／悪の区別は、単なる演出として設定されたものにすぎない。さもなければ（本当に悪人が地獄に落とされるとしたら）、聖母の慈悲は悪魔に敗北したということに——「悪しき」結論に——なってしまうだろうから云々というかたちで（二六九頁）。ここにおいて課題として登場してくるのは、何らかの答を絶対視し実行することでも、あらゆる答を「脱構築」し宙づりにすることでもない。当該の答を他の社会的・歴史的文脈において提起された答（隠蔽策）と比較することなのである。これこそが『社会の』シリーズ全体において試みられていたことに他ならない。

この「結論」は、件の問いに対するどんな答も誤っている、「悪い」答であるということを意味するものではない。しかしそれぞれの答がおのおの特有のリスクを孕んでいるとは、言いうるし言わねばならないのである。テロリストへの拷問を、一定の条件の下で認めるようなさまざまな措置が考えられうるだろうが、おそらくはそのどれも、十分に満足すべき解決策というわけにはいかないはずである。しかし、何もせずに無辜の人々をテロリストのファナティズムの犠牲にすることも、もちろん容認できるものではない（本書二五八頁）。

この立場を、フーコーの言葉を借用変形して次のように要約するのは、ルーマンの道徳論の性格づけとして適切だろうと思われる。

私（ルーマン）が言いたいのは、すべての答が悪い（誤っている）ということではなく、すべてがリスキーである（当該選択から損害が生じうる）ということだ。リスキーであるなら私たちには常に、なおも為しうることが残されているはずである。

念のために確認しておくならば、これは単なる決断主義ではありえない。選ばれた決定を支える歴史的・状況的文脈および決定から派生する副次的効果を、他の決定のそれと比較することが常に求められているからである。これが、「常に残されている、為しうること」なのである。

(3)「超理論」について

本書の中心をなす第三論文「道徳の社会学」では、冒頭から「超理論 Supertheorie」という聞き慣れない概念が登場し、かなりの長さにわたってそれについての議論が展開されている。道徳についての論文中になぜこのような議論を挿入しなければならなかったのか、いったいそれは道徳とどう関係するのかと、疑念を覚えた読者も多いのではないだろうか。

実はこの概念自体、ルーマンの他の諸著作においても縦横に活用されているとは言いがたいところがある。科学システムのコミュニケーションにおける「理論」というものの位置づけに関連するこの概念は、集中的に扱われて当然と思われる『社会の科学』では、索引で一カ所に登場するにすぎない。ルーマンの主要著作と見なされる『社会システム』では序文でのみ扱われており、彼の理論の総決算としての性格を持つ『社会の社会』では索引に載せられてすらいないのである。しかし先に述べた本書の中心的テーマの一つである道徳の再帰化の問題、すなわち「良い／劣るを問うことははたして良いことなのか否か」という設問と関連させて考えれば、なぜこの箇所で超理論について論じられているのかが理解できるはずである。

科学システムにおいては、機能分化した他のシステムとまったく同様に、コードとプログラムの分離が作動の前提となる。コードは、当該システムにおけるあらゆるコミュニケーションの前提となる二分図式であり、科学の場合なら真／非真がそれに相当する。そして個々のコミュニケーションをこの二つの値のどちらかに割り振るのが、プログラムの、科学の場合なら理論の、役割なのである。デユルケムのアノミー論を踏まえて、好況時に自殺が減少するというのは真ではないとされる（少なくとも、アノミー的自殺に関しては）、というようにである。理論は変化交代しうるし、その結果個々の言明が真から非真へと、あるいはその逆方向に、変化しうるとしても、コードは定常に保たれる。あるいはコードの不変性のもとで理論の交代が生じることが、科学の動態を可能にするのである。

ところが理論がコードそのものを問題にする可能性も排除されるわけではない。伝統的に「真理論」と呼ばれる議論がその一例であり、マルクスの経済学批判やフロイトの精神分析もまた、真理を特定の利害関心や欲望の顕現として捉えようとしている点で、同様である。そしてルーマンが真理を科学システム特有のコミュニケーション・メディアとして扱い、社会的・歴史的文脈を踏まえて経験的分析の対象とするのも、また同様なのである。このように、理論が自身の前提であるはずの真／非真のコードをも、自身の対象の一部として扱おうとする場合、その理論は「超理論」と呼ばれるのである。

超理論は、単に適応範囲の広い、「社会で生じるありとあらゆるコミュニケーションを普遍的に説明する」（林香里「ルーマン理論とマスメディア研究の視点」、ルーマン『マスメディアのリアリティ』木鐸社、二〇〇頁）だけの理論ではない。超理論は、明らかなパラドックスに巻き込まれてしまうのであり、その点にこそ超理論のメルクマールが存している。真と非真について論じる超理論は、はたして真なのか非真なのか、というようにである。これに対しても思想史の中で、さまざまな解決（隠蔽）の試みがなされてきた。真理（真と非真の区別が真であること）はそもそも人間が主体的に把握しうるものではなく、ただ歴史の中で存在の側から開示されるのを待ち受けるしかないというハイデッガー流の受動主義も、その一つであろう。ルーマン自身はこの種の「深遠な」議論を回避して、超理論が対抗的な試みを退けつつ自己の適切さ（「真理性」ではないにしても）を証するために駆使しうるいくつかの戦略を、「全体化」というタイトルのもとで指し示している。

この超理論のパラドックスが、先に述べた道徳的な問いのパラドックスと並行するものであるのは、見やすい道理だろう。「良い／劣るの問いは良いか劣るか」――この設問にどう答えても、パラドックスに行き着いてしまう。「劣る」と答えるなら、どんな良いものを指し示しても「良いは劣る」ということになる。逆に「良い」と答えるのなら、では良いものである「良い／劣る」から区別される劣るものとは何なのか、そしてこの高次の良い／劣るの区別自体は良いのか劣るのか……と、さらなる問いが続いていく。

この問題に対する通例的な解決策は、道徳の問いと道徳（道徳コード）についての問いとを分離し、後者は道徳コードとは異なるコード、すなわち真／非真を用いて追求されるのだと主張することだろう。周知の、メタ倫理学と規範倫理学の分離は、その一例である。しかしこの脱出策も万全ではない。第一に、この分離と、メタ倫理学のみに議論を限定するという禁欲的姿勢自体が、一つの倫理に基づいており、それははたして学として良いのか、劣るのかとの問いを巻き起こしてしまう。そして第二に、この分離の拠り所となっている科学のコードもまた、同様のパラドックスを内包しているのであって、決して盤石の基盤とはなってくれない。この第二の難点をあらかじめ明示しておき、道徳について客観的に論じればそれでよいのだという脱パラドックス化＝隠蔽戦略を退けておくために、超理論についての詳細な議論を差し挟む必要があったのである。そして既に述べておいたように、ルーマンが考えているのは道徳の、また超理論のパラドックスの前で立ちすくんだり瞑想に耽るのではなく、社会的・歴史的な比較手続きを含む全体化戦略によって、さらに観察と記述を続けていくことなのである。

最後に、ここ数年来の訳者の体調不良のためもあって本書の翻訳作業は遅々として進まず、勁草書房編集部の渡邊光氏をはじめとして、関係各位に多大なご迷惑をおかけしてしまったことを、この場を借りて深くお詫び申し上げる。訳者が仕事から遠ざかっているうちに現在では、ルーマンの主要著作の大半が邦訳刊行されているわけで、訳者の翻訳作業は本書で一区切りというつもりでいる。当面は、「ルーマンの主著」と呼ばれるにふさわしい内容を持ちながら、いまだに十分に理解されているとは言いがたい『社会システム』の読み直し作業などを、体調の許す限りで進めていきたいと考えている。引き続き研究者・読者諸賢のご支援・ご助力をお願いしたい。

馬場靖雄

二〇一五年三月

索引

・原書編者が作成した索引を訳出した。ただし本書に収録しなかった原書第十章相当分（原書S.270-347）を指示した部分は省略している。頁指示をすべて省略した場合も、見出し語のみは残しておいた（★を付したもの）。
・この索引では複数の節や章に跨がる数頁がまとめて指示されていたり、本文と「編者あとがき」が区別されていないなど、読者の便宜に資するものではないと思われるところも散見されるが、それらも含めて原書通りとした。
・「95-」は原書の「95ff.」に相当する。また「367(2-87)」((　) 内は訳者による付加) は、「三六七頁、原注第二章(87)」を意味する。

＊あ行
アイデンティティ、同一性　Identität｜7, 40, 51, 54, 58, 69, 77, 88, 96, 101-102, 108, 110, 129, 140, 197, 246, 263, 319, 323
悪／悪い　Böses / böse｜7, 36, 95-96, 114, 179, 186, 191, 193, 204, 214, 220, 269, 278, 307
悪徳　Laster｜264, 271
争い、論争　Streit｜2, 46, 49, 54, 65, 71, 90, 111-112, 124, 158, 168, 306, 328, 331, 349(3-5), 377-378(5-24)
安定化　Stabilisierung｜23-24, 31, 38-42, 44, 73, 102, 126, 325, 327, 348(2-20), 347(2-40)
怒り、憤激　Empörung｜234, 319, 332
意見　Meinung｜54, 70, 90, 107, 110-111, 112, 162-163, 169, 184, 198, 216, 232, 260, 283, 290, 302, 305, 375(5-16)
逸脱行動（逸脱）　Abweichendes Verhalten (Devianz)｜5, 10, 29, 40, 44, 47, 51, 104, 138, 163, 179, 220, 313, 346(2-33)
意図　Absicht｜36, 94, 104, 142-144, 158, 174, 182-183, 195, 199, 271, 294, 308
意味、意味内容　Sinn, Sinngehalt｜8, 25, 33, 36, 38, 42, 44, 71, 106-, 136, 138, 166, 241, 246, 251, 258, 316
劣るもの／劣る　Schlechtes / schlecht｜53, 77, 95, 112-113, 113-, 134, 146-150, 165-169, 175, 179-180, 184, 204, 271, 274, 278, 288, 313, 316, 330

＊か行
階層、階層的　Stratifikation, stratifikatorisch｜136, 178, 246, 247, 268, 315, 329
科学、科学システム　Wissenschaft, Wissenschaftssystem｜9, 17-, 37, 44, 53-60, 64, 67, 73, 76-, 84-, 92, 105, 121, 150, 166, 173, 187, 215, 221, 228, 139, 169, 275, 296, 309, 317-320, 330
学習　Lernen｜26-28, 30-35, 49-51, 54, 70, 71, 90, 133, 191, 207, 240, 288, 323
攪乱　Störung｜49, 127, 310, 318
価値　Wert, Werte｜8, 30, 53, 58, 75, 78, 86, 89, 99, 102, 113-, 121, 127, 137, 144, 149, 154, 159, 167, 171, 180-186, 188, 194, 197-198, 203, 220, 238, 250-255, 259, 267, 269, 277, 278, 292, 317, 327-329, 338(1-12)
環境　Umwelt｜26-27, 38, 61-62, 63, 73-, 81-, 87, 93, 96-100, 114, 120, 129, 137, 144, 152, 168, 216-, 232-236, 249, 276, 331, 344(2-22), 345(2-29), 348(2-51)
観察　Beobachtung｜17, 162, 166-170, 179, 182, 186, 191, 193-196, 204, 206-211, 216, 240-243, 251, 254, 258, 261, 275, 278, 293, 306-307
慣習　Konvention｜325
環節　Segmentär｜6, 14, 87, 139, 178, 230, 329
危険　Gefahr｜37, 43, 104, 130, 154, 171, 201, 216, 231, 247, 271-272, 281, 284-289, 296, 299-304, 329-331
帰結（道徳的な、あるいは非道徳的な行為の）　Folgen(von moralischem oder amoralischem Handeln)｜47-51, 94, 130, 158-160, 164, 166, 178, 182, 193, 204, 205-206, 249, 272, 274, 291, 301, 304, 308, 321
規制　Regulariv｜10, 220, 272-273

規則　Regel｜24, 26, 29, 33, 37, 47, 59-61, 76, 81, 103, 110, 114, 126, 143, 151, 158, 161-164, 174, 179, 194, 197-205, 207, 217, 222, 226, 253, 255-257, 260, 263-264, 266, 291, 293, 301, 321, 323-327, 331
規則システム　Regelsysrem｜321
機能　Funktion｜23, 30, 32, 36, 41-42, 46, 48-49, 55-56, 59-, 73-74, 76, 80, 82, 86, 96, 99, 100, 106, 115-116, 121-123, 131-132, 141, 152-153, 154, 174, 187-189, 191, 198-199, 215, 227-228, 245-246, 269, 308, 313-315, 325-326, 330, 363(3-103)
機能的に分化した　funktional differenziert｜251, 314, 321, 329
規範　Norm｜10, 13, 21-24, 27, 28-29, 30-54, 58, 61, 70, 75, 76, 81, 89, 90, 94, 101, 113, 118, 126, 145, 154, 156, 183, 184, 188, 190, 191, 201, 215220, 227-, 237, 240-244, 245, 247-, 251, 254, 257-261, 267, 304, 309, 314, 325-, 334, 372(3-168)
規範形成　Normbildung｜28, 325
義務　Pflicht｜8, 140, 195, 231, 238, 260, 326, 331, 361(3-97)
規約　Satzung｜233, 322
客観性、客観的　Objektivität, objektiv｜28, 46, 73, 92, 116, 125, 219, 260, 281, 308, 324-, 343(2-16), 344(2-18)
偶発性／偶発的　Kontingenz / kontingent｜11, 25-26, 35, 61, 63, 69, 95, 97-, 100, 117-121, 123, 127, 136, 143, 147, 149, 157, 194, 198, 217, 248, 253, 323-324, 346
区別　Unterscheidung｜7, 11, 33, 44, 59, 95, 132, 164, 169, 172, 179, 187-, 191-193, 198, 204, 213, 232, 238-244, 252, 256, 257, 264, 269, 275, 278-, 287, 296, 300, 301. 337(1-4), 338-339(1-12), 344(2-20), 345(2-29), 358(3-65), 359(3-73), 371(3-162), 389(8-40), 391(9-12)
経済、経済システム　Wirtschaft, Wirtschaftssystem｜16, 61, 73, 85, 87, 106, 120, 127, 152, 165-, 187, 201-207, 209-213, 222, 227-228, 246-247, 250, 256, 271, 296, 308, 315, 317, 320, 322
形式、形態　Form｜4, 6, 14, 19, 30, 51, 57, 83, 86, 89, 94, 99-101, 109, 111, 113-118, 120, 122, 138, 144, 148, 152, 156-157, 168-169, 173, 179, 182, 185, 187, 190, 191, 193, 196, 201, 203, 207, 219, 222, 225, 238, 246, 247, 251-, 266, 268, 271, 278-, 204, 290, 291, 307, 338(1-11), 347(2-34), 354(3-38), 356(3-56), 365(3-127)
芸術、芸術システム　Kunst, Kunstsystem｜70, 73, 202, 241, 300, 318, 344(2-20)
軽蔑　Mißachtung｜102, 104-105, 110, 113-117, 144, 148, 149, 155, 158, 170, 179, 189, 198, 266, 270, 276, 243, 308, 331
決定（重層的決定、構造的決定）　Determination｜189, 233, 254, 320
決定／決定する　Entscheidung / entscheiden｜8, 15, 29-32, 37, 46, 50, 54, 62, 65, 69, 71, 4, 76, 91, 94, 95, 111, 122, 123-125, 141, 149, 158, 167, 171, 181, 185-, 190, 192, 196, 198, 202-, 208-209, 212, 227-232, 234, 237-240, 244, 246-249, 251-255, 260, 268-, 284-297, 299-304, 307, 319-323, 358(3-65), 363(3-106), 373(3-174)
決定主権、裁定力　Entscheidungsgewalt, Entscheidungssouvetänität｜46, 205
決定不可能性　Unentscheidbarkeit｜54, 71, 181, 192, 198, 238
言語、言葉　Sprache｜1, 19, 53, 57, 130, 143, 186, 211, 218, 240, 273, 278
原理　Prinzip｜8-9, 16, 22, 91, 102, 104, 106, 127, 140, 148, 151, 153, 168, 179, 187, 190, 207, 234, 239, 242, 254, 261, 266, 272, 294, 305, 308-310
権力　Macht｜69, 120, 126, 171, 137, 190, 306
行為すること、行為　Handeln, Handlung｜5, 8, 10, 18, 24, 33, 35-37, 41-43, 46-49, 51, 59, 67, 85, 88-89, 44-95, 98-101, 110, 115, 117-119, 126, 128, 138, 143-145, 157, 165, 170, 177, 182, 197, 207, 211, 214, 217, 219, 222, 225, 231, 249, 263, 271, 274, 285, 291, 294, 299, 301, 307-309, 317, 319, 323-330,
行為可能性　Handlungsmöglichkeit｜143, 323, 326
行為調整　Handlungskoordination｜323
抗議　Protest｜42, 195, 233, 284, 296, 303, 320, 323
行動、行動予期　Verhalten, Verhaltenserwartung｜5, 7, 9, 24-31. 33, 36-39, 41-57, 50, 51, 58, 72, 74, 76, 94, 99, 101, 103, 109-110, 113, 116-120, 124-, 128-131,

140, 142-149, 158, 169, 164, 173, 181, 183, 185, 191, 202, 211, 217, 220-, 225, 230, 233, 241, 250, 258, 267, 272, 276-, 283, 286-290, 306-308, 310-313, 325, 358(3-65), 372 (3-168), 390(11-4)
功利主義、功利主義的 Utilitarismus, utilitaristisch | 3, 198, 203, 264, 268, 274-275, 292, 359(3-69), 359(3-71)
コード Code | 11, 59, 73, 129, 131, 139, 158, 166-174, 185-192, 198, 204, 238, 256-257, 269, 275, 316, 319, 329-330
コミュニケーション Kommunikation | 13-14, 27-28, 40-, 56-, 78, 81, 99-101, 106-107, 109, 111-115, 118, 126, 129-130, 133, 137-138, 144-, 154-, 161, 164-165, 169, 177, 180-184, 187-188, 191, 192, 198, 201, 212, 216, 219-222, 230, 240, 251, 255, 259, 266-270, 274, 276, 279, 281-284, 288, 290, 294-, 298, 305, 314, 316-, 320-321, 327-, 339(1-12), 343 (2-14), 352(3-28)
根拠づけ（道徳および価値に関する） Begründung (in bezug auf Moral und Werte) | 5, 23, 35, 58, 70, 81, 90, 104-105, 111, 167-168, 177, 179, 202, 251-252, 259, 268, 274, 292, 309, 327, 373(3-174), 376(5-17)
コンセンサス Konsens | 27, 35, 41-, 46, 55, 99, 107, 110, 112, 114, 129, 139, 141, 168-188, 198, 203, 220, 222, 250, 261, 268, 272, 277, 282-283, 294-, 302-, 306
コンフリクト Konflikt | 27, 35, 41-, 46, 55, 99, 107, 110, 112, 114, 129, 139, 141, 168, 188, 198, 203, 220, 222, 250, 261, 268, 272, 283, 282-283, 294-, 302-, 306, 326

＊さ行

サブシステム Subsystem | 152-153, 233, 314, 316-320, 322, 330, 338(1-10)
サンクション Sanktion | 15, 36, 44, 46, 48, 109, 120, 277, 292
自我→他者／自我 Ego (⇒Alter/ Ego)
刺激 Irritation | 296, 320
自己尊敬 Selbstachtung | 111, 125, 127, 138, 144, 270, 305
自明性 Selbstverständlichkeit | 30, 44, 45, 64, 233
自由 Freiheit | 6, 14, 26, 38, 42, 73, 78, 84, 94, 99, 117-121, 125-128, 144, 156, 233, 236, 244, 249-252, 258, 269, 279, 356(3-57)
習慣 Gewohnheit | 44, 300
宗教、宗教システム Religion, Religionssysrem | 6, 37, 61, 85. 87, 103-106, 119-120, 141, 148, 152, 166, 178, 181, 183-185, 191, 214, 226-227, 230, 245, 293, 335
集合意識 Kollektivbewußtsein, conscience collective | 5-6, 9-10, 12, 15, 17
習俗 Brauch | 44
主観性、主観的（間主観性、間主観的） Subjektivität, subjektiv (Intersubjektivität, intersubjektiv) | 28, 70, 88, 90, 124, 132, 146, 214, 250, 260, 299, 302, 328, 239(1-12), 343 (2-16), 377(6-7)
象徴的に一般化されたコミュニケーション・メディア symbolisch generalisiertes Kommunikationsmedium | 313, 316-318, 320, 343(2-16)
情報 Information | 24, 26, 124, 145, 163, 173-174, 192, 211, 227-228, 242, 263, 277, 295-296, 303, 305, 318, 371(3-161)
所有（権） Eigentum | 102, 115, 119, 126, 156, 187, 188, 206, 244, 265, 340(1-19), 382(8-26)
進化 Evolution | 6, 8, 10, 12-13, 24, 30, 33, 45-46, 48, 50, 61, 68, 75, 83, 88-91, 106, 116-, 136-137, 141, 152-159, 182, 215, 221, 225, 232, 235, 245, 256, 304
人格、人員 Person | 9-, 18, 39, 43, 51, 58, 71, 73, 81-84, 86, 90, 93, 97-100, 102-103, 105, 108, 112, 114, 116, 121, 128-129, 133, 137, 139, 143-144, 149, 158-159, 174, 178, 191, 216, 224, 258, 266, 270, 284, 307, 318, 325, 331-338 (1-10), 343(2-16), 376(5-22)
新カント主義 Neukantianismus | 250, 265
身体モデル Corpus-Modell | 319
シンボル、象徴的な Symbol, symbolisch | 12, 23, 25, 27-29, 33, 37, 73, 85, 101, 103, 107, 109, 114, 135-136, 145, 157, 162, 217-218, 270, 313, 316-320, 364(3-117)
真理 Wahrheit | 21, 44, 59, 65, 70, 76, 146-, 166, 184, 193, 229-230, 236, 275, 317, 332
心理、心的 Psyche, psychisch | 27, 31-32, 48, 50, 69, 71, 82-83, 91, 100, 140, 281-282, 285, 296, 361(3-92)
スポーツ Sport | 141, 153, 166, 172-173, 319

政治、政治システム　Politik, politisches System｜3, 36, 73, 76, 80, 84-87, 106, 120, 132, 133, 152, 161-162, 165-177, 180-188, 190-, 194-195, 198, 202-204, 220, 225, 227-228, 231, 234, 243, 249-250, 267-, 271, 277-278, 286, 289-, 293-, 302, 304-309, 315, 320
制度　Institution｜1, 16, 22, 24, 29, 31, 34, 42-43, 45-51, 79, 107, 125, 141, 149, 157, 194, 202, 238, 242, 244, 257, 270, 307, 320-322
全体社会　Gesellschaft｜4-5, 8-, 22, 34, 40, 56, 62, 70, 75, 78-92, 105-106, 109, 115, 118, 125, 127, 132, 135, 137, 139, 141, 153-154, 156, 165-166, 174-177, 181, 185-188, 194-196, 202, 205, 208-209, 212, 217, 219-227, 230-, 234-236, 239-, 244-, 247-, 253-254, 260, 264, 267-268, 270, 272-277, 280, 285, 297, 299, 308, 310-317, 320, 228-, 345(2-24)
相互行為　Interaktion｜11, 15-17, 32, 42, 51, 107, 112-113, 115, 127, 135-141, 152, 156, 198, 207, 216-236, 253, 314-315, 320-326, 361 (3-97)
組織　Organisation｜16, 153, 155, 166, 202, 207, 209, 212-213, 215-217, 221-236, 239, 260, 283, 287-290, 301, 307, 314, 320-
尊敬（以下も参照→他者尊敬、自己尊敬、軽蔑）　Achtung (⇒Fremdachtung, Selbstachtung, Mißachtung)｜101-117, 120, 123, 125-133, 136-141, 144-149, 154-158, 166, 170, 178, 189, 198, 234, 266-267, 270, 276-, 292, 305, 308, 331
尊重　Verachtung｜372(3-168)

＊た行
他者／自我　Alter / Ego｜11, 26, 99-111, 112-113, 115, 117, 120, 123-124, 125-133, 137, 139-, 146, 154, 157
他者尊敬　Fremdachtung｜★
ダブル・コンティンジェンシー　Kontingenz, doppelte｜11, 99, 100, 117, 120-121, 123-124, 128, 136, 323-324, 326
秩序　Ordnung｜3, 9-11, 24, 27, 35, 40, 43, 45, 47, 51, 67, 82, 84, 86, 89, 126, 146-147, 150, 154, 159, 194, 219, 221, 230, 235, 243, 245-252, 260, 264, 272, 280, 285, 287, 308, 322, 361 (3-93)
超越論的、超越論的語用論　transzendental, Transzendentalpragmarik｜57, 89, 93, 104-105, 120, 133, 193, 242, 264-265, 268, 275, 278, 327, 362(3-100)
調整　Koordination｜126, 219, 228, 254, 318, 324
伝達　Mitteilung｜210
当為　Sollen｜21-, 24, 28-29, 33-, 39, 109, 161, 212, 240, 325
動機づけ　Motivation｜25-26, 45, 49, 73, 116, 118, 154, 211, 224, 271, 317-318, 377(5-24)
道徳、遍在的な（全体社会水準で通用する） Moral, ubiquitär (gesellschaftsweit zirkulierend)｜317
道徳コード　Moralcode｜165-166, 171, 189, 191, 196, 269, 275, 316, 319, 330
道徳システム　Moralsystem｜★
徳、美徳、有徳　Tugend｜66, 152-153, 167, 208, 247, 264, 271, 285
特殊能力　Spezialfähigkeit｜331

＊な行
人間　Mensch｜18, 79-84, 95, 104-105, 218, 324, 326, 328

＊は行
排除　Exklusion｜212, 256
非同一性　Nichtidenrität｜69, 76, 110, 171, 191, 319
非道徳性　Amoralität｜172, 191, 198, 269
平等　Gleichheit｜3, 6, 14, 22, 78, 107, 112-113, 154, 249, 251, 258
風習　Sitte｜44, 293
フェアネス　Fairneß｜172
不確実性、非安全性　Unsicherheit｜25, 28, 248, 273, 294, 299, 305, 308, 325-326, 343 (2-16), 358(3-65)
複雑性　Komplexität｜12-, 25-26, 30, 40, 60, 63, 74, 81, 93, 97-98, 119, 121, 124, 129, 135-138, 141-142, 145, 150, 154-, 166, 172, 216, 219, 224-, 230, 232, 235, 252, 310, 321, 344 (2-23), 345(2-29), 350(3-9)
不合意　Dissens｜50, 110, 179, 188, 258
不確かさ　Ungewißheit｜198, 253, 284, 324
不平等　Ungleichheit｜6, 14, 154, 247, 249
部分システム　Teilsysrem｜26, 56, 61, 81, 82-83, 85, 102, 135, 153, 155, 225, 233-, 249, 316, 320, 330

パラドックス　Paradox｜45, 50, 112, 156, 165, 169, 180-181, 184-, 192-, 197-198, 204, 209, 238-240, 243-247, 249, 253-254, 256, 258, 260-261, 271, 277, 279, 309
判断　Urtei｜46, 48-49, 62, 71, 73, 79, 89-90, 112, 116, 120, 127, 145-149, 158-159, 163, 167, 170, 172, 179, 201, 238-239, 250, 265, 268, 275, 289, 292-293, 307-308, 328, 339(1-17)
遍在的な→道徳、遍在的な　ubiquitär⇒Moral, ubiquität
法、法システム　Recht, Rechtssysrem｜6, 12-13, 17, 21-22, 31, 33, 40, 44, 45, 46, 49-, 73, 87, 95, 108, 111, 123-128, 132, 148, 158-159, 163, 165, 188, 191, 198, 207, 217, 228, 342(2-11), 347(2-38), 353(3-35)
包摂　Inklusion｜85, 106, 249, 270, 331

＊ま行
メディア　Medium｜129-130, 170, 183, 212, 283, 297, 316-
メディア構造　Medienstruktur｜318
モラリスト　Moralist｜9, 22, 54, 78, 96, 100, 112, 113, 133, 164, 167, 180, 186, 194-196, 307, 313, 331
問題解決　Problemläsung｜2, 23-25, 26, 40-, 45-, 62-, 69, 73, 94, 123-, 141, 144, 151, 179, 182, 185, 198, 230, 254-, 295, 365(3-127), 369(3-150)

＊や行
良いもの／良い　Gutes / gut｜53, 63, 75, 78, 95-96, 104, 112, 113-116, 131-132, 134, 141, 146-149, 165-169, 171, 175, 182, 184, 186, 188-, 192-, 201, 203-204, 208, 214, 268-272, 276-, 283, 288, 302-306, 309, 313, 315, 318, 330, 366(3-130)
予期　Etwartungen｜15, 24-52, 58, 61, 92, 94, 99, 101, 107-110, 117, 126-127, 139-, 154-, 156-, 177, 188, 220-, 226, 233, 240, 258, 272, 291, 294, 322-326, 330, 368(3-148), 378(6-11)
予期の予期　Erwartungserwartungen｜27-29, 49, 51, 322, 325-326, 330
予期外れ　Enttäuschung｜27, 30, 32-52, 61, 117, 182, 195, 240

＊ら行
理解　Verstehen｜29, 49, 110, 167, 184, 260, 307
利害関心　Interesse｜12, 54, 64, 89, 94, 100-, 115, 117, 119-121, 133, 141, 144, 148, 156, 166, 169-170, 192, 198, 205, 216, 227, 230, 234, 246, 256, 259, 266, 268, 273-275, 285, 291, 300, 301, 305, 307-308, 318, 353(3-37), 354(3-40), 358(3-65), 360(3-78), 378(6-10), 385(8-43)
利己主義　Egoismus｜7
リスク　Risiko｜33, 43, 47, 182, 189, 198, 204, 207, 248, 271-, 284-294, 296, 299-307, 309-311, 318-319
理性　Vernunft｜49, 66, 70, 88, 90, 93, 104, 106, 163, 170, 175, 179, 195, 251, 255, 258, 261, 268, 272, 294-295
利他主義　Altruismus｜3, 7, 102
理論、理論作用　Theorie, Theorieleisrung｜1-21, 35, 53-81, 83, 86-97, 100, 105-106, 116-121, 122, 127, 131-135, 142, 144-145, 150, 155, 159-160, 167-, 181, 184, 187-188, 192, 197, 205-209, 212, 215-216, 220, 223-, 231, 235-236, 241, 264-265, 271, 273-277, 296, 300, 307, 308-, 314-315, 325-326, 329-331, 347(2-40), 358(3-65), 359(3-69), 361(3-93), 372(3-170), 375(5-11)
倫理（学）　Erhik｜53, 131, 158, 163, 168-169, 172, 175-183, 186-214, 240, 256, 263, 291-294, 301, 302-303, 305, 307-311, 329, 331-332, 334
礼儀　Manieren｜265
連帯　Solidarität｜5-10, 12, 14-17, 135, 251, 337(1-4)

著者略歴
ニクラス・ルーマン（Niklas Luhmann）
1927年生まれ。ビーレフェルト大学名誉教授。1968年から1993年までビーレフェルト大学社会学部教授を務めた。著者は本書の他、『社会の……』や『社会構造とゼマンティク』のシリーズなど多数。1998年没。

訳者略歴
馬場靖雄（ばば・やすお）
大東文化大学経済学部教授。京都大学大学院文学研究科博士課程単位取得退学。著書に『ルーマンの社会理論』（勁草書房、2001年）。訳書にニクラス・ルーマン『社会の芸術』（法政大学出版会、2004年）ほか多数。

社会の道徳

2015年4月20日　第1版第1刷発行

著　者　ニクラス・ルーマン
訳　者　馬《ば》　場《ば》　靖《やす》　雄《お》
発行者　井　村　寿　人

発行所　株式会社　勁《けい》　草《そう》　書　房
112-0005　東京都文京区水道2-1-1　振替　00150-2-175253
（編集）電話03-3815-5277／FAX 03-3814-6968
（営業）電話03-3814-6861／FAX 03-3814-6854
港北出版印刷・松岳社

ISBN978-4-326-60278-0　　Printed in Japan